Grenzland

Mit freundlicher Unterstützung der
Friedrich-Ebert-Stiftung

Klaus-Henning Rosen

Grenzland

Meine Zeit mit Willy Brandt

Bibliografische Information der Deutschen Nationalbibliothek

Die Deutsche Nationalbibliothek verzeichnet
diese Publikation in der Deutschen Nationalbibliografie;
detaillierte bibliografische Daten sind im Internet
unter *http://dnb.dnb.de* abrufbar.

ISBN 978-3-8012-0493-8

© 2017 by
Verlag J. H. W. Dietz Nachf. GmbH
Dreizehnmorgenweg 24, 53175 Bonn

Lektorat: Dr. Heiner Lindner

Umschlaggestaltung: Jens Vogelsang, Aachen

Satz:
Kempken DTP-Service | Satztechnik • Druckvorstufe • Mediengestaltung, Marburg

Druck und Verarbeitung: CPI books, Leck

Alle Rechte vorbehalten
Printed in Germany 2017

Besuchen Sie uns im Internet: *www.dietz-verlag.de*

Inhalt

I	Nachdenken über die Einheit	7
II	Die Mauer öffnet sich – mit Willy Brandt am 10. November 1989 in Berlin	12
III	Eine Grenze verschwindet – die Erinnerung kehrt zurück	37
IV	Wiederanfang im Westen	66
V	Ausbildung und erste Berufsjahre	89
VI	Eine neue Familie entsteht in Freiburg	120
VII	Von Stuttgart ins Bundeskanzleramt Bonn	130
VIII	Die Galerie der Bundeskanzler und Georg Meistermann	141
IX	Themen der Innenpolitik im Büro von Willy Brandt	160
X	Titos Tod – Jugoslawien zerfällt	214
XI	Willy Brandt und die Christos	220
XII	Willy Brandt und die Menschenrechte	238
XIII	Meine Zeit nach Willy Brandt	287
XIV	Was bleibt	314

Anhang

Kurzbiografien in Auswahl	319
Abbildungsnachweis	325
Zum Autor	326

I   Nachdenken über die Einheit

Wenn der Schlaf nachts eine Pause macht, ist das Gedächtnis unverzüglich wieder aktiv. Es führt uns wie an den Ständen auf einem Markt an den übrig gebliebenen Gedanken vom Tage vorbei. Sie zu Ende zu denken, misslingt meist, denn allzu bald werden sie von einem nicht unbedingt dazu passenden Gedanken weggeschoben. Dem geht es kaum anders, ein neuer Gedanke wartet. Nicht anders ging es uns früher beim Blättern in einem Lexikon. Das Stichwort, bei dem wir Rat suchten, rutschte beim Weiterblättern rasch weg. Das Lexikon ist aus der Mode gekommen, der rastlose Speicher im Gehirn aber blieb.

Mein Bericht ist, auch wenn er vielfach Willy Brandt berührt, die eigene Lebensgeschichte. Er will kein Tagebuch, keine Chronologie sein. Ich greife einzelne Ereignisse heraus und ordne sie in den Ablauf meines Lebens ein. Gleichwohl mag es irritieren, wenn Vorgängen aus der Nähe zu Willy Brandt mehr Raum zukommt. Das ist kein Widerspruch. Es war eben Willy Brandt.

In einer dieser nächtlichen Wanderungen standen wieder einmal die Abläufe um den 9. November 1989 am Weg. Je mehr ich mich am Tage mit ihnen befasst hatte, desto häufiger und ausführlicher wollten sie nachts zu Ende oder weitergedacht werden. Der Gang mit Willy Brandt am 10. November durch die sich öffnende Mauer in der Mitte Berlins war ein Meilenstein in der Biografie des Wachenden.

Er markierte eher zufällig zugleich den Abschied nach 13½ Jahren in der Nähe des früheren Bundeskanzlers. Und an einem Morgen nach einer dieser nächtlichen Wanderungen stand die Idee, die Erinnerung an *meine* Erinnerung von der Wiedervereinigung der Deutschen aufzuschreiben – nicht unbedingt als Dokumentation des historischen Vorganges, den die Politik ins Werk setzte, um aus einem anfänglichen Spalt in der Mauer wieder ein Tor des vereinigten Deutschlands werden zu lassen.

Irgendwann danach hielt mein nächtliches Hirn immer wieder das Traumbild einer Hügellandschaft bereit. Von den Hügeln auf meiner Seite konnte ich auf ein Tal schauen. Der Talgrund blieb anfangs stets verborgen. Danach schien sich die Hügellandschaft am Rand des Tales zu bewegen, das Tal wurde in seiner ganzen Breite und Tiefe sichtbar. Die Hügel auf beiden Seiten hoben und senkten sich. Wollte mir das Gehirn dieses Bild als Symbol für die seit der Wiedervereinigung durchmessene Zeit anbieten – vielleicht sogar mit der Mahnung, diese ruhen zu lassen? Oder umgekehrt als Anstoß zum stetigen Nachschauen, zum Weiterdenken? Sollte der Aufstieg aus dem Tal das Bild für die Wiedervereinigung sein? Nicht jede und nicht jeder, in Ost wie West, würde mir darin zustimmen, dass ich meinen nächtlichen Traum so verstehe. Denn bei den nicht an der Vereinigungsbeute beteiligten Bürgerinnen und Bürgern der wiedervereinigten Bundesrepublik hat sich bis heute die Vorstellung von einem Aufstieg nicht einstellen wollen. Über das fortbestehende solidarische Opfer wird, zumal in Wahlkämpfen, gestritten, sei es, um es abzuschaffen oder um es gleichmäßig auf die ganze Republik zu verteilen.

Wer aus der früheren Deutschen Demokratischen Republik bei uns im Westen ankam, konnte zumindest in den ersten Wochen und Monaten leichter dem Bild vom Aufstieg zustimmen, vielfach aber nur anfangs. Und so prägt – im Hochgefühl der Einheit – das Bild von den Wallfahrten über die ehemalige Trennlinie bis heute das Bild der ersten Tage danach.

Anders wird es den um ihre Privilegien fürchtenden Eliten des untergehenden Staates gegangen sein, die bei der Aushandlung des

Einigungsvertrags als Vertreter der Staatsmacht ihre doppelten Versorgungsansprüche erhalten wollten. Auf der anderen Seite werden die um künftige Meinungsführerschaft Ringenden den Aufstieg vermissen, wenn ihnen der nicht gelingen wollte. Aber selbst unter den anfänglich zuversichtlich Gestimmten mag das Hochgefühl in Enttäuschung umgeschlagen sein, als sie auf der Suche nach den ihnen werbewirksam versprochenen blühenden Landschaften auf dürrem Gelände angekommen waren. So konnte der gemeinsame Akt einer Wiedervereinigung bald wie ein Anschluss erscheinen, zu dem das Bild vom Aufstieg nicht mehr passte – zumal manches Vertraute, in der Zeit der DDR Liebgewordene, verloren ging. Und so zeigte das Traumbild, wie die auf der anderen Talseite liegende Hügellandschaft, je näher man ihr kam, umso rascher unterging. Sollte ich das als Symbol für die Endzeit der DDR begreifen? Einer DDR, die für Millionen Menschen Heimat gewesen war, wie sie jeder Mensch eben nur einmal hat? In einem Land, dessen Führung ungeachtet aller Warnsignale den Endsieg des Sozialismus trotzig verteidigt hatte. Und wer nicht unbedingt mit der Parole: »Kommt die D-Mark nicht zu uns, kommen wir zu Euch!« nach Westen gedrängt hatte oder wer nicht mit der Selbstgefälligkeit eines westdeutschen Parteistrategen die Wiedervereinigung händelte, durfte durchaus der Frage Raum lassen, warum es nicht doch einen Einigungsprozess Gleichberechtigter hätte geben können. Denn die DDR hatte nicht nur aus vorgeblich Schlechtem bestanden, das als überlebt dem Orkus der Geschichte zu überantworten sei. Wie sonst wäre Willy Brandts Hoffnung, ausgesprochen am 10. November 1989, zu verstehen, es solle *zusammen*wachsen, was *zusammen*gehört. Ein Appell, den der Bundespräsident Richard Weizsäcker sehr sinnvoll mit der Warnung weiterführte, es dürfe nicht zusammen*genagelt* werden, was *nicht* zusammengehört.

Der Traum, der an die wechselnden Befindlichkeiten der ehemaligen zwei Deutschländer beim Zusammenwachsen und an das periodische Auseinanderdriften zwischen Ost und West gemahnte, hatte ganz lang seinen festen nächtlichen Platz. Und in diesem Ablauf kam ich dann immer wieder an Willy Brandt vorbei. Denn 13½ Jahre, von Juni 1976 bis Dezember 1989, dem Jahr der Maueröffnung, hatte ich das Persönliche Büro des Altbundeskanzlers Willy Brandt zu leiten. Das war formal keine Aufgabe für einen Parteifunktionär, denn dem Büro des ehemaligen Bundeskanzlers war ich als ein Bundesbeamter auf Wunsch von Willy Brandt zugewiesen worden.

Über die Zeit fast einer ganzen Generation seit der Maueröffnung nachzudenken, bedarf auch gegenüber einem Nachgeborenen, im Zweifelsfalle sowohl im aufnehmenden wie im abgebenden Teil, keiner Rechtfertigung. Nachdem ich Willy Brandt an dem historischen Tag in Berlin hatte begleiten dürfen, waren mir nach dem Ausscheiden aus seinem Büro in der Bundesverwaltung wechselnde Aufgaben im Einigungsprozess übertragen worden, zunächst im Bundesministerium für innerdeutsche Beziehungen und nach dessen Liquidierung im Bundesministerium des Innern. Und so kam ich immer wieder mit Menschen zusammen, die mir ihre Empfindungen über die Vereinigung nicht vorenthielten und die mir immer wieder Grund zum Nachdenken über die Art und Weise gaben, wie wir aus dem Westen die Wiedervereinigung vollzogen hatten.

Ich will also kein Geschichtsbuch schreiben. Aber mit dem Tag im November 1989 war zugleich das mit Kriegsende zerrissene Band zu Orten, aus denen meine Familie kam, wieder geknüpft. Und der Weg war wieder frei in die Region Thüringen, in der ich die Kriegsjahre verbracht hatte. Und dann war da noch das mich persönlich betreffende Problem, dass auch ich als Mitarbeiter von Willy Brandt von dem Staat DDR über Jahre ausgeforscht worden war. Endgültige Aufklärung dazu werde ich zwar nie erhalten, weil Akten hierüber, wohl nicht ohne Zutun der Regierung, vernichtet wurden; und ihr werfe ich zudem vor, dass sie mich im Wissen um diese Beobachtung nicht wirksam geschützt hat.

Ich bekenne, mich hat verblüfft, wie ich mich nach den 13 Jahren, in denen ich bei oder für Willy Brandt gearbeitet habe – vielleicht noch mehr nach meinem Eintritt in den Ruhestand –, intensiv mit Willy Brandt befasst habe. Ungewollt bin ich dazu übergegangen, mein Leben um ihn kreisen zu lassen. Hätte er, der drei Jahre nach meinem Abschied von ihm gestorben ist, davon erfahren, würde er zu Recht irritiert blicken, wie wir es von ihm kannten. Ehrlicherweise ist mir erst Jahre nach dem Ende dieser Tätigkeit, die immerhin mehr als ein Drittel meines Berufslebens ausgemacht hat, wirklich bewusst geworden, was sie mir gegeben hat – nicht nur beim Betrachten der vielen hundert Aktenordner im Archiv der sozialen Demokratie in der Friedrich-Ebert-Stiftung oder auf dem Dachboden meines Hauses. Und am Ende steht die bleibende Befriedigung, an der einen oder anderen Stelle im Betrieb dieser Republik, geleitet von Willy Brandt, nicht ganz ohne Erfolg mitgewirkt zu haben. Wie Willy Brandt meine Rastlosigkeit eingeschätzt hat, konnte ich nie erfahren. Es war nicht seine Art, seiner Umgebung mitzuteilen, wie er über einen seiner zahlreichen, vielfach wechselnden Mitarbeiter dachte. Und da ich von meinem mit Lob sparsam umgehenden Arbeitgeber sicher mehr nicht erwarten durfte, war das Ausbleiben einer Benotung am Ende ein positives Urteil. Vor allem hätte er mir andernfalls nicht erlaubt, 13½ Jahre bei ihm auszuhalten.

II   Die Mauer öffnet sich – mit Willy Brandt am 10. November 1989 in Berlin

»Die Stadt wird leben, und die Mauer wird fallen. Aber eine isolierte Berlin-Lösung, eine, die nicht mit weiterreichenden Veränderungen in Europa und zwischen den Teilen Deutschlands einhergeht, ist immer illusionär gewesen und im Laufe der Jahre nicht wahrscheinlicher geworden.«

So hatte Willy Brandt im Schlusskapitel seiner »Erinnerungen« geschrieben. Das Manuskript hatte er im Frühjahr 1989 an den Verlag gegeben, das Buch erschien im Frühherbst 1989, als sich die DDR bereits in Unruhe befand. Bei den Wahlen zu Ortsvertretungen im Mai war es zu Fälschungen gekommen, Demonstrationen wurden von der Polizei gewaltsam niedergeknüppelt. In die Vertretungen der Bundesrepublik in Ostberlin, Prag, Warschau und vor allem Budapest drängten schutzsuchende Flüchtlinge. Der Druck nahm zu, als die Bruderstaaten der DDR ihre Grenzen öffneten, Grenzzäune abbauten und Flüchtlinge nicht zurückschickten. Die Volkskammer der DDR hatte zwar den Führungsanspruch der Sozialistischen Einheitspartei Deutschlands (SED) aus der Verfassung gestrichen. Das war nicht der Beginn der Demokratie, die Existenz der Mauer wurde verteidigt, der Staat bereitete seine 40-Jahr-Feier im Oktober 1989 vor.

II Die Mauer öffnet sich – mit Willy Brandt am 10. November 1989 in Berlin

Michail Gorbatschow, der Generalsekretär des Zentralkomitees der Kommunistischen Partei der Sowjetunion (KPdSU), hatte Willy Brandt in seinen letzten Gesprächen die Zuversicht vermittelt, auch die Führung in Moskau erwarte Veränderungen in Europa. Nur der westlichste Partner Erich Honecker zeigte sich als uneinsichtiger Hardliner, Gorbatschow schien überzeugt, das sei eine Nebensache, die sich durch Zeitablauf löst. Die Warnung von Michail Gorbatschow zum 40. Jahrestag der DDR am 7. Oktober 1989, das Leben bestrafe den, der zu spät kommt, mag falsch zitiert worden sein, aber sie war eine Aufforderung zu Reformen und von fast seherischer Qualität. Diese Bestrafung folgte für Honecker und seine Entourage bereits zwei Wochen später, als er am 18. Oktober als Erster Sekretär der Sozialistischen Einheitspartei Deutschlands (SED) abgelöst wurde. Bei seinem Gespräch am Tag davor in Moskau hatte Willy Brandt dem Generalsekretär über die Entstehung einer Gruppe von Sozialdemokraten in der DDR berichtet, die sich zwar nicht als Partei verstünde, mit ihrem Antrag auf Aufnahme in die Sozialistische Internationale hätten sie ihn als deren Präsidenten aber in eine komplizierte Lage gebracht. Nach seinem Eindruck waren Gorbatschow solche Veränderungen im zweiten deutschen Staat keineswegs entgangen. Brandt hatte dem Generalsekretär gegenüber versichert, dies laufe nicht auf eine Wiedervereinigung hin. Er konnte ihm auch klarmachen, wie wenig er diesen Begriff teilt, weil das auf eine Rückkehr in die Vergangenheit hinauslaufe. Dass Willy Brandt eine solche Strategie ablehnte, war immer wieder Anlass für Kritik von Konservativen oder Medien, man warf ihm vor, er habe die deutsche Einheit abgeschrieben.

Nach dem Exil in Norwegen und Schweden und nach der Kapitulation des Deutschen Reiches war Willy Brandt als Korrespondent für skandinavische Medien nach Deutschland zurückgekehrt. Nach der Ausbürgerung hatte er aus Sicherheitsgründen die norwegische Staatsbürgerschaft angenommen, die er beibehielt. Als Presseattaché an der norwegischen Militärmission wirkte er ab 1947 in Berlin. Schon nach weniger als einem Jahr legte er dieses Amt im November 1947 nieder und beantragte wieder die deutsche Staatsangehörigkeit.

Wieder Deutscher zu werden, rechtfertigte er gegenüber den norwegischen Freunden mit den Worten, weil »ich für die Ideen, zu denen ich mich bekenne, etwas Aktiveres tun kann, und […] ein solcher Einsatz (wird) gerade in diesem Land gefordert«. Und zu dem, was er für sein Vaterland Deutschland tun wollte, gehörte der Kampf gegen eine Mentalität, die es für vorstellbar hielt, sich dauerhaft in einem geteilten Deutschland einzurichten, und eine solche Bereitschaft wurde manch einem unterstellt, der in Westdeutschland politisch das Sagen hatte. Man hörte schon manchmal das Argument, »der Osten« sei zu preußisch und zu protestantisch. Aber auch Sozialdemokraten wie Egon Bahr setzten sich noch nach der Öffnung der Mauer für den Fortbestand der DDR ein. Für Josef Stalin war ein zweiter deutscher Staat eine Garantie, um den großen Konflikt in Europa zu vermeiden, den möglichen Dritten Weltkrieg.

Am 9. November 1989, als die DDR eine neue Reiseregelung verkündete, sollte sich Willy Brandts Entscheidung vom November 1947 für die deutsche Staatsangehörigkeit als richtig erweisen, denn jetzt war sein mehr als 40 Jahre dauernder politischer Einsatz für die deutsche Einheit ans Ziel gelangt.

Der Auftrag, Willy Brandt zu begleiten, als er sich am Morgen nach dem 9. November 1989 spontan auf den Weg nach Berlin machte, war der Höhepunkt meiner über 13-jährigen Mitarbeit in seiner Nähe. Zumal an diesem Tag bereits feststand, dass ich sein Büro schon in wenigen Wochen verlassen würde. Der 9. November war ein durch die deutsche Geschichte vielfach geprägter Tag. Im November 1848 war das gegen Robert Blum, den Abgeordneten der Frankfurter Nationalversammlung, wegen seiner aufrührerischen Reden und seiner Teilnahme an der Verteidigung Wiens verhängte Todesurteil vollstreckt worden. Im Gnadenwege wurde aus dem Tode durch den Strang der »Tod durch Pulver und Blei«. Am 9. November 1918 hatte Philipp Scheidemann die erste deutsche Republik und damit das Ende der konstitutionellen Monarchie ausgerufen. Am 9. November 1923, fünf Jahre später, putschte Adolf Hitler in München. Am 9. November 1938 riefen die Nazis zur Schändung der Synagogen auf.

II Die Mauer öffnet sich – mit Willy Brandt am 10. November 1989 in Berlin

Und nun kam dem 9. November mit der Einleitung des Endes der DDR ein weiteres Mal eine schicksalhafte Bedeutung zu. Erich Honecker, der Vorsitzende des Staatsrates der DDR und Generalsekretär des Zentralkomitees der SED, war am 18. Oktober 1989 vom Zentralkomitee seiner Ämter enthoben worden; sein Nachfolger wurde Egon Krenz, seit dem 24. Oktober auch Vorsitzender des Staatsrats, der die Zerfallserscheinungen der DDR deutlicher als sein Vorgänger spürte und gegenzusteuern versuchte. Auslöser für die Liberalisierung der Ausreise waren zunehmende Massendemonstrationen um den 40. Jahrestag der DDR. Die offene Kritik Michail Gorbatschows an der Reformunfähigkeit der DDR-Führung führte zu Gewalttätigkeiten, die im Bezirk Dresden einen Höhepunkt erreichten, als die Demonstranten die Züge sahen, in denen die Besetzer der Prager Botschaft in die Bundesrepublik Deutschland ausreisten. Die Anweisung an die sowjetischen Truppen, bei den bevorstehenden Leipziger Montagsdemonstration in den Kasernen zu bleiben, hatte Signalwirkung. Angesichts der Demonstrationen auch in anderen Städten drohte die DDR ins Chaos zu stürzen. Später aufgefundene Lageberichte der Staatssicherheit lassen die Hilflosigkeit der DDR-Führung erkennen. Sie reagierte mit zunehmender Gewalt, der Versuch mit einer »Politik der Wende der SED« gegenzusteuern, fand in den eigenen Reihen keine Zustimmung. Die DDR-Regierung musste handeln, zumal der sozialistische Nachbar ČSSR deutlich gemacht hatte, er wolle die Auslagerung der DDR-Probleme nicht weiter hinnehmen. Er drohte mit Grenzschließung, wenn die Flucht in Richtung Prag nicht gebremst werde. Mithilfe einer Lockerung der restriktiven Ausreiseregeln hoffte das ZK der SED, die Lage zu entspannen: Bürger der DDR sollten künftig auch ohne Vorliegen der bisher üblichen besonderen Voraussetzungen reisen oder nach Westdeutschland übersiedeln können.

Dem Politbüro des ZK der SED wurde für seine Sitzung am 9. November der Entwurf eines Reisegesetzes vorgelegt, nach welchem jedem Inhaber eines DDR-Reisepasses auf Antrag eine Reise genehmigt wird. Der neue SED-Generalsekretär Egon Krenz hatte den Entwurf um 12:45 Uhr bekommen. Das Politbüro, weiß man heute, war an der Diskussion nicht sonderlich interessiert, denn das Mittagsbuffet war bereits aufgefahren. Der Entwurf wurde von Krenz um 17:15 Uhr dem Zentralkomitee mit der zugehörigen Presseerklärung vorgetragen und ohne Aussprache gebilligt. Krenz drückte die Verordnung nach dem Ende der Sitzung dem ZK-Mitglied Günter Schabowski in die Hand. Schabowski hatte an der Sitzung zwar selbst nicht teilgenommen, aber musste wie üblich die Presse informieren. Dass er den Text gar nicht kannte, sollte sich als schicksalsträchtig erweisen. So verhedderte er sich auf der Pressekonferenz bei Rückfragen zum Inhalt der Neuregelung, überflog den Text noch einmal und erklärte auf Journalistenfragen nach dem Zeitpunkt des Inkrafttretens, er gehe davon aus: »Sofort!« Beim Nachhören der Tonaufnahme von der Pressekonferenz wird mir bewusst, dass diese Ankündigung zwar auf Auslandsreisen bezogen war, aber auch für Herrn Schabowski galt ja die »BRD« bereits als Ausland.

Die Meldung hatte sich in Windeseile in Berlin verbreitet. Zu den Absonderlichkeiten der Weltgeschichte mag man zählen, dass dann einiges am Ende durcheinanderlief, was der Sache wiederum eine Eigendynamik verschaffte. Die Ostberliner entschlossen sich nämlich, die vom Zentralkomitee angekündigte Regelung selbst zu vollziehen, indem sie die Mauer durchlässig machten. So kam es, dass der in der deutschen Geschichte vielfach belastete »Schicksalstag« 9. November eine neue historische, in diesem Fall aber erfreuliche Bedeutung bekam. Uns in der Bundesrepublik Deutschland, wie der Abgrenzung halber der deutsche Staat im Westen genannt wurde, war das alles zunächst noch unsichtbar auf den Wegen der DDR-Diktatur abgelaufen und erst schrittweise in unser Bewusstsein gedrungen.

Parallel tagte an demselben 9. November 1989 in Bonn der Deutsche Bundestag. Die Tagesordnung hatte kaum das Zeug für eine historische Sitzung. Sie begann pünktlich um 9:00 Uhr mit der Mitteilung der Präsidentin Rita Süssmuth (CDU), der Abgeordnete Otto Schily (SPD) habe sein Mandat niedergelegt. Der Abgeordnete Wolfgang Bötsch (CDU/CSU) rief ihm süffisant nach, man werde ihn vermissen. Der sich anschließende Zusatztagesordnungspunkt 4 galt einem Einspruch des Abgeordneten Wilfried Böhm (Melsungen)

II Die Mauer öffnet sich – mit Willy Brandt am 10. November 1989 in Berlin

(CDU/CSU) gegen eine parlamentarische Rüge, weil er in einer früheren Sitzung der Abgeordneten Heidemarie Wieczorek-Zeul (SPD) zugerufen hatte: »Sie koalieren mit den Mauermördern!« Auf Intervention der CDU/CSU-Fraktion war der vom Präsidium ausgesprochene Tadel aus formalen Gründen zurückgenommen worden. Die Präsidentin Süssmuth (CDU/CSU) hielt den Zwischenruf als unparlamentarisches Verhalten gleichwohl für rügenswert. Kein Mitglied des Hohen Hauses ahnte zu diesem Zeitpunkt, wie am Ende der Bundestagssitzung ein kleinlicher Streit in die Gegenwart münden würde.

Während in Ostberlin Günter Schabowski seine Presseerklärung abgab, debattierte der Deutsche Bundestag über den Tagesordnungspunkt »Schätzung der Getreideernte in der Europäischen Union«. In namentlicher Abstimmung wurde ein Änderungsantrag zum Tagesordnungspunkt 9 über die Vereinsförderung abgelehnt. Festzuhalten ist, weil in der Folge bedeutsam, dass an dieser Abstimmung u. a. die SPD-Abgeordneten Bahr und Brandt teilnahmen. Am Ende des Tagesordnungspunktes unterbrach die jetzt präsidierende Vizepräsidentin Renger (SPD) um 20:22 Uhr überraschend die Sitzung.

Auslöser war eine Information durch Eduard Ackermann, den Leiter der Abteilung 5 im Bundeskanzleramt und einer der wichtigsten Mitarbeiter von Bundeskanzler Kohl für Öffentlichkeitsarbeit. Aus den Fernsehnachrichten hatte er vom neuen Reisegesetz der DDR erfahren. Seinen Chef, den Bundeskanzler, konnte er nicht informieren, er befand sich zu einem Staatsbesuch in Warschau. Deshalb sprach er den Bundesminister für besondere Aufgaben und Chef des Bundeskanzleramts Rudolf Seiters an. Der wiederum hatte unverzüglich die Abgeordneten Alfred Dregger, Wolfgang Bötsch, Wolfgang Mischnick und Hans-Jochen Vogel als Fraktionsvorsitzende bzw. Sprecher von CDU, CSU, FDP und SPD zu einer Besprechung zusammengerufen. Noch während der Besprechung kam die weitere Meldung, die Mauer sei praktisch offen, weil sich die ersten Berliner inzwischen ihren Übergang nach Westberlin erzwungen hätten. Stark bewegt trat MdB Seiters um 20:46 Uhr vor das Plenum des Deutschen Bundestag und berichtete über die »vorläufige Freigabe von Besuchsreisen aus der DDR«, die er einen »Schritt von überragender Bedeutung« nannte, durch den »praktisch erstmals Freizügigkeit für die Deutschen in der DDR hergestellt« worden sei. Er erinnerte an die Regierungserklärung der Bundesregierung vom Vortag zur Lage der Nation, in der der Bundeskanzler der DDR die »Bereitschaft, einen Weg des Wandels zu stützen, wenn sie zu Reformen bereit ist«, zugesagt habe. In einem Beitrag für die SPD-Fraktion sprach ihr Vorsitzender Hans-Jochen Vogel Willy Brandt an; er sei am 13. August 1961, dem Tag, an dem die nun ihrer Funktion beraubte Mauer errichtet wurde, Regierender Bürgermeister von Berlin gewesen und als solcher habe er seitdem »in all seinen Funktionen beharrlich für ihre Überwindung gekämpft«. Später verriet Vogel, er habe gesehen, wie Willy Brandt in diesem Moment Tränen in die Augen gestiegen waren. Willy Brandt war sicher nicht der Einzige, dem es so ging.

Mischnick (FDP) beschloss die Erklärungen mit dem von Pragmatismus bestimmten Appell an die »Zweifelnden«, so man es nicht Populismus nennt, der aber nicht unbedingt in diese Stunde gehörte: Mit der Ankündigung freier Wahlen durch die DDR-Führung lohne es sich, »zu Hause zu bleiben«. »Alle diejenigen, die jetzt noch schwanken«, bat er herzlich: »Bleibt daheim!« An dieser Stelle verzeichnet das Protokoll »Beifall bei allen Fraktionen – Die Anwesenden erheben sich und singen die Nationalhymne.«

Nach diesem Moment des Einvernehmens im Deutschen Bundestag fiel es der Vizepräsidentin sichtlich schwer, wieder zur Tagesordnung zurückzukehren. Der Abgeordnete Jahn (SPD) nahm ihr die Entscheidung ab, er erhielt von den anwesenden Abgeordneten die Zustimmung zu seinem Vorschlag, die Sitzung zu schließen, was dann um 21:10 Uhr geschah.

Die Abgeordneten in Bonn wussten in diesem Moment nicht, wie die Ankündigung von Schabowski sich verselbstständigt hatte. Mochte man am Ende des Tages noch glauben, es ginge »nur« um eine neue Reiseregelung, die in gewohnter bürokratischer Gründlichkeit von den DDR-Behörden umgesetzt werden würde, so hatten die Ostberliner der DDR-Regierung im Geschwindschritt den Vollzug abgenommen und waren zu den Grenzübergängen gestürmt. Nach-

II Die Mauer öffnet sich – mit Willy Brandt am 10. November 1989 in Berlin

dem sie sich als Garantie für die Rückkehrerlaubnis einen Stempel in ihre Pässe hatten drücken lassen, überschritten sie zu Fuß oder mit dem Auto die ehemalige Trennlinie nach Westberlin. Trotzdem brauchte es noch Stunden, bis die Meldung in Westdeutschland ankam.

Willy Brandt war nicht unzufrieden über das vorzeitige Ende der Plenarsitzung, befand er sich doch im Umzug in sein neues Haus in Unkel, wo er 1979 zunächst eine Eigentumswohnung bezogen hatte. Als er nach 21:00 Uhr auf dem Unkeler Rheinbüchel angekommen war, konnte seine Frau ihm auf die Frage, ob sie wisse, was Schabowski in Berlin verkündet hatte, nichts sagen. Radio und Fernsehen waren noch nicht betriebsbereit. Die alsbald angetretene Nachtruhe, so berichtet es Frau Seebacher, wurde am frühen Morgen gegen 4 Uhr durch den Anruf eines Journalisten vom Hessischen Rundfunk beendet. Der begehrte, wie er sich ausdrückte, den Mann zu sprechen, der der Regierende Bürgermeister von (West-)Berlin war, als die DDR die Mauer durch Berlin gezogen hatte. Er zeigte sich überrascht, als der noch nicht wusste, dass die Berliner Mauer inzwischen offen stand.

Wie seine Frau berichtet, hatte die Nachricht Willy Brandt so aufgewühlt und begeistert, dass er sich gar nicht wieder zu Bett begab. Er wartete darauf, endlich von seinem Fahrer Hans Simon abgeholt zu werden, um nach Berlin zu kommen. Normalerweise war ich vor Brandt im Büro – mit Sicherheit, wenn ich von einem Bürotag im Bundeshaus ausgehen konnte. Wie es diesmal war, weiß ich nicht mehr – allerdings ist mir erst beim Ankommen im Büro bewusst geworden, was sich inzwischen ereignet hatte. Ich hatte den Abend zuvor fern der Medien in geselliger Runde verbracht. So war ich nicht vorbereitet, als ich von Willy Brandt aufgefordert wurde, ihn auf seinem historischen Flug nach Berlin zu begleiten. Folglich war ich auch nicht mit den notwendigen Reiseutensilien versehen. Unnötigerweise glaubte ich, für ein Transportmittel sorgen zu müssen, was misslang. Der Berliner Regierende Bürgermeister Walter Momper, der naturgemäß vor Ort die Dinge viel bewusster erlebt hatte als wir im fernen Bonn, hatte bereits für die Zeit nach der Ankunft von Willy Brandt eine Veranstaltung vor dem Schöneberger Rathaus in Berlin organisiert, auf der Brandt reden sollte. Um ihn nach Berlin zu bringen, hatte sich die Senatskanzlei bei der Schutzmacht Großbritannien um eine Reisemöglichkeit bemüht und um 10:30 Uhr stand auf dem Flughafen Köln-Bonn eine kleine, zweimotorige britische Militärmaschine vom Typ Hawker-Siddeley bereit. Uns empfing eine hübsche Offizierin, deren Uniform mich an meine Betreuerin bei einer Kur 1947 für unterernährte Kriegskinder auf Schloss Landsberg erinnerte; dazu aber später.

Um 10:45 Uhr startete die Maschine in Richtung Berlin, und zwar vom militärischen Teil des Köln-Bonner Flughafens und nicht, wie in Berichten zur 25-jährigen Wiederkehr dieses Tages erwähnt wurde, vom Hubschrauberlandeplatz des Bundesgrenzschutzes in Sankt Augustin-Hangelar, denn da wäre sie nicht weit gekommen. An Bord waren neben Willy Brandt seine Mitarbeiterin Gabriele Hollederer; dazu vom Bundeskriminalamt der Leiter des Begleitkommandos Hans-Wolfgang Zayc mit einem weiteren Sicherheitsbeamten und ich – leidlich aufgeregt beim Start zum aufregendsten Tag bei Willy Brandt. In der Mitte der Maschine war eine kleine Kabine, an deren Schreibtisch Willy Brandt schweigend Platz nahm. Dort notierte er die Stichworte für die Ansprache, die von ihm am Abend vor dem Schöneberger Rathaus erwartet wurde. Gegen 12:00 Uhr landeten wir auf dem Flughafen Tempelhof – wie vor Zeiten die Rosinenbomber oder die Verkehrsflugzeuge bis zur Eröffnung des Tegeler Flughafens.

Nicht an Bord war, mit Sicherheit, Egon Bahr, Willy Brandts ideenreicher und unentbehrlicher Begleiter auf dem Weg zur neuen Ostpolitik und beim Ringen um Aufhebung der deutsch-deutschen Teilung. Warum bedarf, was nicht war, einer besonderen Erwähnung? Weil der Angesprochene das seit Willy Brandts Tod in seinen biografischen Texten und Interviews beharrlich behauptete.

Auch für Egon Bahr vollendete sich an diesem 9./10. November 1989 verständlicherweise ein politisches Ziel, bei dessen Verfolgung er Willy Brandt seit dessen Wahl ins Amt des Regierenden Berliner Bürgermeisters, dann als Bundesminister des Auswärtigen und schließlich als Bundeskanzler begleitet und tatkräftig unterstützt hatte. Das seit dem 13. August 1961 geteilte Berlin, das auch Heimat Egon Bahrs war, war nun wieder vereint; Deutschland, aus dessen östlicher Hälfte er gekommen war, war nicht mehr geteilt. Da kann man nachvollziehen, dass sich Egon Bahr nicht vorstellen konnte, ein solcher Tag habe ohne ihn stattfinden können, an dem das Wollen der Vergangenheit und die Gegenwart ineinanderfließen.

Nach Willy Brandts Tod war seinen Mitarbeitern erstmals bei Egon Bahrs Wiedergabe jener wichtigen Tutzinger Rede aus dem Jahre 1963 Folgendes aufgefallen: Aus ihr stammte das Schlüsselwort vom »Wandel durch Annäherung«, das seither als Leitprinzip für die neue Ostpolitik zitiert wurde. Anlass war die Einladung an den damaligen Regierenden Bürgermeister von Berlin zu einer außenpolitischen Tagung der Evangelischen Akademie in Tutzing. Bei der Vorbereitung seines Beitrags arbeitete – zuständigkeitshalber – Pressechef Egon Bahr Willy Brandt zu. Willy Brandts Pech: Der Flug von Berlin nach München fiel wegen Nebel in Berlin aus, so musste Egon Bahr einspringen. Wenn Bahr in seinen Erinnerungen schreibt, er habe gemeinsam mit Willy Brandt im Flugzeug gesessen, so konnte er sich von ihm nicht das Einverständnis geben lassen, in Tutzing Teile aus dessen Rede zu verwenden. Stattdessen verwendete er die ganze Rede Willy Brandts, als die Tagungsleitung ihn beim Ausbleiben des Referenten bat, diesen zu vertreten. Dabei änderte er sie bei der kurzfristigen Vertretung in einem entscheidenden Punkt. Willy Brandts für den Text konzipierte Stoßrichtung einer neuen westlichen Außenpolitik sah vor, »die Sowjetunion zu der Einsicht zu bringen, dass *ein Wandel in ihrem eigenen Interesse liegt*« (Herv. v. Verf.). Damit kam er der Vorstellung des US-Präsidenten John F. Kennedy nahe, der Ostblock müsse von der Überlegenheit des westlichen Systems überzeugt werden. Egon Bahr machte daraus: »Wandel durch Annäherung«, und das ist eine Bewegung aufeinander zu. Der Unterschied mag marginal sein. Aber Willy Brandt ging es nicht um die in den 60er-Jahren von dem sowjetischen Wissenschaftler Jewsei Grigorjewitsch Liberman prognostizierte Konvergenz von Kapitalismus und Kommunismus, wie es die Formel »Wandel durch Annäherung« nahelegt. Willy Brandt konnte nicht verhindern, dass der von Egon Bahr als Diskussionsbeitrag bezeichnete Text unter dem Briefkopf des Berliner Presse- und Informationsamtes unter der Überschrift »Wandel durch Annäherung« verbreitet wurde. Willy Brandt war spürbar vergrätzt, denn: Egon Bahr »stahl mir [...] die Schau«, als er – anders als abgesprochen – vor ihm habe sprechen können. Da die Differenz der beiden Begriffe nicht sehr groß war, war es wohl eher die Enttäuschung, dass die von ihm, Willy Brandt, konzipierte Neue Ostpolitik unter der von Egon Bahr verwendeten, wie Willy Brandt selbst einräumt, »prägnanteren« Formel zitiert wird. Deshalb hat auch die SPD-Führung nach dem Tod Egon Bahrs ihrem ehemaligen Vorsitzenden keinen Gefallen getan, als sie ihren ehemaligen Geschäftsführer Egon Bahr zum »Architekten der neuen Ostpolitik« beförderte. Die Geschichte ist am Ende Willy Brandts Linie gefolgt, denn mit der Unterzeichnung des Abkommens für Sicherheit und Zusammenarbeit in Europa im August 1975 in Helsinki ist es gelungen, die Überlegenheit des demokratischen Prinzips nach Osten zu tragen und die Ideologie des Kommunismus letztlich zum Scheitern zu bringen.

Und nun laufen in der Erinnerung Egon Bahrs an den 9. und 10. November 1989 Vergangenheit und Gegenwart ein weiteres Mal ineinander. Nach der angeblich gemeinsamen Landung auf dem Berliner Flughafen Tempelhof habe er sich, wie er in seinen Erinnerungen schreibt, ins Arbeitszimmer des Regierenden Bürgermeisters begeben, wo er vor Jahren, »zitternd auf die Reaktion seiner Rede am 16. August 1961 gewartet hatte«, und wie damals habe er jetzt nach der Öffnung der Mauer wieder einen Cognac gebraucht. Damit knüpfte er gedanklich an jenes Datum an, an dem der Regierende Bürgermeister sich wenige Tage nach dem Beginn des Mauerbaus auf einer Protestversammlung vor dem Schöneberger Rathaus an die Berliner gewandt. Egon Bahr hat sicherlich an dieser Rede mitgewirkt, in der Willy Brandt den Alliierten und der Bundesregierung nahelegte, »das Berlin-Thema auszuweiten und nach Möglichkeit zu verändern«. So sollte über die Wiedervereinigung Berlins verhandelt werden; es sollte der sowjetische Vorschlag einer Friedenskonferenz über ganz Deutschland aufgenommen werden. Nichts dergleichen kam von Bundeskanzler Adenauer, der aus demselben Anlass den

II Die Mauer öffnet sich – mit Willy Brandt am 10. November 1989 in Berlin

Botschafter der Sowjetunion Smirnow empfing, um ihm zu versichern, man wolle »das aktuelle Streitobjekt nicht ausweiten«. Den Berlinern war mit einer solchen Verharmlosung der ihre Existenz bedrohenden Teilung der Stadt kaum gedient. Momper, jetzt bei der Öffnung der Mauer Regierender Bürgermeister, erinnert sich nicht an diesen Besucher in seinem Büro, schon gar nicht an dessen Verlangen nach einem Cognac.

Ärgerlich für mich, der ich wirklich mit Willy Brandt in diesem Flugzeug saß, dass Egon Bahr – freilich erst 1993 nach Willy Brandts Tod 1992 – in seinen Erinnerungen schreibt, Willy Brandt habe ihn am Abend des 9. November angerufen und gesagt: »Das hast du auch nicht geglaubt, oder?« Der Regierende Bürgermeister Walter Momper, so will er Willy Brandt informiert haben, habe sie beide eingeladen, an einer Kundgebung vor unserem [sic!] Schöneberger Rathaus teilzunehmen. Und nun fliege er, schreibt er, nach Berlin und erinnere sich, »im Flugzeug pinselt Willy Brandt an den Stichworten für seine Rede«. Nein, Willy Brandt »pinselte« nicht, er schrieb in dem ihm eigenen, prägnanten Duktus, gleichsam mit dem Wort ringend, in nicht mehr als 50 Zeilen die Stichworte auf, die das Manuskript für seine Rede am Abend vor dem Schöneberger Rathaus sein sollte. Und wie sollte er, der ohnehin kein großer Telefonierer war, wie Egon Bahr an anderer Stelle erzählt, telefonieren? Und Willy Brandt hatte auch die Einladung des Regierenden Bürgermeisters Momper am Abend des 9. November noch gar nicht erhalten: Angesprochen auf seinen Irrtum, erläuterte Egon Bahr, mangels wichtiger Tagesordnungspunkte habe er sich aus dem Plenum nach Hause begeben, durch den Anruf »des pflichtbewussten Freundes aus dem Bundestag« habe er von der Einladung Mompers zur Kundgebung vor dem Schöneberger Rathaus erfahren.

Seltsam. Egon Bahr lebte in der Überzeugung, Willy Brandt habe, gemeinsam mit ihm, dem Berater in Sachen Ostpolitik, in diesen Stunden gleichsam die Einheit vollendet. Er sei als sein Paladin, vielleicht sogar Stichwortgeber, mit ihm nach Berlin geflogen. Nur gibt es kein einziges Bild vom 10. November 1989, das Egon Bahr an der Seite von Willy Brandt zeigt.

Ich wurde gefragt: »Warum führst Du Krieg gegen Egon Bahr?« Es sei doch egal, ob er bei Willy Brandt im Flugzeug saß, mit ihm in Tempelhof gelandet ist und im Dienstzimmer des Regierenden Bürgermeisters nach Cognac verlangt hat. Und bei seinem Alter könnten doch Vorstellung und Wirklichkeit ineinanderfließen, vielleicht glaube er ja selbst an seine Geschichte. Nein, es ist ja wohl mehr. Egon Bahr hatte in ersten biografischen Veröffentlichungen in den 90er-Jahren mit seinem Bericht über die legendäre Veranstaltung in der Akademie Tutzing den Eindruck erweckt, ihm stehe die Deutungshoheit über den Ablauf der Vertragspolitik der Regierung Brandt zu. Und dazu fügte sich seine Darstellung der angeblichen Reise am 10. November 1989 an der Seite von Willy Brandt. Dieser kann sich gegen Geschichtsklitterung selbst nicht mehr wehren. Zu Lebzeiten von Willy Brandt hätte Egon Bahr es sicher nicht gewagt, sich als »Architekt der Ostpolitik« zu bezeichnen oder sich mit dem Titel »Architekt« feiern zu lassen.

Es kommt aber auch ein inhaltliches Argument hinzu. Noch nach der Öffnung der Mauer hat sich Bahr für den Erhalt des sozialistischen Staates DDR eingesetzt. Sich dabei auf Einvernehmen mit Willy Brandt zu berufen, wäre vermessen. Der hielt anfangs einen eigenständigen Weg der neuen Kräfte für denkbar und wünschenswert, aber nicht unter Führung der mit neuem Namen versehenen SED. Und in einer solchen Situation berührt dann die Enthüllung peinlich, dass Bahrs Schreibtisch im Parteivorstand der SPD von einem langjährigen informellen Mitarbeiter des Ministeriums für Staatssicherheit betreut wurde, aus dessen Feder die Empfehlung für den Umgang mit der Einheit stammte. Das hatte Bahr ausdrücklich als »ideenreiche Hilfe« gelobt. Warum hüllt Egon Bahr seine Berlinreise am 10. November 1989 in ein Mysterium, das wiederum Spekulationen Raum gibt, er habe an jenem Morgen Gespräche in Ostberlin geführt?

Zurück noch einmal zum Flug nach Berlin, auf dem sich Willy Brandt an jenem 10. November gegen 11:00 Uhr befand. Die Militärmaschine landete um die Mittagszeit auf dem früheren Flugfeld Tempelhof. Willy Brandt und seine Begleitung wurden von den Dienstwagen des Berliner Senats aufgenommen und zum Rathaus

Schöneberg gefahren. Jedenfalls teilweise, denn mir selbst entging das, weil ich mit der begleitenden Offizierin glaubte, darüber verhandeln zu müssen, ob uns die britische Maschine auch für den Rückflug zur Verfügung stand. Willy Brandts fuhr mit dem Regierenden Bürgermeister Walter Momper zunächst ans Brandenburger Tor. Es war ein sonniger Tag im Spätherbst, zur Feier des Tages hatte sich das Wetter besonders schön gemacht, strahlten Tiergarten und Mauer im Sonnenglanz. Von deren Düsterkeit war ohnehin angesichts der vielen Menschen, die sie bestiegen und sich vor ihr versammelt hatten, nicht viel zu sehen. Die historischen Fotos zeigen Willy Brandt bei seiner kurzen Ansprache an die jubelnden Menschen; er beglückwünschte die, die die Mauer überstiegen oder auf ihr Platz genommen hatten und lobte ihre Demonstration. Zugleich lud er zu einer machtvollen Kundgebung am Nachmittag vor dem Schöneberger Rathaus ein.

Am Tiergarten stieß auch ich wieder zu unserer kleinen Gruppe. Vom Brandenburger Tor wandte sich die Gruppe nach links in Richtung Reichstag, wo die Fahrzeuge warteten. Ernst wurde die Stimmung kurzzeitig beim Passieren der Kreuze, die an der Sektorengrenze zum Gedenken an die vielen hundert Menschen standen, die beim Versuch, die Grenzanlagen zu überwinden, umgekommen waren. Umgeben von einer fröhlichen Menge, aus der heraus Brandt zugejubelt und ein Händedruck gesucht wurde, ging es wie im Rausch weiter. Die Stadt vibrierte, und aus der Rückschau gibt es ein erstaunliches Gefühl von Glück, auch wenn man sich an das Verhalten der Sicherheitsleute erinnert, denn die beiden Beamten kamen mit der Körperdeckung kaum gegen den Druck aus der Menge an.

Die Fröhlichkeit in der Stadt machte eine Pause, als Willy Brandt am Berliner Abgeordnetenhaus ankam. Wir tauchten dann in einen kleinlichen Streit über den Text einer aus Anlass der Maueröffnung angemessenen Resolution der Parteien ein. Die CDU-Fraktion hatte – und aus der Rückschau verdient das Lob für politisches Gespür in dieser historischen Situation – in ihrem Entwurf aus dem »Brief zur Deutschen Einheit« zitiert. In diesem Begleitdokument zum Grundlagenvertrag mit der DDR, das Egon Bahr dem Unterhändler der

DDR, Michael Kohl, bei der Vertragsunterzeichnung übergab, hatte die Bundesregierung das Wiedervereinigungsgebot des Grundgesetzes offengehalten. Dem Koalitionspartner der Berliner SPD, der Alternative Liste (AL), missfiel der Satz in dieser Erklärung:

»Das Abgeordnetenhaus von Berlin hält fest an dem Ziel, auf einen Zustand des Friedens und der Einheit Europas hinzuwirken, in dem auch das deutsche Volk in freier Selbstbestimmung seine Einheit erlangen kann.«

Willy Brandt dankte in seiner Ansprache an die SPD-Fraktion für die Einladung nach Berlin, es seien »bewegende Stunden, die wir durchleben«. Er warnte – und das galt nicht nur dem Koalitionspartner AL, sondern auch Träumern in der SPD –, wer sich abzusetzen beabsichtige, begebe sich »in einen Widerspruch zu dem, was in der DDR im Gange ist«. Und er fragte: »Kann es gut sein, eine Berliner Politik zu betreiben, über die auch die Sowjets nur die Köpfe schütteln würden?« An die AL-Fraktion selbst wandte er sich mit der Mahnung: »Die Einheit, die ich heute am Brandenburger Tor erlebt habe, unter Menschen aus beiden Teilen der Stadt, ist eine Einheit ohne Staatlichkeit.«

Was in dieser Stunde die AL veranlasste, sich anscheinend gegen die Einheit der Deutschen zu wenden, ist in der Rückschau schwer auszumachen. War es Angst, wir im Westen würden durch finanzielle und ökonomische Folgen der Einheit überfordert? Zugegeben, auch die in der DDR aus einer außerparlamentarischen Opposition hervorgegangene politische Bewegung war von der vielfach berechtigten Sorge geplagt, sie könne durch eine gegen die DDR-Führung gerichtete Wiedervereinigungsstrategie in Bedrängnis kommen.

Am Ende wurde eine verquaste Kompromissformel beschlossen: »Das Abgeordnetenhaus von Berlin hält fest an dem Ziel, auf einen Zustand des Friedens und der Einheit Europas hinzuwirken, in dem das deutsche Volk in freier Selbstbestimmung *zu der Gestaltung seines Zusammenlebens gelangen kann, für die es sich in Ausübung seines Selbstbestimmungsrechts entscheidet.*« (Herv. v. Verf.). Das klingt wie eine

Anlehnung an das Bekenntnis der Schöpfer des Grundgesetzes, sie handelten auch für jene Deutschen, denen mitzuwirken damals versagt war. Die Präambel des Grundgesetzes enthielt hingegen die Aufforderung an das deutsche Volk, »in freier Selbstbestimmung die Einheit und Freiheit Deutschlands zu vollenden«. Auch wenn die CDU-Fraktion dies im Grunde hätte mittragen können, siegte die Oppositionsdisziplin, die Republikaner zogen an diesem fröhlichen Tag ohnehin vor, sich zu verweigern. Der interne Konflikt des Abgeordnetenhauses erledigte sich dadurch, dass Jürgen Wohlrabe, der Präsident des Abgeordnetenhauses, den vor dem Rathaus Schöneberg Wartenden, versehentlich oder absichtlich den ursprünglichen Entwurf als Entschließung verkündete.

An der Sitzung des Abgeordnetenhauses nahm neben dem früheren Regierenden Bürgermeister Willy Brandt für die Bundesregierung nur die Ministerin für innerdeutsche Beziehungen Dorothee Wilms teil. Bundeskanzler Helmut Kohl und Außenminister Hans-Dietrich Genscher befanden sich noch auf dem Rückflug von einem Staatsbesuch in Polen. Der Bundeskanzler wollte seinen Staatsbesuch aus Respekt vor Polen nicht abbrechen, zumal als man ihm mitteilte, er solle auf einer von der SPD organisierten Veranstaltung auf dem Balkon des Rathauses Schöneberg reden. Seine Mitarbeiter hatten aber die berechtigte Sorge, er dürfe nicht, wie ehedem Konrad Adenauer beim Bau der Mauer 1961, den Zorn der Berliner auf sich ziehen, wenn er einem so wichtigen Ereignis in Berlin fernbleibe. Gleichwohl verspätete sich seine Ankunft, weil aufgrund des Viermächtestatuts die Regierungsmaschine nicht in Berlin landen durfte und erst die US-Schutzmacht den Flug über Hamburg ermöglichte. Das wiederum hielt er für eine Schikane des Regierenden Bürgermeisters und ließ das auch allseits wissen. Der Präsident des Abgeordnetenhauses, der aber wie Kohl der CDU angehörte, verursachte weiteres Ungemach, als er aus protokollarischen Gründen seinen Parteivorsitzenden entgegen dessen Wunsch nicht als ersten Redner der Kundgebung zu Wort kommen ließ, ihn sogar ganz ans Ende der Veranstaltung setzte. Also, harmonisch lief das an einem so wichtigen Tag nicht.

Schon während der Sitzung des Abgeordnetenhauses war Dunkelheit über Berlin eingebrochen. Die Dauer der Debatte führte bei den auf dem John-F.-Kennedy-Platz vor dem Rathaus Wartenden zu Unmut, es wurden Rufe und Pfiffe laut.

Bei der Veranstaltung im Anschluss an die Sitzung des Abgeordnetenhauses auf dem Balkon des Rathauses Schöneberg – so zeigen es die Bilder der Fernsehnachrichten – wurde Willy Brandt gefeiert. Es waren junge Menschen, sehr viele aus der DDR, die in großer Zahl, so erinnert sich Momper und so zeigen es die Bilder, nach Westberlin gekommen waren. Kohl machte seiner Verärgerung ein erstes Mal während der Begrüßungsworte Mompers Luft. Der lobte den Freiheitswillen des Volkes der DDR-Bürger und deren unverbrauchte demokratische Kultur, ihre »Abneigung gegen die Ellbogengesellschaft«, was er den Westdeutschen als Beispiel anpries. Das provozierte die hörbare Zwischenbemerkung von Kohl: »Lenin spricht!«

Willy Brandt hatte natürlich mitbekommen, was sich am Rande eines Tages entwickelte, der eigentlich ein fröhlicher hatte sein sollen. Er sprach von diesem »schönen Tag nach einem langen Weg«, mahnte aber, dass wir uns erst an einer Zwischenstation befinden. »Es liegt noch eine ganze Menge vor uns« und »es wird jetzt viel davon abhängen, ob wir uns, wir Deutschen hüben und drüben der geschichtlichen Situation gewachsen erweisen.«

Das Zusammenrücken der Deutschen werde sich anders verwirklichen, als von den meisten erwartet. Und er warnte, »[...] keiner soll in diesem Augenblick so tun, als wüsste er ganz genau, in welcher konkreten Form die Menschen in den beiden Staaten in ein neues Verhältnis zueinander geraten werden«. Willy Brandt vermied es, die Souveränität der DDR in diesem Moment in irgendeiner Weise infrage zu stellen. Dennoch ließ er seine Sorge fühlen, Ungeschicklichkeiten auf dem weiteren Weg könnten zu vielen Scherben führen. Er warnte vor der Illusion, die Dinge würden wieder so, wie sie einmal waren.

Der Zorn des Bundeskanzlers, der ans Ende der Rednerliste gerückt war, wurde ein weiteres Mal geschürt, als der Regierende

II Die Mauer öffnet sich – mit Willy Brandt am 10. November 1989 in Berlin

Bürgermeister Momper den Außenminister Genscher aufforderte, vor der Ansprache des Bundeskanzlers die spontan von der DDR geöffneten Grenzübergänge vorzutragen. Der tat das betont gründlich, weil er wohl die Unruhe seines Bundeskanzlers spürte.

Der Grund für die zunehmend aggressive Stimmung gegen den Bundeskanzler war nicht so richtig auszumachen. Eher schon, warum ihn die Zwischenrufe »Bitburg« und »Annaberg« provozierten. Bei der Suche für eine symbolische Versöhnungsgeste beim gerade zu Ende gegangen Staatsbesuch war es zu Ungeschicklichkeiten gekommen. Die gerieten nicht immer zum Erfolg. Wenig Beifall hatte beispielsweise der Handschlag mit dem US-Präsidenten Reagan über den Gräbern des Soldatenfriedhofs Bitburg gefunden, weil man dem Bundeskanzler nicht gesagt hatte, dass dies eine Geste auch über den Gräbern von SS-Soldaten war. Bei der Planung der Polenreise wollte Kohl möglicherweise die Sühnegeste Willy Brandts am 8. Dezember 1971 vor dem Denkmal der ermordeten Juden in Warschau als ihm einzig angemessene Geste der Demut gegenüber den jüdischen Opfern aufgreifen. Den Vorschlag des Fraktionsvorsitzenden Alfred Dregger zu einer vergleichbaren Geste Kohls auf der Westerplatte, wo der 2. Weltkrieg begonnen hatte, als das bleibende Bild des Besuchs lehnte die polnische Regierung ab. Als Fehlgriff erwies sich auch die Idee, wohl auch mit Blick auf die Vertriebenenverbände, den Annaberg in Schlesien zu besuchen, denn diese katholische Wallfahrtsstätte war in den Jahren nach dem 1. Weltkrieg Symbol für den polnischen Widerstand und die nationale Unabhängigkeit geworden.

Die Diskussion im Abgeordnetenhaus und die Pfiffe gegen Kohl waren ein Vorgeschmack auf die Schärfe der Debatte bis zur Unterzeichnung des Einigungsvertrages am 3. Oktober 1990 und der Selbstauflösung der DDR. Als die Repräsentanten auf dem Balkon des Schöneberger Rathauses das Deutschlandlied anstimmten, allesamt ersichtlich nicht sehr tonsicher, gab es Gelächter. Schade, ein großer Tag endete in Missklang; die Runde eilte auseinander, Kohl zu einer CDU-Veranstaltung auf dem Kurfürstendamm. Demonstrative Gemeinsamkeit, die jetzt schön gewesen wäre, blieb aus.

Den Ausklang dieses bewegenden Tages bereiteten die neuen Sozialdemokraten in der DDR Willy Brandt im Ostberliner Evangelischen Albrechtshospiz. Der Weg dorthin sollte nicht ganz leicht sein und machte die damals noch ohne Murren hingenommenen Schwierigkeiten der neuen Einheit deutlich. Als Übergang wurde die Invalidenstraße gewählt, Willy Brandt, Hans-Jochen Vogel, Dietrich Stobbe und Gerd Weisskirchen wurden mit ihrer Begleitung und den Sicherheitsbeamten in der Schleuse am Grenzübergang nahezu eine Stunde festgehalten. Ob es wirklich der fehlende Personalausweis von Willy Brandt war oder ob das Grenzpersonal der DDR nicht wusste, wie es mit diesem hohen Besuch aus der Bundesrepublik umzugehen hatte, ich weiß es nicht. Es ging jedenfalls sehr bürokratisch zu, später fand ich beim Bundesbeauftragten für Stasi-Unterlagen (BStU) sogar die Zählkarte mit dem Stempel für meinen Übergang an jenem Abend wieder. Es wurde viel telefoniert; derweil konnte man sehen, wie auf der anderen Seite Ostberliner nach Westen strömten, sie erkannten Willy Brandt und grüßten begeistert zu uns herüber, Polizisten tauschten ihre Mützen, es herrschte Volksfeststimmung. Und Hans-Jochen Vogel war ungehalten, weil ihm selbst kein Telefon zur Verfügung stand. Der Einzug der Delegation ins Albrechtshospiz und das nachfolgende Gespräch sind von einer ZDF-Kamera festgehalten worden, Gesprächspartner waren Ibrahim Manfred Böhme, Stephan Hilsberg, Martin Gutzeit, Steffen Reiche und Pfarrer Hans Simon von der Gemeinde Zionskirche, einer der Wortführer der Demokratiebewegung in der DDR. Hinzu kamen Vertreterinnen und Vertreter der Bürgerrechtsbewegung, die wie ich selbst im Hintergrund sitzen mussten. Ich protokollierte im Stenogramm, das war gut so, denn so konnte ich die beim Wechsel der Kassetten entstehenden Lücken des Gesprächs aus meinen Unterlagen ergänzen.

Die Atmosphäre war beileibe nicht einladend. Man ließ uns fast vorwurfsvoll wissen, eigentlich sei das Hospiz heute geschlossen. Ob deshalb die Beleuchtung so trübe war, steht dahin, der uns später offerierte Rotkäppchen-Sekt (rot) war jedenfalls ungekühlt, aber das war in diesem Augenblick der Freude nicht so wichtig.

Unverkennbar hatten die Genossen von der neugegründeten SDP noch Berührungsprobleme. Das begann mit dem Problem der Anrede. Böhme benannte ferner Probleme, die den Austausch über Werte und Symbole betrafen. Bezüglich der Anrede räumte Willy Brandt die Schwierigkeit mit dem aus dem Sozialismus belasteten Begriff »Genosse« aus, er bevorzuge die Anrede »Freunde« und fügte hinzu, auch wenn das »ein bisschen Probleme bei den Feministinnen« gebe. Man begann das Gespräch mit Grundsatzfragen. Böhme äußerte die Überzeugung, ohne Anspruch auf religiöse und weltanschauliche Ausschließlichkeit (könnten) »Theologen, alternative Marxisten und Liberale, so sie sich zu gemeinsamen Grundsätzen bekennen, gemeinsam handeln«. Willy Brandt kommentierte, »was über uns so nicht gesagt werden kann«. Böhme bat, »uns als Sozialdemokraten nicht zu favorisieren«, sondern sie als Teil einer breiten Bewegung zu sehen, zu der die »Freunde vom ›Neuen Forum‹ oder ›Demokratie jetzt‹« gehörten.

Man kam dann auf das Problem, das schon im Rathaus Schöneberg die Diskussion bestimmt hatte, zu sprechen, die »Einheit«. Die neuen Genossen, das war deutlich zu spüren, wünschten sich Zeit, um *selbst* die weiteren Schritte festzulegen, und zwar gemeinsam mit allen anderen Kräften, weshalb der Ruf nach einem »Runden Tisch« ihnen so wichtig war. Das war auch der Grund, sich gegen Ausreisen auszusprechen. Auch bei den späteren Gesprächen des Runden Tisches war dies immer wieder ein spürbarer Wunsch. Dass die Strategen aus dem Westen ihnen diese Chance nicht geben würden, ahnten wir damals zum Glück noch nicht. Von SPD-Seite wurde betont, niemanden werde man abweisen, denn – und da bestand Einigkeit mit den Ost-Genossen – es werde jetzt jeder gebraucht, um die Volksbewegung nach vorn zu bringen. Die DDR-Genossen machten deutlich, für sie stehe in dieser Situation nicht die »staatliche Einheit« im Vordergrund, sondern die Öffnung der Grenze und die Begegnung. So hatte auch Willy Brandt das kurz zuvor bei seiner Ansprache auf dem Balkon des Schöneberger Rathauses formuliert. Hans-Jochen Vogel unterstrich die Bedeutung der »politische(n) Selbstbestimmung, die Demokratisierung dieses Landes, wo dann die Bürger wirklich frei entscheiden können«. Die SDP-Genossen waren unsicher, ob sie in der Lage seien, sich als Opposition zu profilieren und sich an der Macht in der Übergangsphase zu beteiligen. Dieses mangelnde Zutrauen zu ihrer neuen Bewegung erschreckte und bedrückte zugleich. Aufgabe des runden Tisches, so die SDP, dürften nicht Schuldzuweisungen, sondern müsse ein Reformprozess sein, durch den das Gefühl der inneren Stabilität vermittelt wird. Die zur PDS gewandelte SED würde dies allerdings ganz anders praktizieren. Stobbe riet dazu, bei den Menschen um Vertrauen zu werben, die sich verändern wollen. Schwer überwindbar schien den Sozialdemokraten der »Unfehlbarkeitsanspruch« der SED, die fehlende Bereitschaft, ihren Führungsanspruch infrage zu stellen. Die PDS bestehe aus drei Gruppen – so analysierte man die Situation: einer Minderheit, die auf dem alten Kurs bleiben wolle; Pragmatikern, die in der neuen Realität eine Rolle spielen wollten; schließlich Kräften, die ihre Partei zur Erneuerung im demokratischen Sinne drängten. Letzteren müsste, so die Meinung aus der SPD, unser Werben gelten.

Ein wunderbares, mir wichtiges Bekenntnis kam mit Bezug auf diesen Punkt gegen Ende des Gesprächs von einer Frau, die voll Stolz das in den letzten Monaten des Aufbruchs gewachsene Selbstbewusstsein betonte, »dass man erst richtig etwas tun kann und die Fähigkeit hat, das zu tun, weil man [...] auch Vertrauen in sich selber hat und dass man sich stark fühlt und nicht minderwertig«. In 40 Jahren DDR sei man »ein ganz geducktes Volk, verängstigt, konformistisch« gewesen. »Und man merkt jetzt, wie so alle aus den Löchern rauskommen und was da so da ist an Kraft und an Vermögen und an Fantasie.«

Martin Gutzeit sorgte sich in dem Gespräch, die DDR könne aufgekauft und des Wertes ihrer Arbeit beraubt werden, wenn »Milliarden von Devisen« aus dem Westen herüberfließen. Willy Brandt lobte die in dem Zusammenkommen der Menschen erlebte Einheit der beiden letzten Tage.

Gerade aus der Rückschau von heute, mehr als ein Vierteljahrhundert später, lohnt es, sich zu vergewissern, wie sich diese SDP – die erste in der absterbenden DDR gegründete Partei, die damit die Zwangsvereinigung von SPD und KPD zur SED von 1946 rückgängig

II Die Mauer öffnet sich – mit Willy Brandt am 10. November 1989 in Berlin

Abb. 1 Der Autor am 10.11.1989 vor dem Brandenburger Tor.

Abb. 2 Willy Brandt, Dietrich Stobbe und der Autor am 10.11.1989 am Übergang Invalidenstr.

gemacht hat – nach der Maueröffnung den Weg vorstellte: Man brauche Zeit, um Parlamentarismus zu trainieren; man müsse die Menschen zum Bleiben bewegen; runde Tische – ein solcher wurde in der DDR bereits vorbereitet – seien notwendig; man müsse einen Zeitraum finden, in dem die »unterschiedlichen demokratischen Bewegungsformen [sich] nicht nur konstituieren, sondern auch profilieren können«.

Die Versammlung ging auseinander mit einem Lob für die in der DDR entstandene Bewegung: In Sachen »demokratischer Bewegung« seien sie ihnen ein Stück voraus, räumten die Gäste aus dem Westen neidlos ein. Das Schlusswort eines der Teilnehmer der SDP allerdings gibt aus der Rückschau Anlass zu Nachdenklichkeit: Man sei gegen eine Bewegung, die die DDR kaputt macht, dass »Westberlin und die Bundesrepublik in Kalamität kommen.«

In der abgeklärten Rückschau aus mehr als 25 Jahren auf dieses prägende Gespräch der Sozialdemokraten in der Aufbruchphase 1989 spürt man mit Beklemmung, wie vom Westen her, unter Federführung der CDU und Bundeskanzler Kohls, so viel plattgemacht wurde, was an guten Ansätzen vorhanden war. Diese guten Ansätze belegen auch die später gelesenen Protokolle des Runden Tisches. Die auf dem Rückweg vom Gespräch mit der SDP zu den Autos entstandenen Bilder zeigen eine zufriedene Delegation.

Die sowjetische Brudermacht war von der DDR über die neuen Reisebedingungen nicht informiert worden. Die Unruhen und Demonstrationen in verschiedenen Städten der DDR waren für die Schutzmacht Grund zur Nervosität. Nach der Rückkehr ins Hotel war nur kurze Zeit für Entspannung, denn der Generalkonsul der Sowjetunion in Berlin, Alexejew, hatte sich angemeldet und überbrachte Willy Brandt eine Mitteilung von Michail Gorbatschow. Darin übermittelte er ihm seine Besorgnis über die Massenbewegungen in Berlin. Auslöser war die Information, dass Willy Brandt ebenso wie der Bundeskanzler an einer Kundgebung in Berlin teilzunehmen gedächten. Gorbatschow erwähnte sowohl eine Kundgebung am Alexanderplatz als auch die vor dem Schöneberger Rathaus. Seine Sorge sei, es könne zu chaotischen Situationen kommen. Er bat

Brandt, seinen Einfluss und seine Autorität einzusetzen, damit es nicht zu einer dramatischen Wendung komme. Brandt erwiderte, er habe »Prozesse erlebt, die dramatisch waren und destruktive Tendenz hatten«. Und er fuhr mit Bezug auf den hinter ihm liegenden Tag fort: »Heute habe ich freundliche Menschen gesehen, und ich glaube, ich habe dazu beitragen können, dass sich keine unnötigen Verhärtungen ergeben.« Daran habe keiner ein Interesse, es würde den europäischen Entwicklungen zuwiderlaufen. »Wir sind bei Einflussnahme auf einen möglichst konstruktiven Reformprozess aus«. Alexejew verabschiedete sich mit der Mitteilung, die an Willy Brandt gerichtete Bitte habe Gorbatschow mit demselben Inhalt Bundeskanzler Kohl zukommen lassen. Der Zufall fügt es, dass die Botschaft ihren Adressaten erst lange nach Ende der beiden Kundgebungen erreichte und die Sorge, es könnte zu Eskalationen kommen, sich als völlig unbegründet erwiesen hatte. Ergänzend informierte Alexejew Brandt, die Sowjets würden ihre Truppen in der DDR in den Kasernen lassen. Das war umso wichtiger, als die Situation in anderen Orten der DDR – etwa Leipzig – keineswegs so friedlich abgelaufen war wie in Berlin. So konnte Brandt am folgenden Tag Gorbatschow mitteilen, dass die Kundgebung nicht zu den befürchteten Entwicklungen geführt hatte. »Stattdessen erlebte ich in beiden Teilen Berlins eine fröhliche, menschlich bewegende Reaktion von Hunderttausenden auf die Möglichkeit zu freierem Verkehr zwischen den beiden Teilen der Stadt.« Er habe nicht versäumt, den Zusammenhang der Entwicklung in Berlin mit dem Bemühen des Generalsekretärs um Erneuerung herauszustellen. Er unterstrich, wie es am Abend zuvor in Ostberlin besprochen worden war, dass man den Menschen in der DDR rate, »nicht weiter zu übersiedeln, sondern in ihrer Heimat an der Neugestaltung mitzuwirken«.

Die Rückkehr anderntags um 8:30 Uhr mit einer Linienmaschine von Berlin nach Bonn war unspektakulär. Willy Brandt begab sich um 10:00 Uhr zur Sitzung des SPD-Vorstandes; der Mitarbeiter mit einem wunderbaren Erleben in sein Büro im Bundeshaus.

Die Arbeit dort mit Willy Brandt neigte sich in den folgenden Wochen ihrem Ende zu. Eine Art Abschied bot der Parteitag der SPD vom 18. bis zum 20. Dezember 1989 in Berlin, wo ich viele der Sozialdemokratinnen und Sozialdemokraten traf, mit denen ich in den 13 Jahren zuvor gearbeitet hatte. Nach Abschied war mir nicht zu Mute, dazu war ich noch zu sehr mittendrin. Der Parteitag stand unter dem für die Ereignisse des Mauerfalls prägenden Programm »Jetzt wächst zusammen, was zusammengehört«. Das geflügelte Wort zur deutschen Einheit ist von Willy Brandt nicht, wie gern verbreitet, bei seiner Ansprache am 10. November 1989 auf dem Balkon des Schöneberger Rathauses gefallen. Auch in seiner Redevorbereitung taucht die Formel nicht auf, ebenso wenig in der Nachschrift seines Beitrages auf dem Parteitag. Sie muss also aus einem Presse- oder Rundfunkinterview in die unter dem Eindruck der Maueröffnung stehende Öffentlichkeit gelangt sein.

Während des Parteitages war Willy Brandt Hauptredner auf einer großen Kundgebung vor dem Dom Ottos des Großen in Magdeburg. Der Gang im Anschluss daran zu Pfarrer Markus Meckel gehörte zu den dramatischsten Wegen meiner Laufbahn, denn ich durfte Willy Brandt auch hier begleiten: Eine riesige begeisterte Menschenmenge begleitete ihn und seine kleine Delegation mit den beiden Büroleitern, geschützt von zwei Sicherheitsbeamten. Ein kluger Mensch hatte offensichtlich die Parole ausgegeben, dass »dramatische Entwicklungen« durch Bereitstellung eines minimalen Polizeiaufgebots unterbunden werden könnten, ich sah nur zwei Beamte.

III   Eine Grenze verschwindet – die Erinnerung kehrt zurück

Auf die Öffnung der Mauer in Berlin – ausgelöst durch die verunglückte Pressekonferenz des Sekretärs des ZK der SED – beschränkte sich das Geschehen am 9. November 1989 beileibe nicht. Eine von der Ostsee bis zum Vogtland gezogene Grenze zwischen zwei deutschen Staaten trennte nicht mehr, sie hatten ihren Zweck verloren. Deutschland wurde von einer unerwarteten Aufbruchsstimmung, nicht nur in der Politik, erfasst, sie betraf Alte wie Junge – in Ost und West. Für die Mehrheit der Deutschen im Osten schien es die Erfüllung ihrer Hoffnung auf Veränderung. Nachteile musste allenfalls fürchten, wer Unterstützer des in diesen Tagen schon auf seinen Untergang gefassten Systems gewesen war oder wer sich schuldig gemacht hatte. Die große Mehrheit im Westen hoffte, ihre aufgeschobenen Probleme könnten gelöst, ihre Wünsche erfüllt werden. Und in den Tagen des Aufbruchs war man entschlossen, dies gemeinsam zu tun. Für eine Minderheit war es auch die Hoffnung auf materiellen Gewinn, die Wahrnehmung von Chancen, ehe dies andere tun konnten. Die Rückschau auf manche Biografie macht aber deutlich, viele schaffen es nach oben – ganz gleich, in welcher Umgebung. Sie gehörten zu denen, die ihr Fähnchen stets nach dem Wind zu drehen verstanden. Damals machte das Wort von den Wendehälsen die Runde. Sie fanden eine Art Entsprechung auf westlicher

Seite in Gestalt derer, die bis zur Wende nicht karrieretauglich waren und die, manch einer nach Entdeckung politischer Neigungen, ihren Aufstieg weiter östlich wahrnahmen.

Den Kolonnen von Trabbis, die in den Anfangstagen und -wochen von Ost nach West tuckerten – wir ahnten ja gar nicht, dass die DDR-Bewohner überhaupt so viele Autos hatten –, kamen die jungen Menschen von Westen aus entgegen. Das waren keine Lustreisen wie heute, lernte ich von meinem Sohn Christian, der sich als Student mühelos von seinen Pflichten lösen konnte, um dem Geschehen nahe zu sein. Was in den Wendemonaten gut und gern zehn Stunden dauerte, lässt sich heute – dank einer ausgebauten Autobahn ohne Kontrollstellen – an guten Tagen von Köln bis Berlin in der halben Zeit bewältigen. Wer aber am 10. November 1989 nach Berlin wollte, musste noch Stunden an den Grenzkontrollstellen in Helmstedt-Marienborn und in Drewitz vor Berlin warten. Von denen, die damals die Reise machten, weiß ich, dass sie das Warten widerspruchslos und gerne hingenommen haben. Da funktionierten die Grenzabfertigungsstellen an den Schnittstellen von Ost- zu Westberlin wesentlich besser – in guter Pflichterfüllung der deutschen Grenzkontrolleure, obwohl ihnen die Einheit noch nicht amtlich verkündet worden war. Wenn wir heute immer wieder die langen Fahrzeiten der Wendewochen erreichen, ist das nicht Nostalgie, aber dennoch eine Auswirkung der Wende, die den Warenaustausch mit den Staaten des früheren sozialistischen Rats für gegenseitige Wirtschaftshilfe (RGW), nicht zuletzt mit den neuen Bundesländern in Gang gebracht hat.

Ich hatte den Vorzug, per Sonderflug nach Berlin befördert zu werden, aber beim Versuch, die Grenze am Übergang Invalidenstraße zu passieren, dauerte es, wie gesagt, eine Stunde. Zum Problem wurde in den auf die Maueröffnung folgenden Tagen für die von Osten kommenden Besucher der Empfang des sogenannten Begrüßungsgelds. Die Berliner SPD-Stadtregierung wusste, was auf sie zukam, und hatte der Bundesregierung vorgeschlagen, dies – wie in den Bundesländern an der ehemaligen Grenze zur DDR – von der Verwaltung auszahlen zu lassen. Den damaligen Regierenden Bürgermeister Momper ärgert es heute noch, weil der Bundeskanzler dies ohne Begründung ablehnte. So mussten die Neuankömmlinge sich in die Warteschlangen vor den Sparkassen einreihen, und alsbald kam Frust gegen das Neue auf. Das war damals unsere spezielle westdeutsche Willkommenskultur.

Bei allem Stolz auf das Gelingen des Einheitsprozesses muss man in der Rückschau zugestehen, wie Kleingeist, Parteiegoismus sowie Bürokratengeist die Dinge erschwert haben und unnötigen Aufwand nach sich gezogen haben. Das hat vielfach Unmut ausgelöst, zu Verletzungen geführt, die das Gelingen der Einheit gestört haben. Bundeskanzler Kohl hatte als Fahrplan für den Einigungsprozess – ohne Abstimmung mit dem Koalitionspartner oder den Alliierten, geschweige denn mit der Opposition – das 10-Punkte-Programm vom 26. November 1989 konzipiert. Es brachte konföderative Strukturen ins Gespräch und bekannte realistischerweise, wie die Wiedervereinigung aussehen werde, wisse man noch nicht. Das Wort »Konföderation« hatte der SPD-Vorsitzende Vogel ebenfalls bereits gebraucht. Bei Information des US-Senators Edward Kennedy über den Einigungsprozess freute sich Willy Brandt, dass »die Vision seines Bruders, des Präsidenten, dabei sei, ihre Erfüllung zu finden« und sprach von der »Erwartung eines neuheranwachsenden Deutschen Bundes«. Insoweit schienen Regierung und SPD-Spitze in den ersten Wochen nach der Maueröffnung noch nahe beieinander, was das Einverständnis über die zehn Punkte des Bundeskanzlers erklärt. Brandt und Vogel hatten aus dem historischen Gespräch mit den ostdeutschen Genossen die Sorge aufgenommen, diese könnten in der neuen Situation vom Westen »bevormundet« werden. Deshalb war der Vorwurf fehl am Platz, die SPD sei gegen die Wiedervereinigung. Allerdings fand sie keine einheitliche Linie, was sie im Meinungsbild der DDR-Bewohner zunehmend ins Hintertreffen brachte. Das galt umso mehr, als die Bundesregierung alsbald Abschied von ihrem 10-Punkte-Plan nahm. Auslöser war die Bewertung der DDR-Wirtschaftskraft durch die für Währungspolitik zuständigen Mitarbeiter im Finanzministerium. Die Bundesregierung bot dann am 6. Februar 1990 eine Währungsunion mit Wirtschaftsgemeinschaft an. Der Runde Tisch glaubte zu diesem Zeitpunkt noch an eine gleichberechtigte Mitwirkung im Einheitsprozess. Eine neue DDR-Verfassung wurde bereits erarbeitet, welche Grundlage für eine spätere Konföderation werden sollte. Sie war damals schon Makulatur und damit war absehbar, die DDR würde ihre Selbstständigkeit viel rascher verlieren, als es die neuen demokratischen Bewegungen erwartet hatten.

Zunächst aber bewegte man sich wie auf einer Wolke. Die wurde getragen von den begeisterten Berichten, die uns durch die Lücken in der Mauer und Grenzbefestigungen erreichten. Als Ausdruck der Begeisterung dienten die Betonbrocken aus der zerfallenden bzw. mit dem Bohrer zerkleinerten Mauer. Noch Monate später gehörte bei Kongressen in Berlin ein kleines Plastiktütchen mit Mauerresten zum Begrüßungsritual, nicht anders als die vorgeblich originalen Militärmützen der Roten Armee, die findige Devotionalienhändler nach der Wende in Serie neu produzieren ließen.

Die Tage im November waren für mich mehr als der dienstlich begleitete geschichtliche Vorgang. Es erging mir wie vielen Westdeutschen, die über Jahrzehnte von ihren Familien oder eigener Geschichte getrennt gewesen waren. Man durfte wieder anknüpfen an die eigene Vergangenheit. Die Zahl der Reisen nach Osten nahm sprunghaft zu, stieß allerdings auf ein reichlich bescheidenes Angebot an Unterkünften.

Wenn ich absehe von den Dienstreisen in die Ständige Vertretung der Bundesrepublik in Berlin-Ost, lag meine letzte unmittelbare Berührung mit der DDR, ein Besuch bei Tante Dora in Merseburg, mehr als 30 Jahre zurück. Tante Dora war – wie auch der weitläufig verwandte Briefmarkentauschpartner – später ausgereist, ansonsten blieb ein Kontakt zum Ort unserer Evakuierung im Thüringen des Zweiten Weltkrieges, denn weitere Verwandte gab es nicht mehr. Die damals im Sommer 1957 als Siemens-Lehrling von Berlin durchgeführte Reise war noch in banger Erinnerung. Nicht dass es persönliche Probleme gegeben hätte. Der Zug der Deutschen Reichsbahn war nicht weniger bequem als die Deutsche Bahn, die Fahrkarte stimmte, die Kontrollen waren ohne Beanstandung und schließlich war die bis zum Sonntag reichende Besuchserlaubnis korrekt. Wer nicht mitmachte, war die Dampflokomotive der Deutschen Reichsbahn. Sie versagte spät in der Nacht kurz vor Berlin ihren Dienst. Die Sorge, das könne persönliche Folgen haben, lag drohend über uns Reisenden, nicht wegen möglicher Verspätung zum morgendlichen Dienstbeginn im Schaltwerk, sondern weil die Stadtgrenze Berlins nicht mehr fristgerecht vor Mitternacht erreicht würde. Man war offenbar nicht unbeeinflusst von den Horrormeldungen über die »böse« DDR-Staatsmacht, denn im Nachhinein fragt man sich schon, ob man den Menschen in der DDR Unrecht getan hat, indem man ihnen in dieser Weise Böses unterstellte. Das war bei mir sicher nicht der Fall, aber die Propaganda, die das andere System – die »Zone«, wie sie nicht nur in der Adenauer-Ära hieß – in eine Schurkenrolle brachte, passte ins Feindbild. Der Gegner wusste diese Propaganda deutlich zu überbieten, aber anders als der Westen musste er seine Leute bei der Stange halten, um sie vor dem Weglaufen zu bewahren. So nahm er seine Bürger in die Pflicht, das System und damit sich zu schützen. Und diese Pflicht, das unterschied das System nicht von uns im Westen, kann man in mancherlei Form erfüllen, am Ende superkorrekt bis unmenschlich. Der Leidtragende war der andere, dem er begegnete, das Gegenüber. Die Reise nach Merseburg endete gleichwohl unbeanstandet.

War die Reise von Westberlin in die DDR auch damals schon mühevoll, so konnte man sich doch in Berlin ungehindert über die noch offene Grenze bewegen. Problemlos ging das aber auch damals nicht. Mich begleitete jedenfalls zumeist ein mulmiges Gefühl. Die S-Bahn bediente das Netz in Ost wie West, 15 Pfennig betrug der Kampfpreis für eine Fahrkarte. Besuche von Museen, Oper oder Theater waren im Osten Berlins erschwinglich, nicht zuletzt gehörten dazu belegte Brötchen und der Krim-Sekt zu einer Mark Ost. Wohl wissend, dass es nicht erlaubt und strafbar war, beschaffte man sich Mark-Ost, ich meine zum Kurs 1:10 oder 1:8 in Wechselstuben am Bahnhof Zoo. Walter Felsensteins Inszenierung von Leoš Janáčeks Oper »Das schlaue Füchslein« an der Komischen Oper ist in lebhafter Erinnerung geblieben. Begehrt war aber auch Literatur in großartiger Ausstattung. Zur »Tarnung« meinte man, das verbotene Ausfuhrgut in vietnamesische oder Zeitungen anderer Bruderstaaten der DDR einhüllen zu müssen. Eindrücke hat der Besuch im vorläufig restaurierten Pergamonmuseum hinterlassen. Im Juli 1957 war dieses doch ungehinderte Wechseln über eine zwar mit Posten versehene, dennoch offene Grenze zu Ende, weil meine Lehrzeit im Mülheimer Turbinenwerk fortgesetzt wurde. Privatreisen in die bzw. durch die DDR, sieht man von Bahn- oder Autofahrten nach Berlin ab, habe ich bis zur Wende nicht mehr unternommen. Unter den Dienstreisen sticht eine Bahnreise mit dem planmäßigen Interzonenzug von Köln nach Berlin hervor. Im März 1979 waren Willy Brandt nach dem überstandenen Herzinfarkt Flugreisen zeitweilig verboten. An den Interzonenzug wurde deshalb der Salonwagen angehängt. Spannend wurde es nach dem Grenzübergang. Auf dem Bahnsteig salutierte ein Reichsbahnbeamter, NVA-Soldaten untersuchten den Zug, dann wurde eine der legendären Taiga-Trommeln vorgespannt, eine röhrende Diesellokomotive sowjetischer Bauart, wohl in der Sorge, die erste Lokomotive könnte ausfallen. Wir kamen ungehindert von Marienborn nach Berlin-Wannsee, gründlich bewacht an jeder Brücke und Schranke von einem Militärposten. Nach der Ankunft besuchte Willy Brandt das Jüdische Gemeindehaus, es folgte eine Wahlveranstaltung im Abgeordnetenhaus, dann reisten wir über Nacht nach Kiel.

Zu Reisen in die DDR – genau genommen war das Ziel Berlin-Ost – musste ich erst lange nach der Lehrzeit wieder, unter anderem als Mitglied des Hauptpersonalrats im Bundeskanzleramt, der periodisch in der nachgeordneten Dienststelle Ständige Vertretung der Bundesrepublik in Berlin-Ost tagte. Das beschränkte sich auf das Dienstgeschäft. Ich flog mit dem Flugzeug und verspürte eigenartigerweise nicht das Bedürfnis, mich durchs andere Deutschland zu bewegen, wohl, weil mir ein Begleiter fehlte. Der Dienstpass ist gefüllt mit den für die Ein- und Ausreise erforderlichen Dienstvisa aus den Jahren 1979–1981. Später fand ich auf der Suche nach Spuren, nach denen ich in den Akten der Staatssicherheit gesucht hatte, die sauber verzeichneten Einträge in der Informations- und Auskunftskartei des MfS/Hauptabteilung II/12; sie war laut dem Bundesbeauftragten für die Unterlagen des Sicherheitsdienstes der ehemaligen DDR »zuständig für die politisch-operative Sicherung der Ständigen Vertretung«. Bei einer der Einreisen habe ich mir den Zorn der zuständigen Grenzbeamtin zugezogen, weil ich die mir vom Protokoll zugedachte Bevorrechtigung für Menschen mit Diplomaten- oder Ministerialpass vorgesehenen exklusiven Durchgang nicht beansprucht hatte. Die Beamtin trug die wenig ansprechende Uniform aus grobem Tuch, die sie angesichts des ruppigen Umgangs mit den vor mir eine ganze Zeit in der Schlange Wartenden noch unattraktiver werden ließ. Als ich ihr auf der in Augenhöhe befindlichen Theke meinen amtlichen Pass zuschob, erinnerte sie sich offenbar, dass sie die Einreisenden bürokratisch-korrekt, mit anderen Worten schleppend und unfreundlich abgefertigt hatte. So wies sie mich barsch auf mein Vorrecht hin und forderte mich auf, es auch zu nutzen.

Als wenig gastlich ist die Versorgung während der Besuche in Erinnerung. In der Nachbarschaft der Ständigen Vertretung stand eine exklusiv zuständige HO-Gaststätte zur Verfügung, der Sitzbereich war abgesperrt. Wir wurden an den wartenden Besuchern vorbeigeleitet. Auffällig wirkte die unterkühlte Bedienung, so als sei allzu demonstrative Gastfreundschaft zum Klassenfeind aus dienstlichen Gründen unterbunden worden. Soweit also meine deutsch-deutschen Begegnungen in Zeiten der Mauer, die jetzt Vergangenheit sind.

Zum Zeitpunkt der Maueröffnung war ich Vorsitzender des Ortsvereins Rheinbreitbach der SPD. Es war Ehrensache für uns, uns am Aufbau der sozialdemokratischen Partei (Ost) zu beteiligen und die Patenschaft eines neu gegründeten Ortsvereins im Osten zu übernehmen. Als die DDR zu zerfallen begann, war 1989 die Sozialdemokratische Partei (SDP) gegründet worden. Aus eigener Kraft konnten die neuen Genossen wenig spektakulär die im April 1946 angeordnete Zwangsvereinigung der alten SPD mit der KPD zur SED aufheben. Nach der Maueröffnung war die Hoffnung groß, die junge Sozialdemokratie könne die politische Führung übernehmen, die Begeisterung war allenthalben groß. Das merkte auch der Ortsverein Rheinbreitbach, als ich bei den Landesverbänden und einzelnen Vorständen nach einem Partner suchte. Die als Partner zur Verfügung stehenden jungen Parteigliederungen in Grenznähe waren alsbald ausgebucht, und wir wanderten immer weiter nach Osten. Am Ende bot sich schließlich Olbernhau an, 600 Kilometer vom Rheinland entfernt. Den Hinweis auf diese Ortsgruppe im malerischen Erzgebirge hatte mir der später an seiner Vergangenheit als Informeller Mitarbeiter (IM) der Staatssicherheit gescheiterte Sprecher der SDP, Ibrahim Böhme, gegeben. Ich war ihm im Ostberliner Albrechtshospiz bei dem Gespräch Willy Brandts und anderen Sozialdemokraten mit der neu gegründeten Sozialdemokratischen Partei der DDR am 10. November 1989 begegnet. So wurden wir, zunächst brieflich, Partner des neuen Ortsvereins in Olbernhau. Wir sagten dem Partnerverein einen Besuch im März 1990 zu, um ihn im Wahlkampf zur ersten demokratischen Wahl zur Volkskammer zu unterstützen. Es wurde Material für ein Parteibüro beschafft, Prachtstück war ein ausgedienter Kopierer. Wir starteten bei eisigem Frost, und die Straßen in Richtung Osten waren noch nicht in dem guten Zustand, den sie, beneidet von den »Wessis«, dank des Programms »Aufbau Ost« heute haben. So erreichte unsere Delegation reichlich spät die neu gewonnenen Freunde, die uns seit Stunden ungeduldig im Gastraum der Landwirtschaftsgenossenschaft erwarteten. Dort harrte unser ein Schlachtfest, unter dem der Tisch sich bog und das allen Berichten über die schlechte Versorgung in der DDR Hohn zu sprechen schien. Offen gestanden waren wir überrascht von der Menge des Fleisches – aber bei unserem Gespräch belehrte man uns, dass die DDR für den Wirtschaftsraum RGW Hauptversorger für Schweinefleisch war. Wie bei Schlachtfesten üblich, musste zur Feier des Tages eine Menge Schnaps und Bier herhalten, um die Menge genossenen Fleischs zu neutralisieren.

Nach einer erholsamen Nacht bei den Freunden wurden wir am folgenden Morgen durch das Erzgebirgsstädtchen geführt. Bis heute floriert dort das Holzschnitzerhandwerk, Nussknacker und Krippenfiguren aus dem benachbarten Seifen sind ungeachtet der Billigkonkurrenz aus Fernost immer noch ein Markt. Schlimmer stand es schon damals um die örtliche Schwerindustrie. Das moderne VEB-Stahlwalzwerk war erst nach dem 2. Weltkrieg errichtet worden. Der wie viele andere durchaus für die Modernisierung taugliche DDR-Betriebe wurde trotzdem alsbald nach der Wende von den »Managern« der Treuhand plattgemacht, mit ziemlicher Sicherheit im Verein mit der westdeutschen Konkurrenz. Das Städtchen an der erzgebirgischen Flöha entstand im 13. Jahrhundert nach dem Fund von Edelmetall, Silber und Zinn, Bodenschätzen, die vor Ort verhüttet wurden. Im sogenannten Saigerverfahren wurde seit dem Jahr 1537 Silber vom Rohkupfer auf der Basis eines damals neuartigen Schmelzverfahrens, dem Saigern, geschieden. Das gewonnene Material erfüllt für die Dachdeckung aus Olbernhauer Kupfer noch heute seinen Dienst. Die Edelmetallproduktion wurde 1945 aufgrund eines Kontrollratsgesetzes eingestellt. Die »Saigerhütte Olbernhau-Grünthal«, ein heute einmaliges europäisches Industriedenkmal, ist inzwischen Zeitzeugnis des Hüttenwesens der Buntmetallurgie. Mit weiteren historischen Werkstätten bemüht sich die »Montanregion Erzgebirge« um Anerkennung als UNESCO-Weltkulturerbe.

Die westdeutschen Gäste nahmen die Einladung gern an, in Olbernhau an einer Wahlkundgebung in einer der Werkshallen teilzunehmen. Unsere Diskussionsbeiträge mögen politisch und moralisch wertvoll gewesen sein, die erhofften Stimmen brachten sie leider nicht. Bei der Kommunalwahl konnte die SPD 22,5 Prozent erreichen, die Linke lag mit 13,4 Prozent sogar knapp hinter der FDP. Bei der jüngsten Landtagswahl 2014 lag die Linke, dem Landestrend folgend, wieder auf Platz 2 vor der immerhin deutlich gestärkten SPD.

In Erinnerung ist der erste Gegenbesuch aus dem Erzgebirge geblieben. Zu unserer Überraschung gehörte ein befreundetes sozialdemokratisches Ehepaar dazu, das mitsamt drei halbwüchsigen Kindern in einem Trabbi in Rheinbreitbach auftauchte. Die Reise wurde anschließend über die Alpen in Richtung Italien fortgesetzt. Die Fähigkeit, Menschen samt Gepäck für fünf Personen in einem Gefährt vom Ausmaß eines Trabbis unterzubringen, ist in der Folge westdeutscher Autoimporte verloren gegangen. Seit der Wende ist Olbernhau kontinuierlich von etwa 13.000 auf heute 10.000 Einwohner geschrumpft. Der Ort wurde zwölf Jahre nach der Wende vom Hochwasser am 12./13. August 2002 schwer getroffen, die Spuren sind inzwischen beseitigt, die Stadt strahlt glanzvoller als noch früher, freilich den wirtschaftlichen Niedergang vor Augen. Ähnlich unglücklich verlief die Geschichte der Partnerschaft, die wie viele der in der Euphorie der Wende geknüpften Freundschaften eingeschlafen ist.

Gleich den vielen, die die Wende als Chance für einen Karrieresprung wahrzunehmen gedachten, wurde ich überrascht vom Angebot, der SPD als Kabinettskandidat mit einer Zuständigkeit für Europa bei der Wahl des Landtags von Mecklenburg-Vorpommern zur Verfügung zu stehen. Die Wahl fand am 14. Oktober 1990 statt. Der Wahlkampf war kurz, die wichtigste Präsentation war eine Vorstellung der Kandidaten in Warnemünde. Die Sehenswürdigkeiten der benachbarten Stadt Rostock befanden sich in gutem Zustand, die Stadt selbst war ein Jahr nach der Maueröffnung im desolaten Zustand einer DDR-Großstadt. Bedrückend war die Unterkunft im Neptun-Hotel, das nach dem Krieg in Anlehnung an die norddeutschen Backsteinbauten an der Langen Straße errichtet worden war: Das Haus war muffig und düster, der Empfang unfreundlich, zum Schlafen wurde uns eine kiloschwere Pferdedecke zugemutet. Das wurde nur kompensiert durch die freundlichen Menschen im Wahlkampfteam, in der Parteiorganisation und bei den besuchten Einrichtungen. Leider schaffte es die SPD in der ersten Landtagswahl mit gut 27 Prozent nicht an die Spitze, erst bei der dritten Landtagswahl überholte sie die CDU, die nach der Vereinigung mit 38 Prozent gestartet war. Seither liegt die SPD an der Spitze – das hebt sie – mit Brandenburg – von den anderen neuen Bundesländern ab.

Noch unter dem Eindruck der Begeisterung wurde mit Freunden beschlossen, die Jahreswende 1991 im Thüringer Wald zu begehen, in Geiersthal, wo meine Familie die letzten drei Kriegsjahre verbracht hatte. Dazu später. Der Besuch fand bei bitterer Kälte statt, der thüringische Schnee war noch ausgeblieben, das Wetter war regnerisch-trübe. Die mit Schiefer bedeckten Häuser wirkten noch dunkler als sonst, und der Ort, der ungeachtet der wenig romantischen Bedingungen der Evakuierung und der Abreise im Spätjahr 1945 für das Kind ein Elysium der Kinderzeit geblieben war, enttäuschte beim ersten Wiedersehen nach fast 50 Jahren. Ein Hotel gab es nicht am Ort, so musste man die angebotene Übernachtung im Privatquartier annehmen. Der Schlafraum fasste das Doppelbett so gerade, das forderte akrobatische Anstrengungen für den Benutzer des Bettes an der Wand. Mit dem Logierpreis von 20 DM waren wir zufrieden. Zur selben Zeit herrschte in den Ostseebädern noch die Goldgräberstimmung der Nachwendezeit mit Zimmerpreisen über 100 DM. Es gab keinen Service, das Frühstück konnten wir uns bei Renate, der Spielkameradin von früher, in der zum Gemischtwarenladen aufgestiegenen ehemaligen Bäckerei besorgen. In Erinnerung an frühere Besuche stand der Besuch in der Glasbläserstadt Lauscha auf dem Programm. Auch hier überwog die Enttäuschung, denn offensichtlich wirkte die Arbeitsmoral der DDR noch fort, als uns um 11:30 Uhr die Mitarbeiterinnen unmissverständlich bedeuteten, am Nachmittag wiederzukommen. Schade, denn die alte, von früher vertraute Glaskunst bot eine reiche Fülle von Objekten, nicht nur für die Weihnachtsdekoration. Aufregend war die Suche nach einem angemessenen Platz für die Feier des Jahreswechsels. Angeboten wurde die trübe Kulturhalle in Neuhaus am Rennweg, es gab sogar eine Kapelle, der wir aber auch nicht helfen konnten, vor reichlich leerem Saal spielen zu müssen. Trotzdem wurde nach der Jahreswende mit Sekt der Marke Rotkäppchen angemessen gefeiert.

Geiersthal sah ich erstmals wieder, nachdem meine Mutter es mit uns Kindern in den ersten Oktobertagen 1945 verlassen hatte. Die Besetzung war im Juli von den Amerikanern auf die Rote Armee übergegangen, es war zunehmend unsicherer geworden. Unsere Wohnung in Neuss gab es nicht mehr, Ziel war deshalb das Haus des Großvaters in Mülheim-Broich, am 21. Oktober wollten wir zur Feier des Geburtstags unseres Großvaters in Broich sein, was nur mit Verzögerung gelang. Ausweislich der »Registrierungskarte Flüchtlingen« [sic!] verließ ich am 22. Oktober das Durchgangslager Osterode. Auch dazu später.

Wenn ich den Berichten über meine Entstehung glauben kann, dann kam ich unvorhergesehen auf die Welt. Über meine Ankunft im Evangelischen Krankenhaus Düsseldorf Fürstenwall am 29. April 1938 heißt es, nachdem morgens um 6 Uhr ein Marlis genanntes Mädchen zur Welt kam, habe die Hebamme der Mutter eröffnet, die

Geburt sei beileibe nicht zu Ende und die Nachgeburt bestehe aus einem vollständigen Kind. Anders als der Professor, der ihr das ausreden wollte, hatte die Hebamme von Anfang an darauf bestanden, es gehe um Zwillinge. Das nahm man wohl auch in der Schule des Vaters an, weiß meine erstgeborene Zwillingsschwester, es seien Wetten auf die erwartete zweite Niederkunft abgeschlossen worden. Folglich wurde, so ist in der Folge in Sütterlin auf der Geburtsurkunde Nr. 1343 vom 3. Mai 1938 festgehalten, es sei »vormittags acht dreiviertel Uhr ein Knabe geboren worden, das Kind hat den Namen Klaus-Henning erhalten«. Der vom christlichen Nikolaus abgeleitete Vorname »Klaus« muss der »Kevin« oder »Meik« späterer Jahre gewesen sein, denn in meiner ersten Gymnasiumsklasse waren wir zu sieben Jungen mit Namen Klaus. Vielleicht war das der Grund, warum zur besseren Unterscheidung die niederdeutsche, im späten Mittelalter gebräuchliche Kurzform »Henning« des Vornamens Johannes angefügt wurde. Heinrich war in unserer Familie ein gebräuchlicher Vorname bis hinunter zum Vater und Großvater väterlicherseits. Es sollte ein Doppelname sein, der Affix Henning erhielt deshalb einen Bindestrich. Diese Kombination gereichte dem Kind während seiner Jugendjahre aus nicht nachvollziehbarem Grund zu verletzendem, vielfältigen Spott, vielleicht weil »Henning« im Rheinland artfremd war. Folglich wurde dieses Namenspartikel, soweit wie möglich, nicht verwendet. Die Zeit hält für derlei Fälle offenbar eine Wiedergutmachung bereit: Mit fortschreitendem Alter geriet der Vorname »Henning« zu bevorzugtem Gebrauch. Auf diese Weise bestand am Ende auch kein Grund, den Eltern ob der Namensgebung weiter zu grollen.

Die Umstände brachten es mit sich, dass ich meinen Lebensweg kränklich begann – wie meine Münchener Zimmerwirtin es auf eine Kurzformel brachte: »Gell, Sie sans a so a Krepiererl wie der Donerl«, was ihr Sohn Anton war. Dank guter Pflege und der bemühten Kinderfrau war das bald überwunden. Dann wurden wir von Pflichtjahrmädchen begleitet, die meist unterkühlt, von wenig Begeisterung geprägt wirkten. Verwunderlich ist, dass, heute kaum vorstellbar, die frühe Kindheit nur in wenigen Bildern existiert, obwohl der Vater begeisterter Fotograf war.

III Eine Grenze verschwindet – die Erinnerung kehrt zurück

Als meine Schwester und ich zur Welt kamen, wohnte die Familie mit meinem älteren Bruder Jürgen in Neuss am Rhein. Der Vater fand, nachdem er in der Weimarer Zeit keine Stelle als Lehrer bekommen hatte, nach dem Erscheinen der Nationalsozialisten in der dortigen Marienschule der Ursulinen, einer Klosterschule, eine Stelle als Studienrat. Seine Laufbahn bis dahin wirkte auf mich in der Rückschau eher bedrückend. Er war 1899 geboren, die Oberschule in seiner Heimatstadt Mülheim (Ruhr) konnte er in der Zeit des 1. Weltkriegs nicht ordentlich abschließen und erhielt stattdessen 1917 das Notabitur. Zum Arbeitsdienst wurde er mit Klassenkameraden auf dem Auberg, einer Anhöhe nahebei über dem Ruhrtal, eingezogen. Die militärische Ausbildung erhielt er ab 17. September 1917 in Straßburg. Dann schleppte er als Fußartillerist 13 Monate lang Granaten. Nachdem er im Januar 1919 aus der Armee entlassen worden war, ging er mit seinen Schulkameraden, mit denen er auch im Krieg zusammengeblieben war, zum Studium nach Marburg. Mit der Inflation konnten seine Eltern ihn nicht mehr unterstützen, so brach er das Studium der Sprachenwissenschaften ab, wurde aber am 29. Juli 1922 in Bonn mit einer Arbeit über Hans Sachs zum Doktor der Philosophie promoviert. Dann verdingte er sich aushilfsweise bei der Firma Stinnes und in anderen Handelsbetrieben als Fremdsprachenkorrespondent. Von 1928 bis 1930 setzte er dann das Studium an der Universität Münster fort. Es folgten Referendariat und Assessorzeit an der Luisenschule in Mülheim, drei Lehramtsanwärter besetzten eine Stelle. Derweil hatten die Nationalsozialisten die Macht übertragen bekommen, aber das Assessorat war zunächst nicht mit einer Festanstellung verbunden. Wie ich aus den Entnazifizierungsunterlagen lernte, bot man meinem Vater an, durch Beitritt in den Nationalsozialistischen Lehrerbund und überdies durch die Heirat die Chance auf eine Anstellung zu beschleunigen. Das glückte dann zum Herbst 1935 in Neuss – wie ich aus der Rückschau mit Schrecken erkannte – in seinem 35 Lebensjahr, einem Alter, in dem das Beamtenrecht heute gerade noch die Aufnahme in das Beamtenverhältnis erlaubt.

Von der Erinnerung an Neuss ist nicht viel geblieben. Die Stadt drehte sich um die Kanalstraße. Diese führte von der Innenstadt über

Abb. 3 Der Vater des Autors mit seinen Kindern (Neuss, Sommer 1940).

Abb. 4 Die Mutter des Autors mit ihren Kindern (Neuss, Winter 1940).

den Erftkanal, der von der früheren Stadtbefestigung zum Stadtpark verlief und ihr den Namen gab. Auf dem Weg lagen das düstere Amtsgericht, das Postgebäude und das Wehrbezirkskommando. Das war der Kreis meiner frühen Jugend, die für uns Kinder konfliktfrei verlief. Betreut von Kinderfrauen, dazwischen fremden Pflichtjahrmädchen – aus Polen stammenden jungen Mädchen, von denen ich nicht einmal einen Namen mehr weiß –, wuchsen wir auf, wie es für Mutter und Vater mit drei Kindern, also einer Familie aus gehobenen Kreisen, angemessen war, zu denen ja mein Vater als Studienrat gehörte. Ab und an zog mein Vater eine braune, um die Hüfte eigenartig gewölbte Hose an und schnallte sich Stulpen um die Waden. Erst später erschloss sich mir deren Bedeutung. Und das Eintopfessen, zu dem wir Kinder ihn begleiteten, musste nicht mit einem je eigenen Löffel aus einem großen Kessel gelöffelt werden, sondern wurde mundgerecht serviert. Wie ich später lernte, zog Vater eine SA-Uniform an, und der Anlass der Gemeinschaftsveranstaltung stand im

III Eine Grenze verschwindet – die Erinnerung kehrt zurück

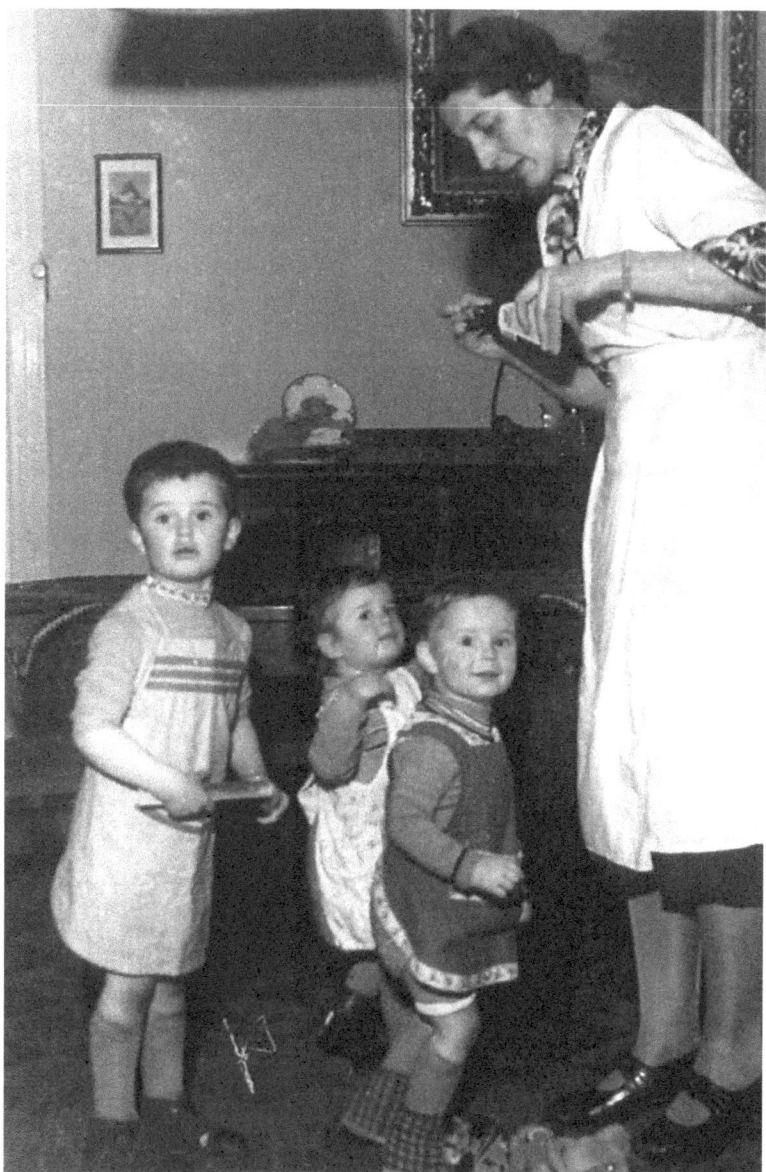

Abb. 5 Heilkraft Lebertran (Neuss, 1941).

Zusammenhang mit der Winterhilfe. Für die Kinder, nicht nur für die, gab es als Attraktion Abzeichen und kleine bunt bemalte Holzfiguren, die wir an den Weihnachtsbaum hängten.

Nahe bei unserer Wohnung war das Milchgeschäft, in das von der Straße hinunter einige Stufen führten. Eine als lieb in Erinnerung gebliebene Milchfrau in dunkelblauem Gewand schöpfte aus der großen Milchkanne mit verschieden großen Messbechern die uns zustehende Milchmenge in unsere Blechkanne – ein oft aufmerksam verfolgtes Zeremoniell, das in einer Zeit der Tütenmilch kaum ein junges Kind mehr erlebt. Auch der Kaufladen, der die Gestalt eines Kinderkaufladens hatte, ist inzwischen in eine weitläufigere Liegenschaft abgewandert. Den als fantasielos in der Erinnerung gebliebenen Garten hinter dem Haus zierte ein großer Birnbaum, ob wir Kinder dort je gespielt haben, weiß ich nicht mehr. Das war auch nicht notwendig, denn zu Hause hatten wir ein Kinderzimmer mit Spielsachen. Am Ende der Straße, hinter dem Kanal, lag außerdem der Stadtpark, in den ein täglicher Spaziergang führte. Den Stadtpark entlang führte ein Spazierweg unter der Eisenbahnbrücke hindurch, über die endlos lange rote Güterzüge fuhren. Der Weg führte zum Obstgut Pomona, ich nehme an, vom Vater einer Schülerin meines Vaters betrieben, wo man – wie der Name schon sagt – Äpfel kaufte. Längst ist das Gut von der Stadt verschluckt worden. Lange wirkte die Attacke eines kleinen weißen Spitzes auf diesem Weg nach, der mir einen nachwirkenden Schrecken einjagte. Auch der Stadtpark war in meiner Erinnerung früher nicht so schön, wie ich ihn bei der Wiederbesichtigung von Neuss vorfand. Aber das galt für die ganze Stadt Neuss, damals eine durch die Ölmühlen und den Hafen geprägte Industriestadt, die aus der Sicht des Kindes düster und bedrückend wirkte. Soweit die Erinnerung greift, war sie damals vom Krieg geprägt.

Die Familie verließ Neuss zu Aufenthalten in friedlicheren Gegenden, deren Dauer und nähere Umstände ich aus einer leider viel zu kurzen Aufzeichnung meiner Mutter entnehme. 1940 – da war ich zu jung, um mich selbst zu erinnern – waren wir vier Wochen bei Tante Rosa in Erfurt. Wir seien begleitet worden von Friedel, einem unserer Pflichtjahrmädchen. Mutter hob hervor, Tante Rosa habe für

III Eine Grenze verschwindet – die Erinnerung kehrt zurück

uns ihr Schlafzimmer geräumt und trotz ihrer Körperbehinderung in dieser Zeit auf dem Sofa geschlafen. Ein anderes Mal ging es auf einen Bauernhof in Arnstein in Unterfranken. Einzige gebliebene Erinnerung ist der Ritt auf einem mächtigen Ackergaul, über dessen immens breitem Hintern der Dreijährige zum Zwecke des Fotos mit angstverzerrter Miene und breit abgespreizten Beinen thronte. Hätte man das nicht fotografiert, könnte es das Kind nicht bis in sein Alter damit verfolgen. Ein andermal hielten wir uns für einige Wochen in Hausen an der Wied auf. Das Quartier war beim Versuch der Spurensuche verschwunden, nur auf einem kleinen Foto existiert noch der große Kastanienbaum davor.

Nach der Rückkehr nach Neuss holte der Krieg uns sehr bald wieder ein. Die Luftangriffe galten dem wichtigen Hafen und der Ölindustrie. Damit die Piloten der Bombenflugzeuge die Wohnungen nicht sehen konnten, wurden schwarze Rollos vor den Fenstern angebracht. Infolge der Versuchung, einen Blick auf diese Verderben bringenden Feindflugzeuge zu werfen, riskierte die Familie Bestrafung und geriet in Lebensgefahr. Als ich das Rollo zur Seite schob, folgte die körperliche Züchtigung. Zu bestimmten Anlässen, die durch das Heulen einer gegenüber der Wohnung auf dem Wehrbezirkskommando stehenden Sirene angezeigt wurde, mussten wir Schutz vor möglichen Bombenabwürfen in dem mit schweren Stahltüren verriegelten Luftschutzkeller suchen. Meist rief die grausliche Sirene am späten Abend, nachdem die Nachtruhe im bequemen Bett bereits begonnen hatte. Die Bewohner aus drei oder vier Stockwerken mussten dann zur Fortsetzung der Nachtruhe in den grob gezimmerten hölzernen Etagenbetten zusammenrücken. Nachdem die schwere Tür geschlossen war, erschütterten dumpfe Schläge das Haus. Gleichwohl hatte der Aufenthalt außerhalb des Hauses zunächst durchaus etwas Unterhaltsames, weil der Tag des Kindes keine zeitgebundenen Pflichten umfasste. Kindern ist es bis zu einem gewissen Alter vergönnt, die Dinge nicht wahrzunehmen und mit jeder Situation scheinbar fertig zu werden. Daran fühle ich mich bei den heutigen Berichten über Familien auf der Flucht oder in Lagern gemahnt; auch hier schaffen es die Kinder, die Not ihrer Mütter oder Eltern zu verdrängen, die für sie Schutz bei uns suchen. In die Zeit der Bombenangriffe fiel die Geburt von Elmar aus der Familie im Erdgeschoss. Er imponierte uns auf dem provisorischen Wickeltisch durch die Strahlkraft seiner jungen Blase. Dass der Luftschutzkeller durchaus eine tödliche Falle hätte werden können, zeigte sich, als bei einem der nächtlichen Angriffe das Wehrbezirkskommando auf der unserer Wohnung gegenüberliegenden Straßenseite gezielt bombardiert wurde. Der Brand war am folgenden Morgen, als wir aus dem Keller krochen, noch nicht vollständig gelöscht. So makaber es klingt, aber das lodernde Gebäude hatte für das kindliche Auge etwas durchaus Faszinierendes. Der Krieg, der nach Deutschland gekommen war, schien dennoch an anderer Stelle stattzufinden und ist bei mir beileibe nicht als ein angsteinflößendes Schauspiel haften geblieben. Aus sicherer Entfernung konnte die Ruine besichtigt werden, die Sorgfalt, mit der auf jeder Treppenstufe des Aufgangs eine einzelne Schreibmaschine in einem ansonsten ausgebrannten Treppenhaus platziert war, wirkte wie das Werk eines Aktionskünstlers.

Aber mit dem näher gekommenen Krieg war der weitere Verbleib in Neuss zum Risiko geworden. Wir wurden »evakuiert«, wie die Räumung der Wohnung von der Staatsverwaltung euphemistisch betitelt wurde. In Geiersthal im Thüringer Wald vermittelten uns weitläufige Verwandte, die dort eine Schmuckfabrik betrieben, ein Unterkommen in der Gaststätte von Frau Else Wiegand. Uns wurden dort zwei Zimmer in dem Haus zugewiesen, die wegen des Krieges ihre Funktion als Sommerfrische, wie der Urlaub genannt wurde, zeitweilig verloren hatte. Mutter kochte in der Gaststube. Zum Essen stand uns ein Tisch mit Blick ins Grüne und auf die kaum befahrene Dorfstraße zur Verfügung. Mit uns hatten Verwandte der Gastwirtin aus Swinemünde Unterkunft gefunden; sie dürften ihre Wohnung wahrscheinlich wegen der Nähe zur Heeresversuchsanstalt Peenemünde aufgegeben haben, in der die Raketenwaffe V2 entwickelt wurde. Mit der Bombardierung Peenemündes durch die Royal Air Force rückte die Raketenproduktion später ganz in unsere Nähe nach Nordhausen, wo sie im KZ Mittelbau-Dora mit Häftlingen betrieben wurde.

III Eine Grenze verschwindet – die Erinnerung kehrt zurück

Abb. 6 Geiersthal im Thüringer Wald (Notunterkunft 1943–1945).

Geiersthal ist lebendig, bei meinem ersten Besuch nach der Wende fand ich es zwar fast so unversehrt wieder vor, wie ich es nach dem Kriegsende verlassen hatte. Es war allerdings grauer, in der Vorstellung des Kindes hatte es eine viel größere Gestalt behalten. Die vollzogene Wende schien ihre Spur allenfalls in den Angeboten der neuen Baumärkte hinterlassen zu haben. Später tat aber auch dort die Wende ihr Werk, es entstanden Feriensiedlungen und großzügigere Straßen zu den Nachbardörfern.

Aber zurück zu unserer neuen Unterkunft. Als wir 1943 in Geiersthal ankamen, war ich gerade fünf Jahre alt geworden, das reicht für Erinnerung. Den als Wohnzimmer genutzten Gastraum mussten wir verlassen, wenn am späten Nachmittag ein reduzierter Gastbetrieb begann. Ersichtlich waren noch biertrinkende Männer trotz des Kriegs zurückgeblieben: Landwirte und deren teilweise zwangsverpflichtete Hilfskräfte, der Bäcker Hiller von gegenüber sowie Handwerker. Die machten schon einmal einen Spaß mit uns, aber auch wir Kinder durften in Maßen am Gastbetrieb teilhaben, wenn uns aus besonderem Anlass für fünf Reichspfennige ein Glas alkoholfreies Dunkelbier ausgeschenkt wurde. Das Sanitäre hatte einen besonderen archaischen Reiz, ein Waschzimmer kommt mir beim Schreiben in die Erinnerung, ausgestattet mit kaltem Wasser. Eindrucksvoll war das Plumpsklo abseits des Hauses, dessen Tierleben zu langen Aufenthalten reizte – angesichts der Durchlässigkeit für das Wetter nicht unbedingt zur Winterzeit.

Geiersthal war für uns ein friedliches Idyll nach der Unruhe des Krieges in Neuss. Es ist – daran hat die Zeit nichts geändert – eingebettet in ein nicht sehr weites, dennoch nicht bedrohlich wirkendes Tal. Von Wallendorf, dem Standort einer Porzellanfabrik, und Lichte senkte sich die Straße, passierte eine kleine Kokerei, die den Ort mit Stadtgas versorgte, am Ende des Tals schließt der Wald das Dorf ab. Nach Osten sah man die Anlagen des Bergbaues von Schmiedefeld, die es heute nicht mehr gibt. Das Talrund begrenzte die neue Schule. Aber insgesamt ist Geierstahl bis heute für mich ein Paradestück der Schönheit des Thüringer Waldes. Gegenüber von Frau Wiegands Gasthaus wohnte der Bäcker Hiller, mit dessen Familie wir uns anfreundeten – meine Schwester pflegt die Freundschaft mit der Tochter Renate bis heute. In der Zeit, da Brot noch in feuerspeiende Backöfen gebacken wurde, durften wir beim Besuch im Backhaus teilnehmen. Weiter unten im Ort besuchten wir in Abständen unsere Verwandten, wurden durch die Schmuckfabrikation geführt, wo Frauen aus dem Ort oder der nahen Umgebung, aber auch zwangsverpflichtete Frauen Glasperlen mit Fischschuppen beschichteten und besichtigten den Pferdestall. In dem herrschaftlichen Haus waren wir ab und an zu Mahlzeiten eingeladen, die vom üblichen Speiseplan durch besondere Qualität abwichen.

Trotz des Krieges hatten wir häufig Besuch von Tanten aus Halle und Umgebung, aber auch die Schwester unserer Mutter reiste von Reit im Winkel an, wohin deren Familie aus Düsseldorf ausgewichen war. Unser Vater war zur Truppenbetreuung quer durch Europa unterwegs und besuchte uns nur ab und zu. Später lernten wir, dass in dem Segeltuchbeutel eine Projektionsleinwand verstaut war, der schwarze Koffer beherbergte einen Liesegang-Projektor

Diafant aus dem Jahr 1936. In seinen Diavorträgen erzählte er den Soldaten hinter der Front über Holland, Frankreich sowie deren Kunst und Kultur. Das sollte den Einsatz unserer Krieger verschönern helfen, man nannte es Truppenbetreuung. Ob es mehr als Zeitvertreib war und den Soldaten zur Wahrnehmung verhalf, dass sie gegen die dort lebenden Menschen Krieg führten, hätte ich schon gern gewusst.

Für die Kinder war das in der Tat eine unbeschwerte, vom Krieg zunächst verschonte Kindheit. Kinder sind Kriegsgewinnler, sie finden immer eine Nische. Der Winter war wunderschön. Die Spielfläche war schier unendlich. Autos gab es nur selten, also war auch die ins Tal führende Straße ein ungestörter Spielplatz. Einen Leiterwagen hatte ich, nachdem ich den Überredungen meines Bruders und seines Freundes nachgegeben und die Bremse gelöst hatte, die Straße hinabrollen lassen. Das lief glimpflich ab, die Deichsel kam kurz vor einem Zimmerfenster zum Halt, nachdem die Vorderachse über eine Mauer gehüpft war.

Hinter unserem Haus stieg eine Wiese bergan. Vor dem Waldrand diente der in den Berg führende sogenannte Felsenkeller den Dorfbewohnern in einer Zeit ohne elektrische Kühlschränke als gemeinschaftlich genutzter Lager- und Kühlraum.

Das Reizvolle war die grüne Umgebung. Mutter wanderte mit uns Kindern regelmäßig. Wenn Vater uns besuchte, begleitete er uns. Sie war bewaffnet mit Schmeils Pflanzenkunde, nicht nur, um uns Pflanzen zu zeigen, es ging ihr auch um Nahrungsmittel für die Küche: Beeren im Sommer und Pilze im Herbst. Am Ende gab es die mehrmals am Tag und hat der Begeisterung für diese als gesund gelobte Nahrungsform nicht erhalten, zumal es nicht nur die Edelpilze zum Sammeln gab. Köhl war ein spinatartiges Blattgewächs, vergleichbar Melde, man fand es auf den Wiesen im Tal.

Nicht ohne Angst begleitete man die Helfer der Feuerwehr, die am Dürren Berg einen Waldbrand bekämpften. Es waren keineswegs lodernde Flammen, die zu den Baumgipfeln züngelten. Ganz ungewohnt war der Spaziergang über den Waldboden, unter dem die Glut vorwärts züngelte. Aber das machte wohl ihre Gefährlichkeit aus, weil so der Überblick über den Brand fehlte. Mutter betätigte sich jedenfalls ehrenhalber bei der Brandbekämpfung.

Im Winter schien es endlos Schnee zu geben. An der Straße bauten wir mit den Dorfkindern eine Schneehöhle, die damals endlos lang erschien. Auf der anderen Straßenseite ging es durch Wiesen über einen Bach zum neuen Schulgebäude. Im Winter dienten die Hügel längs des Weges nach Schmiedefeld als Hausberg. Mein Bruder Jürgen wurde gleich nach unserem Zuzug in die 2. Klasse eingeschult. Die neu gebaute Schule hatte drei Klassenräume, jeweils zwei Klassen der Unterstufe wurden gemeinsam unterrichtet, die Oberstufe ab Klasse 5 in einer dritten Klasse. Auf den Postkarten von heute sehe ich, wie auch der Weg zur Schule geschrumpft scheint, wie nahe die Schule am Ort liegt. Der im gemächlichen Tempo des Kindes durchmessene Schulweg durch eine unberührte Wiese kam mir wie eine weite Reise vor. Der Klassenlehrer meines Bruders, Sauer, beeindruckte, weil über ihn berichtet wurde, er ginge während der Stunde manchmal an seinen Schrank, um sich von einer Zwiebel ein Stück abzuschneiden. Nach Schulschluss begleitete er seine in Reih und Glied aufgestellte Klasse zum Ortsanfang an den Bach, wo er die Klasse mit ausgestrecktem Arm, dem Hitlergruß, verabschiedete. Im September 1944 kamen Marlis und ich in die 1. Klasse, die mit der 2. Klasse gemeinsam unterrichtet wurde. Nicht vergessen ist der Schmu bei der Einschulung, unsere Schultüten wirkten äußerlich riesig, um mit den Dorfkindern konkurrieren zu können, die Füllung hingegen bestand zum großen Teil aus Papier. Bei der Schulhose ging es mir nicht besser: Hatte mein Bruder noch eine echte Lederhose bekommen, gab es für mich nur Ersatz in einer Seppelhose aus Stoff, das Leder reichte gerade für die Hosenträger. Auch der Schultornister war ein Ersatzprodukt aus Pappmaschee. Da ich meinen Bruder bei den Hausarbeiten an seinem Arbeitstisch begleitet hatte, hatte ich mir Lesen und auch Schreiben selbst beigebracht – Letzteres allerdings mit links und spiegelverkehrt, freiwillig und ohne Zwang ehrgeiziger Eltern von heute. Für den Erstklässler brachte das den Vorteil, dass er während des Unterrichts von Frau Gross, der Lehrerin, nach Bedarf in die zweite Klasse überwechseln durfte. Das sollte sich als hilfreich erweisen, weil es vom Kriegsende bis zur Ankunft im Westen keinen Schulunterricht gab. Frau Gross, Kriegerwitwe und Mutter eines Sohnes, der mein Spielkamerad wurde, betreute die Klassen mit viel Liebe. In Erinnerung sind mir einige dunkle Stunden geblieben: das Pfannkuchenbacken in der Schule, das unter Knötchen im Teig litt; eine Geburtstagsfeier in den Kellerräumen, die ich abrupt abgebrochen habe, nachdem ich mir an den roten Wänden – mit Kalkfarbe locker gestrichen – die festlich-weißen Socken verschmiert hatte und die als nicht fair gerügte Gegenwehr gegen einen stärkeren Mitschüler mithilfe der in Drehung versetzten Riemen des Schultornisters.

Die Versorgungsmängel gegen Kriegsende machten auch vor dem idyllischen Thüringer Wald nicht halt – eine Marmelade aus Möhren wird man heute sicher bei keinem auf Süßes versessenen Kind mehr los.

Wie sich die Waldeinsamkeit mit dem herannahenden Unheil vereinte, zeigte das von dem Fünfjährigen gemalte Bild, auf dem eine strahlende Sonne über der durch Blumen und einige Tannen angedeuteten bukolischen Landschaft Thüringens lacht. Umschwärmt wird sie von vier Flugzeugen, an einem erkennt man ein Maschinengewehr, dazu ein Strahlflugzeug mit aufgesetzter V2-Rakete, wie sie von einem benachbarten Truppenübungsplatz abgeschossen wurde. Auch dem deutschen Kind schien bereits bewusst, wie der Führer und sein Feldmarschall mithilfe der Wunderwaffe den Krieg gewinnen wollten.

Der Krieg fand also auch im Kinderzimmer statt. So war uns geläufig, dass Adolf Hitler eine braune Uniform trug. Mein Bruder, dem ich manches neidete, hatte Soldatenfiguren aus Pappmaschee; gekleidet waren sie in Grün. An einer Figur Adolf Hitlers war der rechte Arm mittels eines Nägelchens mit einer runden Öse am Ende befestigt, sodass man ihn nach oben bewegen konnte. Nach getaner Operation fiel der Arm immer wieder ruckartig nach unten. Wichtiger und korpulenter schien ein anderer zu sein, der als Hermann Göring bezeichnet wurde. Ihn gab es zweimal, mit einer weißen und mit einer blauen Uniform. Dass man mit den Figuren Krieg spielte, glaube ich nicht. Wie sollte man das auch mit einer Truppe ohne

Gerät? Also paradierten die Soldaten im Wesentlichen oder lagen in Stellungen. Aber auch im richtigen Leben kam die Nazipartei in unserem kleinen Dorf nicht vor.

Einmal, wohl zum Ende des Krieges hin, sah man einen Zug Männer in dunkelgrünen Anzügen barfüßig aus dem Talgrund die Dorfstraße bergan ziehen. Die Schuhe trugen sie über der Schulter. Sie waren begleitet von Soldaten, die – hoffentlich unterliege ich nicht einem Zwang der Erinnerung – die Kolonne antrieben. Man hatte uns Kindern ausdrücklich verboten, das Geschehen zu betrachten. Später lernte ich, dass wir wohl Zeuge eines der Todesmärsche waren, mit denen die SS die Außenlager der Konzentrationslager räumte. Ich bin mir sicher, es ist vor allem die Stille, als der Zug vorbeizog, in Erinnerung geblieben.

Für uns war der Krieg Anfang April 1945 zu Ende. Als die Truppen der Amerikaner in der Normandie gelandet waren, hatte Mutter die Frankreichkarte im grünen Westermann-Atlas aufgeschlagen und uns mit den Worten »Jetzt sind sie bald hier!« den Landungsort am Kanal gezeigt. Zuerst kamen in der Tat US-Truppen in unser stilles Tal. Kurz vor der Ankunft der US-Armee, die die Gebiete vor der Elbe erst später gegen Teile Berlins eintauschte, war im Ort als letztes Aufgebot ein Kommando des Volkssturms gebildet worden. Zu ihm gehörte auch mein Vater, der uns aus Anlass des Osterfestes besucht hatte. Er war wegen seines Diabetes eigentlich nicht kriegsverwendungsfähig und hatte dem Vaterland mit Truppenbetreuung sowohl während der erfolgreichen Kriegszüge als auch bis zum bitteren Ende gedient. Mein Bruder erinnert sich, ein selbst ernannter Truppführer habe mit vorgehaltener Pistole gedroht, er werde jeden erschießen, der sich seinen Befehlen widersetzt. Der Befehl galt einem Marsch in das nahe gelegene Horbachtal. Während dieser Militäraktion einer Truppe ohne Waffen und wohl auch ohne Kommandanten kam von Deesbach ein US-Jeep mit aufgepflanztem Maschinengewehr und trieb die armseligen Krieger auseinander. Mein Vater desertierte unter Mühen hangaufwärts, es war ein Todesopfer und ein verlorener Arm zu beklagen, wiewohl ich mich nicht erinnere, worin der Zweck der von oben verordneten Kampfhandlung bestanden hatte.

III Eine Grenze verschwindet – die Erinnerung kehrt zurück

Kurz vor der Kapitulation konnten die Dorfbewohner Bestände aus einem aufgelösten Vorratslager in der Nähe von Pößneck übernehmen. Jede Familie kam mit einem Sack Zucker zurück, die Erwachsenen bekamen Tabak.

Nachdem der Volkssturm aufgerieben worden war, wurden vorsichtshalber Betttücher vor die Fenster gehängt. Derweil flüchteten sich viele Bewohner des Orts – gemeinsam mit einigen von ihrer Truppe getrennten, vielleicht auch desertierten Soldaten oder solchen im Urlaub – in den Felsenkeller hangaufwärts, weil Gerüchte über einen amerikanischen Angriff verbreitet wurden. Ich erinnere mich an hysterisches Geschrei, was meine Mutter zu der – für mich heute noch unerklärlichen – lauten Drohung veranlasste, sie werde jeden erschießen, der jetzt nicht Ruhe gebe. Spielkameraden fragten später betroffen und ehrfürchtig, ob meine Mutter eine Waffe besitze. Ich weiß nicht mehr, was ich ihnen antwortete. Aber die Waffe existierte wohl tatsächlich. Denn als kurze Zeit Ruhe im Ort war, vergrub mein Vater eine Pistole, in Ölpapier eingewickelt, unterhalb des Felsenkellers. Warum die Waffe den US-Soldaten, die den Ort eroberten und gefangene deutsche Offiziere mit sich führten, nicht, wie befohlen, zusammen mit Fotoapparaten und optischen Geräten ausgehändigt worden war, weiß ich nicht. Der Ort war zu unbedeutend, als dass den Amerikanern Veranlassung gegeben war, ihn zu besetzen. Sie patrouillierten mit Lastwagen die Dorfstraße auf und ab, von den Kindern um »Tschocklet« angebettelt. Als sie den Ort wieder verließen, zwangen sie die Familie eines uns gegenüber wohnenden russischen Zwangsarbeiters auf einen Lastwagen. Die Mutter schleuderte das bereits fertige Mittagessen aus Kartoffelbrei gegen uns. So ging uns die Spielkameradin Alma verloren samt ihrer ungewöhnlichen Technik, die sie einsetzte, um den Spielsand formbar zu machen. Von den Besatzungskräften spürte man in den folgenden Wochen nicht viel. Tage später, an meinem Geburtstag, kamen zwei Soldaten auf einem Jeep nach Geiersthal. Wir Kinder machten uns ein schauerliches Spiel daraus, sie als unsere Verfolger zu betrachten, vor denen wir auf ihrer Patrouille durch den Ort zu flüchten hatten. Offensichtlich hatten Krieg und Besatzung ihren Schrecken verloren.

Im Juli übernahmen sowjetische Soldaten im Gefolge der Vereinbarung der Alliierten die Besetzung Thüringens. Die Betttücher wurden als Pazifismussymbol wieder vor die Fenster geschoben. Der Einmarsch war mit Dramatik und deutlich mehr Schrecken verbunden als Monate zuvor die Ankunft der US-Soldaten. Bei unseren Bekannten requirierten sie Pferd und Kutschwagen und fuhren die Straße hinauf ins benachbarte Wallendorf. Die Soldaten stürmten die Häuser, verlangten erneut nach noch vorhandenen Fotoapparaten, Uhren und Feldstechern, die sie zielsicher aus Zuckersäckchen in Kleiderschränken zutage förderten. Vor unserem Gasthaus pflanzten sie ihre Maschinengewehre auf und begannen, die Kriegsbeute zu zerlegen. Die Einzelteile von Taschenuhren verwendeten wir Kinder nach dem Abmarsch als Spielzeug. Begleitet von Akkordeonmusik, erinnert sich mein Bruder, tranken sie im Gastraum das letzte Bier. Es wäre ungerecht, die Soldaten in der Erinnerung als Scheusale zu stilisieren. Sie machten ihr Geschäft, im Nachhinein lernten wir, dass sie vielfach mehr zu leiden hatten als wir. Und von der kolportierten Horrormeldung, dass sie im Gebrauch der Wasserklosetts nicht bewandert waren und Klosetts stattdessen zum Kartoffelwaschen benutzten, war in Geiersthal nichts zu spüren. Wir lebten mit unserem unverdächtigen, den Soldaten vertrauten Plumpsklo.

Wir hielten nach der Ankunft der Roten Armee noch drei Monate in Geiersthal aus. Warum so lange, weiß ich nicht, denn es war ausgemacht, dass wir dort nicht bleiben konnten und wollten. Zudem verschlechterte sich die Versorgungslage zunehmend. Der Zeitpunkt für die Ausreise, die keine Flucht war, wurde dem Vernehmen nach durch die Notwendigkeit bestimmt, Platz zu machen für Umsiedler aus dem polnisch besetzten Schlesien. Vater hatte vorher versucht, allein über die Grenze zu kommen. Zu Fuß war er einmal bis Saalfeld gelaufen, um sein Gehalt abzuholen, die Verwaltung schien also noch funktioniert zu haben. Irgendwann konnte er nach Westdeutschland reisen, er wechselte dann zwischen unserer früheren Wohnung in Neuss und dem Haus seiner Geschwister in Mülheim. So blieb er davon verschont, von der britischen Besatzung in Recklinghausen interniert zu werden, wie die Beamten des Höheren Dienstes im

III Eine Grenze verschwindet – die Erinnerung kehrt zurück

Ruhrgebiet. Anfang Oktober erhielten wir die Genehmigung zur Ausreise. Wir hatten ein Wägelchen, den kleinen Lemgoer, und einen im Ort gefertigten kleinen Leiterwagen, auf die ein Teil der Bagage verladen wurde. Jedes Kind hatte seinen Tornister für das kleine Reisegepäck. Zwei Holzkisten in vorbildlicher Schreinerqualität waren vorab abgegangen; sie tun bis heute ihren Dienst; eine dieser Kisten mit Teilen der jetzt auf den Enkel übergehenden elektrischen Eisenbahn wurde unlängst nach Berlin verschickt.

Der Weg nach Westen ist nur in Bruchstücken in der Erinnerung geblieben. Vater war über die Zonengrenze zurückgekommen. Zur Vorbereitung unserer Ausreise begab er sich über die grüne Grenze bei Lauscha, wohin die Familie ihn in die US-Zone begleitete. Wir waren nicht so ganz sicher, wann und wie wir ihn wieder treffen würden. Aber er erreichte wohl seine Familie in Mülheim, was unser Ziel werden sollte. Da er keine Meldeerlaubnis hatte, musste er sich außerhalb des Ortes, im »Grund« einquartieren. Dort trafen wir uns, als wir unseren Auszug, begleitet von einem Freund, auf einem Pferdefuhrwerk über Saalfeld zum Bahnhof Schwarzburg-Rudolstadt antraten. Von dort ging es in einem gedeckten Güterwagen mutmaßlich über Jena und Weimar zunächst bis Erfurt. Wir machten dort einen kurzen Besuch bei Tante Rosa in der Külzstraße. Übernachten mussten wir trotzdem auf dem Hauptbahnhof, wahrscheinlich um die Abfahrt eines Zuges nach Westen nicht zu verpassen. Vor unseren Augen wurde während der Wartezeit ein Kind auf die Welt gebracht, es müsste heute 70 Jahre alt sein. Die Weiterreise war durch die Schwierigkeit gekennzeichnet, einen nach Westdeutschland offenen Grenzübergang zu finden. Die Namen der Endbahnhöfe sind mir erinnerlich geblieben: Von Gerstungen, wo wir den Zug verlassen hatten, hätte man in das von den Amerikanern besetzte Hessen kommen können. Das wurde wohl abgelehnt. Nach mehreren Tagen – ich frage mich, wo wir übernachteten, wahrscheinlich in Scheunen, von wo die Weisungen zum Weiterreisen kamen – versuchten wir, den Grenzübergang in die britisch besetzte Zone bei Teistungen zu überqueren. Das funktionierte nach einigen Tagen. Warum ist mir in Erinnerung geblieben, dass meine Mutter mit einem Geldschein bei einer Bäuerin eine Scheune mieten konnte? Die Scheune war alsbald gefüllt mit Mitmenschen in derselben Situation. Pech für uns, wenn wir auf Exklusivität in der Not hofften. Ob Mutter einen Ausgleich für den Herbergspreis erhielt, ist eher zweifelhaft. Vor mir habe ich das Bild, wie Mutter an das Fenster eines der Scheune gegenüberliegenden Hofes klopfte. Mutter kaufte dort einen Weißkohl, den sie, wie meine Schwester behalten hat, in der Küche des Hofes für uns zubereiten durfte. Zu Fuß marschierten wir mit unserem Wägelchen am folgenden Morgen die bergan führende Straße hinauf. Hinter der grausamen Grenze wurden wir in der Freiheit von einem britischen Militärlastwagen aufgenommen und nach Duderstadt gebracht. Der dortige Pfarrer war Bundesbruder meines Vaters und so konnten wir nach zwei Wochen – war es wirklich so lange? – erstmals wieder in einem weiß bezogenen Bett schlafen. In der Kirche wurden die mit weniger Verbindung ausgestatteten Flüchtlinge untergebracht – symbolträchtig und in der Erinnerung ist geblieben, wie der Altartisch im wirklich christlichen Geist zum Wickeltisch für Babys umfunktioniert wurde.

Von Duderstadt wurden wir hoch auf Militärlastwagen in das Flüchtlingslager Osterode gebracht, wo die formelle Aufnahme in die britische Zone vollzogen wurde. Als Unterkunft dienten Holzbaracken. Erst heute frage ich mich, wem diese Baracken in den Kriegsjahren als Notunterkunft dienten, Zwangsarbeitern, Kriegsgefangenen, mit Sicherheit anderen Menschen, die sich unfreiwillig in Deutschland aufgehalten hatten? Als Kinder machten wir uns darüber freilich keine Sorgen. Wir versuchten, das Beste aus unserem Zwangsaufenthalt zu machen. Auch heute bestaunt man in Fernsehberichten über die vielen Flüchtlinge, wie Kinder mit solchen Situationen zurechtkommen. Mein Bruder nutzte mit mir den benachbarten Steinbruch als Spielplatz. Die Loren beförderten wir mit Schwung in die Tiefe, weil sie nach unserer Überzeugung nicht mehr gebraucht wurden. Wie die amtlichen Ausweise belegen, habe ich die Gesundheitsuntersuchung im Lager ohne Befund überstanden. Am 22. Oktober konnten wir in Osterode einen Zug mit den klassischen, nach außen öffnenden Holzklasse-Abteilwagen besteigen, der uns nach Mülheim zu unserem Großvater und den Tanten bringen sollte. Der Großvater hatte uns schon am Tag zuvor zu seinem 82. Geburtstag erwartet. Dass wir den Geburtstag zwei Tage später mit ihm feiern konnten, war dem Umstand zu verdanken, dass wir – um der Einweisung in das Aufnahmelager Friedland zu entgehen – auf dem Güterbahnhof Gütersloh den Zug unerlaubt verlassen hatten. Auch hier war ein Bundesbruder meines Vaters hilfreich, der uns die Weiterreise vermittelte. Dass das in den Wirren der Übersiedlung funktionierte, zeigte, wie es nach dem Krieg dank alliierter Hilfe wieder aufwärtsging.

Nach der Ankunft auf dem zerstörten Bahnhof Mülheim-Eppinghofen führte der Weg durch die Stadt. In unserer bukolischen thüringischen Waldeinsamkeit waren wir von einer so grausamen menschlichen Siedlung verschont geblieben. Die Straßen waren provisorisch von Trümmern geräumt. Wir rollten mit unserem kleinen Lemgoer über die Ruhrbrücke, vorbei am Schloss Broich in Richtung Broich zu unserer Notunterkunft, die uns in Mülheim-Broich unter dem Dach im Haus unserer Tanten in den nächsten drei Jahren beherbergen sollte, weil die Neusser Wohnung requiriert worden war.

IV Wiederanfang im Westen

Die Dachgeschosswohnung bot uns zu fünft zwei kleine Mansarden. Die Geschwister schliefen in einem Doppelstockbett, wie wir es aus dem Luftschutzkeller in Neuss kannten, für die übrigen lagen anfangs Matratzen auf dem Boden. Später wurde mithilfe der Neusser Kriminalpolizei das eheliche Schlafzimmer aus wunderbarem, geschnitztem Kirschholz zurückgeholt, das noch heute mein Schlafzimmer ziert. Als Jüngster und Schmächtigster hatte ich mit der Besuchsritze vorliebzunehmen. Als Vater ein Zimmer bei dem Schuldirektor zugewiesen wurde, unter dem er sein Referendariat gemacht hatte, konnte die Familie etwas auseinanderrücken. Neben unseren Zimmerchen lag ein geräumiger Dachboden, der, obwohl nicht ausgebaut, als Wirtschaftsraum diente. Durch ihn pfiff nicht nur im Winter der Wind.

Heute frage ich mich, wie wir Kinder mit der damaligen Situation fertiggeworden sind. Eine Lage als außergewöhnlich zu empfinden, würde voraussetzen, wir hätten einen Bezug auf eine Lage, die anders, besser war. Uns war bewusst, es war Krieg gewesen. Spätestens die Übersiedlung aus Thüringen hatte uns das vor Augen geführt. Das Land, zu dem wir gehörten, hatte den Krieg offensichtlich verloren, also musste man sich einschränken. Dem stand es nicht entgegen, dass Kriegsspiele die Kapitulation überstanden. Unser persönliches Umfeld war, vorsichtig ausgedrückt, eingeengt, aber wir waren in einer Wohnung und wurden versorgt. Dass zur Familie eigentlich ein Vater mit einem Beruf gehört hätte, musste nicht an uns herankommen. Das hat mich eigentlich erst in der Rückschau belastet.

Der Weiterbeschäftigung Vaters, jetzt nach Kriegsende, stand entgegen, dass er nicht »entnazifiziert« wurde. Er war ab 1935 Studienrat in Neuss am Mädchengymnasium zum Armen Kinde, das später, bis 1944, Städtische Oberrealschule für Mädchen hieß. Dort muss er sehr beliebt gewesen sein, wie ich aus den Persilscheinen lese, die er zur Vorlage bei der Entnazifizierungsbehörde eingesammelt hatte. Ich lese diese Schriftstücke nicht als Gefälligkeitspapiere. Schließlich hatte er während des Krieges nicht mehr unterrichtet, sie wirkten auf mich ehrlich. Noch lange nach dem Krieg besuchte er die Treffen seiner früheren Lehrerkollegen in Neuss. Aus dem mir erhaltenen Schriftwechsel um die Entnazifizierung geht hervor, dass Vater 1933 zunächst nicht in die NSDAP, aber als stellenloser Lehrer in den Nationalsozialistischen Lehrerbund (NSLB) eingetreten ist, um seine Chancen für eine Anstellung zu befördern. In diesem Bund wurde er zu Vorträgen verpflichtet, so etwa zum Tag des deutschen Buches, zu dem »Partei und Staat das deutsche Volk wieder aufgerufen« hatte, wie er ausführte. Der (undatierte) Vortrag ging über die Arbeiterdichtung, dem Zeitgeist geschuldet ist eine einzige Stelle, die er später sicher nicht verwendet hätte; der Referent geißelt das Bild, das »vor dem 30. Januar 1933 die marxistischen Hetzer und jüdischen Treiber« verbreitet hätten, nämlich Hass auf die Arbeit, Gottlosigkeit, Naturverachtung. Wenn die Arbeiterschaft dem gefolgt sei, so trage das »liberalistische Bürgertum« die Schuld daran. Nun gut, das musste man damals so sehen. Die mit dem NS-System verbundenen Barden, denen sein Vortrag gewidmet war, waren ausschließlich Männer wie Lersch, Barthel oder Bröger. Aber er berief sich auch auf eine ganze Reihe wirklicher »Arbeiter-«Dichter. Wie mir beim Blättern in seinem Dietrich-Eckart-Band »Gedichte des Volkes« auffällt, hat Herbert Böhme, Referent in der SA-Führung und Mitglied im Kulturkreis der SA-Führung, diese nicht erwähnt. Dass der Cheflyriker des Führers nach dem Krieg über lange Jahre den Deutschen Rechtsextremisten als Vordenker für Kultur zur Verfügung stehen würde, ahnte man damals noch nicht. In seinem Vortrag rezitierte mein Vater eine Fülle von Gedichten, in denen Gott angesprochen wurde. Das entsprach seinem Herkommen, die Familie meiner Großeltern war religiös. Gleichwohl hat mich ein solcher Vortrag, der im Entnazifizierungsverfahren als Belastung angeführt wurde, am Ende doch etwas mit dem versöhnt, was mein Vater zur Stütze des Systems beigetragen haben mag.

Als ehemaliger Soldat war mein Vater nach dem 1. Weltkrieg Mitglied des Frontkämpferbundes Stahlhelm geworden. Ob er sich damit in einem Traditionsverband organisierte oder an dessen paramilitärischer Ausrichtung beteiligte, weiß ich nicht, Letzteres erscheint mir nach seiner Biografie unwahrscheinlich. Jedenfalls war Vater nach der Machtübernahme automatisch Mitglied der SA geworden, Hinweise auf eine aktive Mitwirkung fanden sich nach dem Krieg aber nicht. Irgendwo scheint eine Mitgliedschaft in dem Ende des 19. Jahrhunderts gegründeten Allgemeinen Deutschen Schulverein vorzuliegen, der sich vor dem Ersten Weltkrieg in Verband für das Deutschtum im Ausland (VDA) umbenannt hatte. Zwar ist der patriotische Hintergrund unverkennbar, aber Schwerpunkt war die Pflege der kulturellen Verbindung zu den Deutschen in den durch den Ersten Weltkrieg verlorenen Gebieten des Deutschen Reiches. Als Kulturverein wirkte der Verein auch nach seiner Wiedergründung nach dem Zweiten Weltkrieg, nationalistischer Umtriebe war er dennoch eher unverdächtig. Aus der Familientradition war Vater christlich geprägt. Er war auch Mitglied einer christlichen Studentenverbindung, der Theologen angehörten. Hinzu kommt, dass ein Pfarrer, den ich sehr verehrt habe, zu meinem Patenonkel bestimmt wurde.

In einem seiner Gesuche um Wiedereinstellung in den Schuldienst schrieb er, ihm sei während der NS-Zeit eine Schuldirektorenstelle angeboten worden, wenn er aus der Kirche austrete. Das habe er aber abgelehnt und so blieb er einfacher Studienrat. Probleme habe es ihm wohl bereitet, dass er wegen seiner Zuckerkrankheit nicht kriegsverwendungsfähig war, wie das humane Wort lautet. Deshalb wurde er ab 1939 für Vortragstätigkeiten eingesetzt, u. a. zur Betreuung der

IV Wiederanfang im Westen

Truppen. Aufträge dazu erhielt er bis ins Frühjahr 1945, als nach menschlichem Ermessen der Krieg längst hätte beendet sein sollen. Die Themen waren historischer und kultureller Art, aber auch mit Bezug auf die besetzten Nachbarstaaten, die Niederlande und Frankreich. Speziell die gotischen Kathedralen in Frankreich und das Schloss Versailles beschäftigten ihn bei seinen Vorträgen. Bis zu 80-mal sei er im Laufe eines Jahres aufgetreten, die Vergütung betrug etwa 25 Reichsmark je Vortrag, für den Einsatz seiner Dias gab es einen Zuschlag.

1944 waren die Schulen in Neuss geschlossen worden. Es entspann sich ein Streit zwischen dem Schulamt Neuss und der Schulbehörde in Koblenz, ob mein Vater seiner Vortragstätigkeit nachgehen oder ob er sich in Thüringen der dortigen Schulbehörde zur Verfügung stellen müsse. Offensichtlich galt die Vortragstätigkeit als erlaubte Ferientätigkeit. Widersprüchlich, aber wohl dem Chaos der Nachkriegsverwaltung geschuldet, waren die Entscheidungen des Oberbürgermeisters der Stadt Neuss unserer Familie gegenüber. Nachdem die Militärverwaltung gegen Vater ein Beschäftigungsverbot erlassen hatte, entließ ihn der Oberbürgermeister in aller Form aus dem Beamtenverhältnis. Die Begründung passt dazu nicht, er sei nicht zum Dienst erschienen.

Im Herbst 1945 stellte Vater dann erstmals einen Entnazifizierungsantrag. Danach wurde ihm jede Lehrtätigkeit untersagt. Im Mai 1947 schließlich verlor er seine Beamtenrechte, weil er zum 31. März 1946 nicht wieder im Amt war. Wie hätte er wohl. Dass sein Entnazifizierungsverfahren sich hinschleppte, lag wohl an der in der NS-Zeit verbreiteten Anschuldigung eines Luftwaffenmajors, der selbst beim SD war, aber über Vater zu Unrecht verbreitete, auch er sei in dieser NS-Behörde sowie bei der Gestapo gewesen. Der Denunziant hat dann in einem Gefangenenlager in Gummersbach Selbstmord begangen. Gleichwohl wurde das auch nach dem Krieg als so glaubwürdig angesehen, dass die Wohnung in Neuss nach unserer Rückkehr aus der Evakuierung an Flüchtlinge und damit zum Plündern freigegeben worden sei, wie er in einem der vielen Beschwerdebriefe an den Oberbürgermeister bzw. das Schulamt schrieb. Auf das Argument, auch Mutter und uns drei Kindern habe diese Wohnung gehört und alle seien einer Tätigkeit für diese NS-Organisationen unverdächtig, bekamen wir keine Antwort. Welche Entscheidungen ergingen, lässt sich heute nicht mehr feststellen, allenfalls, dass sie sehr zögerlich kamen, weil verschiedene Dienststellen die Sache untereinander hin- und herschoben. Derweil setzte Vater seine in durchaus korrektem Englisch geschriebene Sammlung von Persilscheinen von Schülerinnen und Schülern, Kollegen, Pfarrern und Bekannten fort. Sie dienten der Bestätigung, dass er kein Verfechter des Nationalsozialismus war. Als Kinder wussten wir davon naturgemäß nichts. Es sollte nicht Mitleid sein, das die nachträgliche Lektüre erzeugt. Zu sagen, er war Opfer seiner Zeit, reicht allenfalls für andere aus, die nicht seine Kinder waren. Aber es stellt sich auch Trauer ein, dass der Vater in einem Alter, in dem man ihn gern bei sich gehabt hatte, für sich selbst kämpfen musste. Und in der Situation erteilten ihm die Kolleginnen Absolution etwa mit den Worten, »has not prepared to us any political difficulties«. Und als Verantwortlicher für die Schulbibliothek habe er sein Amt »without political prejudice and with all toleration« ausgeübt. In einer anderen Erklärung heißt es, das Büro für den militärischen Vortragsdienst im »Luftgau VI« habe der Gauverwaltung der Deutschen Arbeitsfront (DAF) den Erlass eines diesbezüglichen Redeverbots mitgeteilt; das war im Sommer 1943, und die Schreiberin deutet das als Hinweis darauf, dass mein Vater »›weltanschaulich‹ unfit« war. Eine Schülerin bescheinigte ihm, »your behaviour to all the pupils was without objection«. Sie betonte, sie könne sich nicht erinnern, er habe je »made propaganda or took hostile attitude against the church«. Und gelegentlich habe er sogar durchblicken lassen, er stimme nicht in allem mit dem NS überein. Ob er das in einer Umgebung je leisten durfte, in der man von Bespitzelung und Untersuchung durch Sicherheitsbehörden doch wusste, ist eher unwahrscheinlich. In einer langen Erklärung von zehn Schülern, deren Klassenlehrer er 1939 war, scheint durch, wie die Lehrerschaft in zwei Gruppen gespalten gewesen sei: auf der einen Seite, die »always active propagandists«, die kein Problem gehabt hätten »in accepting even most ridiculous interpretations of history and its glorification«. Auf der anderen Seite habe mein Vater gestanden, der oft »sharply (sc. criticized) the measures and encroachments, especially of the H. J.«. Das klang durchaus überzeugend und auch sehr glaubhaft, würde ich als ehemaliger Richter sagen.

Der Weisung, während des Entnazifizierungsverfahrens im Bergbau zu arbeiten, nach anderer Erinnerung im Kanalbau, konnte Vater sich unter Hinweis auf seinen Diabetes entziehen. Nach seinem Einspruch gab die Stadt Neuss, immerhin ganze zwei Jahre nach Kriegsende im Juli 1947, die Unterlagen an das zuständige Amt im neuen Wohnort Mülheim weiter. Das entschied am 2. April 1948, also fast drei Jahre nach Kriegsende, Vater sei ohne Konten- oder Vermögenssperre oder andere Beschränkungen in die Kategorie IV einzustufen.

In der Zwischenzeit hatte Vater kein Gehalt mehr bezogen. Ob es eine Art von Sozialhilfe es gab, weiß ich nicht. Die elterliche Familie spendierte die Unterkunft und half auch sonst. Weitergehende Ansprüche gegen die Familien hatte Vater aber nicht, weil er wegen eines nach dem Ende des 1. Weltkrieges nach Auffassung der Familie zu lange geführten Studiums enterbt worden war. Von was wir gelebt haben, weiß ich nicht, aber es war immer etwas da. Wahrscheinlich existierten Sparbücher. Wie diese bei dem kleinen Gehalt meines Vaters gefüllt werden konnten, weiß ich wiederum nicht. Vielleicht hatte der verstorbene mütterliche Großvater bei der Rücklagenbildung helfen können. Die Familie muss von Mutters Seite noch Spargelder gehabt haben, angeblich wurden auch die dünnen Sparbücher der Kinder verwertet. Mein Bruder hat mich daran erinnert, es sei noch eine Sammlung altdeutscher Briefmarken seines Schwiegervaters Ernst Scheer aus Halle vorhanden gewesen, von der Stück um Stück beim Händler abgeliefert wurde. Es gab eine große Bibliothek, aus der Bücher verkauft wurden. Auch die kinderlosen Tanten haben uns mit Sicherheit bei der Versorgung geholfen. Ich habe meine Eltern aber nie so genau danach gefragt, wahrscheinlich bin ich nach dem Abitur zu früh aus dem Haus gegangen, ehe ich reif wurde für solche Fragen zur Vergangenheit. Die Geschwister wussten das eine oder das andere, Mutter hat in ihren »Erinnerungen« im Wesentlichen aufgeschrieben, wie die Familie ihr Vermögen durch

Spekulationsgeschäfte, in erster Linie aber infolge der Inflation verloren hatte. Ansonsten gab sie an, unter den in die Ehe übernommenen Studienkosten des Vaters gelitten zu haben. Aber irgendwo muss Geld gespart worden sein, denn wie anders hätten wir in der Zeit ohne Einkommen existieren können.

Vater brachte die Familie mit Nachhilfeunterricht durch. So hatte er Kontakt zu einer Mülheimer Industriellenfamilie, deren Nachwuchs aufgrund des Nachschulungsbedarfs einen Solidarbeitrag für unser Durchkommen erbrachte. Den in einem Jagdhaus in einer der Waldungen am südlichen Stadtrand wohnenden Zweig der Familie fand ich sympathischer als den nach der Rückgabe ihrer durch die britische Armee requirierten hochherrschaftlichen Villa auf die Ruhrhöhe zurückgekehrten Zweig. In jedem Fall ging es dort jedenfalls in einer für mich ungewohnten Weise edel zu. Während ich, dem Bedarf des notleidenden Kindes entsprechend, großzügig bewirtet wurde, wurde die große Tochter im Spanischen unterrichtet. Diesmal waren wir zu Fuß gegangen, sonst fuhr Vater mit seinem über den Krieg geretteten Fahrrad, das später an uns Kinder vererbt und Auslöser für manche Knieverletzung wurde. Ich kann mir Vater heute nur schwer als Radfahrer vorstellen, obwohl er damals noch keine 50 Jahre alt war. Auf mich wirkte er sehr unsportlich. Aber das lag vielleicht an der Zeit, in der für die meisten Männer der Kriegsdienst den Sport ersetzte.

Daneben verkaufte unsere Familie Bücher aus der großen Bibliothek, ich erinnere mich an eine vielbändige Kunstgeschichte, von der nach dem Tod der Mutter als Einziger der Band über das Römische Reich an mich ging. Die Bücher wurden zum Erwerb von Lebensmitteln bei Bauern eingetauscht. Dabei frage ich mich, was die Bauern mit den Büchern anfingen. Vater kannte im Übrigen von seiner Studentenverbindung, dem Wingolf, Landwirte mit Bauerhöfen in der Umgebung. In Hösel, Haminkeln und darüber hinaus kannten wir in der Familie Bauern. Zu denen fuhr man, um Lebensmitteln zu erwerben. Gelegentlich wurde ich von Vater mitgenommen. Das waren schöne Nachmittage mit Kuchen, an die ich mich gern erinnerte. Einmal hörte ich mit, wie Vater und sein Studienfreund in

Hösel mit großem Ernst über Religion diskutierten. Hängen geblieben ist der Streit, ob Jesus gottgleich oder gottähnlich sei.

Auf dem Rückweg hatte man nach solchen Ausflügen dann einen Sack Kartoffeln oder im Rucksack Gemüse, Wurst und ähnliche Leckereien. An der Versorgung wirkten dann Tante Miene und Onkel Gustav mit, die als Partikuliere auf ihrem Frachtschiff Kohle transportierten. Im Duisburger Hafen konnten wir auf unserem geliebten kleinen Lemgoer schon mal eine Fuhre übernehmen. In Mülheim fuhr man zu den Höfen in Dümpten, die es heute nicht mehr gibt, weil sie von Siemens, meiner späteren Lehrfirma, als Bauland für die Erweiterung der Turbinenfabrik gekauft wurden. Auf dem Rückweg hatten wir dann das Wägelchen voll mit Kartoffeln oder Zuckerrüben. Es war ein Vergnügen, wenn die Rüben geschnitzelt und dann in einem großen Kessel gekocht wurden. Am Ende stand dann ein wunderbares, herb schmeckendes Rübenkraut zur Verfügung. Wir Kinder durften bei der Herstellung von Sauerkraut mitwirken, das aus Weißkohl geschnitten und dann in einem Tontopf unter einem Brett mit einem Pflasterstein, unter dem es säuerte, zusammengepresst wurde. Schnittbohnen wurden in ähnlicher Weise gesäuert. Daneben existierten Blechdosen für Obst, die wir auf den kleinen Lemgoer luden, um sie in einem Haushaltwarengeschäft verschließen zu lassen. Die Tochter der Kaufleute hatte Musikunterricht bei Tante Ria, das war wohl der Ausgleich. Einmachen in Weckgläsern ist leider eine heute verloren gegangene Form der Selbstversorgung. Die mit Obst oder Gemüse gefüllten Gläser wurden mit einem Glasdeckel samt Gummiring verschlossen, der mit einer Metallklammer gehalten wurde. In einem Waschkessel – außerhalb der Einmachzeit diente er seinem eigentlichen Zweck – wurde das Einmachgut sterilisiert, wobei gleichzeitig die Luft entzogen wurde. All dies fand auf dem stets blank gewienerten, mit Holz und Kohle geheizten Herd statt, dessen Türen mit weißer Emaille versehen waren.

Dieser Herd diente nicht nur der Speisenzubereitung, Großvater, er war über 80 und entsprechend klapprig, kochte auf dem Herd auch schon mal Teer, um die Pappe auf seinem Hühnerstall zu befestigen.

Wenn der Teer überkochte, konnte das durchaus zu kleinen Küchenbränden führen, die regelmäßig gut ausgingen. Großvater hatte Dienst als Reichsbahnobersekretär hinter sich – er verbreitete gern die Legende, er sei in der Zeit der Franzosenbesetzung des Rheinlands aus dem Dienst geworfen worden, damals war er 50. Nach unbewiesener Darstellung habe er sich geweigert, die Lokomotive eines Zuges mit Reparationskohle nach Frankreich zu fahren. Aber er war kein Lokführer und tat auch in Belgien Dienst, aber ich habe seine Heldengeschichte nie angezweifelt. Großvater war auf seine Weise der Ernährer der Familie, damals angeblich einer der am längsten lebenden Reichsbahnpensionäre. Er hatte freie Fahrt auf der Bahn samt seinen Kindern, ob Vater davon profitierte, weiß ich nicht mehr. Vor allem aber stand ihm Deputatkohle zu. Die holten wir – wieder auf dem kleinen Lemgoer – vom nahegelegenen Eisenbahnausbesserungswerk. Es war meist keine richtige Kohle, sondern Staub. Grus nannte man diese Reste, die beim Bekohlen der Lokomotiven abfielen. Mit Wasser versetzt, konnten wir ihn sogar transportieren und zogen hinter unserem Wägelchen eine schwarze Spur her. Der Heimweg reichte in etwa, um das Wasser vor dem Erreichen des Hauses ablaufen zu lassen, was die Verwendungsfähigkeit der Kohle deutlich erhöhte. Der Wahrheit halber muss dazu gesagt werden, dass es auch Briketts gab. Dieses gehortete wertvollere Brennmaterial konnten wir aus dem Keller zutage fördern, als wir das Haus des Großvaters nach dem Tod der letzten Tante 1978 als Erben veräußert hatten.

Großvater hatte auch die Aufgabe, für eine Eisenbahnerversicherung Beiträge zu kassieren. Er führte ein mächtiges Hauptbuch, das er über den ganzen Küchentisch ausbreitete, wenn er seine Eintragungen machte. Es handelte sich um Pfennigbeträge, wie sie meine Eltern seit meiner Geburt in meine fünf damals abgeschlossenen Sterbegeldversicherungen einzahlten. Wie Großvater an das Geld kam, ob es ihm gebracht oder überwiesen wurde, weiß ich nicht mehr. Es war aber stets eindrucksvoll, wenn er das voluminöse Hauptbuch auf dem Küchentisch aufklappte. Es wurde in regelmäßigen Abständen neu angelegt. Großvater übertrug dann sämtliche Mitgliedschaften und Einzahlungen, war aber nicht davon zu überzeugen, dass dies unsinnig war, denn im Gefolge der Währungsreform 1948 ging diese Form der Vorsorge verloren.

Der Großvater und die Tanten waren um die hilfsbedürftige Verwandtschaft bemüht. Das Zusammenleben mit ihnen war sicher nicht konfliktfrei, sie waren Kinder nicht gewöhnt, obwohl Tante Ria als Klavierlehrerin auch kleine Schüler hatte. Zumal, wenn sie sich den Weisungen der älteren Tante nicht fügten. So bekamen wir von Tante Christa Ermahnungen, das aus Zeitungspapier zerlegte Klopapier sparsam zu nutzen. Mahnzettel erhielt, wer die altertümliche Kette an der Toilette zu kräftig gezogen hatte, sodass der Spülkasten sich dauerhaft entleerte. Aber es wäre ungerecht, die Tanten, wie wir sie nannten, zu schelten. Der Großvater gab mir ein Stückchen vom winzigen Gartenland hinter dem Haus, auf dem ich Karotten zog, die sicherlich die Versorgungslage nicht nachhaltig unterstützten; am Rand wuchs Tagetes.

Die Versorgung war situationsbedingt dürftig. Das brachte Vater, wie ich nur noch gesprächsweise in Erinnerung habe, auf die Idee, nach Chile auszuwandern. Nicht etwa, weil es wie andere südamerikanische Staaten für Altnazis zum Rückzugsgebiet geworden war. Mit Altnazis wird er sich kaum identifiziert haben, zumal gerade Chile auf eine starke Emigration aus Deutschland im 19. Jahrhundert verweisen konnte. Im Übrigen war es auch Fluchtziel für jüdische Verfolgte in den 30er-Jahren des vorigen Jahrhunderts; makaber genug, dass diese während der Diktatur in den 70er-Jahren den Rückweg nach beiden Teilen Deutschlands antreten mussten. Und schwer vorstellbar war, dass Diktator Erich Honecker sich nach der Auflösung der DDR zum Sterben ins Land Pinochets begeben hätte, wenn er nicht familiäre Bindungen nach Chile gehabt hätte. Margot Honecker ist dort unlängst verstorben, sie hatte den Medien zuvor noch anvertraut, dass sie nichts zu bereuen habe. Die Spuren der Altnazis konnte ich noch sehr viel später in Asunción, der Hauptstadt von Paraguay, in einem Braukeller besichtigen; mit einer Delegation der SPD-Fraktion hatte ich dort den Diktator Stroessner aufgesucht.

Unsere Auswanderungspläne scheiterten aber an Mutters heftigem Widerspruch, wofür ich ihr in der Rückschau dankbar bin. Denn was alles wäre mir dadurch ein Leben lang entgangen? Bei aller Not der Jahre 1946 und 1947 gab es auch Nischen des Überflusses. Mir sind die Fressorgien, ich kann sie nicht anders nennen, aus festlichen Anlässen im Gedächtnis geblieben. So sammelten wir zu Ostern daheim und in der Nachbarschaft Ostereier ein, drei Dutzend ist eine magische Zahl gewesen, die es beim Einsammeln zu erreichen galt. Wenn Tante Ria in der Evangelischen Kirche Broich zur Konfirmation die Orgel gespielt hatte, brachten die Eltern der Konfirmanden Berge vom übrig gebliebenen Kuchen mit. Nicht anders ging es bei den Geburtstagen. Sieben Stücke Torte zu vertilgen, ist unter heutigen Umständen kaum vorstellbar, zeigte aber die Wirkung von Heißhunger.

Im Reisegepäck für den Weg von Thüringen nach Westen war nur für wenig Spielzeug Platz. Mitkommen durfte ein Holzauto, das dem Hanomag Laubfrosch nachempfunden und Lieblingsspielzeug des Kindes war. Für einen Siebenjährigen von heute wäre das wahrscheinlich allzu simpel. Zum Spielen war aber für drei Kinder ohnehin kaum Platz. Aber sicher gab es auch kein Geld für Spielzeug, obwohl schon bald nach dem Krieg viel Fantasie entwickelt wurde, um aus Holz und Metall Kinderspielzeug zu fertigen. Später lieferte dann Tante Dora Vogel aus Merseburg einen Metallbaukasten oder einen Baukasten mit kleinen Ziegelsteinen, aus denen man Häuser und Türme mauern konnte, die anschließend im Wasser wieder in ihre Einzelteile zerfielen. In Neuss wurden die Reste eines Anker-Steinbaukastens zutage gefördert – ein Spielgerät, das eigenartigerweise im Zeitalter des Plastikspielzeugs aus China eine Wiedergeburt erlebt. Mutter machte mit uns Kartenspiele, ansonsten war das Spielzimmer, so das Wetter es zuließ, im Freien und um den Hanomag wurde dann eben eine Kinderwelt gebaut. Üblich war es, Spielzeug selbst zu basteln, notfalls aus dem, was die Natur lieferte. So wurden für die – nach Entfernung von Hitler und Göring – nach Westen mitgebrachten Soldaten sowie die neuen Indianerfiguren aus Stöcken und Steinen Unterkünfte gebaut, die mit Blättern gedeckt waren. Selbst gebaut wurde eine Art Telefon, damals nicht üblich in Haushalten und deshalb versehen mit der Aura der Exklusivität. Man benötigte dazu eine gereinigte ehemalige Schuhcremedose, damals gab es sie nur aus Blech, dass sie sauber war, durfte man unterstellen. Bohrte man Löcher in den Dosenboden und fädelte einen Bindfaden hindurch, war das Telefon fertig. Die Dose fungierte als Sprechmuschel, und wenn man den Bindfaden straff spannte, übertrug er die Tonschwingungen der Sprache zum Partner.

Mehr Geschick erforderte der Bau eines Laufrades, für das man eine Konservendose ohne Deckel und Boden, einen Stecken und als Achse ein Stück stabilen Drahts benötigte. Zum letzten Mal habe ich Kinder mit einem solchen selbst gefertigten Spielzeug in den Jahren nach 2000 in Sanaa, der Hauptstadt des Jemen, gesehen, als ich dessen Regierung – erfolglos – bei der Bekämpfung der Korruption zu beraten hatte. Als Gewinnspiel gab es ein Wurfspiel mit Pfennigen, die man gegen eine Wand schleuderte. Sieger war, wessen Geldstück am nächsten zur Wand zu lag. Er musste, ehe ihm der Gewinn zufiel, die Geldstücke auf die Spitzen von Daumen und Zeigefinger legen, sie danach hochwerfen und, was er dann mit der Hand auffing, blieb ihm als Gewinn. Eine Beschäftigung, die eine Verbindung zum beendeten Weltkrieg nicht verleugnen konnte, war das Eroberungsspiel, für das man ein Taschenmesser und einen weichen Boden brauchte, auf den ein Kreis mit einem Durchmesser von etwa einem Meter gezeichnet wurde. Dieser wurde nach Art einer Torte in Sektoren aufgeteilt, die den Spielern gleichmäßig zufielen. Jeder Spieler legte seinen Sektoren Ländernamen zu. Der erste Spieler erklärte dann dem Nachbarland den Krieg und warf das Messer in den Sektor des Gegners. Über die Messerspitze wurde eine Linie zum Kreismittelpunkt gezogen. Der auf diese Weise abgetrennte Sektor fiel dem Gegner zu. Kreide war reichlich vorhanden, damit malte man sich auch das Spielfeld von »Himmel und Hölle«. Fußballspielen war angesichts des wenigen Verkehrs ohne Mühe in der Straßenmitte möglich – so man einen Fußball hatte.

Da es aber nicht immer Spielkameraden gab, war man auch darauf angewiesen, sich selbst zu beschäftigen, beispielsweise verbrachte ich viel Zeit mit Lesen. Wenige Häuser weiter gab es eine gewerbliche Leihbibliothek, aus der ich bis zu drei Bücher in der Woche bezog. Eigene Bücher hatten hohen Wert. Es waren zumal Geschenke aus den Büchereien der Älteren, alte Kinderbücher, die ich bis heute verwahre. Glücksmomente waren die Geschenke neuer Bücher. Das waren anfangs Rotationsdrucke, also nicht in klassischer Buchdruckmanier, sondern in Zeitungsdruckereien hergestellte Texte. »Pu der Bär« von Alan Alexander Milne oder Kästners »Emil und die Detektive« sind zwei solcher Geschenke zu Festtagen.

Zu den Erinnerungen der Kindheit gehören auch die Dinge, die der Fortschritt uns genommen hat. Dazu gehört die Milchkanne aus Aluminium. Sie diente nicht nur dazu, um die per Hand verteilte Milch zu kaufen, sondern eignete sich auch, um Wurstbrühe aus einem Schlachthof zu holen. Einmal in der Woche, wenn Schlachttag war, stand man dort mit Milchkanne oder anderem Transportgerät Schlange, um für kleines Geld Brühe zu kaufen, in der Würste gekocht worden waren. Die Pelle bestand damals noch aus echten Därmen mit der lobenswerten Eigenschaft, dass Würste schon einmal den Brühvorgang nicht überlebten und mit ihrer Fülle die Brühe veredelten. Und nach dem Schlachten bemühte man sich um sogenanntes Freibankfleisch, das von minderer Qualität, aber dennoch zum Verzehr freigegeben war. Möglicherweise war es von besserer Qualität als das, was heutzutage in Fertiggerichten versteckt wird. Und während man in der Schlange am Schlachthof stand, wehte von der benachbarten Tengelmann-Fabrik der Duft von Schokolade herüber. Auf dem Heimweg wurde dann geprüft, wie man die Milchkanne mit der Wurstbrühe im Kreis schleudern konnte. Misslingen war nicht ausgeschlossen, das minderte die nach Hause gebrachte Ausbeute. Auch der Kauf von Brot war mit langem Schlange stehen verbunden, um fünf Uhr in der Frühe begab man sich in die Reihe der Wartenden, stündlich kam die Ablösung und hoffte, von der im Hinterzimmer entstehenden Ware etwas abzubekommen. Zum Trinken gab es – wenn nicht Leitungswasser – schrecklich süße Limonade und in kalter Jahreszeit ein undefinierbares Getränk mit dem veredelten Namen Heißgetränk. Im Naturzustand gibt es heute auch die unter dem Namen »Süßholz« vertriebene Wurzel nicht mehr, mit der der Heißhunger auf Süßes gestillt wurde.

1946 begann auch der Schulunterricht wieder. Obwohl ich in Thüringen das erste Schuljahr noch nicht beendet hatte, durfte ich in Mülheim ins zweite Schuljahr, sodass mir kein Jahr verloren ging. Zunächst hatte Broich in der Kurfürstenstraße nur eine Gemeinschaftsgrundschule, wie sie aus der NS-Zeit überlebt hatte. Die Erinnerung daran ist schmal, als Lehrveranstaltung ist mir nur noch das Tauschen von Briefmarken unter Leitung des Lehrers in Erinnerung. Spuren gibt es auch nicht mehr, das Zeugnisheft ist ebenso untergegangen wie das frühere aus Geiersthal.

Da ich als unterernährt galt, durfte ich zur Erholung auf das benachbarte ehemalige Schloss Landsberg der Familie Thyssen, das die britische Militärregierung der Stadt Mülheim zur Verfügung gestellt hatte und auf dem die British Army sowie das britische Rote Kreuz ein Kinderheim betrieben. Die tägliche Verpflegung wich mit 3.000 Kalorien vom Üblichen deutlich ab. Ich erinnere mich an eine sehr um mich bemühte Krankenschwester in ihrer kleidsamen khakifarbenen Militäruniform. Als Hilfsmittel, weil ich ihr zu zappelig war, band sie mir die Beine mit Mullbinden zusammen. Heute merke ich, das hat mich nicht weitergebracht, ich bin immer noch zappelig. Mit den britischen Briefmarken von der Militärpost konnte ich dann zu Hause glänzen. Nach der Rückgabe an die Familie Thyssen wurde das Schloss zu einem eindrucksvollen Museum über die Industriegeschichte des Ruhrgebiets an der Wende vom 19. zum 20. Jahrhundert gestaltet.

Eine Beschäftigung bekam Vater erst wieder im Jahre 1947, und zwar an dem ihm von seinem Referendariat vertrauten Mädchengymnasium in Mülheim.

Die christliche Schulministerin Christine Teusch sorgte bald dafür, dass die Sache mit der Gemeinschaftsschule aufhörte und es wieder konfessionelle Schulen gab. Das bescherte uns so fundamentalistische Errungenschaften wie die nach Konfessionen getrennten Toiletten. Nutzten benachbarte Schulen einen gemeinsamen Schulhof, so wurde dieser durch eine Linie religiös getrennt. Den Schülern einer protestantischen Schule ohne eigene Turnhalle blieb die Benutzung der Halle in der benachbarten katholischen Schule versagt. Die bestechende Begründung hieß, Katholiken hätten eben eine andere Auffassung vom Leib als Evangelische.

In der Grundschulzeit gab es Nahrungspakete aus amerikanischer Militärverpflegung. Geschätzt waren die knochenharten Kekse und eine scharfe Currycreme. Zum Versorgungspaket gehörte eine Dose mit zubereitetem Essen, das mithilfe einer innenliegenden Kerze erwärmt wurde. Wer anders als ich später bei der Bundeswehr diente, sollte diese Form des Kochens noch erlebt haben. Die Schulspeisung wurde bald von der deutschen Verwaltung übernommen und in Form von Eintopf in Kübeln angeliefert. Das war eine willkommene, sicher nahrhafte, aber meist eine verdauliche Erbsensuppe, auch Nudel- oder süße Milchsuppe. Die Reste lockerten den Speiseplan zu Hause auf. Später wurde die Verpflegung mit Milch oder Kakao eingeführt. In den Adventswochen wurde allwöchentlich Schokolade zugeteilt, die dann als Überraschung für Weihnachten aufbewahrt wurde.

In der dritten Klasse war ich im Zuge der Schulreform in die evangelische Volksschule in der Pestalozzistraße zu Frau Böcking gekommen. Sie war ausgestattet mit einem blonden Dutt und beeindruckte uns durch eine Laute, die sie sich im Musikunterricht vor den Bauch drückte. Die Arme endete – wie noch zwei andere meiner späteren Lehrer am Gymnasium – durch Selbstmord. Nach einem Jahr übernahm Herr Stürzenacker die vierte Klasse. Er hatte im Krieg ein Bein verloren und neigte zu Jähzorn. So flog schon einmal ein Schlüsselbund durchs Klassenzimmer, dass es sich manchmal auch um eine seiner Krücken handelte, entspringt nicht etwa der fantasiegesteuerten Steigerung des fliegenden Schlüsselbundes. Ansonsten war er sehr umgänglich, wir Schüler, sicher nur ausgewählte, besuchten ihn schon mal. Der insgesamt mit Gut benotete Schulerfolg hatte zwei Ausreißer, das war im Fach Schönschreiben, in dem ich mich von »genügend« in der 3. Klasse auf »mangelhaft« herunter gearbeitet hatte, was sich übrigens in der männlichen Linie verstetigt hat. Dafür steigerte ich mich im Gesang bei Herrn Stürzenacker vom »befriedigend« seiner Vorgängerin auf »sehr gut«. Das war ein Erfolg nicht ohne Peinlichkeit. Herr Stürzenacker pflegte mich zum gemischten Duo einzusetzen, die weibliche Stimme stammte von einer von mir angebeteten und als resolut in Erinnerung gebliebenen dunkelhaarigen Mitschülerin. Mit hochrotem Kopf fand ich mich nach dem Aufruf neben ihr zur Darbietung ein, die der Note zufolge wohl Zustimmung gefunden hat. Diese frühe Liebe hatte keinen Bestand.

Am 1. März 1948 fand in vier Fächern eine Aufnahmeprüfung für das Gymnasium statt, die es damals noch gab. Vater hatte das humanistische Gymnasium in Mülheim besucht, weshalb auch wir Jungen dort angemeldet wurden. Aus welchen Gründen wir aber stattdessen ins naturwissenschaftliche Gymnasium kamen, ist nicht überliefert. Den Weg dorthin, eine halbe Stunde, haben wir zu Fuß zurückgelegt, um das Geld für die Straßenbahn zu sparen. Angesichts des Mangels an Klassenräumen fand der Unterricht im Zweischichtbetrieb statt – der morgendliche Unterricht mit Samstag, das war noch üblich, an sechs Tagen; beim regelmäßigen Wechsel auf den Nachmittagsunterricht entfiel der Samstagsunterricht. Wir begannen mit knapp 60 Jungen. Im Winter war der Schulweg nicht so einfach zu bewältigen, aber auch im Sommer konnte es Probleme geben. So gab die aus einer Holzsohle mit Stoffstreifen gefertigte Sandale auf dem Schulweg ihren Geist auf. Heute frage ich mich, warum ich nicht barfuß weitergegangen bin, sondern meine Füße auf der Straße vor mir herschob, zumal Studienrat Dr. Brandts den verspäteten Schüler mit einem hämischen Kommentar empfing. In der ersten Klasse, Sexta, begannen wir mit 56 Schülern, von denen zwölf bis zum Abitur durchkamen, die Klasse zählte nach Zusammenlegungen, durch Wiederholer und Zuzüge am Ende 23 Schüler.

Schon ein Jahr später wurde uns eine städtische Wohnung in der Innenstadt zugewiesen. Sie musste zunächst mit einem älteren Ehepaar geteilt werden, sodass wir wieder nur zwei Zimmer hatten und die Küche mit Waschgelegenheit gemeinsam benutzt wurde, das Badezimmer wurde erst später ausgebaut. Nachdem auch die Dachwohnung frei geworden war, bekamen die Jungen jeweils eine eigene Mansarde. Es war Freiheit auf kleinstem Raum, mit einem eigenen urtümlichen Klappbett, in dem ich bei den Einschlafübungen durch den Weltraum flog, der mir wegen seiner Unendlichkeit panische Angst bereitete.

Abb. 7 Als Quartaner im Städtischen Gymnasium Mülheim an der Ruhr (1950).

Mit dem Übergang aufs Gymnasium stellten sich alsbald Freundschaften her, anfangs mit Manfred, dem Apothekersohn. Die elterliche Engel-Apotheke war im Krieg zerstört worden, aber so hatten wir auch sehr bald eine großartige Spielstätte. Der Fantasie waren keine Grenzen gesetzt, ungefährlich waren die Spiele nicht, denn es war eine ungesicherte Ruine, bestehend aus drei Stockwerken. Die durch ein Trümmerstück verursachte Kopfverletzung versuchte Manfred an einer Wasserleitung im Keller zu reinigen, zum Glück war die Mutter zufällig anwesend und konnte sich um sachgerechte Wundversorgung kümmern. Ein Teil des Treppenhauses in der Ruine war begehbar, das schaffte den Hühnern aus der benachbarten Gaststätte ein unerwartetes Flugfeld. Rauf wurden sie getragen, nach dem Start vom Rest des Treppenfensters hatten sie Freiflug. Im Trümmerfeld hinter der ehemaligen Apotheke hatten wir hinreißend viel Baumaterial, aus dem wir uns eine Hütte bauten. Manfreds Mutter duldete keine Halbheiten und kümmerte sich nach unserem Empfinden zu intensiv um unsere Spiele. Die Maurerarbeiten seien nicht gründlich und sicher genug, so wurde uns ein Baumeister zur Seite gestellt, der uns beim Ausmauern einer Hütte mit halbwegs tauglicher Bedeckung helfen musste. Nach Fertigstellung diente die Hütte als Treff, inzwischen gab es mehrere Zugänge zu unserem Zusammenschluss, der allenthalben »Bande« genannt wurde. Zu Recht wurde vermutet, wir verbrächten die Hüttenstunden mit Tabakrauchen, es handelte sich hingegen nur um Pfefferminze aus der Apotheke, die in kleinen Nikolaus-Tonpfeifchen genossen wurde. Um den Geruch zu überdecken, mussten am späteren Nachmittag Pfefferminzpastillen gelutscht werden, weil die Mutter von uns Geruchsproben nahm, die zwar ergebnislos verliefen, denen gleichwohl regelmäßig eine Warnung vor dem Laster des Rauchens folgte. Irgendwann mit wachsendem Alter verloren wir das Interesse an der Hütte, sahen sie gleichwohl mit Schmerzen in Schutt sinken, als durch Mülheim eine jener mit dem Aufschwung Westdeutschlands unvermeidlichen Schneisen geschlagen wurde.

Neun Jahre Schule vergingen eher unaufgeregt. Es ist sicher kein Widerspruch, wenn man die Zeit danach als die Spannendere erlebt hat. Klassentreffen von Ehemaligen haben die prickelnde Angewohnheit, sich um stets wiederholte Anekdoten zu drehen. Mir fielen die Gymnasialjahre nicht sonderlich schwer. Es gab die technischen Fächer Mathematik und Physik, in denen ich Verständnisschwierigkeiten hatte und wo meine Noten gelegentlich unterdurchschnittlich waren. Insgesamt waren die Noten um »gut« hingegen sehr stabil, und ich arbeitete mich von Sexta bis Prima aus dem Durchschnitt an die Spitze. Den schlechtesten Notendurchschnitt hatte ich in Kunst mit 2,71. Ich gebe zu, das Malen mit Wasserfarben zum Beispiel von Gläsern vor- und hintereinander mag viele Möglichkeiten für die künstlerische Entfaltung bieten. Auch Backsteinhäuser zu malen, bei denen sorgsam darauf geachtet werden musste, dass jeder Ziegel von seinem Nachbarziegel farblich und in der Gestalt abwich, füllte viele Schulstunden. Einen nachhaltigen Bildungserfolg vermochte ich nicht zu verspüren. Für unseren Kunstlehrer war es aber ein unverdächtiges Thema, da er in der Kunstgeschichte und der Vermittlung der klassischen oder gar zeitgenössischen modernen Kunst nicht seine Berufung sah. So versuchte er, uns das Interesse an Picassos künstlerischer Bedeutung abzunehmen, indem er als »Kunst« den verbogenen Frauenakt mit der Blume im Pupsloch geißelte. Den Notendurchschnitt im Abitur verbesserte am Ende ein »sehr gut« in der Abiturprüfung bei dem späteren Kunstprofessor Johannes Geccelli, der als Prüfungsthema einen Vergleich der Werke von Benozzo Gozzoli mit denen von Paul Gauguin stellte. So erreichte ich eine Gesamtnote besser als »gut«. Zeugnisse von guten Schülern litten damals noch nicht unter der Inflation des »sehr gut«. Wir haben es trotzdem zu etwas gebracht.

Klassenfahrten, mit denen Schüler heute verwöhnt werden, waren bei uns nur in ganz geringem Umfang möglich. In Quinta fuhr unser Lateinlehrer mit uns an die Ahr, übernachtet wurde in einer Scheune im Heu. In der Folge ging es zu Fuß durch die nähere Umgebung. In der Oberprima gab es noch einmal eine Abschlussfahrt auf die Schwäbische Alb, die aber unter dem Thema Geologie stand. Ich habe mich stets für einen sozialen Klassenkameraden gehalten. Als Kollegensohn genoss ich eine gewisse Nachsicht bei den Lehrern, die ich auch weidlich ausnutzte. Das hatte schon einmal eine Dauerbetreuung bei Klassenarbeiten zur Folge. So gab es Kopien meiner Entwürfe für Lateinarbeiten – mit eingebauten Fehlern, damit nichts auffallen konnte. Dass diese gefahrlos wandern konnten, lag wahrscheinlich am Alter von Dr. Ege, der bei Klassenarbeiten drohte: »Ich höre alles, ich sehe nichts.« Meine Hilfe war kostenfrei, im Gegensatz zu unserem Mathematikgenie Ömme, der dem Mathematiklehrer schon mal Gleichungen löste. Er hatte einen 2-DM-Tarif.

Wenn von der französischen Abiturarbeit, deren Abschrift ich unter Hinweis auf den erfolgreichen Schreibmaschinenkurs dem Vater angeboten hatte, zufällig eine Kopie bei mir verblieb, so lag dem kein soziales Motiv zugrunde. Umso ärgerlicher war, dass die Empfängerin nicht den erhofften Erfolg hatte. Als ich die Bewertung einer Deutscharbeit meines Freundes Manfred mit der Note »Falls selbstständig, gut« lauthals kritisierte, obgleich naturgemäß bekannt war, dass sie nicht ohne Mitwirkung Verwandter geschrieben worden sein konnte, zog ich mir den Zorn des Deutschlehrers Dr. Brandts zu. Der körperlichen Züchtigung entging ich so gerade noch: Nachdem ich die Brille auf dem Fensterbrett abgelegt hatte, zuckte die bereits schlagbereite Hand zurück. Ich wurde aus der Klasse verwiesen und durfte dem stellvertretenden Direktor erklären, warum ich mich während der Unterrichtszeit auf den Flur aufhielt. Trotz gelegentlicher Heftigkeit war dieser Dr. Brandts über neun Jahre mit dem Fach Deutsch – dazwischen noch mit Religion, Geschichte und Philosophie – der Lehrer, der am prägendsten für mich war. Was Goethes Gedankenlyrik anlangt, versagte er allerdings, obwohl die neue von der abtretenden Oberprima das Goethe-Bild von Kaufmann bekommen hatte. Mit zwei Freunden, die in gleicher Weise bei dem Thema in der Klassenarbeit versagt hatten, kam es so zur Gründung einer Goethe-AG. Möglicherweise waren es Belastungen aus dem Krieg oder der Kriegsgefangenschaft, die – wie bei dem Oberstufenlehrer in den naturwissenschaftlichen Fächern – ihn in den Selbstmord getrieben haben.

Abb. 8 Als 15-Jähriger im Jahr 1953.

Aus der Rückschau taucht die Frage auf, wie wir zum Problem der deutschen Geschichte aufgeklärt wurden. Ich habe wunderbare Skripte zur Geschichte der Hethiter und Ägypter. Im Übrigen wird es auch uns so gegangen sein wie den meisten Gymnasiasten der damaligen Jahre, dass – angesichts der Menge des Stoffes gewollt oder ungewollt – der Geschichtsunterricht nicht bis zur Gegenwart reichte. Es wurden allerdings zwei Arbeitsgemeinschaften angeboten, sauber polarisiert zu Kommunismus und Nationalsozialismus – ich weiß nicht einmal, wofür ich mich entschieden habe, aber die in der Mitte der 50er-Jahre durchaus angebrachte Frage nach der Gegenwart des Vergangenen stellte man noch nicht. Und die Bedrohung aus der Sowjetzone und vom Sowjetblock war möglicherweise realer als die Vergangenheit des Nationalsozialismus.

Auch auf dem Gymnasium war das Fach Leibesübungen, wie es sich nannte, anfangs problembelastet. Eine Turnhalle gab es nicht, so zog man im Winter in die Jugendherberge zum Tischtennisspielen. Im Sommer standen wechselnde Sportplätze für Laufen, Springen und Wurfübungen zur Verfügung – mir fielen die Bewegungsübungen leicht; Hochsprung scheiterte an der Kurzsichtigkeit; bei Ballspielen war ich kein Profi; für das Schwimmen stand das – inzwischen abgerissene – historische Stadtbad zur Verfügung. Diese Sportstunden habe ich mit Widerwillen absolviert, weil ich mich an ihrem Ende regelmäßig mit einer schweren, familienbedingten Migräne nach Hause tastete. Im Sommer konnte man ins Freibad Styrum, wo auch die Bundesjugendspiele stattfanden, nachdem das Wasser sauberer war, auch ins Strandbad Ruhr.

Sport nach meiner Neigung fand ich dann beim Rudern in den Schülerrudervereinen der beiden Gymnasien. Rudern habe ich noch in der Lehrzeit, zuletzt auf der Alster im Siemens-Betriebssportverein, betrieben. Die Lage der sich anschließenden Ausbildungs- und Arbeitsorte bedingte aber eine längere Pause. In Stuttgart, gebe ich zu, hätte zum Rudern auf dem Neckar eine Chance bestanden, aber das gaben die persönlichen Verhältnisse damals nicht her. Erst in den 80er-Jahren wurde ich vom Baumeister unseres Hauses dazu gebracht, den Sport im Wassersportverein Honnef am Rhein wieder aufzunehmen.

Als den Klassenprimus traf mich die Aufgabe, die Abschiedsworte für die Abiturienten des Vorjahres zu sprechen. Sie mussten zuvor der Direktion vorgelegt werden. Im Jahr zuvor, am 5. Mai 1955, war das Besatzungsstatut beendet worden. Deutschland und Frankreich waren bemüht, auf dem Weg über die europäische Einigung dem Zwist der vergangenen Jahrhunderte ein Ende zu setzen. Mir schien es folglich ein passendes Thema, so meinte ich naiverweise, die Zukunft Deutschlands in Europa zum Thema zu machen. Ich musste mir sagen lassen, das passe nicht. Also lieferte ich – ja, widerspruchslos – eine Rede mit dem üblichen Dank an Eltern und Lehrer.

Was hatte die Lehrerschaft gegen mein Thema, frage ich mich heute. War der alte Geist noch so verhaftet? Warum habe ich mich gefügt, statt die Rede abzulehnen? Vielleicht waren wir einfach noch zu unbedarft, die Jugendrevolte lag noch Jahre vor uns. Dennoch erinnere ich mich nur bei einem Turnlehrer (bei dem ich gleichwohl gern im Rudern betreut wurde) an eine gewisse Verliebtheit in Vergangenes, wenn uns in Vertretungsstunden schon einmal die Geschichte des Russlandfeldzuges mit Schlachtorten und Siegen vorgestellt wurde. Ansonsten erinnere ich mich an einen fairen Umgang mit der jüngeren Geschichte, einige Lehrer waren Opfer des Krieges, andere selbst Kriegsteilnehmer.

Nach dem Abitur war es folgerichtig, dass wir Jungen studierten; für meine Schwester Marlis dekretierte Vater, selbst Lehrer an einem Mädchengymnasium, der Schulabschluss an dessen hauswirtschaftlichem Zweig reiche aus. Das belastete sie zeitlebens. Um den Eltern die gleichzeitige Finanzierung von zwei Studien zu ersparen, schlug ich vor, zunächst eine kaufmännische Lehre zu absolvieren. Als Ausbilder am Heimatort Mülheim an der Ruhr bot sich das Turbinenwerk der Siemens-Schuckert-Werke an, die auf einem sehr hohen Niveau eine Ausbildung zum Industriekaufmann anboten, die ich mit zwei Klassenkameraden antrat. Die Ausbildung begann für alle Lehrlinge mit einer technischen Ausbildung im Schaltwerk Berlin-Siemensstadt. Das war 1957 schon eine Reaktion auf den sich aufbauenden Kalten Krieg. Siemens hatte, was nicht so laut zugegeben wurde, bereits begonnen, sich aus Sicherheitsgründen vom traditionellen Standort Berlin zurückzuziehen und, wie man es umschrieb, »verlängerte Werkbänke« als Ausweichstandorte in Westdeutschland aufzubauen, um für den Fall, dass Berlin abgeschnitten werden sollte, die Produktion ungehindert fortführen zu können. Neben der Unterweisung in der Firmengeschichte wurden wir an der Werkbank in den Grundzügen der Holz- und Metallbearbeitung geschult. Die dabei entstandenen Produkte haben noch Platz in den Hinterlassenschaften meines Lebens. In einer Zeit, in der Baumärkte den Status des Heimwerkers schufen und in der die duale Ausbildung an ihren Anfängen stand, war es gut, mit Materialkunde vertraut zu werden. Bei der Ausbildung in Mülheim lernte ich die Faszination des Großmaschinenbaus kennen, aber auch den Umgang mit Menschen, auf die wir am Gymnasium keinen Blick hatten. An der Universität fasste das ein Professor der Rechtsphilosophie in die treffliche Formulierung, der letzte »normale« Mensch im Sinne des Rechts, den wir in unserer bisherigen Sozialisation erlebt hätten, sei der Hausmeister unseres Gymnasiums gewesen. Dieses Sicheinfügen in die normalen Abläufe des Arbeitens hat mich wahrscheinlich später als Student vom Weg in eine für mein Empfinden allzu elitäre studentische Verbindung abgehalten. Meine Familie war da durchaus offen, aber meine Versuche bei mehreren Korporationen schon als Lehrling in Hamburg, dann in München und Freiburg brachten nicht den Kick. Ich mache das niemandem zum Vorwurf, aber drei Jahre nach dem Abitur sieht man Dinge möglicherweise etwas kritischer, und mancher Ablauf konnte mich nicht überzeugen. Das Niveau in der Ausbildung bei Siemens war hoch. Der Ausbildung in den einzelnen Abteilungen des Werks folgte ein Jahr in der Zweigniederlassung Hamburg, die dem Vertrieb gewidmet war. Neben der praktischen Unterweisung stand die Werkberufsschule mit qualifizierten Dozenten. Die einzelnen Abschnitte der Lehrzeit sind säuberlich Woche für Woche im Berichtsbogen festgehalten, jeweils mit einem knapp darzustellenden Thema aus der Ausbildungseinheit. Daneben wurden Referate gefordert, die ein erstaunliches Niveau hatten, etwa über die Stahlindustrie in der Sowjetunion. Zur Ölproduktion in Venezuela oder der in Deutschland habe ich die Manuskripte bewahrt.

Am Ende stand der sogenannte Stammhauslehrgang in Erlangen, wo wir in den Baracken wohnen durften, die vor uns das Leitungspersonal von Siemens genutzt hatte, als der neue Firmenstandort Erlangen nach dem Krieg aufgebaut wurde. Am Ende standen die firmeninterne Prüfung und die Prüfung vor der Industrie- und Handelskammer Nürnberg.

V   Ausbildung und erste Berufsjahre

Im Anschluss an die kaufmännische Lehre hatte ich zunächst beabsichtigt, das Studium der Betriebswirtschaft aufzunehmen. Das habe ich bald verworfen, weil sein Ruf zu meiner Zeit nicht hoch war, vor allem genügte mir die praktische Ausbildung bei Siemens. Als weiterführendes benachbartes Fach kam anfangs auch Volkswirtschaft in Betracht, ich entschloss mich dann aber zum Jurastudium. Naturgemäß wurde ich oft gefragt und musste mich gelegentlich auch selber fragen, ob die Lehrzeit nicht eigentlich entbehrlich sei und es sich nicht um drei verlorene Jahre handele. Ich kann das verneinen. Nein, die Begegnung mit dem nicht akademischen Bereich hat mich reifer gemacht, mir für die juristischen und die folgenden – weniger streng am Recht orientierten – Beschäftigungen viel gegeben. Meine Arbeitgeber haben davon profitiert, glaube ich sicher. Interessiert hat es sicherlich keinen, und ich habe mich immer gewundert, welche Qualifikationen ich in die mir häufig vorgelegten Personal- und Sicherheitsfragebögen eintragen musste.

Als Studienort wählte ich mit meinem Klassen- und Lehrkollegen Zschiesche die Ludwig-Maximilians-Universität München. Zunächst bestand – nach dem reglementierten Ablauf der Lehrzeit – das Bedürfnis, erst einmal auszuspannen. München bot dazu viele Möglichkeiten, im Sommer Biergärten und Kultur, im Winter das Skifahren, zu dem mich Gerd Zschiesche überredete, und den Fasching. Aus

Anhänglichkeit zu meiner Lehrfirma war ich der Bitte meines Prüfers in der Firmenabschlussprüfung, des Leiters vom SIEMENS-Motorenwerk München in Milbertshofen gefolgt und hatte ihm eine Nebentätigkeit versprochen. Im Anschluss an einen strengen vormittäglichen Vorlesungsplan mit vier bis fünf Stunden fuhr ich in den Münchener Norden. Das änderte sich, nachdem ich die erste Juraklausur in den Teich gesetzt hatte, weil ich meinte, die juristische Unterweisung während der Lehrzeit reiche für eine BGB-Klausur. Gerd Zschiesche hielt meine Ankündigung, auf ein Theologiestudium umzusatteln, nicht für konsequent, sie war sicher auch nicht ernst gemeint, aber der tägliche Arbeitsplan wurde daraufhin erst einmal gekürzt.

In den Semesterferien hatte ich mich – als Ergänzung zu meinem kaufmännischen Studium, aber auch, um etwas Geld für das aufwändige Studium in München zu verdienen, um ein Bankpraktikum bei der Commerzbank in Mülheim beworben. Das war überaus ertragreich. Nicht nur, weil ich mir aus dem Gehalt ein kleines, gewinnträchtiges Aktiendepot zulegen konnte. Heute wäre das sicher insiderverdächtig; die letzten Aktien dienten der Finanzierung des späteren Hochzeitsurlaubs. Vor allem bekam ich Kontakt zu einem der Direktoren der »Thyssen Shaft Sinking«, einer britischen Tochterfirma im Konzern der in Mülheim ansässigen deutschen »Thyssen Schachtbau«. Er lud mich nach Wales ein, wo ich die Betriebsbuchhaltung neu aufsetzen sollte. Dadurch konnte ich zweimal in den Sommersemesterferien, 1961 und 1962, bei »Thyssen Shaft Sinking« in Cynheidre in Süd-Wales arbeiten. Das war aus vielerlei Gründen eine sehr lehrreiche Zeit, nicht zuletzt wegen der Entlohnung als Schlosser mit Anspruch auf Auslandszulage und Auslösung. Das ergab ein unerwartet hohes Gesamteinkommen. Aber so konnte ich, auch nach strenger Lehrzeit, Beispiele britischer Lockerheit kennenlernen. Die Verwaltung war klein, da konnte es, zugegeben, etwas lockerer zugehen. Hängen geblieben ist die Erfahrung beim Umgang mit Buchungsdifferenzen. In der Commerzbank durfte ich einige Male an Samstagen zum Sonderdienst antreten, wenn die Kasse nicht stimmte. Das wurde nicht mir angelastet, und manchmal ging es auch um Pfennigdifferenzen. In Wales lernte ich eine Alternative kennen, die mich überzeugte: Differenzen hielt man dort für unvermeidlich. Um diese zu bereinigen, gab es Spendenkonten zugunsten der Royal Society for the Blind und der Royal Society for the Preservation of Birds. Dort landeten Differenzen gegengebucht, die periodisch ausgeglichen wurden. Waren Minussalden verblieben, wurden sie aufgefüllt, positive Salden, wurden gespendet. Ob die Begünstigten viel bekommen haben, weiß ich nicht.

Thyssen hatte vom staatlichen britischen National Coalboard den Zuschlag zum Abtäufen des Schachts Nr. 4 des 1954 eröffneten Bergwerks Cynheidre in Wales erhalten, das wertvolle Anthrazitkohle fördert. Über diese Fremdvergabe an eine deutsche Firma, dem ehemaligen Kriegsgegner zumal, wird im Netz bis heute diskutiert. 1954 war die britische Thyssen-Tochter gegründet worden, die 1962 den Schacht Nr. 4 mit einer Tiefe von 640 Metern niedergebracht hat. Die Betriebsstätte nutzte offenbar restliche Anlagen eines Kriegsgefangenenlagers. Zum Personal gehörten in Großbritannien verbliebene ehemalige Kriegsgefangene. Die Ausstattung ließ nachfühlen, wie Kriegsgefangene untergebracht waren. Mit ziemlicher Sicherheit wird es Kriegsgefangenen in Deutschland nicht anders ergangen sein. Ich hatte mich hingegen freiwillig auf diese Unterkunft eingelassen, als ich eine den Gastbediensteten dienende Nissenhütte bezog, die 20 Jahre nach ihrer Errichtung nicht mehr wetterfest, aber ohnehin nicht sonderlich gemütlich ausgestattet war. So hatte ich mehrere Monate lang das zweifelhafte Vergnügen, angesichts der bekanntermaßen feuchten walisischen Wetterlage bisweilen eine Schlafweise nach Art von Spitzweg zu pflegen. Gewöhnen musste ich mich an das Auftreten übernommener Kriegsgefangener. Die ehemaligen Gefangenen hatten wahrscheinlich Waliserinnen geheiratet oder Wohnung in einem der Dörfer mit den melodiösen, schwer aussprechbaren Ortsnamen genommen. Auch die Thyssen-Büros waren eher bescheiden in Baracken untergebracht. Zwar war die walisische Sprache schwer zu lernen, aber es wurde englisch gesprochen. Dennoch weigerte sich – immerhin 16 Jahre nach Kriegsende – der Magazinleiter, mit seinen walisischen Kollegen Englisch zu sprechen. Wer also Material brauchte für eines der vielen Thyssen-Projekte in der Region, musste sich auf deutsche Begriffe einlassen oder seine Wünsche schriftlich vermitteln.

Meine Aufgabe als ausgebildeter Industriekaufmann war es, Thyssen eine Betriebsbuchhaltung für die walisische Niederlassung einzurichten bzw. die bestehende zu überarbeiten. Zwangsläufig irritierte mich dieser Auftrag anfangs, denn ich fragte mich, wie ein Großbetrieb es über Jahre geschafft hatte, seinen Maschinenpark zu verwalten, Maschinen in Stand zu halten und den Anforderungen für Bilanzierung und die Steuer zu entsprechen. Und immerhin ging es nicht um die Ausstattung eines Kleinbetriebes, es ging um die Ausstattung für Großprojekte. Thyssen brachte Bergbauschächte nieder, bohrte Brunnen, baute Stauwehre und Dämme. Ich habe heute Mühe, mich zu erinnern, wie ich meine Aufgabe gelöst habe, die Betriebsbuchhaltung neu aufzusetzen. Es muss allerdings erfolgreich gewesen sein, wie mir verschiedene Aufzeichnungen über die Betriebsorganisation beweisen. Die Firmenleitung war sehr entgegenkommend. So konnte ich mit Besuchen auf den verschiedenen Betriebsstätten die Region kennenlernen, vor allem durfte ich meiner in Mülheim erworbene Liebe zu Einfahrten in Bergwerke nachgehen. Die Arbeitsbedingungen in den Gruben waren deutlich schlechter als an den mir aus dem Ruhrgebiet bekannten Standorten. Das lag zum Teil an der geringen Höhe der Flöze, die aufrechten Gang nur selten zuließ. Ich durfte meine Zeit auch nutzen, um mich in Llanelly in die britische Kommunalverwaltung einführen zu lassen. Ich besuchte im dortigen Gericht eine der sehr zeitaufwändigen Gerichtssitzungen. Die Beweiserhebung wurde in Wortprotokollen festgehalten. Ein britischer Anwalt hatte mir in London Literatur über das Justizsystem mitgegeben, und der walisische Firmenanwalt hatte sich bereit erklärt, mich in die britische, von der unseren sehr unterschiedliche Justizpraxis einzuführen. Zu einem besonderen Freund war der amtliche Fahrer geworden, der mir partout das Autofahren in Großbritannien nahebringen wollte. So bekam ich für einen Sixpence eine Learner's-Licence und musste den Dienst-Jaguar über die enge einspurige, durch Hecken bis zur Uneinsehbarkeit eingefasste Straße in die nahe gelegene Kreisstadt chauffieren. In meiner Freizeit lernte ich, mir einige Wörter der walisischen Sprache anzueignen, nicht, dass ich mich hätte mit einem Walliser unterhalten wollen, aber zum Ausgleich musste ich einer Mitarbeiterin Deutsch beibringen. Wir betreiben das auf dem Umweg über sehr ähnliche Sprichwörter. Ob ich ihr damit zum Ziel verholfen habe, ihren deutschen Freund zu ehelichen, habe ich nicht mehr feststellen können.

Beim abendlichen Besuch in der Kneipe des wenige hundert Yards benachbarten Dorfs wurde Englisch gesprochen. Nachdem man gelernt hatte, dass ich aus Deutschland kam, wurde ich als Fremder herzlich willkommen geheißen. Man schloss Freundschaft mit mir, was mir diplomatische Zurückhaltung abforderte, denn es hieß: »The Germans are the enemies of the English, we are the enemies of the English, so we both are friends.« Wer hätte dem in einer Kneipe widersprechen wollen. Die Kneipenbesuche endeten abrupt um halb elf. Dann kam von der Theke das herrische Abendläuten »Gentlemen, it's the hour« Das hatte einen geordneten Marsch der Gäste zur Theke zur Folge, wo sie sich die für die weitere Versorgung nötigen Pints oder Halfpints beschafften, die in einer akrobatischen Parade auf dem Unterarm an den Tisch balanciert wurden. Nach meiner Erinnerung war das nie mit Unfällen verbunden. Der Alkohol war ohnehin der große Freund in der bukolischen und feuchten walisischen Umgebung. Und so musste auch ich mich dem Versuch der deutschen Belegschaft stellen, den jungen, zudem akademischen Kollegen beim Whisky-Wetttrinken zu besiegen. Es fand in der Betriebskantine, einer scheußlichen Wellblechhalle mit einer sympathischen deutschen Gastronomin statt, nachdem ich das zum Abendessen mit einer gewissen Regelmäßigkeit zu mir genommene Tomatenbrot mit Zwiebeln zu six pence verzehrt hatte. Am Ende hatte keine Seite gesiegt, Whisky ließ sich anders als Getränke bei vertrauten Trinkorgien wesentlich leichter zutage fördern, um Platz für Nachschub zu schaffen.

Der Sommer und der durch den Golfstrom aufgewärmte Frühherbst ermöglichten Badeausflüge an die wunderbaren walisischen Badestrände, an denen sich nur selten Besucher einfanden. Den Transport übernahmen die aus Deutschland stammenden Kollegen. Mit der Jahreszeit wurden die Wassertemperaturen zunehmend frostig. Dank der heftigen Brandung war das aber überraschend gut auszuhalten. Die vier Monate in Wales sind dank des Arbeitsklimas in angenehmer Erinnerung, es fehlte nicht an Gründlichkeit, aber es blieb Zeit für weniger ernste Momente. Es spiegelt sich wider in den mir noch vorliegenden »Urkunden« über ein »Agreement on Partnership in Littlewoods Pools« und einem »Diploma of Merit«, die im Wesentlichen dem walisischen Kollegen Jeff Roggers geschuldet sind.

Das Studium in München versuchte ich als (das damals noch übliche) Studium generale aufzuziehen. Dazu gehörten Vorlesungen über die Theologie der Geschichte bei Michael Schmaus, der als dankbarste Zuhörerin eine blond bezopfte Studentin hatte, die ihn in jeder Vorlesung von der ersten Reihe aus anhimmelte, oder über den Hellenismus bei Lauffer. Wichtig waren die Vorlesungen über Allgemeine Rechtslehre bei Nawiasky oder die Strafrechtsvorlesungen bei Maurach, der das Standardstrafrechtslehrbuch herausgegeben hatte. Im 3. Semester kamen die Logik des juristischen Denkens und Rechtsphilosophie bei Engisch auf den Lehrplan. Zum Studium gehörte zumindest damals noch die Gerichtsmedizin mit Medizinischer Psychologie bei Prof. Mikorey und der Sektion von Leichen bei Prof. Laves. Ob es für die Ausbildung unerlässlich war, Organe nach der Sektion auf Stahlschüsseln durch die Reihen zu tragen und sie – wiederum vornehmlich vor Studentinnen – zu zerlegen, bezweifle ich. Gerne erinnere ich mich an die beeindruckenden Stunden bei Prof. Berber über die Staatslehre.

Auch wenn es nach dem Scheitern der ersten Klausur reichlich früh war, wollte ich zum Arbeiten für den Abschluss des Studiums an eine, wie ich hoffte, arbeitsamere Universität weiterziehen, und das sollte Freiburg werden. Es gelang zum fünften Semester, und dadurch wurden dann die Weichen für die Höhepunkte des späteren Lebens gestellt. Ich nahm im Sommersemester 1962 zunächst ein Zimmer unter dem Batzenberg in Norsingen, zwölf Kilometer von Freiburg entfernt. Die Umgebung war grün, vor meinem Zimmer zwitscherte eine Nachtigall. Dank der sommerlich guten Wetterlage konnte die Fahrt im Regelfalle mit dem Fahrrad bequem bewältigt werden. Ich durfte, was unüblich war, auf meinem Zimmer sogar kochen, so empfing ich meinen Klassenkameraden Manfred mit Freundin Hildegard zu einem auf meiner EGO-Kochplatte angerichteten indonesischen Nasigoreng. In meiner Studentenbleibe Norsingen hatte ich derweil einen sehr freundschaftlichen Kontakt zu einem Soldaten, der auf dem damals noch von der US-Army geführten benachbarten Flughafen Bremgarten Dienst tat. Er animierte mich zum Autofahren in seinem dicken Amischlitten in den umliegenden Feldern, weil er es nicht verstehen wollte, dass ein junger Mann nicht im Besitz eines Führerscheins war. Viel später bin ich dann in Bremgarten in Begleitung des Bundeskanzlers Schmidt gelandet, dem ich den Auftritt vor der evangelischen Synode in Freiburg vorzubereiten hatte.

In Erinnerung ist mir die veterinärmedizinische Assistenz bei der Geburt von Zwillingskälbern auf einem benachbarten Bauernhof, die leider nur tot zur Welt kamen. Später musste ich einen solchen Einsatz in einem Skiurlaub in Südtirol wiederholen, der Ausgang der Geburt war damals erfolgreich.

Die Universität Freiburg war damals noch nicht zur heutigen Größe gewachsen, nur wenige Vorlesungen mussten im großen Hörsaal stattfinden. Star im Öffentlichen Recht war der 2017 verstorbene Horst Ehmke. Nach Habilitation (1960) und Studien in Berkeley (1961) war er in einem für damalige Verhältnisse ungewöhnlich jungen Alter von 34 Jahren zum außerordentlichen Professor berufen worden. Ab 1963 war er ordentlicher Professor und Inhaber des Lehrstuhls für Öffentliches Recht. Als ich 1962 von München nach Freiburg kam, standen die Vorlesungen im Öffentlichen Recht an. Horst Ehmke war gefragt und hoch gelobt wegen seines von der klassischen Frontalbeschallung abweichenden Vorlesungsstils mit Dialog und Diskussion. Als dann Klausuren und Hausarbeiten geschrieben werden mussten, schaffte ich es – angesichts meiner ihn verwirrenden unterschiedlichen Leistungen – von ihm persönlich wahrgenommen zu werden. Das lag an den von ihm hoch gelobten Hausarbeiten. Demgegenüber konnten meine Klausuren ihn nicht überzeugen. Offensichtlich war das ein Startproblem wie in München. Wir lernten uns in seinen Staatsrechtseminaren näher kennen, wo ich mir das Thema des stillen Verfassungswandels vorgenommen hatte, also der Veränderung von Verfassungen durch die Praxis. In Erinnerung ist mir ein Fußballspiel beim Seminarausflug nach Oberbergen am Kaiserstuhl ins Weingut Kiefer. Zugegeben, ich bin nie ein guter Fußballspieler gewesen, von Ehmke wegen Holzerei gescholten zu werden, beruhte für mich aber eher auf der Hanglage des verwendeten Geländes. Nach dem Examen nahm er mich als Korrekturassistenten und Doktoranden an, es gefiel ihm mein Wunschthema des Verfassungswandels. Aber durch seinen Weggang nach Bonn zu Willy Brandt war das Dissertationsprojekt ohnehin alsbald zu Ende.

Zu den beeindruckenden Lehrern gehörte Heinz Julius Wolff, bei dem ich mich im Anschluss an die Vorlesung in München über Römisches Recht in der Digestenexegese versuchte, also dem Studium römischer Rechtstexte. Sein Assistent war der spätere Professor Häberle (Doktorvater eines nachmaligen Ministers), dem meine Arbeitsergebnisse deutlich besser gefielen als dem Professor. Gleichwohl wurde ich vom Professor zum Abendessen im kleinen Kreis eingeladen, was es danach sicher kaum noch gegeben hat. Im Übrigen musste man als Rechtsstudent in höherem Semester zu Professor Boehmer gehen, dem absoluten Star des Bürgerlichen Rechts in Freiburg. Gut betuchte Studienkollegen konnten sich die mehrbändige Arbeit zum Schuldrecht leisten. Im Sommersemester wurde er von seiner Frau im Volkswagen-Cabrio von Kirchzarten zur Uni kutschiert, aus dem er jovial grüßte. Seine Vorlesungen waren überfüllt, man fand Gefallen daran, dem frei dozierenden Lehrer zu lauschen. Seine aktive Rolle im Dritten Reich war damals noch kein Thema unter Studenten.

Im Rückblick auf meine Studienzeit bin ich erstaunt über die gründlichen Skripte, teils in Stenografie, ansonsten sauber mit der Schreibmaschine abgetippt. Ich bin überzeugt, dass uns damals auf diese Weise das Lernen und Behalten leichter gemacht wurde als in der sehr bald danach folgenden Ära des Kopierens. Zur Examensvorbereitung gehörten die Klausurenkurse, Star war Professor Schrade. Ich hatte in der für Juristen obligaten »Presse« beim »Dicken« zwei Freunde kennengelernt, mit denen ich die Vorbereitung aufs Examen verabredete. Sie fand im Sommer 1964, wenn es das Wetter erlaubte im Garten meiner Wohnung statt. Ich war der Einpauker,

V Ausbildung und erste Berufsjahre

was für mich in der Endnote meines eigenen, ein Semester später absolvierten Examens seinen positiven Niederschlag fand.

Die Referendarzeit absolvierte ich unter der Aufsicht des Oberlandesgerichts Karlsruhe in der Umgebung von Freiburg. Sie begann mit der Station an einem der kleinsten erstinstanzlichen Gerichte Baden-Württembergs, dem Amtsgericht Ettenheim in der Ortenau, das nur mit einer halben Richterstelle ausgestattet war. Ihre zweite Hälfte war am Gericht in Kenzingen. Was dazu bewogen hatte, gleich drei Referendare, darunter eine Frau, dorthin zu delegieren, wussten wir drei damals nicht. Die Konsequenz aber war, dass der halbe Richter an dem ohnehin eher unterbeschäftigten Gericht sehr wenig zu tun hatte. Umso mehr mussten sich die drei Referendare um die Vorbereitung der wenigen Urteile raufen. Das Positive: Es gab viel Freizeit, in Mittagspausen teils gestaltet durch die musikalischen Vorträge des Amtsrichters an der Orgel der barocken St. Bartholomäuskirche, aber auch Forschungen im Archiv des Amtsgerichts. Das dort zutage geförderte Bild des Großherzogs Friedrich II. von Baden mussten wir leider alsbald nach seiner Reaktivierung aus dem Referendarzimmer wieder in den Keller verbannen. Zu großer Versuchung gab das Archiv mit den alten Akten Anlass. Diese Versuchung beruhte nicht auf den juristischen Inhalten, sondern auf der Fülle wertvoller alter badischer Briefmarken. Ich widerstand. Dafür durfte ich mir später aus den Akten im Keller meiner Wirtin in Freiburg, die von ihrem Bruder, einem Rechtsanwalt, stammten, einige Briefe aussuchen.

Das Amtsgericht ermöglichte mir ungeachtet seiner geringen Größe eine erste Publikation in einem juristischen Fachblatt des Landes. Auslöser war die Anklage gegen einen Kaiserstühler Landwirt, der nach Meinung der Staatsanwaltschaft Freiburg gegen die Reichsgaragenordnung verstoßen hatte, weil er sein Kraftfahrzeug in einem Holzschuppen abgestellt hatte. Wir fragten natürlich, ob es damals keine schwerwiegenderen Probleme gegeben hatte. Unabhängig davon hielten die vier Juristen am Amtsgericht Ettenheim die Lage im Garagenrecht für so verworren, dass sie den Landwirt freisprachen. Es galt noch das badische *Landes*recht aus dem Jahr 1931. Nach der Auflösung der Länder war dem Landrecht 1937 eine *Reichs*garagenverordnung gefolgt, und nach dem Zweiten Weltkrieg war den *Bundes*ländern ein Musterbaurecht empfohlen worden. Darin vermissten wir eine gültige Strafvorschrift. Diese im baden-württembergischen Verwaltungsblatt vorgetragene Meinung forderte Protest aus der Baubehörde im schwäbischen Waiblingen heraus, deren Vertreter mir vorhielt, es sei »höchst unwahrscheinlich, dass der Verordnungsgeber vergessen haben sollte, diesen Fall zu regeln«. Ein zweiter, wie man zugeben wird, wesentlich bahnbrechenderer Vorgang in der Fortentwicklung des großherzoglichen Rechts war die Vorlage des kleinen Amtsgerichts Ettenheim zur Prüfung an das Verfassungsgericht, weil das Amtsgericht § 30 des badischen Polizeistrafgesetzbuchs aus dem Jahre 1861 nicht mehr für gültig hielt. Dieser Paragraf sah die Bestrafung des Konkubinats vor, das im Übrigen damals auch nach dem bayrischen Polizeistrafgesetzbuch noch verfolgt wurde. Leider ist mir der Ausgang nach meiner Versetzung entgangen, wahrscheinlich wurde die Norm aber aufgehoben.

Mit meinem Ausbilder Dr. Kießling kam ich 1992 nach dem Ende meiner Zeit bei Willy Brandt über das Thema Asyl auf eigenartige Weise wieder zusammen. Die Parteien stritten nach der Ankunft mehrerer Hunderttausender Asylsuchender über die Asylgarantie in Art. 16 des Grundgesetzes, und es wurde eine Begrenzung des Asylrechts gefordert. Das von mir mit betriebene Institut für Information und Dokumentation, das seit 1988 den Rechtsextremismus beobachtete, hatte eine erschreckende Zunahme von gewaltsamen Übergriffen auf Ausländer registriert – 2.074 Übergriffe im Jahre 1991, vor allem in Ostdeutschland. Das veranlasste mich, auch in meiner Eigenschaft als stellvertretender Vorsitzender der Deutschen Stiftung für UNO-Flüchtlingshilfe, eine Publikation mit dem Titel »Die zweite Vertreibung – Fremde in Deutschland« zu schreiben. Darin hatte ich u. a. die Vorsitzenden der Fraktionen von CDU/CSU, Wolfgang Schäuble, und SPD, Hans-Ulrich Klose, in einem Zwiegespräch zu Wort kommen lassen. Es war ein Gespräch, an das ich mich gern erinnerte. Dr. Kießling hatte die Anzeige des Buchs in der Freiburger Badischen Zeitung entdeckt und trug mir seine Bedenken gegen den »Asylkompromiss«

vor, der von den Parteien mit dem Ziel, die Zureise von Flüchtlingen einzuschränken, vereinbart worden war. Darin waren wir uns sehr einig, und ich fühlte mich über das späte Lob geschmeichelt, meine Urteilsentwürfe am Amtsgericht Ettenheim hätte er ohne Korrekturen verwenden können. Die Diskussion damals ähnelte erschreckend der von 2015, einem Vierteljahrhundert später, die infolge der Einladung der Bundeskanzlerin über unser Land gekommen war. Allerdings waren die Behörden 1992 weit besser vorbereitet und haben die neuen Fälle schneller und gründlicher erledigt als jetzt.

Die zweite Station bei der Staatsanwaltschaft Freiburg war durchaus arbeitsreicher, aber deshalb auch nüchterner als Ettenheim. Dass mein Ausbilder strauchelte, als sich später in seinem Kleiderschrank Dutzende unbearbeiteter Akten fanden, war nicht vorauszusehen, es geschah auch nur durch Zufall. An mir kann es nicht gelegen haben, denn in meinen Akten von damals habe ich in der kurzen Ausbildungszeit von sechs Monaten eine immense Fülle der Entwürfe von Strafbefehlsanträgen, Anklageschriften oder Einstellungsverfügungen erledigt. Gewundert hat mich, dass es eigentlich eine Berichtspflicht für unerledigte Fälle gab, die mich auch später in Stuttgart als Staatsanwalt betroffen hat. Also muss hier ein Behördenleiter die Überwachung eines Mitarbeiters versäumt haben, der ersichtlich überfordert war. Nur kurz dauerte die Referendarstation bei der Kripo Freiburg. Die zwei zu meiner Unterrichtung abgestellten Kommissare legten eher Wert darauf, mich über die Kriegsführung der deutschen Armee in der Sowjetunion und Aktionen gegen die Zivilbevölkerung zu informieren als mich in die kriminalistische Praxis einzuführen.

Eine lang andauernde Freundschaft ergab sich aus der Station bei dem am Oberlandesgericht Karlsruhe-Freiburg zugelassenen Rechtsanwalt Dr. Walter Gotthardt. Er stand mir als engagierter Sozialdemokrat nahe und ließ mich in seiner Praxis sehr selbstständig wirken. Später übertrug er mir eine Nebentätigkeit, die eine deutliche Aufbesserung des damals mit 250 DM bescheidenen Referendargehalts nach sich zog. Allerdings: Das von der SPD-Landtagsfraktion in Stuttgart gezahlte Honorar von 300 DM für ein Gutachten über die Novelle des Landesjagdgesetzes, mit dem er mich betraute, habe ich mit ziemlicher Sicherheit, wie mir erst heute bewusst wird, dienstrechtswidrig meinem Dienstherrn vorenthalten. Zu meinem Leidwesen nahm er seinen Vetter nach dessen Pensionierung in die Praxis, sodass sich für mich die Hoffnung auf Festeinstellung, mit der ich geliebäugelt hatte, verflüchtigte. In der mir eigenen schüchternen Art, die er mir vorhielt, hatte ich dies aber nie wirklich deutlich zum Ausdruck gebracht. So wurde das Familieneinkommen dennoch über einige Monate aufgebessert. Vielleicht wäre es damals gelungen, die Familie im geliebten Freiburg zu halten, und unser Kind sowie später folgende hätten dort eine liebe Kinderfrau gehabt, Schulen hätte Christa weiter in Freiburg und Umgebung gefunden. Aber dann wäre eben vieles, was später kam, nicht so eingetreten wie tatsächlich, und schon ein Jahr nach dem Assessorexamen durfte ich erleben, dass Karrieren auch in Stuttgart nicht unbedingt an der Peripherie stattfinden. Sei's drum.

Eine andere Nebenerwerbsquelle hatte sich für fast ein Jahr ergeben, als ich mich der Badischen Volkszeitung (BVZ) als Gerichtsreporter andiente. Ich lieferte aus selbst bearbeiteten, aber auch dem Aktenschrank entnommenen Vorgängen Grausliches und Erbauliches aus der Freiburger Justiz. Leider hatte das ein rasches Ende, als die (katholisch geprägte) Badische Volkszeitung mangels ausreichender Abonnentenzahlen eingestellt wurde. Es gehörte zu unseren regelmäßigen Inspektionen des Schaufensters der BVZ-Redaktion in der Eisenbahnstraße gegenüber dem historischen Rathaus, um nachzuschauen, ob mein Artikel gedruckt worden war. Durch sorgsames Zeilenzählen wurde der Beitrag zum Haushaltsbudget ermittelt. Mit der Einstellung der BVZ wurde, nachdem kurz zuvor auch die sozialdemokratisch ausgerichtete Allgemeine Zeitung Karlsruhe eingestellt worden war, die Pressevielfalt im Südwesten ein weiteres Mal reduziert. Es existierte in Freiburg zunächst nur noch eine einzige Tageszeitung, aber das wurde wettgemacht durch deren hohe journalistische Qualität unter Ansgar Fürst, ihrem republikweit geschätzten Chefredakteur.

Nach dem 2. Staatsexamen bemühte ich mich zunächst bei meiner Lehrfirma Siemens um eine Beschäftigung. Ich glaubte irrig, angesichts der mit Auszeichnung absolvierten Firmenprüfung, dem mit Note 1 vor der Industrie- und Handelskammer Nürnberg bestandenen Ausbildung als Industriekaufmann, und zweimal der Note gut in den juristischen Examina, was ja auch nicht Standard war, müsste man an mir interessiert sein. Ich schob die Zögerlichkeit zeitweilig sogar auf meinen Bewerbungsbogen zurück. Aber auch bei den späteren Einstellungen, etwa beim Bund, musste ich vielseitige Fragebögen über Ausbildung und Qualifikationen niederschreiben, für die sich niemand zu interessieren schien. Was ich bei meiner Vorstellung falsch gemacht habe, weiß ich nicht. Ich war irritiert, als ich nicht, wie erwartet, in die Zentralabteilung nach München, sondern ins Transformatorenwerk Nürnberg zur Vorstellung einbestellt wurde. Nürnberg war mir aus der Zeit der Kaufmannsgehilfenprüfung vertraut. Ich räume ein, die Stadt war mir immer als sehr dunkel, auch nicht sonderlich gastfreundlich vorgekommen. Ich erinnere mich an frühmorgendlichen Zugfahrten von Nürnberg ins Rheinland, als die Nürnberger noch schliefen; auch beim Durchwandern der schönen Stadt merkte ich, dass sie mir ohne die schwer verdaulichen Nürnberger schöner vorkam. Meine Einstellung zu den Nürnbergern hat sich insofern geändert, als ich in der Zwischenzeit Freunde aus Nürnberg kennenlernte und mir der fränkische Humor in Deutschland heute als der überzeugendste vorkommt. Vielleicht hat mich die düstere Äußerlichkeit des Transformatorenwerks gestört, sodass auch das Angebot einer Beschäftigung nicht überzeugte. Um mich nicht dem Vorwurf mangelnder Beweglichkeit auszusetzen, stellte ich mich dann bei einer internationalen Rechtsanwaltskanzlei in Frankfurt vor. Auch hier, so war ich überzeugt, hatte ich Pluspunkte vorzuweisen: Ich konnte fließend Englisch und auf Anfrage konnte ich bestätigen, flüssig Schreibmaschine (und sogar Stenografie) schreiben zu können. Als die Erwartung formuliert wurde, man gehe von Dienst auch an Samstagen aus, sank die Begeisterung. Als dann noch ein Gehaltsangebot gemacht wurde, das sogar hinter dem nicht üppigen Siemensangebot zurückblieb, flüchtete ich mich in die Arme der Landesjustizverwaltung Baden-Württemberg. Sie zahlte gegenüber den Mitbewerbern besser, beim Anfangsgehalt ist das schon ausschlaggebend. Natürlich bezog sich das nur auf das Einstiegsgehalt, aber ich bin bei der Rückschau auf meine Laufbahn überzeugt, geschadet hat es am Ende nicht. Dieses mehrfache Scheitern sollte sich sogar als glückliche Fügung erweisen, denn nicht erst am Ende meiner Laufbahn vermochte ich auskömmlich zu leben.

Für meine erste Stelle wurde ich der 7. Kammer des Landgerichts Freiburg zugewiesen, deren Richter mich als Referendar ausgebildet hatten. Dort hatte ich als Referendar ein Urteil zu verantworten, das mich 1967 erstmals wieder mit der DDR – wir schrieben sie in »Tüttelchen« oder nannten sie SBZ – zusammenbrachte, lange also vor der Vereinigung. Der Fall betraf ein uneheliches Kind aus Zwickau, das gegen den in der Bundesrepublik lebenden Vater auf Unterhalt klagte. Das Amtsgericht hatte den Unterhalt zugesprochen, aber mit der noch in Westdeutschland geltenden Begrenzung des Bürgerlichen Gesetzbuchs auf das 18. Lebensjahr. Wie der Referendar herausfand, waren in der DDR uneheliche Kinder mit ehelichen gleichgestellt, weshalb Unterhalt nach Bedürftigkeit und nicht nach Alter zu leisten war. Im Grundgesetz war diese Gleichstellung zwar als Programmsatz bereits festgelegt, die Kammer ließ sich überzeugen: »Wenn nun das sowjetzonale [sic!] Recht (aufgrund des gleichlautenden Verfassungsgebots in der ›DDR‹-Verfassung) diese Gleichsetzung bereits vollzogen hat, so kann das damit weitergehende Recht der SBZ nicht als für die Rechtsanschauung der Bundesrepublik unerträglich angesehen werden.«[1] Ich wusste nicht, dass ich so vorausschauend war.

Für die Berufung an die 7. Kammer war ich dankbar, ich kam wieder zu den mir vertrauten Kollegen, die mit mir als Anfänger fürsorglich umgingen und mir die Entscheidung für die Justiz als die richtige erscheinen ließen. Freilich stellte sich schon zu Beginn ein gewisses Unbehagen mit der überaus bürokratischen, zähen, mir als unökonomisch vorkommenden Arbeitsweise ein, der ich bei meiner nächsten Stelle, dem Amtsgericht Lörrach, entgegenzuarbeiten versuchte. Es war das häufige Hin- und Herbewegen von Akten ohne

---

[1] Urteil des LG Freiburg i. Br., 7. ZK, vom 21. Febr. 1967 – 7 S98/66 – Zeitschrift für Familienrecht 1967, S. 234 f.

Fortgang in der Sache. Im Studium und Vorbereitungsdienst war ich darauf trainiert worden, zu Rechtsproblemen knapp gefasste Vorlagen zu machen. Am Landgericht musste ich stattdessen erleben, dass Klagen eingingen, die gerade mal ein Aktenzeichen erhielten, dem Gegner zugestellt wurden, ohne dass der zuständige Sachbearbeiter sie bis zur ersten mündlichen Verhandlung wieder in die Hand nahm. Auch dieser erste Termin verlief mir zu wenig effizient, es wurden Anträge gestellt und einige Rechtsfragen diskutiert. Dann wurde die Sache, ohne sie vertieft zu haben, auf einen nächsten Termin, Wochen oder sogar Monate später, vertagt. Nicht erst in Lörrach hatte ich es mir zur Angewohnheit gemacht, eine Klageschrift oder einen Antrag bereits bei der Vorlage durchzuarbeiten und mir ein Kurzgutachten zu machen, wie man es in der Ausbildung gelernt hatte. So konnte ich dem Gegner bei der Zustellung (bzw. auch dem Antragsteller) aufgeben, bis zur ersten mündlichen Verhandlung konkrete Fragen zu beantworten. Das war das Ziel einer Regel des Prozessrechts zur Verfahrensbeschleunigung, mit der man »verspätetes Vorbringen« zurückweisen konnte. Ich empfand die »nachgereichten Schriftsätze« als eine Unsitte des deutschen Zivilprozesses, die vielfach der Prozessverzögerung dienen, für dessen viel zu lange Dauer verantwortlich sind und der Justiz Zeit und Kraft für Wichtigeres nehmen. So kam nach meinem Eindruck die immer wieder geäußerte Beschwerde über die angebliche Überlastung der Justiz zustande. Natürlich hat dies auch die Anwaltschaft mit zu verantworten, für die sich jeder zusätzliche Schriftsatz, jeder zusätzliche Termin unter Umständen positiv auf das Honorar auswirkt. Mir gelang es mit dem Vorsatz, meine unerledigten Verfahren gering zu halten, in zugegeben wenigen Fällen sogar, in ersten mündlichen Verhandlungen Urteile zu verkünden. Das funktionierte naturgemäß nur bei Prozessentscheidungen, also bei der Zurückweisung von Klagen als unzulässig, diente aber durchaus auch der Verwirrung von Rechtsanwälten. Nachteil: Es fehlte auf diese Weise in meinem Aktenschrank wieder ein Vorgang, und nach den unerfindlichen Regeln des sogenannten Pensenschlüssels galt mein Referat als unterbeschäftigt. Zweifellos habe ich mir mit einem solchen Vorgehen geschadet, denn meine Verfahren liefen kürzer, aber das störte mich nicht. Als ich mein Dezernat in Lörrach übernahm, hatte ich mit meinem Geschäftsstellenbeamten jede der angeblich 300 unerledigten Akten in die Hand genommen, statt auf die Wiedervorlagetermine zu warten. Am Ende der Inspektion wanderte ziemlich genau ein Drittel der Akten zum Kostenbeamten oder in die Ablage. Da Richter aber unabhängig sind, können sie in ihrer Arbeitsweise allenfalls an einem Kollegialgericht, nicht hingegen in einem Gericht der ersten Instanz beeinflusst werden.

Aus Freiburg ist mir in bitterer Erinnerung eine Schadensersatzklage, für die ich nach einer tödlich verlaufenen Magenoperation zuständig war. Als Laie hätte man gemeint, wenn ein Tampon und ein Operationsbesteck im Leib verbleiben, spricht das nicht unbedingt für eine kunstgerechte medizinische Verfahrensweise. Die Klinik hatte keine Eile, ein Verschulden anzuerkennen. Vielmehr musste ich erst ein Gutachten über den angeblichen Kunstfehler besorgen. Und da gewann ich den Eindruck einer verschworenen Gemeinschaft, denn erst nachdem ich vergeblich elf Internisten wegen eines Gutachtens angesprochen hatte, erklärte sich der Zwölfte, ein hochbetagter und für solche Fälle regelmäßig als letzte Instanz geladener Emeritus zum Gutachten gegen seinen Kollegen bereit. Hier ist letztlich bis heute kein vernünftiges Verfahren zur Konfliktregelung zwischen Arzt und Patient gefunden worden.

Die Arbeit in Freiburg war leider schon nach einem halben Jahr zu Ende und ich wurde Einzelrichter am Amtsgericht Lörrach in Zivilsachen. Dem folgte – im Sommer 1968 – wohl die schönste Zeit meiner beginnenden Berufslaufbahn. Die Selbstständigkeit des Einzelrichters verführte schon einmal zu Experimenten, nicht immer zur Freude der mir zur Rechtskontrolle verbundenen 7. Kammer des Landgerichts Freiburg. Das gelang nur in den Grenzen der richterlichen Unabhängigkeit. So hatte ich an den Kosten einer Räumungssache den obsiegenden Kläger beteiligt, weil ich es als unbillig empfand, der von Rechts wegen zur Räumung verpflichteten unvermögenden und betagten Mieterin neben der alleinigen Kostenlast auch die Last der Suche nach einer neuen Wohnung aufzubürden. Die

7. Kammer des Landgerichts Freiburg bezeichnete diese Entscheidung als verständlich, aber leider falsch. Unzufrieden war das Justizministerium, als ich – es war mal wieder Bereitschaftsdienst am Sonntag – das Verfahren gegen einen Libanesen, der an der Schweizer Grenze mit mehreren Goldbarren aufgefallen war, gegen eine saftige Buße zugunsten des Roten Kreuzes, natürlich bei Einziehung des Schmuggelgutes, einstellte. Ich hätte den Täter in Haft nehmen und das Verfahren an den Kollegen Staatsanwalt abtreten müssen. Rechtlich unzulässig war aber, wie ich aus einer Anweisung des Justizministeriums an alle Haftrichter lernte, meine Verfahrensweise durchaus nicht, aber eben nicht ganz nach dem Gesetz. Das Ministerium wusste eben nicht, dass es mir bis zum Ende meiner Laufbahn als Richter immer wieder um die rasche Erledigung von Vorgängen ging.

Einer meiner Hauptarbeitgeber in Lörrach war ein Möbelversandhändler, vertreten durch einen nicht sehr beliebten Anwalt, dessen mit Vertreterkolonnen akquirierten Kunden nicht zu den zahlungskräftigen gehörten, sodass sie bei Zahlungsverzug die Möbel – unter Verlust der geleisteten Zahlungen – zurückgeben mussten. Als Klägervertreter bekam der Anwalt regelmäßig Versäumnisurteile, weil die in der Regel minderbemittelten Beklagten im Regelfall anwaltlich nicht vertreten und die Kosten für eine Reise zum Termin am Amtsgericht Lörrach nicht auf sich nehmen konnten. Das Auftreten des Rechtsanwalts gefiel mir – ohne dass ich mich dadurch dem Vorwurf der Befangenheit ausgesetzt hätte – nicht sonderlich. Zwei Zwischenfälle entsprangen hingegen meiner Neigung zur Boshaftigkeit, wenn mich das Benehmen meiner Zeitgenossen ärgert. Als der Rechtsanwalt ohne Krawatte auftreten wollte, konnte ich ihn abweisen mit Hinweis auf eine gerade in Karlsruhe ergangene Entscheidung zum Auftreten von Anwälten. Noch mehr Freude machte es mir, als ich zu seiner Überraschung in der ersten mündlichen Verhandlung eine Klage als unzulässig abweisen konnte, weil er die Lieferbedingungen seines Mandanten nicht gelesen hatte, die der Fälligkeit des geltend gemachten Anspruchs entgegenstanden. So konnte er das von mir mit der eigenen Schreibmaschine geschriebene, nur wenige Zeilen umfassende Urteil gleich mitnehmen. Das Urteil im üblichen Geschäftsgang ausfertigen zu lassen, schien mir unnötig, denn unsere Schreibkräfte saßen im Schwarzwald. Die Justizverwaltung hielt es für nützlich, als Beitrag zur Beschäftigung im ländlichen Raum die Prozessakten per Waschkorb anzuliefern, von wo wir sie nach etwa drei Wochen zurückerhielten. Korrekturen waren bei einem solchen Ablauf selten möglich.

Nicht ohne eine gewisse hämische Freude erinnere ich mich auch an das wohl gründlichste und längste meiner Urteile am Amtsgericht Lörrach. Kläger war ein Frankfurter Versandhandel, der die gesammelten Werke des großen deutschen Dichters Johann Wolfgang Goethe vertrieb. Da er in ländlichen Räumen offenbar ein besseres Geschäft erwartete, wurde auch ein Landwirt auf die Annonce angesprochen. So bekam er – wie versprochen – einen ersten Band kostenfrei geliefert. Aber schon beim Eingang des zweiten Bandes der Werke des Dichterfürsten schien die Freude über die Literatur geschwunden zu sein und er verweigerte leichtfertig dessen Abnahme. Das vorgefertigte Mahnschreiben der Anwaltskanzlei, die auf diesen Ablauf ersichtlich bereits vorbereitet war, ließ nicht lange auf sich warten und so wurde dem Bauern bedeutet, er habe einen Vertrag geschlossen, der ihn auch zur Abnahme der weiteren 47 Bände verpflichte. Mich amüsierte die Vorstellung, wie in der Bauernstube – wahrscheinlich neben dem Herrgottswinkel – 49 Bände Goethe darauf warten würden, gelesen oder vererbt zu werden, schlimmstenfalls zu verstauben. Deshalb machte ich mir die Mühe, die mehrseitige Werbung einer gründlichen Prüfung zu unterziehen. Danach kam sie mir doch sehr dilettantisch vor. So vermisste ich alsbald eine genaue Beschreibung des Leistungsumfangs, die war erst im Mahnschreiben enthalten. An keiner Stelle las man eine Information über den Umfang des Goethe-Werkes oder den Gesamtpreis. Das machte es mir leicht, das Bäuerlein vor unnötiger Literatur zu bewahren und die Klage abzuweisen. Dass das Urteil richtig war, merkte ich am Ausbleiben von Rechtsmitteln. Wahrscheinlich wurden allerdings die Werbeprospekte verbessert, und anderen südbadischen Landwirten könnte es ähnlich ergangen sein.

Wenig gefordert wurde ich durch meine Zuständigkeit als Lörracher Landwirtschaftsrichter. Südbaden war nach wie vor Agrarland.

Am Ende ging es stets um den Verkauf landwirtschaftlichen Geländes für industrielle Zwecke oder als Bauland. Da gab es offenbar Qualitätsunterschiede. Mein Verständnis von der Materie war begrenzt, aber Eindruck konnte ich schon machen, wenn ich mich beim Ortstermin über das landwirtschaftliche Gelände beugte, Erde aufnahm und sie mit dem Bemerken »ein 70er Boden« zwischen den Fingern zerkrümelte. Zu winterlicher Zeit wurden die Termine, bei denen auch Entscheidungen verkündet wurden, mit Schnaps zum Aufwärmen abgeschlossen.

Auch Lörrach ist mir in guter Erinnerung geblieben – durch einen angenehmen, von Freiburg anreisenden Kollegenkreis. Er bestand aus einem Notar, zwei Richterkollegen und mir als Fahrgemeinschaft. Bei sommerlichem Wetter fanden die Mittagspausen – in Begleitung eines örtlichen Rechtsanwalts – in Oetlingen unter Kastanien mit Blick auf Basel und das Rheinknie statt. Ich räume ein, wir waren reichlich locker im Umgang mit dem lokalen Weinangebot, dessen Wirkung nicht unbedingt beim Dienstschluss vergangen war. Schlimmer waren für mich die Rufe zu Einsätzen am Wochenende, bei der geringen Richterzahl fand das sehr regelmäßig statt. Am Ende des Monats Oktober hatte ich an meinem Wohnort Freiburg ein Heimatfest, dem ich mich vernünftigerweise nicht verweigern konnte. Als am folgenden Morgen aus Lörrach der Anruf kam, es seien drei Haftbefehle zu eröffnen, merkte ich, dass die Menge des mit dem Freund Theo Meier-Ewert bis in die späte Nacht genossenen Gutedel möglicherweise zu reichlich war. Der Zufall wollte es, dass im Rheintal tiefer Nebel herrschte. So war ich zuversichtlich, keine Polizeistreife würde Zweifel an der Fahrtüchtigkeit des Herrn Richters haben, der auf der Autobahn 5 in mäßigem Tempo am Randstreifen entlang Richtung Basel schlich.

Auch während meiner Zeit als Richter hatten mich aus dem Bonner Kanzleramt immer wieder die werbenden Anfragen der Kollegen aus dem Ehmke-Seminar erreicht, doch ins Bundeskanzleramt zu kommen. Das mochte auf Personalknappheit in Bonn hindeuten, mochte sogar reizvoll wirken. Aber nicht nur das mit Studium und Familiengründung verbundene Ambiente Freiburgs stand dem entgegen, es hätte auch einen Abschied Christas von ihrer Schule bedeutet. Das habe ich ihr dann trotzdem zugemutet, nicht aber für Bonn, sondern weil ich 1969 vom Justizminister Dr. Rudolf Schieler nach Stuttgart gerufen wurde; das war eher eine Order, der man sich klugerweise nicht widersetzte. So konnte die süddeutsche Heimat halbwegs erhalten bleiben, aber Christa erwartete gerade Christian, der wenige Tage nach dem Einzug in Stuttgart zur Welt kam. Wir hatten auf dem Sonnenberg, Stuttgarts bester Wohngegend, eine Wohnung mit Garten gefunden, unser Glück schien perfekt. Stefanie verlor zwar ihre geliebte Kinderfrau, zum Glück aber fanden sich auf dem Sonnenberg Familien in ähnlicher Lage wie wir, sodass neue Freundschaften entstehen konnten. Sie halten bis heute.

Meine Tätigkeit in der Strafrechtsabteilung von Werner Roth als Hilfsreferent – so wurde ein Assessor damals noch genannt – war zunächst eher ereignisarm. Eines meiner Hauptgeschäfte war die Bearbeitung der ausländischen Rechtshilfeersuchen, die für notwendige Ermittlungen an das zuständige Bundesland weitergegeben werden mussten. Falls der Verfahrensbeteiligte, im Zweifelsfalle einer unserer Gastarbeiter, gefunden wurde und nach Monaten eine Vernehmungsniederschrift zurückkam, hatte sich der weite Weg für den fremden Richter sogar gelohnt. Das galt nicht bei sehr vielen Fällen, vor allem für Strafsachen aus der türkischen Justiz nicht, die ihre Landsleute selbst bei Parkdelikten nach Deutschland verfolgten. Die türkischen Akten bilden deshalb die große Masse der Auslandsfälle. Sie hatten auch einige landschaftliche Eigentümlichkeiten, die gelegentlich die Bereitschaft zur Bearbeitung auf der deutschen Seite erschwerten. Die Akten bestanden aus dünnen Papierblättern, die mit Stecknadeln zusammengehalten wurden. Nach den Rostspuren zu urteilen, wurden sie vielfach verwendet. Die Datumsangabe wich von uns ab, weil die Ziffer »1« für das Jahrtausend weggelassen wurde. Ein Kölner Richter, der dem Vernehmen nach auch in anderen Dingen durch eine gewisse Unlust zum Arbeiten aufgefallen war, meinte listig, die Strafsachen seien verjährt und schickte sie zurück. Angesichts der Vielzahl türkischer Arbeiter bei Ford Köln häuften sich solche Fälle. Das Problem hat nach mehrmaligem Aktenkreislauf der Kölner Gerichtspräsident gelöst.

Es brauchte angesichts der betroffenen ausländischen Klientel eine ziemlich lange Zeit, bis solche Vorgänge erledigt an mich zurückkamen. Es war deshalb üblich, Akten auf eine Wiedervorlagefrist von drei Monaten zu legen. Der Amtsbote brachte mir zu den Stichtagen regelmäßig mehrere Stapel Akten, die ich meistens unerledigt an das Archiv zurückgeben musste. Die entsprechende Verfügung durfte ich als Hilfsreferent zunächst nicht selbst unterzeichnen, und so musste der Abteilungsleiter Walter Roth in einer Blitzaktion mit einem sechskantigen dicken blauen Stift mehrere Dutzend Vorgänge meines prallen Aktenordners auf eine neue Wiedervorlage verfügen. Dem Arbeitstempo entsprach sprichwörtlich sein Essenstempo. Wie die anderen Mitarbeiter der Strafrechtsabteilung durfte ich das bei einem Privatissimum in Stuttgart-Sillenbuch erleben, bei dem wir von seiner Ehefrau bekocht wurden. Als Standardessen lieferte seine Frau Schnitzel, zwei je Person, die vom Abteilungsleiter in einer seinem Arbeitstempo entsprechenden Eile vertilgt wurden, von mir etwas gemessener. Dazu gab es Wein, für jeden eine Flasche, vorteilshalber in der großen Literflasche. Die wurde nicht ganz so schnell leer, denn es fand dann doch noch ein Gespräch statt. In dieser Art von Austausch über Persönliches und Fachliches war Werner Roth unschlagbar – als einziger meiner Chefs, der Staatssekretär im Justizministerium vielleicht ausgenommen. Der wichtigste Akt des Mahls war dessen Dokumentation, die noch in Anwesenheit des Gastes stattfand. Die Etiketten waren bereits von den Flaschen gelöst, sie wurden mit dem Datum und dem Namen des Gastes in ein Album aufgenommen.

Nach einer gewissen Einarbeitungszeit wurde ich in Strafrechtsfragen beteiligt. Das brachte mich erstmals auch mit dem Strafrechtsausschuss des Deutschen Bundesrates in Berührung. Es war die erste Dienstreise nach Bonn, zum Übernachten gab es damals noch die Badische Weinstube in der Friedrichstraße. Eine Herausforderung war die Beteiligung an einer Arbeitsgruppe der Arbeitsgemeinschaft sozialdemokratischer Juristen unter Vorsitz des Braunschweiger Oberlandesgerichtspräsidenten Rudolf Wassermann. Auslöser war die im Bundesjustizministerium weitgehend stecken gebliebene

Strafrechtsreform. Versuche des Bundesministers der Justiz Heiko Maas, das nationalsozialistische Erbe in der Justiz des Bundes zu belegen, haben im Jahre 2016, also 71 Jahre nach Kriegsende deutlich gemacht, wie die Reform der Justiz von selbst Belasteten hintertrieben wurde. Ansätze in der sozialliberalen Koalition haben uns damals nach vorn gebracht, aber die Vorschläge aus den Universitäten, voran der Tübinger Professor Jürgen Baumann, symbolisierten den Reformdruck. Roth zog mich – ich bin sicher, mit Billigung des Ministerialdirektors – hinzu, und so musste ich periodisch als Protokollant, in einer zweiten Phase auch als Diskutant bei Treffen in Wiesbaden oder Bonn an dem sehr zeitaufwändigen Projekt mitwirken.

Hatte ich bis dahin den Eindruck, in einem Instanzgericht hätte ich mehr für das baden-württembergische Volk tun können, war ich jetzt doch zusätzlich gefordert. Nach heftigen internen Debatten legte die Kommission erst 1976 ihr Ergebnis vor. Das Ergebnis war ein auch aus heutiger Sicht progressiver Entwurf, der wichtige Impulse gab, einzelne Gesetzesvorhaben anzustoßen, aber die erhoffte pauschale Erneuerung des Strafgesetzbuchs nicht gebracht hat.

Die Arbeitsatmosphäre in Stuttgart war denkbar angenehm. Das Ministerium war im Prinzenpalais gegenüber dem alten Schloss beheimatet. Dort fand täglich der wunderschöne Blumenmarkt statt, auf dem Brezelverkäufer ihre Stände hatten. Es war Aufgabe der jüngsten Beamten, morgens die Abteilung mit Speisen zu versorgen. Tradition hatte im Justizministerium die Skatrunde beim Behördenchef Dr. Rebmann bis zu dessen Wechsel ins Amt des Generalbundesanwalts. Damals lag Deutschland bereits unter dem Terror der Roten Armee Fraktion. Rebmann bezog ein hoch gesichertes Haus in Vaihingen, und der Skat war, mindestens für mich, bald vorbei. Ich war allerdings auch kein begnadeter Skatspieler. Das angenehme Klima des Justizministeriums bezog die Familien ein. Als unser zweites Kind, Christian, kurz nach dem Umzug nach Stuttgart geboren wurde, häkelte die Ehefrau von Dr. Rebmann ihm die ersten Schuhe.

1971 nahm ich den überraschenden Ruf des sozialdemokratischen Arbeits- und Sozialministers Walter Hirrlinger an, sein Persönlicher

Referent zu werden. Das tat ich gern. Hirrlinger hatte im Land einen sehr guten Ruf. Als junger Soldat hatte er eine Rückenverletzung erlitten, in deren Gefolge er gezwungen war, an Krücken zu laufen. Das tat seinem Einsatz für die ihm auf den Leib geschriebenen politischen Themen Arbeits-, Sozial- und Gesundheitswesen keinen Abbruch. Er war sehr viel im Lande unterwegs. Das Jahr, in dem ich bei ihm anfing, war bereits das vierte der Großen Koalition unter Ministerpräsident Filbinger, es herrschte also schon Wahlkampf.

Viel Raum nahm im Ministerium die Politik für ausländische Arbeitnehmer ein, vornehmlich der jugoslawischen, die nach Baden-Württemberg zugewandert waren. Das brachte eine gewisse Sympathie für Jugoslawien mit sich, dessen Untergang ich später nachtrauerte. Nach der Integration von zwölf Millionen Flüchtlingen aus den verlorenen deutschen Gebieten war – trotz einer stetigen Zuwanderung von Flüchtlingen aus der DDR – der Arbeitsmarkt für die boomende Wirtschaft bereits gegen Ende der 50er-Jahre erschöpft. Franz Josef Strauß, als Sonderminister, setzte gegen anfänglichen Widerstand des Bundeskanzlers und seines Wirtschaftsministers durch, dass erstmals 1955 italienische Arbeitskräfte nach Deutschland kamen; durch eine Entspannung auf dem Arbeitsmarkt hoffte er auf diese Weise, auch Lohnforderungen der Gewerkschaften bremsen zu können. Schrittweise kamen weitere Mittelmeerländer hinzu. Als nach dem Mauerbau die Flüchtlinge aus der DDR ausblieben, kam ein sozialistisches Land, die Volksrepublik Jugoslawien, ins Blickfeld, mit der 1968 ein Abkommen geschlossen wurde. Das war für Deutschland ein Gewinn, denn – abweichend von den früheren Partnern – standen jetzt wesentlich besser qualifizierte Mitarbeiter zur Verfügung, vor allem für die Automobilindustrie Baden-Württembergs. Die anfängliche Bereitschaft der Jugoslawen, nach wenigen Jahren mit dem Ersparten zur Familie nach Jugoslawien zurückzukehren, was dem Wunsch nach »Rotation« nach dreijährigem Aufenthalt entgegenkam, war bald vorbei. Die Angst vor dem Fremden hatte damals die Deutschen wieder erfasst, wie später auch nach den Flüchtlingswellen 1992 und 2015. Das brachte für den Arbeitsminister neue Probleme und Aufgaben, zumal schon 1970 der 500.000ste Gastarbeiter im Südwesten angekommen war. Aus der dienstlichen Aufgabe, den Minister in dieser Frage zu unterstützen, ergaben sich auch private Verbindungen zu den Gastarbeitern, vornehmlich den jugoslawischen. Dazu gehörte die Familie eines kroatischen Arztes, der sich die medizinische und gesellschaftliche Betreuung seiner Landsleute zum Ziel gesetzt hatte.

Wir besuchten oft das Lokal Mira eines kroatischen Gastronomen, der die jugoslawische Küche den Stuttgartern nahebrachte. Das hat bis heute gehalten. Unter den Kulturveranstaltungen auf dem Killesberg ist der Besuch des gefeierten Musikstars Vice Vukov in Erinnerung, der Heimatgefühle nach Stuttgart trug. Dazu wurden die bereits im Justizministerium bestehenden Kontakte zum jugoslawischen Generalkonsulat intensiviert, das angesichts der hohen Zahl von Gastarbeitern in Stuttgart eingerichtet worden war. Eine Spur davon in meiner Personalakte ist ein Antrag nach § 82 des Landesbeamtengesetzes zur »Annahme eines Geschenks«, das zu Weihnachten angeliefert wurde, bestehend aus »1 Flasche Sliwowitz, 1 Flasche Wein, 40 Filterzigaretten«. Dr. Rebmann versah den Antrag mit einem roten »ja«, forderte aber auf, den Sliwowitz mit ihm gemeinsam zu trinken. Dienstgeschenke, die damals noch tolerabel waren, wurden spätestens unter Gerhard Schröder zum Tabu. Die Ausarbeitung einer entsprechenden Dienstanweisung brachte mir als Abteilungsleiter im Bundesministerium des Innern später viel Ärger ein. Sie war reichlich überzogen, denn derartige Probleme gab es nicht bei nachgeordneten Mitarbeitern, bereits die Annahme von Kalendern kam in Verruf.

Zu einer Dienstreise nach Belgrad gehörte die Ursprungsstätte der Oberkrainer von Slavko Avsenik in Begunje. Die einzige Erinnerung an dieses Gasthaus ist, dass es sehr eng, verraucht, laut und zugig war.

Der Kontakt zu den neu gewonnenen jugoslawischen Freunden wurde fortgesetzt, als die Familie nach dem Ende der Tätigkeit im Land Baden-Württemberg nach Bonn gezogen war. Wir besuchten Dr. L. In Jugoslawien und machten Urlaub in Dubrovnik, ehe es im Bürgerkrieg zerstört wurde. Während die Familie morgens zum Baden ging, hatte ich als Pflichttermin das Austernessen auf der

Placa zu absolvieren. Standard war die Platte mit 48 der kleinen, knackigen Adria-Austern, manchmal kam noch eine halbe Platte dazu. Das Ganze wurde begleitet von einigen jugoslawischen Veltlinern und abgeschlossen mit einem Kräuterschnaps. Einer der Höhepunkte war der Besuch bei einem Austernfischer bei Dubrovnik. Man saß an groben Holztischen am Wasser und wurde Zeuge, wie die Reusen mit den Muscheln an die Oberfläche kamen. Dubrovnik hat neben dem Dominikanerkloster und den Kirchen auch ein Freilichttheater. Als Gast der Festwoche gastierte dort eine schottische Theatergruppe mit Shakespeares Hamlet. Leider liegt die als Freilichtbühne dienende Burg in der Einflugschneise des Flughafens, sodass gerade beim Erscheinen des Geistes des Vaters ein Flugzeug einschwebte. Unsere Familienbekanntschaft interessierte später den Bundesverfassungsschutz, offenbar mutmaßte man in Dr. L., vielleicht auch in mir, einen Agenten des jugoslawischen Geheimdienstes. Andererseits hatte die Kroatische Revolutionäre Bruderschaft (Hrvatsko revolucionarno bratstvo, kurz HRB), die sich die gewaltsame Beseitigung des Tito-Regimes und die Errichtung einer kroatischen Republik auf dem gesamten Staatsgebiet Jugoslawiens zum Ziel gesetzt, hatte, bis zu ihrem Verbot 1968 ihren deutschen Sitz in Stuttgart. Grund zur Sorge bestand allerdings auch angesichts der auf deutschem Boden agierenden Reste der Ustascha, des mit Adolf Hitler paktierenden nationalkroatischen, faschistischen Geheimbundes. In Baden-Württemberg war es bis in die 70er-Jahre zu zahlreichen Anschlägen von Kroaten gegen Serben, aber auch des jugoslawischen Geheimdienstes gekommen.

Das Arbeitsministerium war, wenn man von wenigen konservativen Beamten absieht, die sich dem Minister widersetzten, ein angenehmer Arbeitsplatz. Umso bedauerlicher war das Scheitern Hirrlingers 1972 in der Landtagswahl. Nach seinem hohen Wahlergebnis in der Wahl 1968 hatte er seinen Listenplatz einem neuen Bewerber frei gemacht und auf Absicherung auf der SPD-Landesliste verzichtet. So endeten nach der christlich-sozialen Regierung meine vier Jahre in baden-württembergischen Landesministerien, und ich war ohne Amt. Es wurde eine Tätigkeit als Staatsanwalt gefunden, der ich mich nach der guten Erfahrung aus meiner Ausbildungszeit und im Justizministerium nicht widersetzen wollte. Sie war sogar mit einer Beförderung zur missverständlichen Funktion eines Ersten Staatsanwalts bei der Staatsanwaltschaft Stuttgart verbunden, denn meine im Arbeitsministerium erdiente Funktion eines Oberregierungsrats gab es bei der Justiz nicht. Verbunden war das mit einer großzügigen Zulage von 37,50 DM, aber auch mit dem Nachteil, dass Außenstehende – bei diplomatischen Vertretungen passierte mir das mehrfach – mich für den Leiter der ganzen Staatsanwaltschaft hielten.

Ich habe es nicht in erster Linie als meine neue Aufgabe angesehen, Menschen zu bestrafen oder hinter Gittern zu bringen, sondern eher, ihnen auf dem Weg ins geordnete Leben zu helfen. Deshalb hatte ich es mir zur Gewohnheit gemacht, jeden aufgrund eines Haftbefehls eingelieferten Beschuldigten in der Justizvollzugsanstalt Stammheim persönlich aufzusuchen. Da wurde ich nicht immer freundlich behandelt, in der Behörde war zu meiner Überraschung eine solche Art der Betreuung auch unüblich. Gestört hat mich auch die fehlende Waffengleichheit. Dazu mag beigetragen haben, dass mir bei der ersten Anklagevertretung vom Kammervorsitzenden, natürlich einem altgedienten Juristen, sehr deutlich vermittelt wurde, welcher Strafantrag von mir erwartet wurde. Dass ich mangels Übung weder das Strafrecht ausschöpfte noch widersprach, war für mich in der Rückschau umso ärgerlicher, als der Täter viel zu hart angefasst wurde. Es ging um den Einbruch in das nicht sonderlich gut gesicherte Schaufenster eines Fotogeschäfts in der Stuttgarter Königstraße, in der Nähe des Bahnhofs. Das war ein Diebstahl unter erschwerten Bedingungen, für den fünf Jahre Strafe vorgesehen waren. Später wusste ich – angesichts des geringen Schadens, aber auch wenn ich das Strafmaß mit anderen, wesentlich sozialschädlicheren Fällen verglich – besser mit einem allgemeinen Strafmilderungsgrund umzugehen.

Zu einem Beschuldigten G. und seiner Familie entstand eine fast persönliche, ich bin sicher, nicht unerlaubte Beziehung. Im Zuge der Ermittlungen und aus Gesprächen mit dem Beschuldigten hatte ich den Eindruck gewonnen, ich könnte ihm helfen, nach Abbüßung seiner Strafe ein anderes Leben zu beginnen. Die Familie unterstützte das offen. Gegenstand der Ermittlungen war ein Sammelsurium von weniger bedeutender Kriminalität, Verstöße gegen das Waffengesetz und gegen das Betäubungsmittelgesetz. Vor meinem Sommerurlaub hatte ich mich beeilt, die Anklageschrift dem Abteilungsleiter vorzulegen. Einen Stoß versetzte es mir, als ich diese bei der Rückkehr nach vier Wochen auf meinem Schreibtisch wieder vorfand. Sie war noch nicht bei Gericht, die Kollegen hatten anhand des Sachverhalts lebhaft darüber diskutiert, ob Ziffer 1 oder 2 eines Absatzes aus einem einschlägigen Paragrafen des Waffengesetzes die passendere war. Letztlich einigte man sich, aber ich fühlte mich zurückversetzt an meine Ausbildungsstätte bei der Staatsanwaltschaft Freiburg, wo ähnlich unsinnig über Rechtsfragen gestritten worden war. Im Übrigen ist die Anklage ohnehin ein am Ende des Strafverfahrens gar nicht mehr relevanter Zwischenschritt. Der Staatsanwalt hat bis zur Verhandlung immer noch die Möglichkeit, fehlende Erkenntnisse nachzutragen bzw. sie in die Verhandlung einzubringen. Die Kooperation mit der Kriminalpolizei war in Stuttgart dennoch gut, so habe ich es begrüßt, wenn Einheiten der Kripo meinen Rat suchten und mich um Begleitung bei Einsätzen baten, sodass ich keinen Sinn darin sah, dass allen Verästelungen einer Straftat oder eines Straftäters nachgegangen wird.

Leider konnte ich wegen einer sich periodisch einstellenden, durch den Stuttgarter Kessel begünstigten Migräne die doch noch weitergeleitete Anklage nicht selbst vertreten. Ein Kollege hat das an meiner Stelle ganz in meinem Sinne getan. Meine Zuwendung zu dem Angeklagten, dem ich persönlich hatte helfen wollen, entwickelte sich dann in einem für mich nicht immer hilfreichen Schriftwechsel. Er hatte von meinem späteren Wechsel nach Bonn erfahren und setzte das Schreiben an mich unter der Adresse des Bundeskanzleramts fort. Die grüne Schrift fiel dort naturgemäß auf, weil die Verwendung des Grünstifts dem Amtschef vorbehalten war. Ich hatte Mühe, auf die Fülle der Zuschriften immer ausführlich zu reagieren, meist waren es Formelbriefe. Die Haftzeit war nach einer längeren U-Haft verhältnismäßig kurz. Unterdessen hatte der Briefpartner mir von einer Beziehung berichtet, die er hatte aufbauen können. Ich will sie nicht abwerten, denn es hatten sich wohl zwei Menschen zusammengetan, die beide Hilfe brauchten, die Partnerin war Vietnamesin, die so ihr Bleiben in Deutschland sichern wollte. Die Mutter des Verurteilten dankte mir für Verständnis und Hilfe – und dann bekam ich die Todesanzeige. Den Tod hatte ein Gehirntumor bewirkt. Im Nachhinein war es müßig darüber zu spekulieren, ob das Wissen um die Krankheit den Strafprozess hätte beeinflussen können. Später – zum Ende meiner Berufstätigkeit – erlebte ich eine solche Situation ein weiteres Mal, als ich einem Mitarbeiter eine Chance gegeben hatte, in meiner Abteilung Referatsleiter zu werden. Ich kannte die Stigmatisierung durch Personalreferenten als »schwer vermittelbar«. Aber ganz im Gegenteil zu diesem vorschnellen Urteil war der Bewerber mir ein sehr ideenreicher und erfolgreicher Mitarbeiter, unter anderem auf dem schwierigen Feld der Korruption. Das letzte Mitarbeitergespräch fand in einem Berliner Krankenhaus statt, wo ich ihn an einem seiner letzten Lebenstage besuchte, die durch einen Lungenkrebs beendet wurden.

Zu einem der dramatischen Fälle vor der Strafkammer des Landgerichts Stuttgart gehörte ein Ehegattenmord. Todesursache war E 605. Als man beim Kauf von E 605 noch nicht den Ausweis vorlegen musste, wurde das Mittel auch häufig außerhalb der Gartenpflege eingesetzt. Die angeklagte Ehefrau versuchte, das als Unfall zu erklären. Das Gericht hatte Zweifel, ob ihr Mord nachgewiesen werden könne. Die Angeklagte vermochte allerdings auch nicht zu erklären, wie das Gift in eine Bierflasche gelangt sein konnte, zu der ihr Ehemann nach der Heimkehr von der Arbeit gegriffen hatte. Das brachte mich auf die Idee, die Kriminalpolizei zu bitten, während der laufenden Verhandlung in der Wohnung nach dem, wie ich sagte, »typisch weiblichen Instrument, einem Trichter« zu fahnden. Ich wäre heute bereit, über diese Definition eines Trichters mit mir reden zu lassen. Damals aber war es ein Treffer, denn unter dem Waschbecken fand sich ein Haushaltstrichter, an dem der Sachverständige E 605-Spuren fand. Mein Antrag war moderat, weil die Ehefrau geglaubt hatte, sich nur so aus einer zum Martyrium gewordenen Ehe befreien zu können. »Statt Scheidung: E 605«, titelte die Lokalpresse.

V Ausbildung und erste Berufsjahre

Höchst widerstrebend folgte ich dem Ruf, an Tatorten von Kapitalverbrechen oder an Leichenfundorten aufzutreten, bei denen ein Staatsanwalt zugegen zu sein hatte. Das traf vernünftigerweise neu hinzugekommene oder junge Staatsanwälte, eigenartigerweise stets zur Nachtzeit oder nach glücklich verlaufenen Sonntagsausflügen mit der Familie und Freunden. Der wirkliche Zweck war, erste Ermittlungshandlungen mit der Polizei abzusprechen, Beweise zu sichern, Beschlüsse zu ermöglichen, etwaige Haftanträge zu stellen. Leider konnten solche Ermittlungen sich hinziehen. In einer Zeit ohne Mobiltelefone verschwand ein Vater, und es löste zu Hause Sorge aus, wenn er sich nicht mehr meldete. So ging es uns, als in der Zeit des Terrorismus und der Bader-Meinhof-Bande in der Nähe Stuttgarts bei der Verfolgung zweier flüchtiger Einbrecher ein junger Polizist beim Einsatz seiner Schusswaffe einen jungen Täter tödlich verletzte. Der Beamte hatte weder einen Fehler gemacht noch war er im Gebrauch der Waffe ungeübt. Seine Dienstwaffe war das Produkt eines heimischen Weltmarktlieferanten, der Probleme mit der Sicherung des Waffenschlosses hatte. Der Polizeiführung in Stuttgart war nicht unbekannt gewesen, dass bei Einzelschussstellung schon einmal eine Salve abgefeuert werden konnte, sodass die Waffe nach oben zog und der aufs Bein gezielte Schuss in den Leib ging. Der Polizei – lernte ich in diesem Zusammenhang – sei das geläufig gewesen. Deshalb hätte sich manch ein Kollege den »Spaß« gemacht, bei der Rückkehr in die Dienststelle den Kolben auf den Tisch zu schlagen. Die Spuren fanden sich dann in der Decke. Zu nächtlicher Stunde bei Minuskälte waren Polizei und Staatsanwalt um die Leiche versammelt, der festgenommene zweite Täter konnte die Leiche des von ihm zur Tat animierten jungen Mannes bestaunen. Am Ende des Einsatzes musste ich dem jungen Polizisten eröffnen, dass von Amts wegen gegen ihn ein Ermittlungsverfahren wegen eines unnatürlichen Todes eingeleitet werden müsse. Meine Versicherung, aufgrund des ersten Eindrucks vom Leichenfundort könne er damit rechnen, aus der Sache rauszukommen, machte keinen Eindruck. Bei der notwendigen späteren Vernehmung ließ er mich seinen Zorn spüren. Allerdings verstand ich nicht, warum die Waffe überhaupt noch im Einsatz war. Mehr irritierte mich die Klage des Beamten, dass man ihn in seiner Dienststelle mit dem Verfahren allein ließ und er auch keine Unterstützung seiner Vorgesetzten bekommen habe. Das Verfahren habe ich dann, wie vorauszusehen, alsbald nach Eingang des obligatorischen Schusswaffengutachtens eingestellt. Von Konsequenzen in der Polizei habe ich nichts gehört.

In einer Phase von Frustration sagte ich, als erneut ein Anruf aus dem Bundeskanzleramt kam, widerwillig, aber dann fast dankbar zu, nach Bonn zu kommen. Wenn ich am Ende mir selbst vorwarf, als Staatsanwalt gescheitert zu sein, so lag das an der nach meinem Empfinden den Menschen allzu wenig zugewandten Arbeitsweise. Es wäre falsch, das insgesamt zu unterstellen, vielleicht war es einfach ein Führungsproblem.

Während ich dies niederschreibe, greife ich nach dem mir im Mai 1974, also vor gut 40 Jahren, zugegangenen Zeugnis für meinen Dienst bei der Staatsanwaltschaft Stuttgart, der mit »voll befriedigend« bewertet wurde. Das Ergebnis hat meinen ferneren Lebensweg nicht gestört. Den Inhalt habe ich damals entweder nicht zur Kenntnis genommen oder besser vergessen, denn, wer immer das Zeugnis entworfen hat, hat meine Reserve gegenüber der Justiz sehr treffend beschrieben, wofür ich ihm aus der Rückschau eigentlich dankbar sein müsste. Es heißt:

> »Aufgrund seiner [...] Fähigkeit, die wesentlichen Zusammenhänge auch über die strafrechtlichen Belange hinaus schnell zu erkennen, und seiner Entscheidungsfreudigkeit hat er die Verfahren zügig mit im Ergebnis [sic!] richtigen Verfügungen abgeschlossen. In den Hauptverhandlungen fiel insbesondere sein gewandtes und von sozialem Verantwortungsbewusstsein getragenes Auftreten [sic!] ins Auge.«

Das wiederum muss ich als Plus empfinden, dann heißt es weiter:

> »Seine besonderen Neigungen und Stärken scheinen mir indes bei Tätigkeiten im Verwaltungsbereich zu liegen. Seine dynamische

Wesensart konnte sich im speziellen Bereich der Strafverfolgungsbehörde nicht voll entfalten.« –

Die letzten drei Wörter wurden teilweise mit Tipp-Ex getilgt und erhielten die Fassung »*wohl* nicht voll entfalten«. Soviel, wie ich es heute empfinde, Lob hatte ich gar nicht mehr in Erinnerung, das aber darauf angelegt schien, mir den Aufstieg in der Justiz um Gottes willen zu verbauen. Immerhin schließt das Zeugnis mit der Feststellung, der Kollege sei »von allen Mitarbeitern wegen seiner liebenswürdigen Hilfsbereitschaft und seines schlagfertigen Witzes besonders geschätzt« worden. Auch das Letztere war mir allerdings entfallen. Der Abschied aus dem lieb gewonnenen Baden-Württemberg und von der Strafjustiz fiel mir nicht schwer, weil ich der Notwendigkeit des Strafenmüssens immer mit Reserve begegnet war.

Die Familie konnte die Entscheidung nicht beglücken, denn Christa, die als Lehrerin arbeitete, hatte schon nach dem Wechsel von Freiburg nach Stuttgart eine neue Schule finden müssen. Dort musste sie an zwei Gymnasien arbeiten, eine so gute Seele wie die Freiburger Kinderfrau Eia war auch nicht zu finden. Das wiederholte sich in Bonn. In Bad Honnef wurden Stelle und Wohnung gefunden.

VI Eine neue Familie entsteht in Freiburg

Auf die briefliche Mitteilung seines Sohnes – irgendwann Anfang Februar 1964 –, er gedenke sich mit Fräulein Schnieber zu verloben, brachte den nach Muttis Angabe »entzückten Schwiegervati«, ersichtlich in einen Zustand großer Erregung. Vater stellte einen Katalog mit Fragen zusammen, auf die er »positive und klare Antwort« forderte. Es ging z. B. um die Verlobungsanzeige – solche verschickte man im Papierzeitalter noch –, und ob diese gemeinsam mit der Anzeige für die Verlobung der Schwester möglich sei. Was ich »in puncto Anzug unternehmen« wolle, worüber ich mir noch gar keine Gedanken gemacht hatte. Als besonders spannend empfand ich die Fragen: »Inwieweit hast Du eigentlich [sic!] mit Deinen künftigen Schwiegereltern verhandelt [sic!]?« Wieweit sind diese von »Eurem Vorhaben unterrichtet«? Oder: »Haben diese gestern einen […] entsprechenden Brief erhalten?« War Vater etwa verärgert, erst so spät und dann vor vollendete Tatsachen gestellt zu werden, oder hatte er gar eine Familienkonferenz erwartet? Leider sind – im Gegensatz zur Antwort meines Vaters – mein ursprünglicher Brief und meine Antworten nicht überliefert. Aber genau weiß ich es nicht mehr, wir hatten die Eltern schon wissen lassen, was sich bei uns tut. Wie »positiv und klar« ich geantwortet habe, weiß ich auch nicht mehr. Man machte damals noch nicht von allen Schreiben Kopien. Heute hätte man auf einen solchen Brief – an dessen Stelle ja ein Telefonanruf oder eine E-Mail getreten wäre –, das Vorhaben elektronisch abgewickelt. Damals aber hatten Studenten noch keine Handys. Wir begaben uns einmal in der Woche an die benachbarte gelbe Telefonzelle, statteten uns vorher mit passenden Geldmünzen aus, reihten uns in die Schlange ein, ärgerten uns über die langen Wartezeiten, wummerten schon mal aus Ungeduld gegen die Zellenwand und setzten dann – längst nicht so langandauernd wie heute – unsere wöchentliche Zustandsmeldung ab, um uns nach diesem Erfolg in ein Gasthaus zu begeben.

Die Verbindung zu der meinen Eltern angezeigten Verlobten hatte sich aus der Lerntätigkeit in der ehrwürdigen alten Bibliothek der Universität Freiburg ergeben. Die Juristen hatten ihre Bücher im ersten Stock, wo wir auf einer schmalen Empore saßen, die Philologen dagegen saßen im Erdgeschoss. Folglich konnte – bei den sich verlängernden Phasen mangelnder Konzentration – der Blick auf eine blonde junge Dame im Erdgeschoss fallen, die sich dort ihrem Lateinstudium widmete. Wegen ihrer Kurzsichtigkeit bemerkte sie nicht, dass ich sie beobachtete. Der allzu rasch resignierende Verehrer wertete das allzu bald als Zeichen von Desinteressement. Deshalb scheiterten auch Versuche einer Anbahnung, also die Frage an die Dame nach ihrer Bereitschaft, mit dem ihr unbekannten Verehrer eine Tasse Kaffee zu trinken oder gemeinsam etwas anderes zu unternehmen. Die in der Hoffnung auf eine positive Reaktion, bei der dann eine weitere Verabredung hätte erfolgen sollen, bereits beschaffte Karte für das Freiburger Stadttheater – wie konnte man für eine solche erhoffte Erstbegegnung ausgerechnet auf Torquato Tasso verfallen? – musste von Hildegard, der neuen Freundin und nachmaligen Ehefrau des Schulfreundes Manfred genutzt werden.

Irgendwann hat die Studentin dann doch den Blick aus der ersten Etage erwidert, und die erhoffte Begegnung fand mit Erfolg statt. Allerdings verlief das eher untypisch, was der Angst des Bewerbers vor Bindung zuzuschreiben ist. Mit Freunden und der neuen Begleitung Christa besuchten wir das Batzenberg-Weinfest und auf dem durch den Genuss des Weines nicht ganz klaren Abstieg zum Bahnhof Norsingen wurde der neuen Begleiterin eröffnet, man sei gern mit ihr zusammen, aber heiraten werde man sie nicht wollen. Bei nüchternem

Kopf überwog dann doch die Neigung, sich mit Christa dauerhaft zu verbinden. Mit Schul- und Studienfreunden fanden Wanderungen und gemeinsame Ausflüge in Freiburgs Umgebung statt – im Frühjahr zum Spargelessen, im Sommer an einen der Baggerseen oder in den Schwarzwald, über das ganze Jahr zum Schönberghof, im Winter zum Skilauf. Der Abstand zwischen den beiden Studentenwohnungen in der Erwinstraße in Freiburg-Wiehre und der Bußstraße in der Oberwiehre war kurz, der Weg führte vorbei an Gärten durch lauschiges Dunkel. Heutigen Verliebten wurde ein solcher Genuss mit dem Ausbau der Bundesstraße in den Schwarzwald genommen. Im Anschluss an die von 8 bis 10 Uhr abends stattfindenden Lateinseminare ging es ins Schillereck, wo als Belohnung Russische Eier (eine auch etwas aus der Mode geratene Nachkriegskulinarik) oder Elsässer Wurstsalat auf dem Programm standen. Infolge von Müdigkeit gehörte die Unterbrechung durch Schlafpausen dazu.

Ein neues Programm entstand durch die im Zuge der Vorbereitung auf das juristische Examen stattfindenden Trainingsrunden. Ich hatte mich gegenüber zwei Kollegen aus dem Repetitorium des »Dicken« am Hauptbahnhof, bereit erklärt, sie auf das 1. juristische Examen einzupauken, das sie ein Semester früher als ich absolvieren wollten. Im Sommer fanden die Übungen im Garten der Witwe Huber statt, die Braut hatte während dieser Zeit sich zum Sonnen auf eine Liege gelegt. Der Bikini missfiel der Witwe eines Theologieprofessors offensichtlich und so erklärte die ständig in schwarzer Witwentracht Gekleidete mir: »Die Dame, wenn sie geht, bekommt Hausverbot.« Zum Glück konnte das abgemildert werden, nachdem der Vermieterin die ernsthaften Absichten eröffnet worden waren. Deshalb durfte ich meine Gartenarbeiten auch wieder aufnehmen, den Rasen (mit einer später in mein Eigentum übergegangenen Sense) mähen und ihn von dem reichlich vorhandenen Löwenzahn befreien. Je ausgerottetes Exemplar gab es fünf Pfennig und mittwochs ein Mittagessen. Es entsprach der gleichförmigen Gartenarbeit und bestand stets aus einem Hühnerbein mit Kartoffeln und Salat.

Die den Eltern angekündigte Verlobung sollte dann auf einer Hochtour in die Silvretta vollzogen werden. Gerd Zschiesche, Freund aus dem Gymnasium, Lehrling mit mir bei Siemens und Studienkollege in den ersten vier Semestern an der LMU München, hatte dank seiner besseren finanziellen Situation früh den Skisport betreiben können. In München brachte er mich dazu, das nachzuholen, wobei er mir Skitouren verordnete – etwa auf das Sudelfeld, auf die Zugspitze –, die eine gewaltige Herausforderung für mich, einen zwar nicht unsportlichen, aber in technischen Sportarten mäßig begabten Menschen darstellten. Ich habe es immerhin überstanden und dann von Freiburg aus auf dem Feldberg oder dem Schauinsland fortgesetzt, und zwar mit einer dank ihres Sportstudiums wesentlich begabteren Dame. Und daraus ergab sich die Verabredung zur Hüttentour ins Montafon. Wohlbewahrt trug der künftige Bräutigam die Verlobungsringe beim Start auf der Jamtalhütte am Körper, und als er beim Anführen der Tour statt der Spurstange dem Ombrometer folgte, versank er samt dem für die Beurkundung des Verlobungsversprechens gedachten Schmuck in einer Gletscherspalte. Es gelang, die Spalte unbeschadet zu verlassen. Das aber bedeutete beileibe nicht das Ende der Widrigkeiten, die sich dieser Verlobung entgegenzustellen schienen. Man machte Skitouren vor 50 Jahren noch, indem man die Skier mit Seehundsfellen bestückte, wenn es bergan ging. Das Unglück wollte es, dass das Fell an meinem Ski um die Mittagszeit beim Queren eines Gletschers riss. Man hatte zum Glück für solche Zwischenfälle Nähnadel und Faden mit, um die Reparatur vorzunehmen, der die vor oder bereits hinter dem Gletscherfeld wartenden Tourenkollegen mit Bangen folgten. Gleichwohl konnte die Verlobung auf der Wiesbadener Hütte formvollendet besiegelt werden. Da am nächsten Tag ein Ruhetag war, konnte das Ereignis ordentlich begossen werden. Leider scheiterte die Besteigung des Piz Buin am Wetter. Dafür gab es einen kraftfordernden Abschluss bei minus 30 Grad auf einer Hütte im Münstertal, bereits in der Schweiz, die wir damals ohne Grenzformalitäten erreichten. Das Bündel Holz kostete drei Schweizer Franken, Bohnen in Büchsen – meine ich – hatten einen identischen Preis, und so wurde ein erfolgreicher Abschlussabend daraus – mit einer dank viel Körperwärme sogar gelungenen anschließenden Übernachtung.

Zur Herkunft der Familien, die sich mit der Verlobung zusammentaten: Es sind zwei Familien, die sich 1933 mit der Verlobung meines Vaters Heinrich mit Eleonore, geborene Scheer, verbunden haben. Die Familie meines Vaters stammte aus dem Rheinland, mal wechselnd von Koblenz über Andernach, aber mit einem über Jahrhunderte stetigen Standort in Mülheim an der Ruhr. Der Großvater Hermann Heinrich war 1863 in Mülheim geboren worden, er heiratete Maria Christine Lisette von Eicken, gleichfalls ein alter Stamm in Mülheim. Von den fünf Kindern haben die Tanten Christa und Maria sowie mein Vater überlebt. Mein Schwager Textor, der aus der Fernverbindung zur Familie Goethe, betreibt die Familienforschung mit erstaunlicher Gründlichkeit und Erfolg. Sein Erfolg bei der Rückdatierung des Rosenstammes reicht derzeit bis zu Gerhard auf dem Kleinen Lehn, der das Leibgewinngut der Herren von Broich bewirtschaftete und nach einer Quelle 1586 den Herren von Broich mit Pferd und Wagen diente. Die jährliche Pachtabgabe bestand aus einem Schwein. Der Zweig meiner Mutter hatte seine Herkunft in Mitteldeutschland. Der Großvater Ernst Gottlob Scheer verdankte seinen frommen Mittelnamen nur der Schwerhörigkeit des Standesbeamten, der dessen vom Vater, meinem Urgroßvater, angegebenen Namen »Otto« falsch aufgenommen hatte. Er war 1870 in Erfurt geboren, seine Frau war Elisabeth Johanne Gertrud Bethmann. Sie starb, als meine Mutter elf Jahre alt war. Er war Buchprüfer. Die Familie lässt sich nach der genealogischen Forschung des Schwagers derzeit zurückverfolgen bis auf einen Gert Hovelke, der etwa 1395 in Otterndorf an der Niederelbe geboren wurde und nach einer Erbschaft in der Gegend von Danzig gesiedelt hatte.

Aus der mütterlichen Linie blicken in meinem Wohnzimmer drei Vorfahren auf mich herab, der Pfarrer Georg Christian Scheer mit seiner Ehefrau Maria Elisabeth geb. Werthmann, ferner ihr Bruder, der Kaufmann der 1. Gilde in Petersburg war. Scheer hat Memorabilienbücher über sein Leben verfasst, sodass in der Heimatgeschichte der Insel Rügen viel über ihn zu lesen ist. Er war als Sohn eines Pfarrers in Leba (Hinterpommern) geboren und hatte in Königsberg, wo er Kant kennenlernte, und Greifswald Theologie studiert. Zu-

VI Eine neue Familie entsteht in Freiburg

Abb. 9 Pfarrer Georg Christian Scheer, Rügen (1749–1830).

Abb. 10 Marie Elisabeth Scheer, geb. Werthmann, Ehefrau von Pfarrer Scheer (1756–1825).

nächst diente er als Hauslehrer und war 1775 als Pfarrer nach Hiddensee berufen worden, wo er die von einem aufgelösten Zisterzienserkloster gebliebene kleine Pfarrkirche betreute. Zuvor aber hatte er, der Übung der Zeit entsprechend, die Tochter seines Vorgängers geheiratet. Sie starb bei der Geburt des ersten Kindes. Nach ihrem Tod suchte er eine größere, vor allem einträglichere Pfarrkirche, die er zunächst in Starkow bei Stralsund und später auf Rügen fand. Die von ihm betreute frühgotische Backsteinkirche ist von der Deutschen Stiftung Denkmalschutz als Bauwerk von Landesbedeutung eingestuft. In Starkow entwickelte sich der freundschaftliche Kontakt zur Familie der Eltern von Ernst Moritz Arndt, der ihm in seinen Märchen »De Prester und de Düwel« und »Die alte Burg bei Löbnitz« Denkmäler setzte. Scheer war ein humorvoller und schlagfertiger Pastor, und über ihn sind zahlreiche Anekdoten überliefert. In Rambin auf Rügen fand Scheer 1804 noch einmal eine auskömmlichere Stelle. Die zweite Frau brachte ihm neun Kinder zur Welt. Zwei

125

Söhne August Joachim Christian und Friedrich folgten zunächst ihrem Onkel Werthmann nach Petersburg. August traf dort auf Arndt, der mit der Familie seit der Zeit in Rambin bekannt war. Der Kaufmann Werthmann, der in meinem Wohnzimmer auf mich herabschaut, gehörte dort zur 1. Gilde. Laut dem »Versuch einer Beschreibung der Russisch Kayserl. Residenzstadt St. Petersburg, und der Merkwürdigkeiten der Gegend« von J. G. Georgi (Riga 1793) sind das »beständige Petersburger und bis auf 32 Ausländer und Fremde, die sich dieser auf zehn Jahre oder auf immer einverleibt haben, russischer Nation. Sie haben zusammen ein Vermögen von 1 M 138.145 Rbl. angegeben, und steuern also außer dem Zoll und Rekrutengeldern jährl. 11.581 Rbl. 45 Kop. bei.« Weitere Quellen haben sich bisher über Werthmann nicht finden lassen. Sein Neffe Friedrich wird bei Ernst Moritz Arndt zitiert. Arndt war vor den 1812 durch seine pommersche Heimat marschierenden Franzosen nach Russland geflohen und vom Reichsfreiherrn vom Stein zu dessen Persönlichem Sekretär bestimmt worden. Arndt hat ihm in seinem Buch »Meine Wanderungen und Wandelungen mit dem Reichsfreiherrn Heinrich Friedrich Karl vom Stein«, den er überschwänglich verehrte, ein eindrucksvolles Zeitdenkmal gesetzt hat. Stein hatte den Auftrag, den russischen Zaren Alexander im Kampf gegen Napoleon zu beraten. Unter den vielen aus Deutschland geflohenen Häuptern ging es nach Darstellung von Arndt sehr deutschtümelnd zu. Es wurde in den Palästen des vor dem Krieg geflüchteten Adels sehr viel und edel gespeist und bisweilen auch auf gutes Glück getrunken. Mit mehreren »wackre(n) Männern aus dem Westen« habe es, so Arndt, »frisches, soldatisches Leben gegeben. Noch erinnert's mich, wie ich mit Boyen (sc.: Oberst, später Kriegsminister) und dem Grafen Dohna von unserer Legion ein Dutzend Donsche Champagnerflaschen geleert habe, die Kaufmann Karl Scheer mir als eine Besonderheit für ein solches Festgelag geschenkt hatte.« Die Familie legt Wert darauf, dass Karl in Wirklichkeit Friedrich Scheer war. Dieser wackere Scheer, heißt es weiter bei Arndt, sei jetzt in London »und versah mich bei meiner winterlichen Abreise (sc.: Zurück nach Mitteleuropa) noch mit einem Dutzend des herzhaften Portugieser Weins. Solche sind auch liebe Erinnerungen des Alters«, schreibt Arndt. Der winterliche Auszug folgte den geschlagenen napoleonischen Truppen nach Westen.

Gab es zu dem Onkel der als Kaufleute in St. Petersburg tätigen Neffen August und Friedrich Scheer nicht viel zu vermelden, so war das bei Friedrich Scheer anders. Er ging, wie auch Arndt festhielt, nach London, wo er in Kew einen großen Garten hatte. Er importierte Pflanzen und beteiligte sich an einer Bürgerbewegung gegen die drohende Umwandlung der Royal Botanic Gardens in einen königlichen Obst- und Gemüsegarten. Dann widmete er sich der Zucht von Kakteen. Seine große und damals berühmte Sammlung ging beim Umzug nach Kent verloren. Mehrere Gesneriengewächse und Sukkulenten tragen gleichwohl als botanische Bezeichnung noch heute seinen Namen. Zu den Absurditäten der Nachwendezeit gehört die Entscheidung, der Universität Greifswald den Namen Arndts wieder zu nehmen. Über den Antisemitismus im 19. Jahrhundert muss man sicher reden; die Wiedervereinigung scheint in Greifswald hingegen unendlich weit zurück, sonst hätte man sich mindestens Gedanken über die Rolle Arndts bei der Einheit der deutschen Kleinstaaten im Gefolge der Napoleonischen Kriege gemacht.

Der Familienzweig Christas stammt aus Schlesien, vor allem aus Sagan. Die genealogische Erforschung beschränkt sich allerdings nur auf die nähere Vergangenheit, die bäuerlichen Ursprungs war. Beide Familien haben ihre Standorte in Mitteldeutschland und Schlesien aufgeben müssen.

Nach der Verlobung folgte die unbeschwerteste Zeit im Leben. Man wusste sich füreinander bestimmt. Mein erstes juristisches Examen hatte ich in Freiburg bestanden, Christa schrieb an ihrer lateinischen Arbeit über die Atomlehre des Lukrez »De rerum natura«. Die Ausbildung in der Vorbereitungszeit schreckte nicht, man genoss die Referendarzeit.

Dann aber war es ein wirtschaftliches Gebot, sich zu vermählen, weil das zur Erhöhung der Referendarbezüge führte, auch wenn nur geringfügig, so doch spürbar. Offenbar herrschte in Freiburg große Heiratswilligkeit, denn die Standesbeamtin konnte für einen Samstag im Februar 1965 nur einen Termin morgens um 8:00 Uhr bei ziemlicher

Kälte und Dunkelheit anbieten. So war man ein Paar und strebte auf den Termin zur kirchlichen Hochzeit zu, die im Sommer desselben Jahres am Wohnort der Eltern in Essen stattfand. Da ein Examen bevorstand, musste der Heiratsurlaub rasch abgewickelt werden – eine erste gemeinsame Flugreise nach Mallorca, das sich 1965 noch in ziemlicher Ruhe ohne Ballermann befand. Höhepunkt war eine Fahrt mit Fischern, die offensichtlich infolge unserer Anwesenheit keinen guten Fang hatten. Aber es reichte dennoch für eine Paella aus den nicht marktfähigen Resten des Fischfangs. Dazu kamen die Fahrten über die beschauliche Insel und mit der Straßenbahn nach Palma.

Um die Jahreswende kündigte sich dann ein erster Nachwuchs an. Es sollte ein Mädchen werden, für das der Name Katja vorgesehen war. Die Namensgebung nahm Schaden, als ich – inzwischen Referendar bei der Staatsanwaltschaft Freiburg – den tragischen Tod eines kleinen Zigeunermädchens mit diesem Namen aufzuklären hatte. Die Eltern hatten es im Wohnwagen zurückgelassen und eine Kerze gegen die Geister aufgestellt, die aber eine Gardine entzündete. So musste als Namenspatin die Adoptivtochter Napoleons, Stephanie, herhalten, die er als Ehefrau mit dem badischen Großherzog Karl vermählt hatte – abgewandelt beim »ph«.

Die Familie nahm Quartier in Freiburg-St. Georgen mit Blick auf den Schönberg. Es galt zunächst, die ausgefeilte Planung der Schulbehörde zu verändern, die die Ehefrau samt Kleinkind nach Waldshut zu versetzen gedachte, während der Vater in Freiburg seinen Dienst tat. So konnte Eia, die vom Kind heiß geliebte Kinderfrau aus St. Georgen, ihre Arbeit bei uns aufnehmen.

In Freiburg nahm alsbald nach dem Beitritt zur SPD im Jahre 1967 auch die Partei-»Karriere« ihren Anfang. Als 68er musste ich mich zum Glück nicht bezeichnen. Hatte ich in meinen frühen Jahren eine Mitarbeit bei den Sozialdemokraten noch ausgeschlossen und mich gedanklich eher bei den Liberalen orientiert, schien mir ein Umdenken nötig. Auslöser war der Streit der Jusos mit ihrer Landespartei auf dem Kehler Parteitag. Ich wurde sehr bald Hilfskassierer der SPD Freiburg-St. Georgen und ging dann mit dem Hauptkassierer Theo Meier-Ewert durchs Dorf, um bei den Mitgliedern – wie damals üblich – von Hand

VI Eine neue Familie entsteht in Freiburg

Abb. 11 Der Autor mit seiner Frau Christa am 27.6.2012 am Mt. Rainier, USA.

zu kassieren. Dass die eingesammelten Mitgliederbeiträge vom Kassierer des Unterbezirks auch für Eigenbedarf benutzt wurden, entzog sich meiner Einflussnahme. Das Parteileben in der studentisch geprägten Stadt Freiburg, die nach CDU- und dann einem SPD-Oberbürgermeister als erste deutsche Großstadt inzwischen unter grünen Einfluss geraten ist, war sehr lebendig. Ich machte auch nicht Halt vor Demonstrationen. An der Seite des nachmaligen sozialdemokratischen Justizministers Rudolf Schieler geriet ich bei einem durchaus friedlichen Protest gegen eine Fahrpreiserhöhung in das Zielfeuer eines polizeilichen Wasserwerfers. Er blieb der Einzige in meinem Leben.

Freiburg im Breisgau, die geliebte Stadt, musste dann auf dem Weg zur Karriere schon ein Jahr nach meinem zweiten juristischen Staatsexamen zugunsten der baden-württembergischen Landeshauptstadt Stuttgart aufgegeben werden. Geblieben ist die Verbundenheit, der alljährlich mindestens ein Wochenende geschuldet ist. Keiner Freiburger Institution wird hingegen so viel Treue gezollt wie der Stiftungskellerei, deren Erzeugnissen wir seither treu sind.

VII Von Stuttgart ins Bundeskanzleramt Bonn

Die zweieinhalb Jahre im Bundeskanzleramt sind in der Rückschau eine sehr kurze Periode in meiner Dienstzeit, sie stehen als unvorhergesehene Ouvertüre zum Übergang ins Büro Brandt. Gleichwohl war es eine intensive und lehrreiche Zeit. Die Vorgeschichte des Wechsels nach Bonn reichte zurück bis nach Freiburg und dauerte über sieben Jahre. Am Anfang steht der Wechsel meines Universitätslehrers Professor Horst Ehmke in die Bundespolitik. Damit endete auch das Dissertationsvorhaben. Das von Ehmke angebotene Thema zum »Gesetz gegen Wettbewerbsbeschränkungen« hatte mich nicht sonderlich begeistert, sodass ich mit der Arbeit zum Glück noch nicht begonnen hatte. Dem standen auch familiäre Gründe im Wege. Wie ich kurz nach Ehmkes Gang nach Bonn feststellte, hatte Ehmke das Thema ein zweites Mal vergeben. Ich ließ dem Kollegen den Vortritt, und es entschädigte mich letztlich nicht, als ich erfuhr, dass seine Dissertation nicht sonderlich gut benotet wurde. Der Nachfolger auf Ehmkes Lehrstuhl hatte mich als Assistent und Doktorand formal übernommen, empfahl mir aber sehr bald den Wechsel in die Verwaltung der BASF nach Ludwigshafen. Ich nehme an, er hatte den Konzern juristisch beraten und fühlte sich verpflichtet, Mitarbeiter zu vermitteln. So war der Anreiz nicht groß, die akademische Laufbahn fortzusetzen, zumal ich inzwischen in der Landesverwaltung aufgestiegen war.

Horst Ehmke war am 1. Januar 1967 Staatssekretär in dem von Gustav Heinemann geführten Bundesministerium der Justiz geworden. Mehrere Mitarbeiter aus dem Ehmke-Seminar waren ihrem Professor schon nach Bonn gefolgt. Das Werben setzte sich verstärkt fort, als Ehmke nach der Bundestagswahl 1969 in der von Bundeskanzler Willy Brandt geführten Regierung am 22. Oktober 1969 als Bundesminister für besondere Aufgaben und Chef des Bundeskanzleramtes Karriere machte. Das Bestreben der neuen Regierung war es – weniger geschickt als ihre konservativen Vorgänger und Nachfolger –, sich eine (politisch) lupenreine Verwaltung zu schaffen. In regelmäßigen Abständen erreichten mich deshalb Anfragen aus Bonn. Ich hatte dem lange widerstanden, am Ende aber, wie sich zeigen sollte, nachgegeben. Die Familie wollte nicht, das hatte ich zunächst respektiert. Freiburg, aber auch Stuttgart mit den Freunden, den Wanderungen im Schwarzwald und auf der Alb waren uns vertraut, was uns im Rheinland erwarten würde, fürchteten wir eher, als dass es uns beruhigte.

Im Bundeskanzleramt wurde ich der Abteilung 1 – Recht und Verwaltung – und dem Referat 113 zugewiesen, einem sogenannten Spiegelreferat, dem die Verbindung zu den Bundesministerien für Inneres und Justiz oblag. Zwei große innenpolitische Themen standen noch nicht auf der Tagesordnung: Der Terrorismus sollte erst im Laufe des Jahres 1974 aktuell werden, und die Diskussion um die Entschärfung des Extremistenbeschlusses hatte noch nicht begonnen. Im Vordergrund standen in den ersten vier Monaten des Jahres 1974 bis zum Rücktritt Willy Brandts Fragen des Öffentlichen Dienstes, vor allem die Tarifverhandlungen. Sie waren von der Gewerkschaft ÖTV und deren Vorsitzendem Kluncker im Herbst 1973 mit einer ungewöhnlich hohen Forderung von 15 Prozent zuzüglich eines Urlaubsgeldes eröffnet worden.

Die Verhandlungen fanden traditionell im Stuttgarter Straßenbahnerwaldheim Degerloch statt. Verhandlungsführer war – von seiner Zuständigkeit her – Innenminister Hans-Dietrich Genscher. Auf Arbeitgeberseite wurde er begleitet von Vertretern der Bundesländer und Kommunen, vor allem aber von dem zuständigen Referenten des Bundeskanzleramts, der die Bundesregierung laufend zu unterrichten hatte. Zu den Ritualen gehörten nächtliche Verhandlungen, was den nicht am Verhandlungstisch zugelassenen Beobachtern viel Durchhaltevermögen abverlangte. Mein Referatsleiter war dem, wie sich zeigte, angesichts der Länge der Verhandlungen nur bedingt gewachsen. Er hatte sein Nichtstun mit Wein zu überbrücken versucht, und das ließ ihn in früher Morgenstunde scheitern. Für mich hatte der Aufenthalt die unerwartete Konsequenz einer Kommandierung an meinen Heimatort, wir wohnten nur wenige hundert Meter entfernt. So begab ich mich am folgenden Morgen zum Flughafen Hangelar, dem Fliegerhorst der Hubschrauber des Bundesgrenzschutzes, und durfte mit Minister Genscher nach Stuttgart fliegen. Dieser Flug – wie auch die späteren Flüge – hatte die Besonderheit, dass nach Sicht geflogen wurde, was bei winterlichem Morgen- oder Abendnebel schon mal zu riskanten Begegnungen mit Hochspannungsmasten führte. Die Piloten hatten Autokarten und orientierten sich im Wesentlichen am Verlauf der Autobahn. Von dem Flug war meine in der Nähe des Landungsplatzes in Stuttgart-Sonnenberg wohnende Familie informiert worden, die den Vater erwartete. Beim Aussteigen des Innenministers tönte der vierjährige Sohn über den Platz: »Wer ist denn der mit dem gelben Pullover?«

Die Verhandlungen verliefen weiterhin zäh, der ÖTV-Vorsitzende weigerte sich, von seiner Forderung abzugehen. In Abständen traten die Verhandelnden vor die Fernsehkameras, zunächst um ihr Scheitern beredt zu dokumentieren. Eile war in solchen Situationen für den Tross geboten, damit er, ganz zufällig, im Hintergrund stehen und für seine Lieben daheim Medienpräsenz bei einem wichtigen Ereignis zeigen konnte. Als sich die Bundesregierung weigerte, zumal angesichts der wirtschaftlichen Entwicklung, einen zweistelligen Abschluss zu akzeptieren, versuchte Kluncker mit einem Streik der Müllwerker Druck zu machen. Ganze drei Tage reichten, um die Kommunen und Länder zum Aufgeben zu bringen – wenn man an spätere Streiks denkt, verwundert das, aber es war für deutsche Bürger wohl nicht auszuhalten, ungeleerte Müllkübel auf ihren Straßen zu sehen. Willy Brandt wurde, wie er in seinen Erinnerungen schreibt, vom Frankfurter Oberbürgermeister bedrängt nachzugeben. Das hat ihn tief getroffen, zumal der Finanzminister Helmut Schmidt, der ihm Härte empfohlen hatte, sich in der kritischen Phase der Verhandlungen auf eine Dienstreise begeben hatte. Für mich überraschend schreibt Willy Brandt in seinen »Erinnerungen«, der Bundespräsident habe ihm sogar nahegelegt, ggf. mit Rücktritt zu drohen. Nachdem die Verhandlungen gescheitert waren, wurde der frühere Bundesfinanzminister Möller als Schlichter berufen. Unter dem Druck der Verhandelnden aus Ländern und Kommunen erreichte der Schlichter eine Einigung bei elf Prozent. Ob das das Signal für Willy Brandts Rücktritt war, steht dahin. Ich musste jedenfalls nach Bonn zurückzufliegen, um dem Bundeskanzler den Vorschlag des Schlichters zu überbringen. Das brachte mir die Begegnung mit dem Spion. Auf der engen Treppe des Palais des Bundeskanzleramts zum Kanzlerbüro begrüßte mich Willy Brandts Mitarbeiter Günter Guillaume. Als ich ihm meinen Auftrag nannte, herrschte er mich im Kommandoton an: »Das sage *ich* dem Bundeskanzler selbst.« Ich war erst wenige Wochen im Bundeskanzleramt und fügte mich. Im Nachhinein ärgerte ich mich, hätte ich damals schon die von Reinhard Wilke mit bedrückender Deutlichkeit in seiner Erinnerung geschilderten Interna des Amtes gekannt, dann wäre es besser gewesen, den Wichtigtuer ablaufen lassen. Dass er im Hauptberuf Spion war, wussten wir im Amt jedenfalls damals noch nicht. Der Bundeskanzler billigte den Vorschlag. Für mich brachte der Abschluss, der wie damals noch üblich, für die Beamten übernommen wurde, außer einer opulenten Gehaltserhöhung den vorzeitigen Aufstieg zum Referatsleiter, weil dem bisherigen Leiter sein Scheitern bei den Stuttgarter Verhandlungen sein Amt kostete.

Willy Brandt konnte ich in der Zeit seiner Kanzlerschaft nur wenige Male, dafür aber sehr direkt im Kabinett erleben. Mir war als jungem Mitglied der Abteilung 1 die Aufgabe zugeteilt worden, einmal im Monat die Kabinettsitzung zu protokollieren. Dabei saß ich im lang gestreckten, schmalen Kabinettsaal in einem Erker, abgesetzt vom Kabinettstisch, dem Kanzler unmittelbar gegenüber. In meiner Erinnerung war er nicht sehr beredt, wirkte eher müde. Die

Gespräche wurden oft dominiert durch den Bundesminister der Finanzen Helmut Schmidt. Er war meist sehr ausführlich und sachkundig, gelegentlich nicht ohne Schärfe, nicht unbedingt gegen den Bundeskanzler als gegen Kabinettkollegen gerichtet. Die Kabinettsitzungen verliefen im Regelfall sehr zügig, sie waren durch die Staatssekretäre vorbereitet worden, und es gab selten grundsätzliche Debatten. Deshalb fielen die Protokolle auch sehr knapp aus, sie beschränkten sich auf die Aufzeichnung der Entscheidungen.

Der Abschied Willy Brandts vom Amt des Bundeskanzlers erreichte mich am Morgen nach seinem Vollzug. Als Bewohner einer Junggesellenwohnung und Neuling in Bonn – Telefon war unüblich, das Mobiltelefon wartete noch auf seine Erfindung – ging der Fackelzug, den ihm Enthusiasten bereiteten an mir vorüber.

Folglich war auch der Auftritt des neuen Bundeskanzlers Helmut Schmidt ein Vorgang, der sich im Palais abspielte. Als Protokollant der Kabinettsitzungen erlebte ich den neuen Kanzler in seiner ersten Sitzung als deren Vorsitzenden. Die Länge seiner Beiträge hatte noch einmal zugenommen, es waren in der Regel Monologe. Grundsätzliches war nicht zu verzeichnen, der Kanzler kritisierte Vorgänge aus der öffentlichen Verwaltung von Schleswig-Holstein, die nach seiner Meinung bei der Verwendung von Kalk für Viehställe irgendwelche ihm unverständlichen Entscheidungen getroffen hatte. In den folgenden Sitzungen schienen die Attacken auf Ministerkollegen seines Vorgängers – einige waren von ihm neu ins Kabinett aufgenommen worden – zuzunehmen. So musste ich den – gemessen an den Sitzungen unter Willy Brandt – zunehmenden, nicht immer fairen Umgang mit einigen seiner Minister erleben. Seinen Sottisen war vornehmlich der Minister für wirtschaftliche Zusammenarbeit Erhard Eppler (SPD) ausgesetzt, der wegen erheblicher Kürzungen seines Etats, aber auch wegen persönlicher Differenzen schon nach zwei Monaten das Kabinett verließ. Ihm folgte im Juli 1974 Egon Bahr. Aber auch der für Ernährung, Landwirtschaft und Forsten zuständige FDP-Minister Josef Ertl musste sich, nicht zuletzt wegen seiner bayrisch gefärbten Sprechweise, die Schmidt nicht zu verstehen behauptete, die Witzeleien des Kanzlers gefallen lassen.

Meine eigenen Begegnungen mit Helmut Schmidt verliefen anfangs ebenfalls eher »unharmonisch«. So hatte ich mit einer Unterrichtung des Kanzlers in Begleitung der für das Referat Arbeitnehmerfragen zuständigen Kollegin Dr. Monika Wulf-Mathies, der späteren Vorsitzenden der ÖTV, zu beginnen. Es muss in dem Gespräch um Fragen der Besoldung für den Öffentlichen Dienst gegangen sein, weil ich teilnahm. Jedenfalls wurde ich, wahrscheinlich, weil mein Vortrag für den Kanzler nicht schnell genug auf den Punkt kam, von Schmidt angeranzt. Die Kollegin reagierte erschreckt mit dem Zwischenruf, »Aber Herr Bundeskanzler, Herr Rosen will Ihnen das doch nur erklären«. Das tat der dann auch.

Da ich Helmut Schmidts Interesse an einer engeren Beziehung zu den in meinem Referat ressortierenden Kirchen bemerkte, hatte ich seinem Staatssekretär Dr. Manfred Schüler eine Beratung in Kirchenfragen angeboten. Das wurde akzeptiert, sodass ich Helmut Schmidt zu Auftritten auf Veranstaltungen der Kirchen und der jüdischen Gemeinschaft zu begleiten hatte. Das führte zu einer sehr freundschaftlichen Beziehung zum Kirchenreferenten beim SPD-Parteivorstand Burkhard Reichert.

Auch diese Auftritte verliefen anfangs nach der raubeinigen Methode Schmidt – nicht sehr harmonisch. So hatte ich für eine Sitzung der Synode der EKD in Freiburg dem Bundeskanzler eine Rede vorzubereiten. Es gab in solchen Fällen nur selten Vorgaben, sodass jeder Redenschreiber der eigenen Fantasie folgen musste. Entwürfe wurden dem Kanzler entweder vorgelegt oder – wie hier auf der Freiburgreise – ihm erst im Flugzeug, einem kleinen Hansa Jet der Bundeswehr, überreicht. Die Reisebegleitung bestand aus einem Persönlichen Referenten, üblicherweise war das ein Beamter des Auswärtigen Amts, und mir, dem zuständigen Zuarbeiter, der etwas abgesetzt Platz genommen hatte. Helmut Schmidt hatte eine ausgeprägte Fähigkeit, Widerwillen zu zeigen oder zu mimen. Derweil blickte der Ideengeber gespannt oder nach früheren Erfahrungen besorgt, was kommt. Das kam rasch. Er fasste das nicht sehr umfangreiche Manuskript mit der linken Hand und blätterte es flapsig durch. Ohne dass er es hätte ausführlich lesen können, ranzte er seinen Referenten an: »Welcher Idiot hat mir das aufgeschrieben? Ich habe ja gleich gesagt, ich hätte die Rede selbst schreiben sollen.« Die Antwort auf seine Frage hätte der Kanzler sich ja auch selbst geben können. In dieser Situation habe ich das Konzept erläutert und Fragen beantwortet. Das war's bis zum Ende der Veranstaltung. Auf der Fahrt vom Militärflughafen Bremgarten-Bellingen nach Freiburg waren auch die Fahrer dem Unmut des Kanzlers ausgesetzt. Statt ihn rasch an sein Ziel liefern zu dürfen, wurden sie auf die Geschwindigkeitsbeschränkung hingewiesen.

Nach seinem Auftritt trat der Kanzler auf mich zu. Ich war auf alles gefasst, aber er streckte mir die Hand entgegen und sagte: »Danke, Sie haben mir eine gute Rede aufgeschrieben.« Erst später verstand ich, warum der Kanzler möglicherweise beim Kennenlernen eines neuen Mitarbeiters seinen scheinbar inhumanen Umgang pflegte: Er wurde mit allzu vielen wechselnden Zuarbeitern in seinen verschiedenen Zuständigkeiten konfrontiert, die er schwer einschätzen und deshalb durch die ihm geeignet erscheinende Form zu testen versuchte. Hauptsache war, das Thema zu beherrschen und Ruhe zu bewahren. Später bestätigte mir Peer Steinbrück, der kurz nach der Amtsübernahme durch Helmut Schmidt ins Kanzleramt kam, dass mit ihm in gleicher Weise verfahren worden war.

Beim Thema Terrorismus herrschte bei meiner Ankunft im Bundeskanzleramt noch eine gewisse Ruhe, erst im Laufe des Sommers sollte der Terrorismus von Berlin aus einem neuen Höhepunkt zusteuern, der 1975 und im Wahljahr 1976 weiter eskalierte.

Neben der Routine, die sich auch unter Helmut Schmidt alsbald nach dem Ritterschlag einstellte, wurde einer der Höhepunkte der Zusammenarbeit mit ihm die Vorbereitung auf einen Vortrag bei der Katholischen Akademie Hamburg über Grundwerte in Staat und Gesellschaft. Das war eine von den drei Parteien bestrittene Veranstaltung, die für Helmut Schmidt erkennbar wichtig war. Während der Vorbereitung hatte es Kontakte mit ihm gegeben und dabei war deutlich geworden, wie sehr ihn die Legitimation des politischen Handelns beschäftigte. Er lieferte seinen Beitrag unter dem Titel »Ethos und Recht in Staat und Gesellschaft«. Für die Vorbereitung stand ihm eine kleine Arbeitsgruppe mit zwei Theologen und zwei Juristen zur Verfügung, die mehrere Wochen an dem Entwurf feilte. Die Schlussredaktion oblag Burkhard Reichert vom SPD-Parteivorstand und mir und fand an dem Samstagabend vor der eigentlichen Veranstaltung in Helmut Schmidts Privathaus in Hamburg statt. Loki Schmidt, seine Frau, lieferte uns Brötchen, und Schmidt ging Satz für Satz das Manuskript mit uns durch. Angefangen hatten wir gegen 20 Uhr, gegen Mitternacht durften wir uns zurückziehen – nicht zur Bettruhe, sondern um der wartenden Mitarbeiterin den Redetext zur Reinschrift zu liefern. An mich richtete Schmidt Fragen juristischen Inhalts, mit denen er die Verknüpfung von Verfassung, Ethik und Gesellschaft erfassen wollte. Ich nannte es drittes Staatsexamen und durfte das vor Jahren an der Universität Gelernte anwenden, das zwar schon Jahre zurücklag, aber im Prozess der Vorbereitung des Schmidt-Textes aufgefrischt worden war. Das Schöne an dem Abend war der Eindruck von Kollegialität, die Bereitschaft des Kanzlers, Beratung zu akzeptieren, sie mit uns zu diskutieren. Am Ende trat er mit uns in den lauen Maiabend und war persönlich bemüht, die Taxe zur Fahrt in die Stadt zu besorgen.

Die Rede des Bundeskanzlers hat nicht nur Zustimmung gefunden. Schmidt hatte den hohen Rang der Grundrechte als Grundlage der rechtsstaatlichen Ordnung betont, verwahrte sich aber gegen deren Gleichsetzung mit »transzendent orientierten, mit religiösen oder sittlichen Grundwerten«. Das war für ihn wichtig, um die Pluralität von Grundwerten zu verdeutlichen und sich gegen den Versuch zu verwahren, bestimmte Wertordnungen für allein verbindlich zu erklären. Folglich hätte auch die Gesellschaft die Grundwerte lebendig zu halten. Der Staat müsse sich »an dem tatsächlich in den Menschen vorhandenen Ethos orientieren«.

Für mich persönlich war dieser Abend und der nachfolgende Sonntagmorgen in der Katholischen Akademie der Abschluss der insgesamt sehr befriedigenden Zusammenarbeit mit Helmut Schmidt. Ich teilte ihm danach mit, dass ich auf dem Weg zu Willy Brandt sei, das war ihm bereits bekannt. Am 1. Juni wechselte ich meine Stelle.

Willy Brandt hatte mit dem Ausscheiden aus dem Amt des Bundeskanzlers seinen Persönlichen Referenten Dr. Reinhard Wilke mitgenommen, als er sein Altkanzlerbüro im Bundeshaus bezog. Diese Sinekure für ausgeschiedene Spitzenpolitiker – Bundespräsidenten, Bundeskanzler, Bundestagspräsidenten – wurde geschaffen, nachdem solche Amtsträger erstmals aus dem Amt geschieden waren. Der Umfang schien überschaubar, ein Referent als Büroleiter, eine Mitarbeiterin, ein Fahrer, insgesamt also drei. Das galt auch für Willy Brandt.

Warum ich als Beamter dem SPD-Vorsitzenden zugeordnet war, musste ich regelmäßig erklären, denn Brandt war in den Augen der Öffentlichkeit in erster Linie der Parteipolitiker, vor allem nach dem Ende der Kanzlerschaft. Gleichwohl war das nicht schwer zu vermitteln, denn Brandt hatte ja auch über mehrere Jahre die Ämter des Außenministers und Bundeskanzlers ausgeübt. Hieraus ergab sich – wie für vergleichbare Spitzen des parlamentarischen Systems – der Anspruch auf das persönliche Büro. Das hatte in der Anfangszeit eine bescheidene Ausstattung, wie sich an der Ausweitung dieser segensreichen Institution bei nachfolgenden Amtsträgern zeigte. Erst nach Willy Brandt begann es zu wuchern. Für den Bundesrechnungshof, aber auch für die für den Haushalt zuständigen Parteien und die Medien wurde das nicht erst zum Problem, als Bundespräsident Wulff nach einer sehr kurzen Amtszeit Anspruch auf lebenslanges Ruhegehalt und eine persönliche Amtsausstattung erhob. Die Perpetuierung dieser Institution bzw. das augenzwinkernde Einvernehmen der Fraktionen mit ihrer ständigen Ausweitung hielt und halte ich für problematisch. Die Idee für die Einrichtung eines solchen Büros für Amtsträger war ursprünglich, bei der Abwicklung von Restaufgaben behilflich zu sein. Nach und nach ist es aber zu einer Lebenszeiteinrichtung geworden. Besonders absurd wirkte sich dies im Falle des früheren Bundespräsidenten Scheel aus. Er war 1979 aus dem Amt geschieden und lebte am Ende hochbetagt, zudem schwer erkrankt in einem Pflegeheim. Niemand fiel offenbar auf, dass ihm ein Phaeton als Dienstwagen zur Verfügung stand, den abredewidrig seine exzentrische Ehefrau benutzte.

Angesichts der bescheidenen Ausstattung des Büros von Willy Brandt habe ich mir im Nachhinein nichts vorzuwerfen. Im Vordergrund stand die Betreuung Brandts im Rahmen seines Bundestagsmandats. Daraus ergaben sich Verbindungen zur Funktion Brandts als SPD-Vorsitzender, in den SPD-Bundesvorstand und in die Bundestagsfraktion der SPD, bei denen man auf meine dienstliche Qualifikation in den Fachbereichen Justiz und Innenverwaltung zurückgriff. Aus Willy Brandt Funktion als Spitzenpolitiker ergaben sich freilich auch bedeutsame Kontakte zu Menschenrechtsgruppen, Kirchen und jüdischen Organisationen, Nichtregierungsorganisationen und Gruppen von Ausländern.

Als Reinhard Wilke mich fragte, ob ich sein Amt übernehmen könne, war ich naturgemäß beeindruckt. Vom Vorstellungsgespräch bei Willy Brandt, irgendwann im April oder Mai 1976, habe ich nur noch das verschwommene Bild, dass er mir an dem niedrigen Besprechungstisch in seinem Büro gegenübersaß. Es wurde wenig gesprochen, die nötigen Informationen hatte mein Amtsvorgänger ihm wohl gegeben, und so erreichte das Kanzleramt die schriftliche Zusage, er sei bereit, mich zu seinem Büroleiter zu machen. Am 1. Juni 1976 begann ich die neue Tätigkeit und wurde kundig von Frau Sprenger eingeführt, machte meine Vorstellungsrunde durch den Parteivorstand und die Spitzen der SPD-Fraktion. Im Unklaren war ich mir, ob ich mich beim SPD-Fraktionsvorsitzenden Herbert Wehner vorstellen solle. Über seine Beziehung zu Willy Brandt war ich naturgemäß im Klaren. Die Begegnung kam aber doch unerwartet zustande. Der gekachelte Ort der Begegnung mit ihm im 3. Stock des Südflügels im Bundeshaus, an dem wir überraschend aufeinandertrafen, schien mir, auch wenn wir nebeneinander standen, nicht geeignet, ein Vorstellungsgespräch zu beginnen. Also unterblieb es.

Der erste Termin, zu dem ich Willy Brandt begleiten sollte, war das Pfalztreffen der SPD in Ludwigshafen am 26. Juni 1976. Neben ihm zum ersten Mal auf der Rückbank des von seinem Fahrer Hans Simon gesteuerten Dienstwagens zu sitzen, war aufregend und erzeugte in mir, wie ich einräume, ein Gefühl der Beklommenheit. Hatte ich erwartet, er würde die mehrstündige Fahrt über die Eifel und den Hunsrück nutzen, um mit mir, wenn nicht ein Gespräch über meine Person, so doch über Themen zu führen, zu denen er von mir Unterstützung erwartete? Wenn es ganz anders kam, lag das daran, dass ich meinen neuen Chef noch nicht näher kannte. Wir haben wenig gesprochen, also vertiefte sich jeder in seine mitgebrachten Papiere. Und Willy Brandt war selten allein, wenn ich ihn begleitete: Er war selten ohne Lesestoff, selten ohne seinen Block, in den er – auch während der Fahrten – mit seinem Eddingstift Notizen machte oder Texte konzipierte. Also, alle Aufregung im Vorfeld war unnötig.

Ich wurde dann selbstverständlich in die wöchentliche Runde im Parteihaus aufgenommen, die die Geschäfte durchsprach und sich austauschte. Ohne Eile konnte ich mich in das Tagesgeschäft einarbeiten. An den Dienstagen der Sitzungswochen des Parlaments fanden um 15:00 Uhr die Fraktionssitzungen statt, an denen Willy Brandt, sofern er in Bonn war, mit großer Regelmäßigkeit teilnahm. Ansonsten fand der Arbeitstag meines Chefs mehr im Parteihaus statt, was mir sehr viel Freiheit ließ.

VIII Die Galerie der Bundeskanzler und Georg Meistermann

Auf Helmut Schmidt, den fünften Bundeskanzler der Bundesrepublik Deutschland, geht die Initiative für eine Galerie der demokratischen Regenten Nachkriegsdeutschlands zurück. Seit seiner Entscheidung schauen die bisherigen Bundeskanzler mehr oder weniger ernst und gesammelt auf den flüchtigen Besucher ihrer vormaligen Arbeitsstätte. Nach dem Rücktritt von Konrad Adenauer als Bundeskanzler war deutlich geworden, die Hauptstadt der Bundesrepublik war alles andere als nur ein Provisorium. Die Berliner Mauer wirkte wie eine Bestandsgarantie für *zwei* deutsche Staaten. Sehr bald danach verkündete Außenminister Gerhard Schröder: »Der Friedensgedanke hat sich vor die Wiedervereinigung geschoben.« Damit mussten für die in Kasernen oder angemieteten Objekten untergebrachten Bundesbehörden dauerhafte Dienstgebäude geschaffen werden. Die renommierten Professoren Paul Baumgarten, Egon Eiermann und Sep Ruf waren als Berater von der Bundesbaudirektion mit der Planung betraut worden. Für die Vorlage ihres Konzepts hatten sie 1968 eine Gruppe junger Architekten zugezogen. Diese schlossen sich anschließend in einer Architektengemeinschaft zusammen, die sich nach ihrem Sitz in der Nähe von Bonn »Planungsgruppe Stieldorf« nannte. Sie konnte sich mit großem Erfolg an Wettbewerben für die Bundesbauten beteiligen. Vor allem für das

Abb. 12 Georg Meistermann malt Willy Brandt, »Farbige Notizen zur Biographie des Bundeskanzlers« (1969–1973).

Abb. 13 Georg Meistermann malt Willy Brandt im Auftrag des Bundeskanzlers (1978, Erstfassung).

bis heute beeindruckende neue Bundeskanzleramt erhielten sie den Zuschlag. Willy Brandt konnte 1973 noch den Grundstein legen, an der Einweihung im Frühjahr 1976 nahm er nicht teil. Er betrat das neue Kanzleramt erst wesentlich später, als 1978 sein von Professor Georg Meistermann gemaltes Porträt gehängt wurde.

Helmut Schmidt als Nachfolger von Willy Brandt setzte sich für eine neue Beziehung von Kunst und Politik ein. Er wollte nicht nur die zeitgenössische Kunst in sein neues Amt holen, er wollte überdies die von den Nazis als »entartet« verfemten deutschen Künstler mit dem Volk der Deutschen wieder versöhnen. Bei der Vorstellung seines Projekts sagte er, der Staat brauche die Kunst. Aus der Kunstwelt wurde ihm allerdings widersprochen: Es sei umgekehrt, die Kunst brauche den Staat. Beides ist sicher richtig. Der Chef des Bundeskanzleramts, Staatssekretär Dr. Manfred Schüler, suchte in den Magazinen nationaler Museen nach Leihgaben, in erster Linie von

VIII Die Galerie der Bundeskanzler und Georg Meistermann

Abb. 14 Georg Meistermann malt Willy Brandt im Auftrag des Bundeskanzlers (1982, überarbeitete Fassung).

Abb. 15 Oswald Petersen, Ersatzporträt von Willy Brandt für Bundeskanzler Kohl (1986).

Künstlern des deutschen Expressionismus. Ich war fasziniert von der Fülle etwa des Werks von Schmidt-Rottluff im Berliner Brücke-Museum, tröstlich war, dass viele Werke die Zeit des Kulturkampfes überstanden hatten. Zu den für das Bundeskanzleramt erworbenen Werken gehört etwa der »Sonntag der Bergbauern« von Ernst Ludwig Kirchner, auf das der Blick bei Berichten der Fernsehnachrichten aus dem Bundeskabinett fällt. Daneben wollte Helmut Schmidt die zeitgenössische – und diesmal auch internationale – Kunst in das Kanzleramt holen. Als Erstes verbannte er die im Hof des Kanzleramts aufgestellte stählerne Weltkugel. Er rüffelte sie als Ausdruck eines falschen Weltmachtanspruchs, sie gehöre eher vor eine Sparkassenzentrale als vor einen Regierungssitz. Seitdem ziert die Plastik Large Two Forms von Henry Moore den Hof des früheren Bundeskanzleramts, das jetzt Sitz des Ministeriums für wirtschaftliche Zusammenarbeit ist. Die Nachfolger von Helmut Schmidt haben seine Initiativen weiterverfolgt, von Bundeskanzler Gerhard Schröder stammte die Idee, vor dem neuen Bundeskanzleramt in Berlin die monumentale Plastik des baskischen Künstlers Eduardo Chillida aufzustellen.

Schwieriger war es, dem Wunsch von Helmut Schmidt nachzukommen – bei seinem Amtsantritt war die Bundesrepublik Deutschland im 25 Jahr –, die Galerie mit den Abbildern ihrer vier bisherigen Kanzler auszustatten. Es sollten Gemälde sein, denn, so meinte man im Bundeskanzleramt, das Herrscherbild aus Künstlerhand habe durch die Fotografie auch in Demokratien seine Funktion nicht verloren. Kunst war aber zunächst kein Thema für die Regierung der 1949 entstandenen Bundesrepublik gewesen. Dennoch stand dem zum Regierungssitz erhobenen Palais Schaumburg in Bonn Kunst, vornehmlich aus der Stiftung Preußischer Kulturbesitz, zur Verfügung. Es waren vor allem Landschaftsbilder des 18. und 19. Jahrhunderts, und das Kanzlerzimmer zierte eines der vielen Bismarck-Porträts von Lenbach. Für die ersten drei Regierungen war die Kunst auch kein vordringliches Thema, denn nach der hoch gehaltenen Zuständigkeitsregelung im Grundgesetz gehörte Kunst in die Zuständigkeit der Bundesländer. Der Bund hatte sich allenfalls um auswärtige Kulturpolitik zu kümmern, das heißt: die künstlerische Repräsentation der Bundesrepublik im Ausland.

Das änderte sich, nachdem Willy Brandt bei seiner Kandidatur zum Amt des Bundeskanzlers 1969 mit Erfolg von Schriftstellern und Künstlern unterstützt worden war. Viele behielten nach gewonnener Wahl die Verbindung zu Willy Brandt und zur SPD. Einer von ihnen war Georg Meistermann, zugleich Vorsitzender des Deutschen Künstlerbundes. Er hatte Willy Brandt nach dessen Amtsantritt vorgeschlagen, alljährlich in den Bundeshaushalt Mittel für den Erwerb zeitgenössischer Kunst einzustellen. Georg Meistermann hatte den Auftrag, für eine Ausstellung ein Porträt von Willy Brandt zu liefern. Es ist zu vermuten, dass Brandt seinem Vortrag hierzu nicht ausweichen konnte, als er 1970 Modell saß. Der Vorschlag fiel so auf fruchtbaren Boden. Noch im selben Jahr berief Innenminister Maihofer eine Kunstankaufskommission aus Museumsdirektoren und Künstlern – unter ihnen wiederum Georg Meistermann. Auf Ausstellungen und bei

VIII Die Galerie der Bundeskanzler und Georg Meistermann

Atelierbesuchen erwarb sie Bilder, Plastiken und Zeichnungen, die – zumindest anfangs – ausnahmslos nach dem Krieg entstanden sein sollten. Wer Rang und Namen hatte in der westdeutschen Kunst, hatte die Chance, zum Zuge zu kommen.

Mit dem Aufbau der Galerie wurde 1976 begonnen, als das neue Bundeskanzleramt in der Bonner Gronau fertiggestellt worden war. Damals musste Helmut Schmidt die Gemälde seiner erst vier Vorgänger beschaffen. Sie wurden überaus passend in den von japanischer Raumgestaltung inspirierten, mit Holz verkleideten Vorraum des Kabinettsaals gehängt, den die Planungsgruppe Stieldorf entworfen hatte. Nach der Abwahl von Helmut Schmidt als Bundeskanzler 1982 wurde sein Porträt als fünftes angefügt. Die Porträts der beiden folgenden Kanzler bekamen nach dem Umzug der Bundesregierung ihren Platz bereits im neuen Berliner Kanzleramt. Dessen Entwurf stammte von den Berliner Architekten Alexander Schultes und Charlotte Franke. Das neue Amt wurde nach vierjähriger Bauzeit am 2. Mai 2001 im Berliner Spreebogen eröffnet. Es war das Signal für den Abschluss des Umzugs der Bundesregierung von Bonn nach Berlin. Nach dem Beginn des Regierungsumzugs im Jahre 1999 hatte Bundeskanzler Schröder seinen Berliner Dienstsitz zunächst im ehemaligen Staatsratsgebäude der DDR nehmen müssen.

Der neue Platz für die Kanzlerbilder an einer kalten, zudem durch eine Dehnungsfuge unschön unterbrochenen Betonwand spiegelt ein klein wenig auch den Abschied vom Provisorium Bonn wider, aber die Rheinländer waren ohnehin überzeugt, im rheinischen Bonn gehe es gemütlicher zu. Hervorzuheben ist, dass die »nur« sieben Porträts ehemaliger Bundeskanzler über die Stabilität der Bundesrepublik Deutschland – gegründet vor fast 70 Jahren – viel aussagen. Vorangegangen waren 14 Jahre der gescheiterten Weimarer Demokratie und zwölf Jahre Nazidiktatur mit wesentlich mehr Kanzlern.

Der Aufbau der Kanzlergalerie machte keine Schwierigkeiten. Vom ersten Bundeskanzler **Konrad Adenauer** (1876–1976), der von 1949 bis 1963 amtierte, wurde ein ausdrucksvolles und deshalb allseits als geeignet eingestuftes Porträt von Hans Jürgen Kallmann (1908–1991) gefunden. Kallmann gehörte zu den verfemten deutschen

Künstlern. Er hatte zunächst in Halle an der Saale gearbeitet, kam dann nach Berlin und blieb auch dort, obwohl sein Werk 1939 von den Nazis als entartet vernichtet worden war. Nach dem Krieg nahm er einen Ruf nach Venezuela an, kehrte aber 1952 zurück und war als Porträtmaler international geschätzt. Ihm saßen u. a. Bert Brecht, Ernst Jünger, sogar Mao Tse Tung Modell. Konrad Adenauer hatte ihn um ein Porträt gebeten, das 1963 entstand. Von Adenauer gibt es zwei weitere Bilder von Graham Vivian Sutherland, entstanden in Cadenabbia im letzten Jahr seiner Kanzlerschaft. Sie gehören der Konrad-Adenauer-Stiftung, hatten aber nicht Adenauers Beifall gefunden und waren deshalb auch nicht für die Kanzlergalerie in Betracht gezogen worden. Zum Glück konnten sie aber – anders als angeblich das Sutherland-Porträt von Winston Churchill – der Vernichtung entgehen. Churchill hatte das Sutherland-Porträt missfallen, weshalb es seine Frau kurzerhand zerschnitten und dem Müll überantwortet haben soll. Im Besitz der Konrad-Adenauer-Stiftung gibt es ein Adenauer-Bild von Oskar Kokoschka aus dem Jahre 1966. Es hängt jetzt nicht weit entfernt von der Galerie hinter dem Schreibtisch der achten Bundeskanzlerin Angela Merkel. Für ihr Porträt ist der nächste Platz in der Galerie reserviert. Das Kokoschka-Bild ist, wie eigentlich alles, was wir von Kokoschka haben, von guter Qualität, der Porträtierte verwarf es trotzdem. Ihn störte angeblich die zu flach gemalte Stirn oder die rote Nase. »Der Mann kann nicht mehr richtig sehen«, wird Adenauers Urteil überliefert. Aber auch mit dem Porträt von Theodor Heuss hatte Kokoschka bekanntlich kein Glück.

Dasselbe Schicksal erlebte Kokoschka, als es um das Porträt des zweiten Bundeskanzlers ging, *Ludwig Erhard* (1897–1974), der von 1963 bis 1966 amtierte. Ludwig Erhard hat Kokoschkas Porträt ebenfalls als für die Galerie nicht geeignet verworfen und sich deshalb 1974 von Günter Rittner (geb. 1927) porträtieren lassen. Dem ging der Ruf des »bayrischen Prominenten-Akademikers« voraus, er konnte 1976 ein weiteres Mal für die Kanzlergalerie bei *Kurt-Georg Kiesinger* (1904–1988), von 1966 bis 1969 dritter Bundeskanzler, als Porträtist zum Zuge kommen. »Zwei glatte, nichtssagende Bilder« habe Rittner, so das wenig schmeichelhafte Urteil der ZEIT, von den beiden Kanzlern geliefert. *Helmut Schmidt* (1918–2016), der fünfte Bundeskanzler von 1974 bis 1982 und Nachfolger von Willy Brandt hatte sich ein Porträt des Dresdner Malers Bernhard Heisig (1925–2011) gewünscht. Der gehörte, neben anderen bekannten DDR-Künstlern wie Werner Tübke und Wolfgang Mattheuer, zur Leipziger Schule. Die WELT versah ihn mit dem durchaus ambivalenten Urteil einer »der wichtigsten DDR-Staatskünstler«. Aber auch wenn er von der DDR-Führung wichtige Staatsaufträge zur Historie des Kommunismus oder dessen Ikonen wie Lenin und Dimitroff erhalten hatte, lag er doch vielfach mit ihr in Fragen der Kunst im Streit. Für Heisig sollte sich der Umgang eines Kanzlers mit dem Künstler wiederholen, wie es Kokoschka bei Adenauer erlebt hatte. Auch Schmidt wirkte an der Entstehung des Porträts (1986) aktiv mit, wie es in der gründlichen Dokumentation der Sitzungen in der ZEIT festgehalten ist. Da wird beispielsweise der spöttische Hinweis des Porträtierten überliefert: »Das linke Auge sitzt nicht.« Der Künstler habe erwidert: »Dann machen wir's weg.« Danach habe er sein Modell aufgefordert: »Nun machen Sie mal ein geistreiches Gesicht.« Das Bild ist in der Kunstwelt anerkannt. Helmut Schmidt ist auch von Oskar Kokoschka gemalt worden. Der machte ihm seine Arbeit ähnlich schwer wie Adenauer und Erhard und musste sich am Ende sagen lassen, das Bild sehe Kokoschka viel ähnlicher als ihm selbst. Heisigs Sohn Johannes, der Willy Brandt nicht mehr kennengelernt hatte, hat von diesem nach dem Tod des Vaters anhand von Vorlagen mehrere, gleichwohl eindrucksvolle Porträts geschaffen.

Helmut Kohl (1930–2017) entschied sich wie Helmut Schmidt, seine Kanzlerzeit (1982–1995) von einem aus der DDR stammenden Maler überliefern zu lassen. Alfred Gehse (geb. 1955) war Meisterschüler von Bernhard Heisig. Wie sein Lehrer war er kein Vertreter des sozialistischen Realismus; er malte Szenen aus dem Milieu der Proletarier und Außenseiter. Kohl bekannte, er habe »Gehse bewundert, wenn er viele Farben durcheinandermischte« und sich oft gefragt, ob dabei ein Ergebnis herauskomme. Nicht nur einmal habe er vorgeschlagen: »Schütten Sie doch einfach alles zusammen.« Hatte die Bundesregierung die Porträts der Vorgänger von Kohl angekauft, so legte Kohl Wert darauf, den Künstler für sein Bild selbst zu bezahlen. Er wolle so, wie er es begründete, die »Kontrolle über die Erinnerung« behalten. Das kann allenfalls bedeuten, dass er das Porträt selbst oder durch seine Erben jederzeit aus der Galerie entfernen lassen wollte. Das Porträt des siebten Kanzlers wurde in der Berliner Nationalgalerie vorgestellt. Kohl war in seiner Amtszeit bekannt für symbolische Gesten. Ob er sich bei der Wahl des Vorstellungsortes motiviert fühlte durch die Anmerkung von Peter-Klaus Schuster, dem früheren Generaldirektor der Staatlichen Museen, der gesagt hatte, zur Kunstmythologie der Deutschen gehöre, dass erst die Nationalgalerie Kunst zur Kunst mache, steht dahin. Für die Berliner Zeitung wirkte der frühere Kanzler auf dem Porträt wie »ein alter Herr in der Pose eines Fabrikbesitzers nach einem guten Abendessen im Hinterzimmer seiner Stammkneipe«. Das Porträt wurde nach dem Regierungsumzug als Erstes im neuen Berliner Amt dort der Galerie der Kanzler angefügt.

Von *Gerhard Schröder* (geboren 1944) hat Jörg Immendorff (1945–2007) ein eindrucksvolles Porträt hinterlassen. Der siebte ehemalige Bundeskanzler (1998 bis 2005) hatte den bekannten zeitgenössischen Künstler auf einer Auslandsreise um das Bild gebeten. Immendorff war Beuys-Schüler, seine zeitweilige Mitgliedschaft in der Kommunistischen Partei Deutschlands/Aufbauorganisation (KPD/AO) machte ihn zum Bürgerschreck. In seiner Kunst wirkte er an der Gründung einer, wie es hieß, neuen Historienschule mit. Das Berliner Kulturmagazin »Monopol« fürchtete in einem Bericht, Schröders Kanzlerporträt komme bald in schlechte Gesellschaft, denn die Kanzlergalerie zeige »die abgedankten Fürsten der deutschen Politik in den trüben Farben der Biederkeit – mit einer Ausnahme: Helmut Schmidt«. Michael Naumann, früherer Beauftragter der Bundesregierung für Kultur und Medien, nannte die Reihe der Kanzlerporträts im Kanzleramt ein »Dokument des Niedergangs der deutschen Porträtkunst in der zweiten Hälfte des 20. Jahrhunderts«. Gerhard Schröder hat das mit Hinweis auf den Heisig von Helmut Schmidt zu Recht als »nicht fair« bezeichnet hatte, sein eigenes Bild fehlte damals noch.

VIII Die Galerie der Bundeskanzler und Georg Meistermann

Zurück zum fehlenden Porträt von **Willy Brandt** (1913–1992), dem vierten, von 1969 bis 1974 amtierenden Bundeskanzlers. Die Suche gestaltete sich für seinen Nachfolger Helmut Schmidt schwierig, ehe sie dessen Nachfolger Helmut Kohl ein zweites Mal zum eigenen Problem machte. Brandt galt zwar als der meist porträtierte Bundeskanzler, aber deshalb waren nicht unbedingt Arbeiten für die Galerie verfügbar. Brandt bot dem Bundeskanzler ein von Georg Meistermann gemaltes Porträt an. Meistermann hatte nach Willy Brandts Wahl zum Bundeskanzler 1969 begonnen, Willy Brandt zu porträtieren. Das Ergebnis, unter dem Titel »Farbige Notizen zur Biografie des Bundeskanzlers« abgeliefert, entsprach kaum dem Publikumsgeschmack. Es sollte eigentlich schon 1970 in einer Ausstellung »Zeitgenossen« bei den Ruhrfestspielen in Recklinghausen gezeigt werden. Auftraggeber war der Chef des Bundeskanzleramts, Horst Ehmke. Für die Ausstellung kam das Porträt, 1973 abgeliefert, nicht mehr rechtzeitig. Das war voraussehbar, denn Meistermanns Porträts sind nach Meinung seiner Künstlerfreunde niemals fertig. Man müsse sie ihm aus den Händen reißen, hieß es. Die Dauer des Malprozesses, vor allem auch der Titel zeigen, was Meistermann die Arbeit schwer machte. Er bekannte, ihn habe die Aufgabe, Bundeskanzler Brandt zu malen, fasziniert. Er habe sich gefragt, ob man das Porträt eines heutigen Staatsmannes in einer Reihe historischer Persönlichkeiten malen könne, sodass es »Ausdruck einer präzisen, politisch-historischen Situation ist, die sich von vergangenen politischen Zuständen unterscheidet«. Nach den hieratisch sehr streng konturierten Figuren in früheren Darstellungen hätten Renaissanceporträts den Menschen als Individuum vorgestellt. Was ihm beim Porträtieren von Willy Brandt offensichtlich zum Problem geworden sei, beschreibt er mit den Worten:

»Aber seitdem wankt das Bild des Menschen: Es gibt den Parvenü als Machthaber und Machtgenießenden; den absoluten Herrscher und den Kaiser, der sich und seinen Vorstellungen von Herrschaft durch Kriege und Hofhaltung die Anerkennung seiner ›berufenen‹ Handlungen verschaffte.«

Weil Fotos von Brandt sich so wenig glichen, sagte Meistermanns,

> »müsste also die Farbe mehr hergeben als nur dekoratives Milieu. Aber welches Milieu hat ein Demokrat? Technischer Fortschritt, politische Ideologien und neue Machtkonstellationen bilden wie ein Chaos das Milieu, dem alte Ordnungen nicht mehr beizukommen vermögen.«

Hinzu kam für Meistermann das Wissen um Brandts Biografie, die nicht in eine immer noch ständisch gegliederte »formierte Gesellschaft« passe, dem konservativ-reaktionären Gesellschaftsbild von Bundeskanzler Ludwig Erhard. Meistermanns Bestreben war es deshalb, die Vielschichtigkeit der Wesenszüge von Brandt mit dem Mittel der Farbe zu fixieren. So habe er Farbschicht um Farbschicht übereinandergelegt, woraus sich am Ende

> »unvorhergesehen und immer wieder anders Strukturen einer persönlichen Erscheinung (ordneten), die der Konturen nicht mehr bedarf, die der Grenzen überdrüssig ist, die mühselig neue Wege sucht«.

Die Verbindung zwischen Willy Brandt und Georg Meistermann reichte ins Jahr 1952 zurück, sie war während der Kanzlerschaft von Willy Brandt vertieft worden. Georg Meistermann ist unter den Künstlern, denen Willy Brandt Modell gesessen hat, sicher der Einzige, zu dem er ein freundschaftliches Verhältnis entwickelte. Umso bedauerlicher war es, dass das Porträt beim Publikum nicht gut ankam. Einem späteren Porträt von Meistermann sollte es nicht viel besser ergehen. »Ich glaube, beim Betrachten des Bildes zu wissen, um was es ihm ging«, sagte Willy Brandt in einem Gespräch über seine beiden von Georg Meistermann gemalten Porträts.[2] Er hatte allerdings mehr Zeit, sein Abbild in den Sitzungen mit dem Künstler

---

2 Georg Meistermann malt Willy Brandt. Eine Dokumentation von Klaus-Henning Rosen, Bad Honnef 1973.

entstehen zu sehen als nach dessen Fertigstellung das Publikum, das sich bei seinem Urteil im Zweifelsfalle an den ablehnenden Vorgaben der Kommentatoren orientierte.

Über das Bild des damaligen Bundeskanzlers wurde heftig diskutiert. Das ZEITmagazin brachte die Diskussion mit einer doppeldeutigen und gerade deshalb wunderbar treffenden Überschrift auf den Punkt: »Ist das wirklich Willy Brandt?« Das konnte auf der einen Seite das Erschrecken darüber bedeuten, dass der Künstler uns Züge von Willy Brandt zeigte, die wir noch nie so gesehen oder nicht hatten wahrnehmen wollen. Es konnte aber auch die Weigerung ausdrücken, das uns von Medien oder Parteiwerbung vermittelte Bild vom charmanten, meist freundlich lächelnden, gleichwohl staatstragenden *Politikers* Willy Brandt durch das nach dem Bekenntnis des Künstlers gesuchte vielschichtigere Bild des *Menschen* Willy Brandt infrage stellen zu lassen. Die Weigerung muss ihren Grund nicht unbedingt in der nicht mehrheitsfähigen Malweise von Georg Meistermann gehabt haben. Sie kann auch im Angebot des Künstlers liegen, Wesenszüge so zu vermitteln, wie er sie hervorgehoben hat. Auf meine Frage dazu an Willy Brandt: »War es wirklich Willy Brandt?«, sagte er: »Meine Antwort lautet: Ja.« Nicht mehr. Und er war auch nicht bereit, das Besondere, Zutreffende an Meistermanns ihn offenkundig überzeugender Malweise zu erläutern. Es war das Faszinierende an Meistermanns Malweise, dass er es uns ermöglichen wollte, gleichsam im Trialog mit ihm, einen Zugang zur Person Willy Brandts zu finden. Deshalb mochte er es auch nicht, wenn der Betrachter seine Bilder nach eigenem Eindruck interpretierte und Subjektives hineinlegte, anstatt sich auf das einzulassen, was der Künstler beim Porträtierten wahrgenommen hatte. Auf der anderen Seite wird Willy Brandt Georg Meistermann bei den Porträtsitzungen nie gefragt haben, warum er wie gemalt und was ein bestimmtes Detail seines Werkes zu bedeuten habe. Auch hat er ihn nicht gerügt, um ihn zu belehren, wie es den Porträtisten seiner Kollegen ergangen ist.

Willy Brandt beanspruchte nicht, Sachverständiger für Kunst zu sein. Themen der Kunst gehörten nicht zu den Schwerpunkten in seinen Tagesplänen. Gleichwohl hatte er sehr wohl »Raum für Kunst«, sicher in der ihm eigenen Zurückhaltung auf fremdem Terrain. Der Satz, das Politische habe ihn völlig eingenommen, deshalb sei wenig Zeit geblieben, sich mit Kunst auseinanderzusetzen, macht mit Bezug auf Willy Brandt keinen Sinn – nicht weniger die Behauptung, Menschen, die »große« Politik machten, hätten grundsätzlich keinen Raum für Kunst. Wer will das ausmessen? Der Raum mag bei einzelnen Politikern unterschiedlich groß gewesen sein. Das gilt auch für Willy Brandt, denn der erste Zugang des in Lübeck aufgewachsenen Karl Herbert Ernst Frahm zu Kunst und Kultur beruhte auf der Vermittlung durch die Lübecker Sozialdemokraten. Besser trifft es die Aussage von Brigitte Seebacher, Willy Brandts Art, Politik zu machen, sei die Art eines Künstlers.

> »Die schöpferische Kraft, die in ihm steckte, die versiegte und dann doch immer wieder hervorbrach, suchte er auch bei anderen Menschen. Er hatte einen eigenen Sinn für das Schöpferische. Zumal dort, wo sich Kunst und Politik berührten – in Christos Verhüllung des Reichstags. Es war keine Laune, dass er das Vorhaben sofort grandios fand und es nach Kräften befördern half.«

Politik und Kunst müssen keine Widersprüche sein. Bei Willy Brandt stand weniger das Kunstwerk selbst im Vordergrund als die Verpflichtung der Politik, zumal im Sozialen, gegenüber Künstlern. Die Künstlersozialversicherung wurde in Willy Brandts Regierungszeit geplant und unter Helmut Schmidt 1981 Gesetz. Das gilt auch für die von Willy Brandt für wichtig gehaltene Rolle der Kunst bei der nationalen Präsentation Deutschlands. Die Idee einer Nationalstiftung war in seiner Regierungszeit noch am Widerstand der Bundesländer gescheitert, die sich in Sachen Kunst für allein zuständig hielten. Sie konnte nur dank einer privaten Initiative von Helmut Schmidt 1993, also nach der deutschen Einheit, wenn auch in einer gegenüber dem ursprünglichen Konzept eingeschränkten Form, Wirklichkeit werden.

Der rheinlandpfälzische Ministerpräsident Helmut Kohl wird bei der Betrachtung des (ersten) Meistermannbildes, das ja seinen politischen Kontrahenten zeigte, mit den Worten zitiert, er wünsche sich nicht ein profilierteres Porträt von Willy Brandt, weil das Sache der Künstler sei, sondern einen anderen, einen kraftvollen Bundeskanzler. Fachleute wie Werner Schäfke, ehemaliger Direktor des Kölnischen Stadtmuseums, sahen das anders. Aus Anlass der Retrospektive Georg Meistermann nach dessen Tod am 7. September 1991 bewertete er dieses Porträt als »eines der irritierendsten und eindringlichsten Porträts unseres Jahrhunderts«. An dem Porträt lasse sich die steigende Intensität der Darstellungskunst Georg Meistermanns verfolgen.

> »Die Erfassung des gegenwärtigen Menschen, seines auf wesentliche Formen erkennbar reduzierten Erscheinungsbildes, Erfassung auch der inneren Spannungen, steigern sich zum Spätwerk des Brandt-Porträts. Die ›Farbige(n) Notizen zur Biografie des Bundeskanzlers Brandt‹ nehmen [...] in ungewöhnlicher Qualität zur räumlichen Gegenwart und Tiefe auch die zeitliche Tiefe des menschlichen Gegenübers hinzu.«

Als Willy Brandt vom Bundeskanzleramt um ein Porträt für die Galerie gebeten wurde, wies er spontan auf das von Georg Meistermann hin. Vom Verwaltungsbeamten im Hauptbüro wurde der Mitarbeiterin des Altbundeskanzlers mitgeteilt: »Inzwischen ist entschieden worden, dass dieses Bild nicht angekauft wird.« Zugleich bat er, »mit Bundeskanzler a. D. Willy Brandt zu sprechen, ob er sich nicht in allzu ferner Zeit von einem anderen Maler [sic!] porträtieren lassen möchte.« Willy Brandt mochte zunächst nicht, auch von keinem anderen. Stattdessen wollte er sich ein zweites Mal von Georg Meistermann porträtieren lassen.

Meistermann zeigte sich von der Entscheidung Willy Brandts begeistert, äußerte aber zugleich Verständnis für die Ablehnung seines vorliegenden Porträts »Farbige Notizen zur Biografie des Bundeskanzlers Brandt«. In einem zweiten Porträt, glaubte er, könne er einen durch die Ereignisse seit 1969 gereiften Willy Brandt malen. Der Zeitraum für das zweite Porträt war nicht gut gewählt, denn Brandt befand sich in einer persönlich schwierigen Phase. Die für

Meistermann relativ kurze Arbeitszeit von sechs Monaten zeigt den Druck, unter dem er nach der verunglückten Resonanz auf das erste Porträt stand. Helmut Schmidt hatte es bei einem Vorgespräch über den Auftrag dem Künstler auch nicht leichter gemacht, forderte er ihn doch auf, ein »ähnliches Bild« zu malen. Meistermann beendete das Gespräch daraufhin abrupt und empfahl dem Kanzler, er solle sich ein Foto besorgen.

Vielleicht erklären diese Umstände, warum Meistermann ein Porträt ablieferte, das nicht an das erste herankam. Es wird von der Kunstwelt mit Blick auf die schwirige Lage der Porträtkunst durchaus anerkannt, aber möglicherweise gelang es Meistermann nicht, an Brandt, wie er es sich gewünscht hatte, heranzukommen. Für die ZEIT war das zweite Meistermannporträt in ihrem Bericht »das erste veritable Kunstwerk der Galerie.«. Brandt selbst sagte später: »Ich empfand es nicht als falsch, die Reihe der Kanzlerporträts durch eine Abweichung vom Konventionellen aufzulockern.« Dennoch verstand er seine Entscheidung für den Beitrag zur Galerie der Bundeskanzler nicht als Akt der »Wiedergutmachung« für die Diskussion über Meistermanns erstes Porträt, er wollte »lieber von Verbundenheit« sprechen.

Den Betrachter der Galerie der Bundeskanzler wird es wundern, dass statt des Meistermannporträts jetzt ein ganz anderes Bild den Platz des vierten Bundeskanzlers einnimmt. Das ist dem Kunstsinn des sechsten Bundeskanzlers, Helmut Kohl, zu danken. Denn eine seiner ersten Entscheidungen, nachdem er 1982 in der Nachfolge Helmut Schmidts das Bundeskanzleramt bezogen hatte, war die Anordnung, ihm ein anderes Brandt-Porträt zu beschaffen. Das lag für ihn möglicherweise in der Logik des Urteils, das er 1973 als der damalige Ministerpräsident von Rheinland-Pfalz über das erste Meistermann-Porträt gefällt hatte. Es war so eigenwillig wie das zweite, und möglicherweise störte es den Kanzler, beim Gang in den Kabinettsaal regelmäßig daran vorbeigehen zu müssen. Aus seiner Amtszeit als Ministerpräsident sollte er mit ziemlicher Sicherheit den Künstler und dessen monumentales Glasfenster im Treppenhaus des ZDF in Mainz auf dem Lerchenberg gekannt haben. Beim Austauschen der Porträts wurde gegenüber den Medien stets betont, wie sehr Kohl

Meistermanns Kunst zu schätzen wisse. Es wurde kolportiert, Brandt sei mit dem Abhängen einverstanden gewesen, das ist falsch. Und schließlich habe der Bundeskanzler – was ja wie eine Entschuldigung wirkte – Willy Brandt zu dessen 70. Geburtstag 1983, also kurz vor der Vergabe des Auftrags für ein neues Porträt, eine Arbeit von Georg Meistermann mit dem Titel »Rote Schwinge« geschenkt.[3]

Den Auftrag für das neue Porträt erhielt der Düsseldorfer Porträtmaler Oswald Peters (1903–1992). Nach dessen Fertigstellung wurde das am 20. Februar 1978 vom Initiator der Galerie, Bundeskanzler Helmut Schmidt, im Beisein von Modell und Künstler vorgestellte Porträt von Georg Meistermann nach sieben Jahren wieder abgehängt. Als die Porträts ausgetauscht wurden, zeigte das Kanzleramt gerade eine Ausstellung mit Werken sogenannter in der Nazizeit verfemter Künstler. Erwartungsgemäß war keinem der Beamten von Kohl bewusst, dass zu diesen auch Meistermann gehört hatte. Die in diesem Vorgang liegende unbewusste zweite Verfemung Meistermanns traf in diesem Moment auch den vormaligen Emigranten Brandt-Frahm.

Der Vergabe des Auftrags für ein zweites Brandt-Porträt war eine längere Phase des Abwartens, man kann auch sagen, Schmollens aufseiten von Willy Brandt vorausgegangen. Als er von der Entscheidung des Bundeskanzlers Kohl hörte, hatte sich Meistermann bei mir gemeldet und seine Bereitschaft erklärt, sein Brandt-Porträt zu »überarbeiten«. Meistermann, der seine Irritation auch an anderer Stelle diskutiert hatte, erhielt übereinstimmend den Rat, dies nicht zu tun. Es hätte wie ein Nachgeben auf einen Akt der Zensur gewirkt.

Nach über einem Jahr teilte ich dem Bundeskanzleramt mit, Willy Brandt wünsche, dass Oswald Petersen das neue Porträt male. Die Empfehlung hatte er aus Düsseldorf vom damaligen Schatzmeister der SPD Fritz Halstenberg, der Petersen aus seiner Zeit als Finanzminister des Landes Nordrhein-Westfalen kannte. Der Auftrag an Petersen enthielt die Vorgaben, »dass es sich um eine sitzende Darstellung handeln soll« und »Bildnis [sic!] und Rahmen sollen sich in die Galerie einpassen«.

---

3   In Presseberichten wurde sie fälschlich »Rote Schlinge« genannt.

Oswald Petersen (1903–1992) hatte, wie die ZEIT schrieb, die undankbare Aufgabe, »ein ähnliches Bild (von Brandt) zu malen«, womit süffisant auf eine Vorgabe von Helmut Schmidt bei der Auftragsvergabe an Georg Meistermann Bezug genommen wurde. Der Künstler Petersen war in Düsseldorf verwurzelt, hatte dort die Ausbildung begonnen und war nach Lehrjahren bei André Lhote in Paris und Studienreisen durch Europa in den 30er-Jahren nach Düsseldorf zurückgekehrt. Seine Landschaftsbilder aus den Jahren von 1922 bis 1991 wurden in der letzten ihm kurz vor seinem Tod gewidmeten Ausstellung gezeigt. Seine menschenleeren, anfangs impressionistischen und später mit kubistischen Elementen gestalteten Landschaftsbilder und Stillleben sind leider weitgehend unbekannt. Dennoch sind sie nach dem Urteil seiner Freunde auch unter künstlerischen Gesichtspunkten wesentlich bedeutsamer als die Porträts seiner letzten Jahre. Er war zum bevorzugten Porträtisten rheinischer Politiker und Unternehmer geworden, darunter der nordrhein-westfälischen Ministerpräsidenten Franz Meyers und Heinz Kühn. Das Urteil von Hans Albert Peters, dem langjährigen Leiter des Düsseldorfer Kunstmuseums, dass sie »zum besten […], was [man] nach der Erfindung und den Möglichkeiten der Fotografie-Malerei noch leisten konnte«, gehörten, muss man auch nach dem Porträt von Willy Brandt nicht teilen. Petersen wird aber als Künstler oft nur auf dessen Porträt in der Kanzlergalerie reduziert.

Nach einer kurzen Vorbesprechung von Willy Brandt mit dem Künstler, bei der der Künstler eine Reihe von Fotos erhielt, konnte Peters am 17. Januar 1985 nach vier Sitzungen das fertige Porträt vorstellen. Er hatte nach traditioneller Malweise mit Kohle die Konturen skizziert. In der zweiten Sitzung wurden Kopf und Oberkörper in Rottönen angelegt und der Körper ausgefüllt. Man sieht Willy Brandt in einer eher konventionell gemalten Bildlichkeit entspannt in einem Lehnstuhl sitzen, den Blick auf den Betrachter gerichtet. In der Hand hält der Abgebildete ein Blatt Papier oder einen Block. Der vom Maler gewählte Hintergrund – in den Farben der Bundesrepublik Schwarz – Rot – Gold – symbolisiert offensichtlich das frühere Staatsamt des Porträtierten. Die Sitzungen verliefen meist schweigend, lebendig wurde es, als überraschend der Düsseldorfer SPD-Bundestagsabgeordnete Michael Müller mit Harald Oskar Naegeli, dem Sprayer von Zürich, ins Atelier kam. Naegeli hatte die wegen Sprayens auf öffentliche Gebäude verhängte Haftstrafe gerade verbüßt. Mit dem Besuch wollte er Willy Brandt danken, der sich wie beispielsweise Joseph Beuys für seine Begnadigung eingesetzt und – vergeblich – ein Gesuch um Asyl in der Bundesrepublik Deutschland unterstützt hatte.

Oswald Petersen hat sich gefreut über die Presseberichte und meine während der Sitzungen als Dokumentation seiner Arbeit entstandenen Fotos. Er dankte für meine Hilfe – er schrieb in alter Weise »Hülfe« –, sie hätte ihm die rasche Fertigstellung des Bildes ermöglicht. Diese Hilfe habe für ihn auch darin bestanden, dass ich ihm »die Unterhaltung abgenommen« habe. Einem Journalisten sagte er, auch unter Termindruck habe Brandt »immer die richtige Ruhe« gehabt. In einem Brief an Willy Brandt äußerte er seine Freude über die Möglichkeit, ihn zu porträtieren. Aber dann kamen doch Sätze, die die Enttäuschung und Betroffenheit angesichts der Umstände, unter denen er den Auftrag erhalten hatte, erkennen ließen. Spürbar wurden auch Zweifel am Ergebnis, wenn er betont, seine Künstlerfreunde hätten das Bild für gut befunden. Und dann fügt er überraschend hinzu, »und auch mein Gewissen ist gut«, sein Porträt habe die »unabänderliche Aufgabe, einen Menschen zu überliefern«. Am Ende wurde der Dissens zu Meistermann deutlich: Er habe ihn als Maler »gut verstanden«, dessen Bild sei »in hohem Maße künstlerisch, in der Aufgabe des Porträts bin ich allerdings anderer Meinung«.

Georg Meistermann hatte das, was ich Zensurakt nenne, durchaus getroffen. Bei einem Besuch im Kanzleramt hatte er sich sein Porträt noch einmal aushändigen lassen, angeblich um den Rahmen zu verändern. Tatsächlich arbeitete er aber noch einmal an dem Bild. Das Porträt Nr. 2 von Willy Brandt gibt es also nicht mehr in der Fassung, in der Georg Meistermann es ursprünglich abgeliefert hat.

Die Entstehung des Brandt-Porträts habe ich 1977 und 1978 dokumentiert, viel zu zurückhaltend, aber als Mitarbeiter von Willy Brandt fand ich es nicht gut, ihn und den Künstler ständig mit der

Kamera zu beobachten. Ich brauchte deshalb auch sieben Jahre, ehe ich Georg Meistermann im Frühjahr 1985 die Fotos erstmals zeigte. Meistermanns Kommentar: »Damals war Vieles voller Hoffnung«, hat mich zum Nachdenken gebracht. Noch vor dem Ende meiner Zeit bei Willy Brandt habe ich mit ihm ein Gespräch über die beiden Bilder Georg Meistermanns geführt, das ich in die kleine, 1993 erschienene Dokumentation eingefügt habe. Zu dem Interview schrieb Meistermann in einem unveröffentlichten Brief am 24. August 1987: »Es ist die alte Noblesse, die großartig artikuliert, was zur Sache gehört.« Er habe nach wie vor zu Herrn Brandt ein besonderes Verhältnis. Seine Aussage zu dem Malvorgang, er respektiere dessen Distanzprobleme als Ergebnis schwerer Enttäuschungen, drückt nach meinem Eindruck auch die Enttäuschung des Künstlers aus. Angesichts der Wertschätzung, die das Porträt inzwischen findet, halte ich das aber für unbegründet.

Das Ende der Geschichte ist rasch erzählt. Das Petersen-Porträt wurde von der Kunstöffentlichkeit wenig freundlich aufgenommen. Petersen wurde, vielleicht zu Unrecht, gescholten, was ihn verletzt hat. »Traditionalist« war noch der zurückhaltendste Kommentar. Das Porträt von Georg Meistermann kehrte nach seinen Korrekturen nicht mehr an den ursprünglichen Platz im Bundeskanzleramt zurück. Auf meine Frage erklärte sich Johannes Rau, damals Ministerpräsident von Nordrhein-Westfalen, bereit, ihm wenige hundert Meter entfernt in der Bonner Landesvertretung Asyl zu gewähren. Im Kaminzimmer hat es dort, wie von Willy Brandt gehofft, mindestens zeitweilig einen angemessenen neuen Platz gehabt. Was mit dem Porträt geschah, als Jürgen Rüttgers 1994 für die CDU das Amt des Ministerpräsidenten von Nordrhein-Westfalen übernahm und Hausherr der Landesvertretung wurde, ist im Dunkeln. Möglicherweise hat es den Umzug der Bundesregierung 1998 nach Berlin gar nicht mitgemacht. Denn als ich mir das Porträt im Jahre 2007 in der neuen Landesvertretung von Nordrhein-Westfalen am Berliner Tiergarten anschauen wollte, erklärte mir der Hausmeister, es habe nicht mehr gepasst und sei an das Bundeskanzleramt zurückgegeben worden. Das Porträt des früheren Bundeskanzlers wanderte dort in den Keller. Das Abhängen des Bildes teilte man weder Frau Seebacher, der Witwe von Willy Brandt, noch der Familie des Künstlers mit. Umso dankbarer war ich, als das Bundeskanzleramt sich auf meine Bitte ohne Umschweife bereit erklärte, das Bildnis dem damals in Unkel im Aufbau befindlichen Willy-Brandt-Forum als Leihgabe zur Verfügung zu stellen. Zu einer Schenkung, wie ich sie zum 100 Geburtstag von Willy Brandt anregte, war die Bundesregierung leider nicht bereit.

An Willy Brandts Sterbeort Unkel hat das Porträt seit der Eröffnung des Forums im März 2012 einen würdigen Platz, umrahmt ist es von der Palette Meistermanns und einem Pinseltopf. Willy Brandt ist umgeben von weiteren Porträts von Thiemann, Johannes Heisig, Skizzen und zwei Plastiken von Gerhard Marcks. Im Foyer des Museums wird der Besucher begrüßt von einem verkleinerten Abguss der Skulptur von Rainer Fetting. Als Geschenk erhielt die Stiftung eine Porträtskizze von Ernst-Günter Hansing, die (wie das Heisig-Porträt) nach Willy Brandts Tod entstanden ist. Hansing, der Persönlichkeiten aus Politik und Kirche porträtiert hat, war zu Brandts Lebzeiten mit dem Versuch gescheitert, Willy Brandt zu einer Porträtsitzung zu gewinnen. Mag sein, dass das dynamische Wehner-Bild ihn verschreckt hatte.

Über Georg Meistermann, der im Mittelpunkt meines Berichtes über die Kanzlergalerie steht, hat seine Frau Edeltrud gesagt: »Er MUSSTE kämpfen, das gehörte zu seinem Denken und Streben.« Die größte Herausforderung sei für ihn gewesen, das Bildlose aus dem Unsichtbaren, aus dem bildlosen Dasein zu befreien. Nichts beschreibt besser Meistermanns schwierige Aufgabe beim Porträtieren von Willy Brandt.

IX Themen der Innenpolitik im Büro von Willy Brandt

Zu den zahlreichen Aufgaben aus der Innenpolitik, denen ich mich bei Willy Brandt widmen musste, gehörte das große Feld der inneren Sicherheit und in diesem Zusammenhang die Beobachtung von Gruppen und Personen, die ein Risiko für die Demokratie sind, weil sie es nicht mit den vom Grundgesetz vorgegebenen Regeln und Werten halten. Für sie hat sich der Begriff »Verfassungsfeinde« oder »Extremisten« eingebürgert. Im politischen Hahnenkampf besteht bis heute ein beliebtes Spiel darin, dem jeweiligen Gegner eine angeblich zu große Nähe zu den ihm näherstehenden Feinden von links, Hauptanknüpfungspunkt der Kommunismus, oder von rechts, also Nähe zu nationalistischem oder nationalsozialistischem Denken, vorzuhalten. Daraus konnte man dem Gegner den Vorwurf machen, er nehme die Unterwanderung des Öffentlichen Dienstes durch Anhänger solcher Gruppen entweder gezielt in Kauf oder wehre ihr Einsickern nicht ab. Das sollte durch den sogenannten Extremistenbeschluss bekämpft werden – in der politischen, medialen und administrativen Welt gern Radikalenerlass genannt. Dieser Erlass wurde von den Regierungschefs des Bundes und der Länder in einer von Bundeskanzler Willy Brandt geleiteten Routinesitzung am 28. Januar 1972 beschlossen, obwohl diese Entscheidung nicht mehr enthielt als den Verweis auf die bestehende Rechtslage. Fälschlich wird er deshalb auch als »Radikalenerlass« bezeichnet, weil hier nichts geregelt, sondern nur auf die bestehende Rechtslage für den Öffentlichen Dienst Bezug genommen wird und es andererseits nicht verwerflich ist, wenn jemand eine Meinung, nicht nur im Politischen, mit Eifer vertritt. Nicht minder falsch ist im Grunde auch die Bezeichnung »Extremistenbeschluss«. Denn hier wird eine Terminologie des Verfassungsschutzes übernommen, der zufolge das politische System als eindimensional begriffen wird. Danach befinden sich die Einstellungen und Werte, die den Staat und seine verfassungsgemäße demokratische Ordnung garantieren, angeblich nur in seiner Mitte. Was sich von dort fortbewegt, nach rechts oder links, verfällt dem Verdikt der Verfassungsfeindlichkeit und wird so zum Objekt des Bemühens des Verfassungsschutzes. Keiner sagt, ab welcher Distanz von einer nicht definierten Mitte die zentrifugale Bewegung die Qualität »extrem« oder »extremistisch« erreicht hat. Der Versuch einer Einordnung beruht auf dem sklavischen Bemühen der Parteien, sich zur »Mitte« gehörig zu definieren, wie es auf Parteitagen immer wieder eindrucksvoll zelebriert wird. Wenn der Begriff hingegen die Gesellschaft als Ganze meint, kann es nicht im Ermessen einer Partei liegen, zu bestimmen, wo Mitte endet und damit Personen an den Rändern ausschließen. Ich will sagen, man sollte endlich von einer solchen (subjektiven) Standortbestimmung durch den Verfassungsschutz Abschied nehmen. Denn um die Verfassungsfeinde zu bestimmen, gibt es die Normen der Verfassung und das Strafgesetzbuch. Um den politischen Gegner vorzuführen, entspann sich gleichwohl eine über Jahre dauernde Diskussion.

Das nachmalige Unheil wurde losgetreten vom nordrhein-westfälischen Ministerpräsidenten Heinz Kühn, als er im September 1971 ankündigte, er wolle im Gespräch der Regierungschefs der Länder mit dem Bundeskanzler Willy Brandt auf eine einheitliche Meinung darüber hinwirken, ob bereits die bloße Zugehörigkeit beispielsweise zur DKP, NPD oder einer anderen als extrem eingetüteten Organisation ein Hinderungsgrund für die Zugehörigkeit zum Öffentlichen Dienst sei. In seiner Erklärung tauchte bereits die eigentlich selbstverständliche Forderung auf, bei derart Verdächtigen sorgfältig zu prüfen, »ob die Bewerber die Gewähr bieten, dass sie jederzeit für die Freiheit der demokratischen Grundordnung im Sinne des Grundgesetzes eintreten«. Diese vordergründig unschuldige Anforderung hat allerdings ihren fatalen Ursprung in dem im April 1933 von den Nazis beschlossenen »Gesetz zur Wiederherstellung des Berufsbeamtentums«. Ihm zufolge sollten Beamte aus dem Öffentlichen Dienst entfernt werden können, die nicht die Gewähr bieten, dass »sie jederzeit rückhaltlos für den nationalen Staat eintreten«. Auf dem Weg über das Deutsche Beamtengesetz von 1937 kehrte die Klausel dann – demokratisch gereinigt – 1951 bei der Diskussion über das Bundesbeamtengesetz der Regierung Adenauer wieder. Es sollte aber ausdrücklich nur auf das aktive Eintreten des Beamten für die Demokratie abgestellt werden. Verwaltungspraxis und Gerichte waren im Zuge der kontroversen Diskussion über die Ostpolitik Willy Brandts zu einer überstrapazierten Auslegung gelangt, die zunehmend auf die Einstellung – Kampfbegriff der Gegner war »Gesinnung« – abstellte. Von dem bei der Entstehung des Grundgesetzes gern gehörten Bekenntnis des neuen Staates zur »streitbaren Demokratie« war nichts mehr geblieben. Ziemlich einmütig bedrängten die Länderchefs den Bundeskanzler, am 28. Januar 1972 seine Unterschrift unter einen Beschluss zu setzen, demzufolge ein Bewerber für den Öffentlichen Dienst »in der Regel« abgelehnt werden kann, wenn begründete Zweifel bestehen, dass er »jederzeit für die freiheitliche demokratische Grundordnung (fdGO) im Sinne des Grundgesetzes eintreten werde«. Sie unterstützten Brandt auch nicht, als sie sich nach getaner Ausfertigung dieses Beschlusses, der nur das bereits geltende Recht wiederholte, abwandten und es den eifrigen Bürokraten in den Verfassungsschutzämtern überließen, bei jedem Bewerber nach nachrichtendienstlichen Erkenntnissen zu suchen, die besagte Zweifel rechtfertigen könnten. Grundlage war die sogenannte »Regelanfrage«, die mit einem eigens entworfenen Vordruck KP 13 in den Archiven der Dienste gestartet werden konnten. Der Weg in eine verfassungsrechtlich fragwürdige Praxis wurde in einem internen Gutachten des Bundesministeriums des Innern vom September 1972 vorgezeichnet, demzufolge ein »Verstoß gegen die politischen Treuepflichten […] regelmäßig« anzunehmen sei, wenn ein Bewerber »›nur‹ Mitglied einer verfassungsfeindlichen Partei ist, nicht aber erst, wenn er sich darüber hinaus aktiv für die Ziele dieser Partei betätigt hat«. Mit subalternem Feingefühl gingen die Ämter daran, jeden Angehörigen oder Bewerber mithilfe der sogenannten Regelanfrage einer Kontrolle zu unterziehen. Wurde eine Verbindung zu einer inkriminierten Organisation oder Veranstaltung zutage gebracht, so führte das schlimmstenfalls zur Ablehnung einer Einstellung oder zur Entlassung, bestenfalls zu einem Disziplinarverfahren mit Gehaltskürzung.

Es verblüfft nicht erst aus heutiger Sicht, mit welcher Geschwindigkeit deutsche Personalbehörden Entscheidungen produzierten, durch die sie – meistens Absolventen der Lehrer- oder Juristenausbildung – den Zugang zum Vorbereitungsdienst oder die Einstellung verweigerten. Die Empörung unter jungen Leuten formierte sich in einer Vielzahl von Entschließungen der Jungsozialisten, Linkenkomitees, aber auch kirchlichen und gewerkschaftlichen Gliederungen. Auslöser für die Kritik war nicht zuletzt, dass es unter einem »linken« Bundeskanzler ganz überwiegend Linke waren, die an der Forderung des Staates nach Verfassungstreue scheiterten, aber kaum die neuen Nazis. Bereits 1973 hatte zwar der SPD-Bundesparteitag Zweifel am Sinn des Ministerpräsidentenbeschlusses zu Protokoll gegeben, zumal es regelmäßig – aber durchaus nicht ausschließlich – konservative Landesregierungen waren, die den meisten Unsinn produzierten.

Einen großen Teil meiner Arbeitskraft verwendete ich nach der Ankunft im Büro Brandt auf die Reform dieses Ministerpräsidentenbeschlusses, dessen Anwendung über Jahre das politische Klima vergiftet hatte. Darum hatte Willy Brandt im Parteipräsidium seinen Stellvertreter Hans Koschnick, den Bremer Bürgermeister, gebeten. Die bei uns – zumal von den sozialistischen Bruderparteien – ankommenden »Fälle«, verteilten wir auf die Regierungschefs der SPD und, wo die SPD in der Opposition war, auf die Fraktionsvorsitzenden in den Landtagen und baten um Stellungnahme. Das gelang nicht immer. Vor allem der Hamburger Erste Bürgermeister Hans-Ulrich Klose, aber auch sein hessischer Kollege Holger Börner, verweigerten ihrem Parteivorsitzenden Willy Brandt eine Auskunft. Die

Entscheidung, ob die Praxis ihrer Verwaltung verfassungsgemäß sei, stehe nicht einer Partei, sondern allenfalls einem Gericht zu. Hamburg wurde, das muss zur Ehre des Ersten Bürgermeisters Klose gesagt werden. Als die Absurdität einiger Fälle – leider auch in Hamburg – offenbar wurde, wurde er zum Vorkämpfer für die Korrektur der Folgen des Ministerpräsidentenbeschlusses.

Nachdenklichkeit kam auf, als die Parlamente die Auswirkungen des Ministerpräsidentenbeschlusses sehen wollten. Inzwischen klagten auch die Ämter selbst über die Belastung durch mehrere Hunderttausend Anfragen in laufenden Personalverfahren. Eher Erheiterung löste die Trefferquote aus: In zweieinhalb Jahren, zwischen dem 1. Januar 1973 und dem 30. Juni 1975, hatten die Verfassungsschutzämter fast eine halbe Million Anfragen erhalten. Erkenntnisse wurden in 1,2 Prozent der Fälle produziert, wobei es selbst bei der CDU zu Nachdenklichkeit führte, dass diese teilweise sogar in der Grundschulzeit der Bewerber ansetzten. Das führte zu eiligen Bekenntnissen, man wolle niemandem Jugendsünden vorhalten, beispielsweise auch von den CDU-Ministerpräsidenten Vogel oder Stoltenberg.

Noch erheiternden war die Trefferquote: 328 Bewerber, das waren ganze 0,007 Prozent, für die eine riesige Bürokratie in Gang gesetzt wurde. Das Saarland brachte es bei 14.000 Überprüfungen zwischen 1973 und 1978 sogar auf eine Trefferquote von null. Das mochte man noch hinnehmen, aber eigenartigerweise führte das Verfahren in aller Regel nur bei den als links Eingestuften zum Ausschluss vom Öffentlichen Dienst, Nazis war offensichtlich nichts vorzuwerfen. Duckmäusertum mache sich an Universitäten breit, klagten Professoren, angesichts dessen, was in kritischen Medien als Gesinnungsschnüffelei kritisiert wurde.

Das Bekenntnis von Willy Brandt, er habe sich geirrt, als er der Meinung der Regierungschefs und ihrer Innenminister nachgab, die mit dem Beschluss angestrebte Einzelfallprüfung garantiere die Rückkehr zu einem rechtsstaatlichen Verfahren, war sicherlich in ihrer Deutlichkeit im Politikbetrieb ungewöhnlich. Peter Glotz bezeichnete den Ministerpräsidentenbeschluss sogar als »größten Fehler unserer Regierungszeit«, dem will man nicht widersprechen. Ich vermag nicht nachzuvollziehen, wie die Meinungsbildung in der Bundesregierung bzw. die Unterrichtung des damaligen Bundeskanzlers ablief, wer mit ihm ernsthaft über den Ministerpräsidentenbeschluss beriet, zu was er gedrängt wurde. Dass es weniger Überzeugung war als der Wunsch, ein für ihn ärgerliches Thema loszuwerden, darf man vermuten. Willy Brandt war schlecht beraten und hoffte, sich mit der Unterschrift von einer ihm zum Teil aus der eigenen Partei aufgezwungenen, ihm ärgerlichen Diskussion befreien zu können. Mit dem Eingeständnis eines Irrtums wollte er die Unterstellung zurückweisen, er habe den Beschluss mit Rücksicht auf die Ostpolitik unterzeichnet. Unterschwellig wurde der Bundesregierung unterstellt, den Beschluss zu revidieren, um den kommunistischen Partnern der sogenannten Ostverträge Zugeständnisse beim Umgang mit ihren ideologischen Verbündeten in der Bundesrepublik zu machen. Das war insofern absurd, als die Elemente der »Ostpolitik« und ihre Ausrichtung längst festlagen, der Warschauer und Moskauer Vertrag sich zum Teil bereits im Vollzug befanden, als die Innenminister dem Bundeskanzler den Beschluss zur Unterschrift vorlegten. Gleichwohl stand Brandt unter dem Druck einer öffentlichen Meinung, die ihm einen Pakt mit dem Beelzebub unterstellte. Insoweit räumte Willy Brandt dann doch ein, die Hintergründe des Extremistenbeschlusses seien »ohne die Ostpolitik und die Schlacht, die um sie geführt wurde, nicht zu verstehen«. Dazu gehörte die Drohung der CDU/CSU, der Bundesregierung mit Parteiverboten zu drohen, wenn sie die Einigung ablehne. War es also zunächst die Hysterie im Gefolge der 68er und der außerparlamentarischen Opposition, so kam doch ein Bezug zur Ostpolitik ins Spiel. Verbotsverfahren gegen die vom Verfassungsschutz als extremistisch eingeordnete, 1968 neu gegründete Deutsche Kommunistische Partei (DKP) und ihre Nebenorganisationen oder andere kommunistische und marxistische Organisationen hätten in Moskau kaum Beifall gefunden. Die in den späten 60er-Jahren gegründete Initiative zur Wiederbelebung der Kommunistischen Partei hat der von ihr konsultierte Bundespräsident Gustav Heinemann darauf hingewiesen, die KPD hätte sich nach ihrem Verbot 1956 nie formell aufgelöst. Während sich in den konservativ geführten Bundesländern niemand groß über die 1964 gegründete Nationaldemokratische Partei Deutschlands (NPD) aufregte, die im Fahrwasser des Nationalsozialismus auftritt, glaubten sich klug dünkende Parteistrategen, mit Attacken gegen »linke« Neugründungen die Beziehungen zu den kommunistischen Ostblockstaaten stören zu sollen. Das waren Staaten mit der Ideologie der von den Nazis verfolgten Kommunisten, gegen die Adolf Hitler Krieg geführt hatte. Der Druck auf die bundesdeutsche Politik, Fehlentwicklungen aufgrund des Ministerpräsidentenbeschlusses zu vermeiden, kam aber eher von außen. Und das traf den Bundeskanzler, der von seinen sozialistischen Gesinnungsfreunden aus Frankreich und den Niederlanden mit einer Liste von Absurditäten konfrontiert wurde, die deutsche Personalbehörden produziert hatten, mitten ins Herz.

Erst 1978 setzte ein ernsthaftes Bemühen zu einem Befreiungsschlag ein, nachdem die beiden Gesetzentwürfe aus dem Jahre 1974 gescheitert und die Bundesregierung sich Grundsätze zugelegt hatte, die sie bzw. die linksliberal geführten Landesregierungen im Rahmen ihrer Zuständigkeit verfolgten. Derweil war der Druck von der Union, voran Franz Josef Strauß und die CSU, gewachsen, und die konservative Presse schoss fröhlich. Vor allem die Jugend drohte der Politik infolge der, wie es genannt wurde, Gesinnungsschnüffelei verloren zu gehen.

Am 16. Oktober 1978 legte der SPD-Vorstand einem Sonderparteitag die »Neun Grundsätze zur Verfassungstreue im Öffentlichen Dienst« vor. Zwei Jahre einer überaus befriedigenden Zusammenarbeit mit dem Bremer Bürgermeister Hans Koschnick kamen an ihr Ziel, der, wie wir es in einem Aufsatz formulierten, »lange Abschied vom Extremistenbeschluss« hatte ein Ergebnis, über das Koschnick sagte, Sozialdemokraten hätten »nach langer und mitunter belastender Diskussion einmütig und eindrucksvoll Position bezogen, die sich auf die Formel bringen lasse: ›Vertrauen für junge Staatsbürger, für Freiheit und Rechtsstaat – gegen Extremisten‹«.

Mit der Umsetzung befasste sich die Bundesregierung unter Helmut Schmidt im Januar 1979. Der Weg zu einem Ergebnis war maßgeblich vom SPD-Landesverband Hamburg vorgezeichnet worden, dessen Innensenator Ruhnau zu den Urhebern des Ministerpräsidentenbeschlusses gehört hatte und der anfangs heftig für die Regelanfrage gestritten hatte. Diese Anfrage wurde abgeschafft, es galt wieder der Grundsatz, der Staat müsse von der Vernutung ausgehen, dass der einzelne Bewerber für den Öffentlichen Dienst verfassungstreu ist. Dies dürfe nur durch Tatsachen widerlegt werden, die der Einstellungsbehörde ohne großartige Erhebungen bekannt sind. Es dauerte fast zehn Jahre, ehe die deutschen Behörden mehrheitlich zu einer Praxis fanden, in der die Auswüchse der unversöhnlichen Kontroverse zwischen Regierung und Opposition einigermaßen beseitigt wurden. Die menschlichen Verluste sind geblieben, ob es gelang, eine kritische Jugend zurückzugewinnen, scheint mir zweifelhaft. Hervorzuheben ist, dass die bundesdeutschen Kommunen sich von Anbeginn geweigert hatten, den Vorgaben des Ministerpräsidentenbeschlusses zu folgen. Per saldo haben diese zehn Jahre zum Vertrauensverlust bei unseren Nachbarn geführt, böse Erinnerungen an die Zeit der Diktatur tauchten auf. Es ist kaum anzunehmen, dass die Parteistrategen sich darüber je Rechenschaft abgelegt haben, die mit der Parole »SPD und FDP öffnen den Öffentlichen Dienst für Verfassungsfeinde« das politische Klima der Bundesrepublik vergiftet haben.

Dass der »Abschied vom Extremistenbeschluss« leider nicht schlagartig funktionierte, wird man zum Teil der Verunsicherung der Personal- und Sicherheitsbehörden zuschreiben müssen. So beklagte das linksorientierte Komitee für Grundrechte und Demokratie in einem im Frühjahr 1980, also gerade ein Jahr nach der Reform vorgelegten Bericht, »die Wirklichkeit lebendigen Berufsverbots entspricht nicht den regierungsamtlichen Verheißungen«. Betrachtet man hingegen die Aktionen der einst so rührigen Berufsverbotekomitees, so scheinen ihnen – zum Glück muss man einräumen – die Fälle davon geschwommen zu sein. So wurde 2007 für eine Veranstaltung der Gewerkschaft Erziehung und Wissenschaft mit der Feststellung geworben, in Baden-Württemberg und Hessen gebe es wieder ein Berufsverbot. Der bayrische Ministerpräsident Seehofer verneinte, nachdem ein in nationalistischen Kreisen aktiver Richter in den

Landesdienst aufgenommen worden war, die Notwendigkeit eines neuen Ministerpräsidentenbeschlusses. Wie man von der Vergangenheit eingeholt werden kann, zeigte sich am grünen Ministerpräsidenten Winfried Kretschmann. Als Mitglied des Kommunistischen Bundes Westdeutschland war er in den 70er-Jahren nicht in den baden-württembergischen Landesdienst aufgenommen worden. Dem Südwestrundfunk erklärte er 2012, inzwischen war er Ministerpräsident, an der Praxis, keine Kommunisten in den Staatsdienst zu lassen, habe sich nichts geändert. Damit blieb er noch hinter den von Helmut Schmidt 1979 verkündeten neuen »Grundsätze(n) für die Prüfung der Verfassungstreue« zurück.

Der aus dem Ausland erhobene Vorwurf, der Extremistenbeschluss sei fast ausschließlich gegen »Linke« angewandt worden, führte dazu, dass ich – mit Billigung von Willy Brandt – mich nach Abschluss der Reform zunehmend mit dem Rechtsextremismus und der Aufarbeitung des Nationalsozialismus zu befassen begann. Dass ich dabei »Hilfe« von außen, vom Ministerium für Staatssicherheit der DDR bekam, war so nicht vorgesehen.

Am 26. Oktober 1977 stellte sich mir im Büro des Altbundeskanzlers Willy Brandt ein Kurt Hirsch vor. Er war verantwortlicher Redakteur des in München herausgegebenen »Pressedienst Demokratische Initiative« (PDI). Nach dessen mir bekannten Publikationen war er ausgewiesener Experte zu Fragen von Nationalsozialismus und zur Auseinandersetzung mit neuem und weniger radikalem, dennoch im Widerspruch zu den Werten der Verfassung stehendem Extremismus von rechts. Hirsch war informiert, dass ich mich im Büro von Willy Brandt mit den Themen des PDI befasste. Er machte zu Beginn eindrücklich deutlich, wie sehr er am Erstarken des Rechtsextremismus und dem Wiederaufleben nationalsozialistischer Tendenzen litt. Nachdem ich Hirschs Biografie kennengelernt hatte, meinte ich, allen Grund zu haben, ihm das nach seinem Leiden in der Nazizeit abzunehmen. Wie ich allerdings nach seiner späteren Enttarnung auch gelernt habe, gab es für ihn ein zweites Motiv, die Realität des Extremismus in der Bundesrepublik Deutschland, vornehmlich aus dem rechten Spektrum, aufzudecken und dadurch zu seiner Abwehr beizutragen. Schon 1963 hatte die Frankfurter Rundschau festgehalten, Hirsch unterhalte »eines der größten privaten zeitgeschichtlichen Archive«. Daraus produzierte er eine Fülle von Büchern und Publikationen, nicht immer mit wirtschaftlichem Erfolg. Das sollte sich nun ändern. Denn nun lieferte das MfS Material zu, Basis für eine Fülle von Veröffentlichungen.

Hirsch war in den späten 60er-Jahren zunächst Geschäftsführer der »Demokratischen Aktion gegen Neonazismus und Restauration« (DA) gewesen, der 1970 – nach der Umbenennung in »Presseausschuss Demokratische Aktion« (PDA) – ein 16-köpfiger Presseausschuss zur Seite gestellt wurde, u. a. mit Persönlichkeiten wie Walter Jens, Robert Jungk, Erich Kästner und Hermann Kesten. Aufgabe war die überregionale Information über rechtsextreme Tendenzen. Nach einem Namensstreit wurde der Name 1974 noch einmal geändert und in »Pressedienst Demokratische Initiative« (PDI) umbenannt, der Presseausschuss wurde auf 24 Mitglieder erweitert. Der PDI verstand sich von da an als Zusammenschluss von Schriftstellern und Journalisten mit dem Ziel, wie es in der Eigenwerbung heißt, »das Grundgesetz mit Leben zu erfüllen und die bestehende Kluft zwischen Verfassungsauftrag und Verfassungswirklichkeit zu überbrücken«. Geschäftsführer, später hieß er verantwortlicher Redakteur, war wiederum Kurt Hirsch. Seit dem 1. Oktober 1976 erschien zweimal je Monat ein PDI-Hintergrunddienst.

Als Hirsch sich in meinem Büro vorstellte, war der Presseausschuss des PDI auf 40 Mitglieder angewachsen, neu hinzugekommen waren etwa Luise Rinser, Thaddäus Troll, Günter Wallraff, Ulrich Wickert, Gerhard Zwerenz und Martin Walser. Die Angriffe der CDU/CSU gegen den PDI konzentrierten sich, begleitet von kritischen Berichten des Verfassungsschutzes, auf die Mitgliedschaft von vier Kommunisten (Friedrich Hitzer, Franz Xaver Kroetz, Erika Runge und Ingrid Schuster).

Von dem Besuch Hirschs am 26. Oktober 1977 habe ich anderntags Willy Brandt unterrichtet. Hirsch, so fasste ich zusammen, sei das Interesse meines Büros bekannt gewesen, den Rechtsextremismus zu beobachten. Er habe auf sein umfangreiches Archiv verwiesen

Abb. 16 Der Autor und Egon Bahr an dessen 70. Geburtstag (1992) im Erich-Ollenhauer-Haus.

und angeboten, im Hintergrunddienst Texte aus der SPD zu veröffentlichen. Erst beim Nachlesen fiel mir die Einschränkung auf, dies auch »ohne Quellenangabe« zu tun, sofern die SPD diese Informationen nicht selbst in die Öffentlichkeit tragen wolle. Das eigentliche, offensichtlich wirtschaftliche Interesse von Hirsch war das Angebot von Broschüren, ferner von monatlichen Analysen zum Rechtsextremismus, wie sie bereits der bayerische Landesverband der SPD erhielt. Willy Brandt bat mich, den Bundesgeschäftsführer, Egon Bahr, um Prüfung des Angebots zu bitten.

Zum Gespräch mit Egon Bahr kam es erst Ende Januar 1978. Da dem eine Weisung von Willy Brandt zugrunde lag, irritierte mich in der Rückschau die ungewöhnlich lange Wartezeit. Bahr war eher skeptisch und ließ mich wissen, der PDI sei eine private Initiative, deren Wirksamkeit umso größer sei, je weniger sich die SPD an ihr beteilige. »Einen Kontakt auf persönlicher Ebene«, hatte ich notiert, schließe das nicht aus, die SPD werde ungeachtet dessen die Arbeit des PDI sorgsam beobachten und auch dessen Erkenntnisse einsetzen.

Diese Bewertung war für mich widersprüchlich, denn dem PDI gehörten damals wichtige, im linken Spektrum agierende Persönlichkeiten wie Horst Bingel, Peter O. Chotjewitz, Axel Eggebrecht, Walter Fabian, Max von der Grün, Walter Jens, Robert Jungk und Hermann Kesten an. Es mag sein, dass Bahr aus dem Kreis von Mitarbeitern des Parteivorstandes gebremst wurde, von denen Aktivitäten aus dem Persönlichen Büro von Willy Brandt zur, wie es dort hieß, »Feindbeobachtung« vielfach mit Reserve verfolgt wurden. Gesagt hat er es mir jedenfalls nicht, in den Akten des Parteivorstandes war dazu nichts zu finden.

Der Verfassungsschutz schickte mir bereits unmittelbar nach der ersten Begegnung mit Hirsch zwei Mitarbeiter, die, vielleicht ist der zunftgerechte Auftritt nur eingebildet, mit hellen Trenchcoats bekleidet waren. Der Besuch von Hirsch ist dem Amt im Zweifelsfall bei der routinemäßigen Auswertung der Informationen bekannt geworden, die Besucher beim Betreten des Bundeshauses hinterlassen. Ich wurde nach dem Zweck meines Gesprächs gefragt, die Befragungen wiederholten sich in regelmäßigen Abständen. Der Verdacht, Kurt Hirsch könnte auf zwei Schultern tragen, war mir bei unserer ersten Begegnung im Oktober 1977 nicht gekommen. Es ging ihm um das von mir bearbeitete unverdächtige Thema des Rechtsextremismus. An Zusammenarbeit mit einem als sachkundig ausgewiesenen Partner war ich deshalb interessiert.

Besuche aus Köln habe ich auch nicht in Verbindung mit Günter Guillaume gebracht. Die Enttarnung dieses Mitarbeiters Willy Brandts drei Jahre zuvor war bekanntlich kein Ruhmesblatt für den Dienst. Hätte ein Verdacht gegen Hirsch bestanden, so hätte ich mir einen anderen Ablauf der Besuche aus Köln vorstellen können. Schließlich war ich selbst als früherer Staatsanwalt mit Strafverfolgung vertraut. Das war dem Amt aus der Sicherheitsüberprüfung zweifellos bekannt, der ich mich beim Wechsel aus dem Landesdienst Baden-Württembergs unterzogen hatte. Hätte es eine Art Anfangsverdacht gegeben, so hätte ich mir also Offenheit gewünscht. Dass die Kölner Besucher mich nach Verdachtsmomenten befragten, fand ich, war ihr Beruf. Hätte es gegen meinen Besucher einen begründeten Verdacht von einer gewissen Schwere gegeben, hätte ich im Zweifelsfalle den Kontakt nicht fortgesetzt, vielmehr der SPD zu Vorsicht mit ihm an anderer Stelle empfohlen.

Dass ich im Büro von Willy Brandt für die Bearbeitung eines Fachgebiets wie dem Extremismus zuständig wurde, war bei meinem Arbeitsbeginn nicht vorgesehen. Das war auch kein selbstverständlicher Teil der persönlichen Betreuung des Altbundeskanzlers. Es ergab sich, als zwischen Regierung und Opposition über die Fernhaltung von Extremisten vom Öffentlichen Dienst gestritten wurde und der SPD-Vorsitzende seinen Stellvertreter, den Bremer Bürgermeister Hans Koschnick, mit der Ausarbeitung einer Lösung beauftragt hatte. Die Thematik war mir von meinem früheren Arbeitsplatz im Bundeskanzleramt vertraut, und so bat Brandt mich, Koschnick zu unterstützen. Dabei kam es immer wieder zu Gesprächen mit jüdischen Organisationen und Organisationen von Verfolgten in Deutschland und den Nachbarländern. Oft wurde uns die Frage gestellt, warum in der Bundesrepublik Bewerber für den Öffentlichen Dienst verfolgt würden, denen Nähe zu linksradikalen Ideologien vorgeworfen werde, während Anhänger rechtsextremer Ideologien eher geschont würden. Derselbe Vorwurf tauchte mit Blick auf die Aufarbeitung des Nationalsozialismus und seiner Apologeten auf. Hieraus ergab sich meine Zuständigkeit für den Extremismus, in erster Linie den Rechtsextremismus, auch nachdem Koschnick der SPD im Dezember seine Vorstellungen zur Prüfung der sogenannten Verfassungstreue im Öffentlichen Dienst vorgelegt hatte.

Ob die Erwartung je realistisch war, mit dem Ende des Krieges und der Kapitulation am 8. Mai 1945 sei der Ideologie des 3. Reiches, dem Nationalsozialismus, die Basis entzogen worden, steht dahin. Manch einer meinte, das gelinge, indem man nicht mehr darüber rede. Gleichwohl war es eine Illusion. Selbst die Anhänger des Systems, die zur Rechenschaft gezogen worden waren, schon gar nicht die Täter, die sich ihrer Verantwortung entzogen hatten, erst recht nicht die gescheiterten Existenzen waren damit geläutert. Zwölf Millionen Flüchtlinge aus den verlorenen Ostgebieten mussten sich als Verlierer empfinden, zumal sie eher die Alliierten als die Nazis für ihr Elend verantwortlich machten. Die Wirtschaft lag darnieder. Auch Willy Brandt musste sehr bald erkennen, dass seine im Exil formulierte Hoffnung, das deutsche Volk werde sich nach einem Sieg der Alliierten in einem Volksaufstand vom Nationalismus und Militarismus befreien, eine Illusion war. Es fehlten, wie er resigniert feststellte, die Anführer für eine solche Aktion. So übernahmen die Alliierten die Aufgabe, die Deutschen »umzuerziehen«.

In seinem nach dem Kriegsende verfassten »Forbrytere og andere tyskere« (»Verbrecher und andere Deutsche«), hatte Willy Brandt den Skandinaviern nahebringen wollen, wie falsch es sei, die Deutschen über einen Kamm zu scheren. Schon im Exil hatte er die Anwürfe des britischen Diplomaten Vansittart als kontraproduktiv bezeichnet, ihr »rassistischer Volkscharakter« habe die Deutschen für den Nationalsozialismus empfänglich gemacht. Damit, so Brandt, verbaue man den Deutschen die Einsicht in die Gründe für den Erfolg von Adolf Hitler. Aber noch nach der Kapitulation, so hatte Willy Brandt im Nürnberger Prozess gespürt, hätten die Alliierten vor der Frage gestanden, die ein englischer Journalist auf die kurze Formel brachte: »either to kill or to cure«. Die durch Kontrollratsgesetz Nr. 104 verfügte Entnazifizierung sollte in der Folge die Täter, die Belasteten von den Entlasteten trennen. Wie ich bei meinem eigenen Vater gespürt hatte, produzierte auch das Verlierer, die sich nicht für schuldig halten mussten. Die Hauptverantwortlichen wurden im Nürnberger Prozess zur Rechenschaft gezogen, im Januar 1946 hatten die USA 117.000 Nazis in Haft, die Briten 53.000, die Franzosen 11.000.

Der Prozess der Entnazifizierung verlief in der Sowjetischen Besatzungszone zumindest im Ansatz deutlich konsequenter als in den drei westlichen Besatzungszonen, wo die Entnazifizierung bereits 1946 den deutschen Verwaltungsbehörden durch das »Befreiungsgesetz« übertragen wurde. Was im Westen mit einem Fragebogen begonnen hatte, in dem jeder Deutsche sich zu seiner Rolle im NS-Regime zu äußern hatte, versickerte danach zum Teil bei denen, die sich mit der neuen Führung, die vielfach die alte war, gut arrangieren konnten. Das Interesse an einer Umkehr schwand dann endgültig angesichts der Spaltung der Welt in zwei Blöcke. Im Westen stand plötzlich die Eingliederung Deutschlands in die Gemeinschaft der demokratischen Staaten im Vordergrund. Wenn »schon« im Jahre 2016 Ministerien und Behörden die Forschung darüber aufnahmen, ob und wie sehr sie in den nationalsozialistischen Staat verwickelt und ob und wie NS-belastete frühere Mitarbeiter am Neuanfang ihrer Behörden in der Bundesrepublik beteiligt waren, dann scheint die Verdrängung gut funktioniert zu haben. Vor allem macht es Mühe, bei den in ihrer Mehrheit erst nach dem Krieg Geborenen Verständnis zu finden. »Haben die nichts Wichtigeres zu tun«, war der Tenor der Leserbriefe in meiner Regionalzeitung, als der Bundesminister der Justiz sich endlich an den Nachweis machte, wie die Ministerialbürokratie durch »Gestaltung« die NS-Richter vor der Strafverfolgung schützte.

Den Prozess der Entnazifizierung hatte Willy Brandt kritisch gesehen. Für ihn waren nicht die von den Alliierten internierten ehemaligen Nazis das Problem. Es sei »die verhältnismäßig breite Schicht von früheren aktiven Nazis [...], die darüber aufgebracht sind, dass sie ›Macht und Ehre‹ verloren haben«, schrieb er. Sie hätten sich in Netzwerken organisiert und wären so mit der Nachkriegssituation besser zurechtgekommen als die für den Aufbau der Demokratie wichtigen Kräfte.

Der politisch neu organisierte nazistische Rechtsextremismus war in der Tat nicht das eigentliche Problem der frühen Jahre im Nachkriegsdeutschland. Nur drei Parteien mit möglicher Tendenz zu rechtsextremen Wählern traten 1949 bei der Wahl zum 1. Deutschen Bundestag an. Die Mittelstandspartei Wirtschaftliche Aufbauvereinigung (WAV) von Alfred Loritz erzielte 2,9 Prozent. Angesichts des mangelnden Rückhalts und nach internen Streitigkeiten löste sie sich infolgedessen auf. Mit Vorbehalten konnte man auch noch die in Nordrhein-Westfalen operierende Deutsche Konservative Partei – Deutsche Rechtspartei (DKP–DRP) als rechtsextrem bezeichnen. Sie brachte es nur auf 0,1 Prozent. Zum Erfolg wurde erst die von ihr abgespaltene Sozialistische Reichspartei (SRP) unter Führung des Wehrmachtsoffiziers Otto Ernst Remer, die für wenige Jahre das Sammelbecken ehemaliger NSDAP-Mitglieder war. Remer hatte an der Niederschlagung des Attentats auf Adolf Hitler aktiv mitgewirkt und war so für Altnazis mit einem besonderen Nimbus umgeben. Die SRP war im Deutschen Bundestag präsent, nachdem der aus der DKP–DRP ausgeschlossene Dr. Dorls sich ihr angeschlossen hatte. Später kam der unter dem Falschnamen Dr. Franz Richter zum Abgeordneten der DRP gewählte ehemalige NSDAP-Hauptstellenleiter Fritz Rößler hinzu. Die SRP zog bei Landtagswahlen Ehemalige an und zählte in ihrer besten Zeit etwa 10.000 Mitglieder. Schwerpunkt war in ihrer guten Zeit Niedersachsen mit zehn Prozent der Stimmen und 18 Sitzen im Landtag. Die SRP wurde 1952 als erste Partei nach dem Krieg vom Bundesverfassungsgericht verboten. Remer spielte gleichwohl bis zu seinem Tod in der rechtsextremen Szene eine aktive Rolle.

Die Gefahr für die Demokratie kam in den ersten Jahrzehnten der Bundesrepublik aus ganz anderen Organisationen. Es waren die Soldatenverbände, wichtigster war die von dem SS-Brigadeführer und Generalmajor der Waffen-SS Otto Kumm 1951 als »Traditionsverband« gegründete »Hilfsgemeinschaft auf Gegenseitigkeit der ehemaligen Angehörigen der Waffen-SS e. V.« (HIAG). Hier wirkten hauptsächlich ehemalige Offiziere der Waffen-SS. Eines ihrer Ziele war, die Stigmatisierung der Angehörigen der Waffen-SS zu beseitigen, sie in der gesellschaftlichen und juristischen Wahrnehmung den Soldaten der Wehrmacht gleichzustellen. Die Vereinigung war tragendes Mitglied im »Verband deutscher Soldaten« und tonangebend im Netzwerk der Soldaten- und Traditionsverbände. Die HIAG wurde zeitweilig vom Verfassungsschutz als rechtsextremistisch eingestuft und beobachtet. Erst mit der zu Beginn der 60er-Jahre einsetzenden Aufarbeitung der NS-Zeit geriet sie in der öffentlichen Wahrnehmung in eine Schieflage. Dennoch bestand der Bundesverband bis 1992, regionale und Landesorganisationen existierten weiter. Neben der HIAG verteidigten nationale Soldatenbünde und vor allem Traditionsgemeinschaften ehemaliger Wehrmachts- und SS-Einheiten die Gräueltaten des NS-Staates und trugen seine Ideologie weiter.

Die eigentliche, seine Zukunft bis in die 90er-Jahre bestimmende Kraft des Rechtsextremismus war die nationale Presse. An ihrer Spitze stand über viele Jahre die »Deutsche Nationalzeitung«. Sie war ausgerechnet aus der 1950 in einem Internierungslager der US-Armee in Bayern gegründeten »Deutschen Soldaten-Zeitung« hervorgegangen – nicht ohne Wissen, wenn nicht sogar mit Unterstützung durch die CIA. Dabei kam ihr der Koreakrieg zugute, der gleichzeitig den Abschied der Westalliierten vom ursprünglichen Konzept einer Entmilitarisierung Deutschlands bedeutete. Ziel des Blattes war die Werbung für einen »antibolschewistischen deutschen Verteidigungsbeitrag«. Zu den Gründern gehörte der General der Waffen-SS Paul Steiner. Als das Unternehmen 1953 in eine Schieflage geriet, stellten die USA ihre Zuwendungen ein. An ihre Stelle trat das Bundespresseamt, das der damalige Herausgeber Damerau zu einer monatlichen Förderung von 11.000 DM gewinnen konnte. Die Einstellung von Mitteln in den Bundeshaushalt wurde ausdrücklich mit der militaristischen Tendenz des Blattes begründet. Später erwarb der Münchener Verleger Dr. Gerhard Frey das Blatt und führte es zunächst als Deutsche National- und Soldatenzeitung, später als Deutsche Nationalzeitung (DNZ) weiter. Er konnte die wöchentliche Auflage auf mehr als 30.000 Exemplare verdreifachen. Nach der Wiedergründung rechtsextremer Parteien, voran 1964 der Nationaldemokratischen Partei Deutschlands (NPD), kam die DNZ in die Rolle einer Parteizeitung und steigerte ihre Auflage zeitweilig auf mehr als 100.000 Exemplare. Dr. Frey gründete 1971 die Deutsche Volksunion (DVU) als Verein, die erst 1987 als politische Partei angetreten war. So konnte er zu ihrem Darlehnsgeber werden. Die Bundestagsverwaltung unterband diese nach dem Parteiengesetz unzulässige Finanzierung erst, nachdem es der »Blick nach Rechts«, über den später berichtet wird, öffentlich gemacht hatte. Die Partei blieb hinter der NPD zurück, 1998 erzielte sie in Sachsen-Anhalt mit 12,9 Prozent ihr bestes Ergebnis. Nachdem sich der Vorsitzende Dr. Frey zurückgezogen hatte, ging es abwärts. Zeitweilig trat die DVU dann mit der NPD gemeinsam zu Wahlen an, inzwischen ist sie in ihr aufgegangen. Mithilfe seiner reichlichen Einnahmen konnte Frey unter dem Namen seiner Frau Regine Immobilien erwerben. Als Mieter einer ihrer von mir bezahlten Wohnungen in Berlin (für meinen Sohn) wurde ich zeitweilig Empfänger ihrer Weihnachtsgrüße.

Nicht minder als heute die Alternative für Deutschland (AfD) bereitete in den 90er-Jahren die Partei »Die Republikaner« (REP) den etablierten Parteien Probleme. Sie profitierte vom Ausbleiben der von Helmut Kohl bei der Regierungsübernahme 1982 versprochenen Wende. Nach ihrem Selbstverständnis war die 1983 von den CSU-Bundestagsabgeordneten Franz Handlos und Ekkehard Voigt – beide waren wegen des von Franz Josef Strauß eingefädelten Milliardenkredits an die DDR aus der CSU ausgetreten – gemeinsam mit Franz Schönhuber gegründete Partei patriotisch bzw. rechtskonservativ. Nach zwei Jahren drängte Schönhuber, der den französischen Front National des Jean-Marie Le Pen zu seinem Vorbild nahm, die beiden Vorstandskollegen aus ihren Ämtern und wurde selbst Vorsitzender. Er erreichte den Einzug der REP mit sieben Prozent ins Europaparlament und einem ähnlichen Ergebnis ins Berliner Abgeordnetenhaus. Unruhe kam bei den etablierten Parteien auf, als die REP 1992 mit 10,9 Prozent der Stimmen ausgerechnet in Baden-Württemberg 15 Sitze im Landtag erreichte. Sie hielten das Ergebnis zwei Legislaturperioden und scheiterte danach stets an der 5-Prozent-Klausel. Zur Bedeutungslosigkeit führte der Kurs von Schönhubers Nachfolgers Rolf Schlierer (1994–2014), der sich den Tendenzen zu extrem rechten Positionen, die zur Beobachtung durch den Verfassungsschutz geführt hatten, zu widersetzen versuchte. Schönhuber hatte eine wechselvolle Karriere hinter sich, am Ende war er 2005 sogar Kandidat der NPD im Wahlkreis Dresden. Er hatte als Journalist bei der Münchener Abendzeitung gewirkt, sich als Förderer linker, vor allem von Jusos in der SPD verfochtener Positionen betätigt, war als stellvertretender Chefredakteur des Bayrischen Rundfunks an die CSU herangerückt, die ihn fallen ließ, als er seine Zugehörigkeit zur Waffen-SS verteidigte. Schönhuber war Opportunist sowie Populist und hatte keine eigenen programmatischen Konzepte. Ich hatte in den Leseberichten für den »Blick nach Rechts« über Jahre seine Kolumnen in der rechtsextremen Presse (vor allem in »Nation Europa«) analysiert, an denen mir seine Zurückhaltung bei der Bewertung des Nationalsozialismus auffiel, die sich deutlich von seinem Umfeld abhob. Das brachte mich zu der sicher in meiner Position überraschenden Überzeugung, man hätte ihn, der ja kein Extremist war, angesichts seines opportunistischen Lavierens in München in der politischen Mitte halten können.

Meine Gleichsetzung der REP mit der AfD resultiert aus der Beobachtung, dass es nicht unbedingt Rechtsextremisten sind, die sie wählen, es sind Bürgerinnen und Bürger, die politikmüde sind und dies als von der Presse nicht richtig gewürdigt finden. Kohls Verkündigung der Wende kommt damit ein ähnlicher Stellenwert zu wie Merkels trotzigem »Wir schaffen das«. Ungeachtet des Frusts und der Politikmüdigkeit hat erst dies der AfD die hohen Wahlergebnisse beschert. Deshalb kann ich den sich zur Mitte zählenden Parteien nur raten, diese Menschen nicht als Extremisten zu behandeln, sondern ihnen ihre Politik zu erläutern.

Eine wichtige Rolle zur Bündelung der aus dem Nationalsozialismus überkommenen Deutschen kam auf der intellektuellen Ebene über Jahre den Lesezirkeln und Kulturvereinigungen zu. Das »Deutsche Kulturwerk Europäischen Geistes« (DKEG) bestand bis 1996 als »volksbewusste und volkstreue Gemeinschaft« zur Förderung deutschen Kulturguts. Es stand unter Beobachtung des Verfassungsschutzes, seit es 1950 vom ehemaligen NS-Reichsfachschaftsleiter für Lyrik Herbert Böhme gegründet worden war. Es wollte Gegengewicht zu der als linksorientiert angefeindeten Gruppe 47 sein und die Eliten des früheren NS-Staates fördern. Die Größen der NS-Literatur wie Guido Kolbenheyer, Vesper, Blunck, Grimm und Pleyer waren in ihm versammelt. Das DKEG löste sich 1996 auf, es wird fortgeführt im rechtsextrem ausgerichteten Deutschen Kulturwerk. Nahe standen ferner die Berliner Kulturgemeinschaft Preußen, der Freundeskreis Ulrich von Hutten, der von Hans Grimm gegründete und von seiner Tochter Holle Grimm fortgeführte Klosterhaus Verlag Lippoldsberg sowie die Gesellschaft für freie Publizistik, die über enge personelle Verbindungen zur NPD verfügt und ihre Aufgabe darin sieht, sich für die Freiheit und Wahrheit des Wortes einzusetzen.

Die Geschichte der Bundesrepublik wird begleitet von dem politischen Streit über die Stärke und Gefährlichkeit des Extremismus, die je nach Standort links oder rechts gesehen wird. Die unterschiedliche Bewertung zeigte sich regelmäßig bei der Sortierung der linken oder rechten Organisationen in den Verfassungsschutzberichten. Je nach der politischen Zugehörigkeit der Regierung und ihrer Innenminister wurde dann der Extremismus an den Anfang gestellt, zu dem man dem in der Opposition befindlichen Gegner die größere Nähe zuwies. Ein Grundfehler, der die innenpolitische Diskussion negativ prägte, war die Beschränkung der Berichte auf das Sammeln von Zahlen. Schwer nachvollziehbar war auch die Praxis, Zahlen mit Blick auf angebliche Mehrfachmitgliedschaften und damit die Gefährlichkeit herunterzurechnen, zumal dem Verfassungsschutz kaum komplette Mitgliedsverzeichnisse zur Verfügung standen. Überdies hat es der häufige Wechsel der Terminologie und der Kriterien für die Einstufung von Organisationen als extremistisch schwer gemacht, Entwicklungen längerfristig zu vergleichen. Zu lange unterblieben auch Versuche der Analyse und Ursachenforschung, die fast ausschließlich der Wissenschaft überlassen blieben.

Ende der 50er-Jahre setzte langsam eine Aufarbeitung der NS-Zeit und die Auseinandersetzung mit ihren Apologeten ein. Die Aufmerksamkeit der Politik bezüglich des Extremismus hatte nach den Schmierereien in der Weihnachtsnacht 1959 an der Kölner Synagoge und deren Nachahmungen deutlich zugenommen. Bundeskanzler Adenauer war überaus irritiert und beunruhigt. Weniger hilfreich war seine Empfehlung, den Tätern, so man ihrer habhaft werde, eine Tracht Prügel zu verpassen – ein eher unübliches Justiz- und Erziehungsverständnis.

Der Bundesminister des Innern legte 1962 erst mal einen Bericht über »Erfahrungen aus der Beobachtung und Abwehr rechtsradikaler und antisemitischer Tendenzen im Jahre 1961« vor. Bis in die Mitte der 70er-Jahre wurde der terminologisch falsche Begriff »Radikalismus« verwandt. Der Bericht beginnt mit einer nicht nur aus heutiger Sicht unerwarteten Einleitung: »Das Jahr 1961 hat die Bevölkerung der Bundesrepublik einschließlich Westberlins vor eine Kette erregender politischer Ereignisse gestellt. Ulbricht zog die Mauer quer durch Berlin, trieb den Terror in Mitteldeutschland auf die Spitze und verstärkte damit seine Bemühungen, die Bundesrepublik vor der Weltöffentlichkeit zu verleumden.« Nach dem Hinweis auf den Eichmannprozess heißt es:

»Im Herbst [...] wurde die Bevölkerung zu den Wahlurnen gerufen. So brachte das Jahr 1961 manche Ereignisse, an denen sich politische Leidenschaften entzünden konnten. Es hat zwar die Welt und uns [...] erkennen lassen, dass sich die Bevölkerung [...] zu unserer [ihrer?] freiheitlich-demokratischen Grundordnung bekennt; es hat aber auch die Gegner dieser Grundordnung veranlasst, ihre Überzeugungen, Argumente und Wirkungsmöglichkeiten neu zu überdenken.«

Für einen Bericht über Extremismus wirkt das nicht sonderlich professionell, am Problem wurde offensichtlich noch gearbeitet. Wichtig schien in Kapitel VI der Bericht über »Ostkontakte rechtsradikaler Kreise im Bundesgebiet«, für die aber keine Nachweise vorgelegt werden. Allerdings hatten wenige Jahre zuvor Regierungsmitglieder, voran Franz Josef Strauß, bereits ihre Überzeugung verkündet, der Rechtsextremismus werde aus der DDR gesteuert. Unbestritten gehörte zur Desinformation der Hauptverwaltung Aufklärung (HVA) im Westen auch Extremismus und Antisemitismus. Gleichwohl überzeugt das Argument des Leiters der HVA, Markus Wolf, von ihm – der selbst jüdischen Glaubens war – sei es kaum anzunehmen, dass er die Schändung jüdischer Gotteshäuser verfügt habe, wie es der DDR vorgeworfen wurde.

Im Bericht für das Folgejahr wurden dann die im November 1962 von einem als »in der Bundesrepublik nicht bestehenden ›Bund für die völkisch-nationale Erneuerung‹« an jüdische Kultusgemeinden versandten Hetzschriften erwähnt. Das pflegt bei Aktionen von ausländischen Geheimdiensten nun einmal so zu sein. Der Verdacht der Einflussnahme aus der DDR wird dann in den nächsten Jahren nicht wiederholt. In der Großen Koalition wurden dann die bis dahin als Typoskripte vervielfältigten Berichte zu Beilagen für die vom Bund herausgegebene Wochenzeitung »Das Parlament«, allerdings beschränkt auf den Rechtsextremismus. Trotzdem war der gebräuchliche Vorwurf der »Rechtsblindheit« ehrlicherweise nicht am Platz. Der wiederum bezog sich korrekterweise auch auf die politische Argumentation. Im Übrigen setzte diese Akzentverschiebung erst ein beim Streit um den Extremistenbeschluss ein.

In einem späteren Bericht wird das Potenzial der rechtsextremistischen Parteien 1959 mit 17.200 angegeben, rückwirkend wird für das Jahr 1954 von einem rechtsextremistischen Potenzial von 76.000 gesprochen.

Gründlicher sind Untersuchungen zur Reichweite des Antisemitismus, die schon sehr bald nach Kriegsende in regelmäßigen Abständen von Sozialwissenschaftlern vorgelegt wurden. In einem Deutschland, das seine Juden vernichtet, vertrieben, ruiniert hatte, war es für die Forscher des im Frühjahr 1950 wieder ins Leben gerufenen Frankfurter Instituts für Sozialforschung unter der Leitung von Max Horkheimer und Theodor W. Adorno von großer Bedeutung, wie die Deutschen sich künftig den Umgang mit ihren früheren jüdischen Nachbarn vorstellten. Das Resultat war deprimierend: Mehr als die Hälfte der Teilnehmer an einem Forschungsexperiment waren bedingt (25 Prozent) oder extrem antisemitisch (37 Prozent) eingestellt, die Ausrottungspolitik der Nazis hatte offensichtlich keine Lerneffekte ausgelöst. Gründlicher untersuchte dasselbe Institut die Reaktionen der Deutschen nach der Kölner Synagogenschmiererei zu Heiligabend 1959, einer konkreten antijüdischen Aktion also: 60 Prozent der Befragten distanzierten sich, eine Minderheit sogar ganz deutlich.

1974, die Bundesrepublik hatte sich nach dem Übergang der Regierung auf die Sozialliberalen stabilisiert, präsentierte Alphons Silbermann, der ausgewiesene Kölner Antisemitismusforscher, ein Ergebnis seiner eigenen sozialwissenschaftlichen Untersuchungen, das von der Frankfurter Untersuchung aus dem Jahr 1950, also kurz nach Kriegsende, kaum nennenswert abwich: Neben einer toleranten Gruppe von 20 Prozent der Bevölkerung fand er bei einem gleich großen Teil der Bevölkerung eine starke antisemitische Haltung und bei der Hälfte »Reste antisemitischer Einstellungen«. Das sind Haltungen, die man im täglichen Umgang bis heute spürt.

Einer der Konstruktionsfehler des bundesdeutschen Kampfes gegen Extremismus war von Anbeginn der Versuch, Extremismus als entweder von rechts oder von links orientiert zu begründen. Das lag natürlich an der Sorge der großen etablierten Parteien, sie könnten wegen Abweichungen an ihren Rändern Kritik erfahren. Diese Art des Vorwurfs an den politischen Gegner gehört bis zum heutigen Tage zum Handwerkszeug der politischen Auseinandersetzung. Die Form des Kampfes verkennt, dass die Übergänge von (legitimen, durch Meinungsfreiheit zugelassenen) radikalen Positionen zu extremen, d. h. nicht geduldeten, fließend sind.

Für einen Briten oder Amerikaner scheint die Meinungsfreiheit ein viel höheres Gut als für uns, und deshalb ist für sie der deutsche Umgang mit »Verfassungswidrigkeit« schwer zu verstehen. Was für unsere Nachbarn Teil der politischen Auseinandersetzung ist, steht bei uns in Gefahr, sanktioniert, wenn nicht sogar strafrechtlich verfolgt zu werden. Aber anders als die USA hatten wir eben mit der Vergangenheit des Nationalsozialismus und – ohne zwei Systeme gleichsetzen zu wollen – mit dem Kommunismus in der DDR fertigzuwerden. »Re-education« war Teil des Konzepts der Besatzungsmächte, bei dem sich die armen Deutschen dann sehr bald allein gelassen fühlten, vielleicht hat ihnen das den Umgang mit Verstößen gegen die Verfassung so lange schwer gemacht. Die Richter des Bundesverfassungsgerichts machten dies unlängst in der Verhandlung über den Antrag deutlich, die NPD als extrem zu verbieten. Das ließ die Kritik an der Praxis erkennen, sich an der Zugehörigkeit von Person zu Organisationen und deren Programmen festzuhalten, statt Handlungen und Meinungen daraufhin zu prüfen, inwieweit sie mit Vorgaben des Grundgesetzes übereinstimmen. Bei Verstößen gegen Strafrecht ist ein solcher Nachweis leichter zu führen. Das ist sicherlich gelegentlich komplizierter, als wenn man schnell ein vorgefertigtes Etikett anhängt, das nur auf die Organisation abstellt. Leider gibt es, wie die Erfahrung lehrt, in den nach außen von jedem Verdacht des Extremismus erhabenen Parteien Einzeltäter, die sich trotzdem nicht verfassungskonform verhalten. Der Rahmen der in der Diskussion um den Extremistenbeschluss immer als die »fdGO« (freiheitliche demokratische Grundordnung) strapazierten Grenze ist relativ einfach zu markieren. Sich auf diesen zu konzentrieren, mag mühsam sein, es ist sicherlich verlässlicher als das Erbsenzählen. Die Kriterien des Grundgesetzes, die für Einzelne, Organisationen und auf der anderen Seite die Verwaltung und die Gerichte gelten, sind überschaubar: Es sind – beispielhaft – die Artikel 1, 2, 3, 5, 8, 9,18, 21 und 33 des Grundgesetzes.

Unter der SPD/FDP-Regierung wird erstmals der Linksextremismus in die amtliche Berichterstattung einbezogen, ebenso die Spionageabwehr und die Beobachtung staatsfeindlicher Bestrebungen ausländischer Täter. Im Text wird die zutreffendere Bezeichnung »rechtsextremistisch« verwendet, im Titel jedoch von Radikalismus gesprochen.

Aber zurück zu Kurt Hirsch: Unabhängig von der schleppenden Rückmeldung aus dem SPD-Parteivorstand hatte ich mit Hirsch eine nach meinem Eindruck positive Zusammenarbeit aufgenommen, ausgerichtet auf das gemeinsame Ziel für die Arbeit gegen den Rechtsextremismus und Neonazismus. Sie dauerte fast zehn Jahre an. Umso abrupter war das spektakuläre Ende, als sich herausstellte, dass Hirschs Auftraggeber in Ostberlin saßen. Die Verbindung zu Hirsch wurde daraufhin behutsam beendet, weil kein Grund bestand, ihn mit den Erkenntnissen zu konfrontieren und erwarteten Reaktionen der zuständigen Behörden vorzugreifen.

Nach der ersten Begegnung 1974 meldete sich Hirsch im Abstand von ein bis zwei Monaten bei mir an, wenn er nach Bonn kam. Man traf sich im Büro oder zum gemeinsamen Frühstück. Die Gespräche waren stets gut vorbereitet, ihr Ablauf hatte eine gewisse Gleichförmigkeit. Sie begannen meist mit einem Gedankenaustausch über aktuelle politische Vorgänge. Wahrscheinlich versuchte er bei dieser Gelegenheit, Einschätzungen aus meinem Umfeld abzufragen. In einem zweiten Teil wurde über die Entwicklung des PDI sowie seine Kontakte und Projekte gesprochen. Sein Bestreben war, Zugang zu neuen Interessenten zu finden, er war Journalist und brauchte die Fülle von Berichten über Vorgänge und Abläufe. Natürlich ging es ihm auch darum, die Zahl der Abnehmer für seine Broschüren und

Dienste zu vergrößern und Stützpunkte in allen Landesparlamenten zu errichten. Letzteres lag durchaus im Interesse der SPD. Der Blickwinkel aus Bonn war naturgemäß eingeschränkt, also war es zunächst wichtig, dass in den Regionen das Thema Nazismus und Rechtsextremismus ernst genommen wurde, aber auch Informationen aus den Regionen nach Bonn liefen. In einem dritten Teil ging es Hirsch um Informationen über die SPD-Spitze, voran natürlich über Willy Brandt. Er versuchte auch, Kontakt zu den jeweiligen Geschäftsführern zu bekommen. Solche Termine wurden ebenso wenig wie zu Willy Brandt vermittelt. Auch wenn ich immer wieder deutlich machte, dass ich zu Gremien der Partei im Regelfall keinen Zugang hätte, ließ er nicht nach, aber das machte mich nicht misstrauisch. Das war der Beruf des Herrn Hirsch, sodass ich keine Sorge haben musste, ich würde ausgespäht. Die Fachgespräche gehörten in mein Büro, sie gehörten in dieser Form einfach nicht auf die Leitungsebene. Ungeachtet dessen vermied ich es durchaus, Willy Brandt beim PDI unmittelbar in Erscheinung treten zu lassen. Deshalb hatte es mich geärgert, als Hirsch ohne meine Beteiligung, also mit Sicherheit mithilfe von Mitarbeitern des SPD-Bundesvorstands, einen Text von Willy Brandt in einer PDI-Broschüre nachdrucken konnte. Willy Brandt erschien dadurch auf dem Titelblatt als Autor des PDI, und da gehörte er nicht hin. Da hatte die Abstimmung des Parteibüros mit mir – der ich dort ohnehin als Besserwisser galt – nicht geklappt.

Derweil stieg die Zahl der Unterstützer des PDI kontinuierlich an, von etwa 40 Mitgliedern zu Beginn der Zusammenarbeit 1981 auf bereits 75. Auf diese Weise wurde das Gewicht der Mitglieder kommunistischer Organisationen oder mit ihnen arbeitender Mitglieder stetig ausgedünnt. Anfang 1982 waren es bereits fast 100, darunter 21 Bundestags- und 17 Landtagsabgeordnete. Um Fehleinschätzungen vorzubeugen: Nicht der Kontakt mit dem Büro Brandts war kausal für die verbreiterte Basis des PDI.

Der Verfassungsschutz war sich, wie ich eher zufällig aus einem internen Bericht erfuhr, bereits Anfang des Jahres 1982 »wegen einer Verschlechterung der Zugangslage« nicht mehr im Klaren, wie groß der Einfluss der wenigen Kommunisten im PDI noch war. Immerhin wurde dem Bundesminister des Innern vorgeschlagen, die Einstufung als »kommunistisch beeinflusste Vereinigung« aufzuheben. Dies, wie es in dem Vermerk hieß, obwohl »Anhaltspunkte dafür vor(liegen), dass Kurt Hirsch, der die Geschäfte des PDI führt, für eine kommunistische Institution (Partei oder Nachrichtendienst) tätig ist«. Auch in den Jahren, in denen ich mit Hirsch in Kontakt stand, waren diese Anhaltspunkte nicht verdichtet worden, zumindest wurde ich nicht informiert. Ob die Beobachtung damals eingestellt wurde, ob das zu beteiligende bayrische Landesamt für Verfassungsschutz sich dem widersetzt hatte, vermag ich nicht zu sagen. Am Ende seiner Existenz hatte der PDI etwa 150 Mitglieder.

Die Werbung für den PDI wurde nunmehr häufiger auf die Basis der SPD ausgerichtet, um dieser Informationen zum Rechtsextremismus zu vermitteln. Dem PDI gelang es so auch, in Landtagen Fuß zu fassen und parlamentarische Abläufe zum Thema des Rechtsextremismus zu verfolgen. Das war mit der Erwartung verknüpft, dass im Gegenzug über regionale oder lokale Ereignisse an die SPD bzw. die Redaktion des PDI berichtet wird.

Zum 1. Januar 1981 wurde der Auftritt des PDI überarbeitet und ein neues, 14-tägig erscheinendes Produkt entwickelt, der »Blick nach Rechts«. Schon der Preis für das Abonnement von 30,- DM plus Porto sollte ihn einer neuen Zielgruppe etwa in Hochschulen, Gewerkschaftsgliederungen und von Journalisten zuführen. Dem lag das Konzept zugrunde, »Berichte über neue Entwicklungen im Rechtsradikalismus [sic!] und Neonazismus« zu bringen sowie »den Rechtskonservatismus« zu beobachten, denn es bestehe »geistige Verwandtschaft und oft genug organisatorische Verbindung«. Anfangs störte zwar ein leichtes Übergewicht von Meldungen aus konservativen Kreisen, aber mithilfe der Verbreitung des Bezieherkreises entwickelte sich auch eine Dialogebene, die dem PDI Informationen über Vorgänge von der Basis vermittelte. Das führte auch dazu, dass der »bnr« vom Verfassungsschutz als Informationsquelle genutzt wurde. Der Herausgeberkreis wurde von Bernt Engelmann geleitet, zu ihm gehörten auch Vertretern der SPD und der Gewerkschaften. Die neue Publikation wurde bald ein Erfolg.

Der Bekanntheit des PDI war ein Rechtsstreit von fünf seiner Sprecher gegen den CSU-Vorsitzenden Franz Josef Strauß und den Bayernkurier zugutegekommen. Im Bayernkurier vom 8. Mai 1976 war der Pressedienst als eine »kommunistische Tarnorganisation« bezeichnet worden. Das Landgericht und das in der Berufung angerufene Oberlandesgericht Stuttgart bezeichneten die Klage als zulässig, sahen die Einordnung des PDI durch die CSU aber als eine rechtlich zulässige Wertung an. Dabei konnte das Gericht auf ein Urteil des Bundesverfassungsgerichts verweisen, das die Gegenseite des politischen Spektrums betraf, eine Verfassungsbeschwerde der Deutschlandstiftung. Deren Qualifizierung als ein »nationalistisches Unternehmen mit einem demokratischen Deckmantel« hatte Karlsruhe als eine im Rahmen der Meinungsfreiheit zulässige wertende Äußerung angesehen. Selbst wenn man heute um die Verbindung des PDI-Geschäftsführers Kurt Hirsch und des PDI-Mitgliedes Bernt Engelmann zum Ministerium für Staatssicherheit weiß, muten manche Formulierungen des Oberlandesgerichts gleichwohl eigenartig an. So heißt es in dem Urteil, bei der Bewertung des PDI durch den Bayernkurier sei der Gedanke nicht von der Hand zu weisen,

> »dass es objektiv die Ziele des Kommunismus in einer vor dem Publikum getarnten Weise fördert, wenn SPD- und FDP-Politiker sich unter dem Deckmantel allgemeiner linker Ziele mit Kommunisten zusammentun, um andere demokratische Parteien zu bekämpfen [sic!]«.

Da haben hoch bezahlte baden-württembergische Richter ihr Herz auf der Zunge vor sich hergetragen. Dass den SPD- und den FDP-Politikern, neben denen ja Literaten, Wissenschaftler und Journalisten im PDI arbeiteten, vom Gericht eine Menge Dummheit unterstellt wird, sei nur am Rande erwähnt. Man könnte sogar von Voreingenommenheit und Übereinstimmung mit der Meinung des Bayernkuriers sprechen. Das Urteil eröffnete den Gegnern die Rechtfertigung, das Stuttgarter Gericht habe die Bezeichnung »kommunistische Tarnorganisation« als eine künftig zulässige Tatsachenbehauptung gewertet. Dem PDI hat das sicher nicht wehgetan, er blieb so im Gespräch.

Unterstützung kam ihm ein weiteres Mal zugute, als der *Presseausschuss Demokratische Initiative* 1978 in einer Broschüre schrieb, Franz Josef Strauß sei während des Dritten Reiches »nationalsozialistischer Führungsoffizier« gewesen. Hierauf angesprochen meinte Strauß, er führe »gegen Ratten und Schmeißfliegen« keine Prozesse. Edmund Stoiber (CSU) griff diese pauschale Diffamierung von linksintellektuellen Schriftstellern und Künstlern in einer Rundfunksendung während der Bundestagswahl 1980 auf. Strauß, so seine verunglückte »Entschuldigung«, habe doch den Vergleich »ausschließlich« gegen Engelmann gerichtet und dessen »seit Jahrzehnte[n] geführten ›Verleumdungs- und Denunziationskampagnen‹ gegen die CSU und ihren Vorsitzenden«. Das empörte selbst den baden-württembergischen Ministerpräsidenten Lothar Späth (CDU). Der Wahlkampf hatte so ein kontroverses Thema. Das Wort stamme aus dem »Wörterbuch des Unmenschen«, schrieb der SPIEGEL und wies auf Verbindungen der CSU und des Bundesverteidigungsministers Franz Josef Strauß zu dem ehemaligen Goebbels-Mitarbeiter Eberhard Taubert hin. Der sei Erfinder von Idee und Text des NS-Propagandafilms »Der ewige Jude«. In parallelen Montagen wurden darin neben Aufnahmen von Ratten die Bilder von Juden aus dem Warschauer Getto gestellt.

Die Geschäfte des PDI, so glaubte ich, liefen gut. Das stimmte aber nicht, denn überraschend erreichten die SPD in Bonn im Mai 1983 zwei nahezu gleichlautende Brandbriefe des früheren dpa-Geschäftsführers Fritz Sänger und des Bundestagsabgeordneten und Journalisten Dieter Lattmann. In beiden Briefe wurden sowohl der Vorsitzende als auch der Geschäftsführer der SPD angesichts von Finanznot bei PDI konkret um finanzielle Hilfe der SPD angegangen. Diese mit Dramatik garnierte Nachricht löste wegen der Berichte über wachsende Mitgliedschaften und Auflagen bei der SPD-Spitze Verwunderung aus. Die SPD war von einer gewachsenen Resonanz der PDI-Produkte ausgegangen, sichtbar an der doppelten Mitgliederzahl, der raschen Folge der seit 1979 erschienenen etwa 100 PDI-Taschenbücher und der kleineren Sonderhefte mit einer Gesamtauflage von 300.000 Exemplaren. Auch in den Gesprächen mit mir war bis zum Eintreffen der Briefe nie von Finanznot gesprochen worden. Drei Mitarbeiterinnen, so die Information, sei bereits vorsorglich gekündigt worden. In der Rückschau allerdings taucht der Verdacht auf, dass auf diese Weise versucht werden sollte, den PDI konkret an die SPD zu binden, denn es konnte unterstellt werden, die SPD habe angesichts der erfolgreichen Kooperation ein Interesse am Weiterbestand des PDI. Dem war tatsächlich so. Dennoch gab es Hinweise, dass der Finanzaufwand des PDI – ungeachtet der erst später bekannt gewordenen Zuwendungen aus Ostberlin – höher war als kalkuliert. Der erwogene Verkauf des Archivs an die SPD wurde verworfen, da der Erlös nur wenige Monate gereicht hätte.

Ich hätte es für fatal gehalten, wenn der »Blick nach Rechts« als Informationsmittel gegen Rechtsextremismus ausgefallen wäre, zumal die systematische »Feindbeobachtung« nach rechts eingestellt worden war, weil der zuständige SPD-Mitarbeiter in ein Vorstandsbüro aufgestiegen war. Dass Kurt Hirsch auf diese Weise seine Auftraggeber in Ostberlin noch besser über die SPD informieren konnte, sahen wir erst nach Herstellung der deutschen Einheit. Schlaue Leute meinten seinerzeit, das Thema könne ganz in meinem Büro betreut werden, aber gegen meine Umfunktionierung zum preiswerten Parteimitarbeiter hatte ich Bedenken. Am Ende bekam das Pressearchiv des SPD-Vorstands eine Kopie des inzwischen an eine Universität veräußerten Archivs. Nachdem das Erscheinen des »Blick nach Rechts« Ende 1983 eingestellt worden war, konnte schon am 3. September 1984 ein neu gestalteter Dienst erscheinen. Herausgeber wurde der SPD-Pressedienst. Hirsch blieb mit einem verkleinerten Büro verantwortlicher Chefredakteur, zunächst zeitlich begrenzt bis zum 31. Dezember 1986. Zu einer Verlängerung des Vertragsverhältnisses sollte es aber nicht mehr kommen. Am 28. Januar 1987, wenige Tage nach der Bundestagswahl hatte mir eine Mitarbeiterin des Münchener Büros berichtet, kurz nach der Übernahme des »Blick nach Rechts« seien Informationen über die Zusammenarbeit des PDI mit mir an die DDR gegeben worden. Seit der Gründung des PDI habe Hirsch Geld aus der DDR erhalten. Das sei auch nach der Übernahme des »Blick nach Rechts« durch den SPD-Pressedienst fortgesetzt worden. Wie wir dabei hörten, hatte Hirsch versucht, seine Mitarbeiterin für das MfS anzuwerben. Er habe ihr angeboten, für ein Monatsgehalt von 5.000 DM einen Pressedienst zu betreuen, für den sie Material aus der DDR erhalten solle. Bei dieser Gelegenheit hörten wir auch, dass der Kontakt zum MfS über einen ehemaligen KZ-Kameraden von Hirsch in Salzburg lief. Das erklärte, weshalb die Mitarbeiterin des Büros von Willy Brandt bei den Besuchen von Hirsch regelmäßig Mozartkugeln erhielt.

Über die mich verwirrenden Informationen informierte ich den SPD-Bundesgeschäftsführer Peter Glotz, der sie an das Bundesamt für Verfassungsschutz weitergab. Außerdem unterrichtete ich den Chef des Bundeskanzleramts als meinen Dienstherrn. Bereits zwei Wochen später wurde Hirsch gekündigt. Die SPD hatte bei der Bundestagswahl Stimmen verloren, so konnte dies mit Sparmaßnahmen begründet werden. Zur Tarnung wurde Hirsch angeboten, dem Dienst noch bis zum Jahresende als Berater in Fragen des Rechtsextremismus zur Verfügung zu stehen.

Wenige Wochen danach bekam ich Besuch von Mitarbeitern des Verfassungsschutzes aus Köln. Die bestätigten unseren Verdacht. Sehr viel mehr erfuhr ich nicht. Der »Blick nach Rechts« wurde mit großem, bis heute stetig gestiegenem Erfolg weitergeführt. Ich habe meine Mitarbeit auch nach dem Ausscheiden aus dem Büro Willy Brandt und nach meiner Übernahme ins Bundesministerium des Innern fortgeführt. Das ließ die Bundestagsabgeordnete Erika Steinbach, die streitbare spätere Präsidentin des Bundes der Vertriebenen, nicht ruhen, als sie im Februar 1995 in einer Anfrage von der Bundesregierung zu wissen begehrte, ob dieser bekannt sei, dass ich »für den Pressedienst ›Blick nach Rechts‹ schreibe, der jahrelang unter Einfluss des Ministeriums für Staatssicherheit der ehemaligen DDR stand und heute noch zahlreicher Mitarbeiter mit engen linksextremistischen Verbindungen hat«. In der Antwort, bei deren Abfassung mich das Bundesministerium beteiligte, heißt es, es handele sich um einen privaten Pressedienst, in dem ich außerhalb des Dienstes meine private Meinung verbreiten würde. Mein Name musste (leider) aus der Bundestagsdrucksache getilgt werden. In einem Vermerk dazu heißt es, aus Zeitgründen sei eine Recherche beim Bundesbeauftragten für die Unterlagen des Staatssicherheitsdienstes nicht möglich gewesen. Konnte diese Information nicht vom Bundesamt für Verfassungsschutz geliefert werden?

In der Tat herrschte nach meinem Empfinden dort eine ganze Zeit erst einmal Funkstille. Als ich den mir bekannten Vizepräsidenten des Bundesamts Peter Frisch befragte, warum kein Ermittlungsverfahren eingeleitet worden sei, sagte er mir, Hirsch sei zu unbedeutend gewesen. Meines Erachtens hätte doch schon Hirschs Versuch, seine Mitarbeiterin für das MfS anzuwerben, für Strafverfolgung ausreichen müssen. Im Übrigen war die Auskunft schlicht gelogen. Irgendwann, längst nach meinem Ausscheiden aus dem Büro Brandt, wurde mir ein Vermerk des BfV vom Juni 1978 gezeigt, in dem es hieß, Hirsch arbeite mit der DKP zusammen. Viel belastender war aber die Bemerkung, aus vertraulichen Informationen ergebe sich der Verdacht einer nachrichtendienstlichen Tätigkeit, er reise oft in die DDR und andere Ostblockstaaten, bemühe sich, die Reiseziele zu verschleiern und habe Kontakte zu ND-Verdächtigen. In diesem Sinn versuche er, von Mitarbeitern »ND-mäßig interessante Informationen« zu erhalten und lasse sich journalistisches Material an seine Privatanschrift senden. Zu Recht wurde das nicht als gewöhnliche journalistische Tätigkeit eingestuft. Bei den Besuchen in meinem Büro hat mir der Verfassungsschutz derartige Verdachtsmomente nicht mitgeteilt. Mich irritierte auch, dass der Verfassungsschutz nach einer mehr als zwei Jahrzehnte dauernden Beobachtung in eigener Zuständigkeit entscheiden konnte, es bestehe kein Grund, die nachrichtendienstliche Verbindung dem Staatsanwalt mitzuteilen. War es dem Verfassungsschutz peinlich, dass man mich als Mitarbeiter von Willy Brandt hier als Köder missbraucht hatte und mich über Verdachtsmomente nicht informierte? Denn dieses alles geschah ja nur drei Jahre später, nachdem man Willy Brandt – dank des Taktierens des Bundesinnenministers Genscher und der von ihm beaufsichtigten Behörden BKA und BfV – fast ein Jahr lang in die Guillaume-Falle hatte laufen lassen. Anschließend waren alle Beteiligten bemüht, ihre Unschuld oder Unzuständigkeit nachzuweisen. Und mit mir wurde über zehn Jahre offenbar dasselbe absurde Spiel gespielt. Erst in der Rückschau mache ich dem Amt den Vorwurf mangelnder Sorgfalt, besser gesagt: Sensibilität, nämlich deshalb, weil ein zweites Mal im Büro Brandt ein Mann auftaucht, bei dem es konkrete Hinweise auf die Zusammenarbeit mit dem DDR-Geheimdienst gab. Selbst sein oberster Chef Markus Wolf, der die Platzierung des Günter Guillaume an der Seite Willy Brandts beileibe nicht als einen seiner größten Erfolge als HVA-Chef bewertet wissen will, wollte nicht verstehen, warum Willy Brandt nach der Enttarnung des Spions weder vom Koalitionspartner noch aus den eigenen Reihen »prononciert unterstützt« worden sei. Er äußert Unverständnis darüber, wie Genscher es habe zulassen können, dass Guillaume in so enger Nähe zum Bundeskanzler verweilte. Allerdings war das für ihn am Ende doch nicht ungewöhnlich, denn seine »Kundschafter« hatten längst nach Ostberlin berichtet, dass

> »der ehrgeizige Politiker angesichts der Regierungskrise in jenen Tagen bereits mit Helmut Kohl [...] Gespräche über eine CDU-FDP-Koalition führte. Willy Brandt beklagt sich, »statt den Kanzler zu schützen«, mache man ihn »zum ›Agent provocateur‹ des Geheimdienstes seines eigenen Landes«.

Markus Wolf schreibt in seinen Erinnerungen über die Zeit zwischen der Enttarnung des Brandt-Spions Mitte 1973 bis zu dessen Verhaftung am 24. April 1974: »Wir [die HVA] hatten die Lunte gelegt, [...] doch andere ließen sie munter brennen.«

Dass die Sache dann im Februar 1994, also sieben Jahre später und erst als Deutschland schon vereint war, doch noch an die Öffentlichkeit kam, beruhte nicht auf einer Entscheidung des Amtes. Auslöser für die Unterrichtung des Generalbundesanwalts war die Selbstanzeige von Hirschs letztem Führungsoffizier, dem stellvertretenden Leiter der Abteilung X – Desinformation –, der sich zu seinem IM bekannt hatte. Der Rang des Führungsoffiziers macht nach meinem Eindruck deutlich, wie wichtig der Spion der DDR war. Dass Hirsch nur als Informant für die SED, Bereich westliches Ausland, betreut worden sei, rechtfertigt keine andere Bewertung, schon gar nicht die Untätigkeit des Bundesamts. Im Übrigen lief Hirsch unter dem Tarnnamen Helm auch beim MfS.

Auch beim Generalbundesanwalt löste die Anzeige des BfV keine große Unruhe oder Eile aus. Die kam erst, als bekannt wurde, in den Medien werde von dem Ermittlungsverfahren berichtet. Am 1. Februar 1994 wurde ich dann zur Sache vernommen. Welche Boshaftigkeit mich veranlasste, anzumerken, das Vernehmungsprotokoll sei »weitgehend von mir diktiert« worden, weiß ich nicht mehr. Am selben Tag wurde die Wohnung von Hirsch in München durchsucht. Bei seiner Vernehmung bzw. gegenüber PANORAMA bestritt Hirsch – wahrheitswidrig –, je Geld erhalten zu haben. Für ihn sei das Verfahren »Rache für unseren politischen Kampf«. Über mich und die Zusammenarbeit mit mir wollte Hirsch ausdrücklich nichts sagen.

Nach der Vernehmung durch die Bundesanwaltschaft bat mich PANORAMA um ein Gespräch. Dabei erfuhr ich zunächst einmal, wie das Verfahren wieder in Gang gekommen war. Zu meiner Überraschung hörte ich, das Bundesamt habe nicht informiert, dass Hirsch durch das Gespräch seiner Mitarbeiterin mit mir enttarnt worden sei. Man mag es mir nicht verübeln, dass ich damals den Verdacht äußerte, die »Zurückhaltung« des Kölner Amtes könne darauf beruhen, dass man Hirsch selbst als Quelle nutzte. Das wurde in Abrede gestellt. Gleichwohl: Es wurde auch aus diesem zweiten Anlauf nichts.

Der Generalbundesanwalt machte sich die vom BfV angeführte Begründung für seine Untätigkeit zu eigen, Hirsch sei zu alt – er war noch nicht 80 Jahre alt – und außerdem krank. Ob es andere Gründe gab, vermag ich nicht zu sagen.

Mit Blick auf das Ministerium für Staatssicherheit war es nach dem Ablauf der Causa Guillaume einerseits unverfroren, wenn sein Auftraggeber in Ostberlin es zulässt, möglicherweise sogar anordnet, im Oktober 1977, also nur drei Jahre später, einen zweiten Kundschafter an das Büro Willy Brandt heranzusteuern. Der war natürlich eine etwas kleinere Ausgabe als Guillaume, und er war auch nicht so intensiv wie dieser zum Kundschafter ausgebildet worden.

Ich habe mich dennoch bemüht, mehr über diesen Mann zu erfahren, der über Jahre mein Vertrauen missbraucht hatte. In Absprache mit Willy Brandt hatte ich schon mit Schreiben vom 10. Juli 1990 beim letzten Innenminister der DDR, Dr. Peter-Michael Diestel, der zugleich Stellvertreter des Ministerpräsidenten de Maizière war, um Auskunft aus den Geheimdienstakten nachgesucht. Ich hatte mich ihm als Mitarbeiter von Altbundeskanzler Willy Brandt vorgestellt und zur Begründung angeführt, aus einer zehnjährigen Zusammenarbeit mit Kurt Hirsch seien Berichte an das MfS weitergegeben worden. Ich bezeichnete es auch »vor dem Hintergrund früherer Aktivitäten des MfS gegen Herrn Bundeskanzler a. D. Willy Brandt als geboten, den Umfang der gegen mich und damit auch gegen Herrn Brandt gerichteten Ausspähung zu erfahren«. Als Grund für meinen Antrag nannte ich die Gerüchte über eine bevorstehende Entscheidung, »die Akten des MfS zu vernichten«. Damals war noch nicht bekannt, dass dieses Schicksal zumindest die Akten der Hauptverwaltung Aufklärung längst getroffen hatte. Im Übrigen waren die personenbezogenen Unterlagen des Ministeriums für Staatssicherheit weitgehend unsortiert und kaum nutzbar. Und dass Innenminister Diestel offenbar gar keine Neigung in diese Richtung verspürte, zeigte der Umgang mit dem Wunsch des Runden Tisches, zumindest die neu gewählten Abgeordneten der Volkskammer auf Stasiverwicklungen zu überprüfen.

Ungeachtet dessen interessierte mich die Biografie des Kurt Hirsch, wie er zu seiner Tätigkeit fand. Was ich aus den Akten der DDR bruchstückhaft erfahren konnte, zeigte beispielhaft den langen Atem, den man Sicherheitsdiensten nachsagt. Im besonderen Fall haben sich dabei auch Hinweise auf die Arbeit der DDR gegenüber der Bundesrepublik Deutschland ergeben. Der Brandt-Spion Guillaume war nach langjähriger Vorbereitung und Steuerung erst 1972 in die engere Umgebung des Bundeskanzlers Willy Brandt gekommen. Bereits nach einem Jahr war er enttarnt worden, knapp ein Jahr später löste er dessen Rücktritt aus. Die Ursächlichkeiten sind hier nicht zu rekapitulieren. Bei seiner Verhaftung hatte sich Guillaume überaus stilvoll präsentiert, allerdings nicht in dem einem Agenten angemessenen Stil, wie sein Auftraggeber Markus Wolf witzelt, mit den Worten: »*Ich bin Offizier der Nationalen Volksarmee der DDR und Mitarbeiter des Ministeriums für Staatssicherheit. Ich bitte, meine Offizierselre zu respektieren*«. Für seine Verfolger war das sogar ein für die Verurteilung entscheidendes Geständnis. Denn bis dahin hatten der Bundesminister des Innern, das Bundesamt für Verfassungsschutz und das Bundeskriminalamt nicht allzu viele Erkenntnisse über die vom Kundschafter Guillaume nach Ostberlin gelieferten Informationen sammeln können. Möglicherweise konnte ihn das Oberlandesgericht Düsseldorf nur wegen seines o. g. »Geständnisses« im Dezember 1975 wegen Landesverrats zu einer Freiheitsstrafe von 13 Jahren verurteilen. Inzwischen weiß man, das Ministerium für Staatssicherheit hatte wesentlich ergiebigere Späher in der Bundesrepublik platziert. Das galt auch für Agenten im Bundesvorstand der SPD und der Bundestagsfraktion. Während der neue Spion bei mir sein Vorstellungsgespräch führte, büßte Günter Guillaume bereits seine Strafe wenige Kilometer von seinem letzten Arbeitsplatz in der Justizvollzugsanstalt Rheinbach ab.

Zurück zu der Person, um die es geht. Kurt Hirsch war nach der Biografie beim MfS Jude, Mitglied der Kommunistischen Partei Österreichs und deshalb schon unter der Dollfuß-Regierung verfolgt worden. Der damals 25-Jährige sei Mitglied des Kommunistischen Jugendverbandes Österreichs (KJVÖ) gewesen, vermutlich habe er sogar dessen Zentralkomitee angehört. Hirsch soll damals die Theoriezeitschrift des KJVÖ redigiert haben. Dann aber sei er als Trotzkist aus der Partei ausgeschlossen worden. Nirgendwo finden sich Informationen über Herkunft, Ausbildung oder beruflichen Werdegang des Kurt Hirsch.

Nach dem Einmarsch der Nazis in Österreich, das ist gesichert, verhaftete ihn die Gestapo und internierte ihn zunächst in Dachau. Hubertus Knabe, der als früherer Mitarbeiter der Stasiaktenbehörde mit deren Hinterlassenschaft sicher besser vertraut war, als ich es bin, bezeichnet Hirsch als *Sozialdemokraten*, der 1936 wegen Beiträgen für die österreichische Arbeiterzeitung und seiner Tätigkeit in der *sozialdemokratischen* Jugendorganisation für einige Monate verhaftet worden sei. Einen Beleg, der von den Informationen der Stasi abweicht, hat er nicht. Auch in den Archivalien der SPD aus der Nachkriegszeit finden sich keine Hinweise auf Hirsch. In der Haft habe er sich, »anständig verhalten« steht in einem »IM« (handschriftlich zugesetzt VII/F) unterzeichneten Vermerk in den personenbezogenen Unterlagen des MfS über Hirsch. Das wirkt kurios. In einem anderen MfS-Vermerk wird er als »guter Genosse« bezeichnet. Darin heißt es auch, nach Aufgabe seiner früheren trotzkistischen Ausrichtung habe er sich der Gruppe österreichischer Kommunisten im KZ Buchenwald angeschlossen. Dort hielt er sich bis Kriegsende auf. Nach der Befreiung durch die US-Armee ist Hirsch nach Österreich zurückgegangen. Es überzeugt nicht unbedingt, dass Hirsch nach dem KZ keinen anderen Weg für sich sah, als sich in Wien bei der sowjetischen Nachrichtenagentur TASS zu verdingen. Stand im Hintergrund die Hoffnung auf ein problemfreies, gut dotiertes Auskommen? Sie erfüllte sich allerdings nicht, weil die trotzkistische Grundausrichtung wieder an die Oberfläche kam. 1947 oder 1948 sei er ein weiteres Mal aus der KPÖ ausgeschlossen worden. Damit konnte er sich als politisch verfolgt ausgeben, was möglicherweise Hirsch die Möglichkeit gab, als »Flüchtling« in der Schweiz aufgenommen zu werden. Es bestand nie Gelegenheit bzw. ich habe sie nicht gesucht, mit Kurt Hirsch über eine Biografie mit diesen Zwischenschritten zu reden. Wie er in der Schweiz überlebte, ist auch unbekannt. 1948 soll er nach Aschaffenburg weitergereist sein. Wie ein solcher Umzug sich vollzogen haben könnte, verwundert, aber vielleicht war die Schweiz nur froh, einen nicht willkommenen, zudem kommunistischen Asylanten los zu werden. Was führte ihn ausgerechnet nach Aschaffenburg? Er sei dort – so war es dem MfS zugetragen worden – zwei Jahre lang Geschäftsführer von Kinos gewesen. Unklar ist, ob er je Mitglied der SPD geworden ist. Der Tagesspiegel habe, so ist in der Stasiakte notiert, am 13. Januar 1963 berichtet, Hirsch sei seit 1953 Mitglied der SPD. Das passt nicht ganz zu einem »Übersichtsbericht« vom 27. Mai 1975, demzufolge Hirsch aus der Partei ausgeschlossen worden sei. Grund sei gewesen, dass er 1956 mit einem MfS-Bekannten – der Name ist geschwärzt – eine »Widerstandsgruppe Roter

Morgen« gegründet habe. Das alles kennzeichnet nicht unbedingt eine Agenten- oder Spionenbiografie. In den Archiven der SPD ließen sich in dieser Richtung keine Belege finden.

Unterdessen hatte Hirsch sein Betätigungsfeld geändert, seither wird er in den MfS-Dokumenten mit der Charakterisierung »linksorientierter Journalist« geführt. Er arbeitete bis 1960 für Gewerkschaftszeitungen, verfasste Dokumentationen, die sich gegen Revanchismus, Soldatenverbände und gegen die Politik des Antikommunismus richteten, aber auch gegen die »verräterische Politik der rechten SPD-Führung«. Dazu gibt es keine konkreten Inhalte. Irgendwann legte er sich mit dem DGB-Vorsitzenden Richter an, der Grund ist nicht bekannt. Als Richter den DGB-Gliederungen den Bezug von Hirschs Publikationen verbot, verklagte Hirsch ihn wegen »Boykotts« seiner Publikationen vor dem LG München. Hirsch galt in Gewerkschaftskreisen von da an als »linksorientierter oppositioneller Intellektueller« und wurde von journalistischer Tätigkeit für den DGB und seine Einzelgewerkschaften ausgeschlossen. Gehalten hat sich bis zu der Zeit, als er bei mir auftauchte, die Verbindung zur Gewerkschaft IG Metall. Hirsch verlegte sich dann auf eine über lange Jahre erfolgreiche Tätigkeit als Lieferant von Informationsdiensten. Das begann 1963 mit dem Dienst »gestern und heute«. Im MfS-Bericht von 1966 heißt es dazu, Hirsch habe ständig unter Geldnot gelitten, was ihn möglicherweise veranlasste, Kontakte zur DDR aufzunehmen.

Einen Eindruck von der Arbeitsweise der DDR-Dienste, und das ist ein Teil deutscher Geschichte, gibt die über Jahre dauernde Heranführung von Hirsch an eine geheimdienstliche Mitarbeit. Bereits für das Jahr 1951 wird eine Eintragung ins »Agentenalmanach der SED« angeführt. Was für eine Liste dies war und wie es zu der Eintragung gekommen ist, ließ sich nicht mehr aufklären. Betont wird, H. habe mit Zustimmung der Westabteilung des ZK der SED »bereits seit Jahren zur Westabteilung des Nationalrats sowie zum Friedensrat der DDR« enge Kontakte unterhalten. In den MfS-Akten ist ein Bericht des »Deutschen Instituts für Zeitgeschichte« der DDR archiviert, nach dem das »Arbeitsbüro« 1963 eine Verbindung zu ihm hergestellt habe. Auslöser sei das Angebot von Hirsch gewesen, Dokumentationen über Revanchisten und Soldatenverbände zu liefern; ein Text von ihm über die »Rehabilitierung der Waffen-SS in Westdeutschland« sei in der Institutszeitschrift »Dokumente der Zeitgeschichte« (ddz) »ohne Korrekturen« veröffentlicht worden. Danach habe Hirsch Arbeiten zu seinem späteren Schwerpunktthema »rechtsextremistische Kräfte in Westdeutschland« angeboten. Das Institut berichtete, in Honorarverhandlungen habe Hirsch sich als »geschäftstüchtig« gezeigt. So habe er (vergeblich) darauf gedrängt, »bei höchster Stelle« (Professor Norden) zu intervenieren, damit ihm sein Honorar in voller Höhe und nicht nur zur Hälfte in DM-West ausgezahlt wird. Später werden Kontakte zum Journalistenverband und »zu einzelnen bekannten DDR-Journalisten« dokumentiert, außerdem habe Hirsch »unter Pseudonym« Artikel an die (DDR-)Zeitschrift »Deutsche Außenpolitik« geliefert. Für seine Zuarbeit habe er »materielle Zuwendungen« erhalten. Die so dokumentierten Bemühungen um Mitarbeit deuten nicht unbedingt auf ein allzu hohes Agentenprofil hin.

Das Abonnement der vom Deutschen Institut für Zeitgeschichte der DDR veröffentlichten »Dokumentation der Zeit« betrachtete das Bundesamt für Verfassungsschutz als Bezug staatsgefährdender Schriften und veranlasste 1962 ein Ermittlungsverfahren gegen Hirsch. Da auch das Münchener Institut für Zeitgeschichte diese Publikation bezog, musste das Verfahren eingestellt werden. Dies nur als Hinweis, seit wann Kurt Hirsch in Köln kein Unbekannter war.

Bemerkenswert ist der Hinweis in den MfS-Akten auf Hirschs Kontakte mit »Emil Carlebach vom Freiheitssender 904« bei seinen Besuchen in der DDR. Der Deutsche Freiheitssender 904 (DFS 904) war von der SED nach Einleitung des Verfahrens zum Verbot der (westdeutschen) Kommunistischen Partei Deutschlands aufgebaut worden. Die Ausstrahlung seiner Propagandasendungen in die Bundesrepublik nahm er unmittelbar nach dem Verbotsurteil des Bundesverfassungsgerichts vom 17. August 1956 auf. Chefsprecher wurde Emil Carlebach, der nach dem Verbot der KPD mit Haftbefehl gesucht wurde und deshalb untergetaucht war. Mit dem Namen des Senders sollte ein Bezug zum namensgleichen »Deutschen Freiheitssender 29,8« hergestellt werden, der während des Spanischen Bürgerkriegs von Madrid aus ins deutsche Reichsgebiet gesendet hatte. Der DFS 904 meldete sich mit Beethovens Ode an die Freude als Eingangsmelodie und als »der einzige Sender der Bundesrepublik, der nicht unter Regierungskontrolle steht«. Solcher ins Feindgebiet gerichteter Propaganda in Radiosendungen hatten sich auch die Alliierten während des 2. Weltkriegs bedient, zunächst mit dem »Freiheitssender Gustav Siegfried 1« als angeblichem Soldatensender. Später gab es Sendungen der BBC für Deutschland.

Der Chefsprecher des DFS 904 Carlebach entstammte einer wohlhabenden jüdischen Familie aus Frankfurt und hatte sich schon als Schüler der kommunistischen Bewegung zugewandt. Der Kommunist war als Häftling Blockältester im KZ Buchenwald, selbst für einen Juden war das ungewöhnlich. Über seine Rolle im KZ gehen die Meinungen auseinander. Er überlebte die Internierung nur knapp.

Nach der Befreiung hatte Carlebach an der Ausarbeitung der Verfassung des Landes Hessen mitgewirkt. Carlebach war einer der Mitgründer der Vereinigung der Verfolgten des Naziregimes (VVN). Frauen und Männer des antifaschistischen Widerstandes sowie Überlebende der nazistischen Konzentrationslager hatten kurz nach Ende des Krieges die VVN gegründet. Aus den unmittelbar nach der Befreiung entstandenen Häftlingskomitees und Ausschüssen »Opfer des Faschismus« bildeten sich unter maßgeblicher Mitarbeit von Emil Carlebach die »Vereinigungen der Verfolgten des Naziregimes«. Mit Karl Gerold erhielt Carlebach 1945 eine Lizenz zur Gründung der Frankfurter Rundschau als zweiter Tageszeitung nach der NS-Zeit. Er verlor seine Lizenz, als er wegen seiner Arbeit für die KPD unter Druck geriet.

Im März 1947 schlossen sich die Häftlingskomitees in Frankfurt am Main zum gesamtdeutschen »Rat der VVN« zusammen. Im Zuge der Studentenbewegung erweiterte die VVN ihre Ausrichtung auf den Kampf gegen Faschismus und ergänzte dementsprechend ihren Namen in »Vereinigung der Verfolgten des Naziregimes – Bund der Antifaschistinnen und Antifaschisten (VVN-BdA e. V.)«. Anfänglich wurden diese Organisationen von den Besatzungsmächten unterbunden, später waren sie dauerhaft am linken Rand vertreten. Bis 2005 galten sie im Bundesverfassungsschutzbericht als von der KPD, später nach der Neugründung der DKP als kommunistisch unterwandert. Bis zu ihrem Untergang wurde die VVN-BdA aus der DDR finanziert. Auf diesem Wege flossen später auch Mittel aus der DDR an Hirsch und in die von ihm betriebenen Organisationen.

Der Deutsche Freiheitssender sendete bis zum 30. September 1971. Nachdem 1968 die Deutsche Kommunistische Partei (DKP) neu gegründet worden war, hatte er seinen Zweck erfüllt und konnte abgeschaltet werden. Carlebach kehrte daraufhin 1969 in die Bundesrepublik zurück und wurde leitender Chefredakteur der VVN-Zeitung »Die Tat«. Er ist 2001 im Alter von 87 Jahren gestorben.

Obwohl Hirsch sich sehr früh in der DDR bekannt gemacht und seine Dienste aufgedrängt hatte, dauerte es bis 1964, ehe erste Versuche zu einer geheimdienstlichen Zusammenarbeit gemacht wurden. Erste Gespräche waren an seinen hohen Geldforderungen gescheitert. Hirsch hatte inzwischen den Informationsdienst »gestern und heute« gegründet, der aber offenbar nicht allzu gut lief. Der Gesprächspartner aus der HVA VII hielt fest, es bestehe ein grundsätzliches Interesse an einer Kooperation, bezweifelte jedoch den Nutzen für die DDR, weil Hirschs »Verbindungen in Westdeutschland [...] nicht so groß sind«. So hieß es, die Publizisten Kuby und Kirst hätten ihm Beiträge nur geliefert, um ihm einen Gefallen zu tun. Weil er nicht den »nötigen Einfluss« habe, heißt es in dem Vermerk der HVA, habe man Hirsch »Material über die Arisierung jüdischer Banken durch die Nazis« noch nicht übergeben. Den Termin für ein drittes Gespräch hielt Hirsch nicht ein.

Offenbar stellte die HVA 1966 erneut einen persönlichen Kontakt her, setzte diesen aber wegen der schon früher für überzogen gehaltenen finanziellen Forderungen von Hirsch wieder aus. In der Zwischenzeit gab es dann offenbar regelmäßige Kontakte zu ihm. Er wurde – mit Sicherheit in Abstimmung mit der HVA – Geschäftsführer des im Januar 1968 von der VVN – zunächst unter dem Namen »Aktion Januar 1968« – gegründeten überparteilichen »Bürgerkomitee gegen Restauration, Rechtsradikalismus und Notstandspläne«.

Das Komitee wurde sehr bald umbenannt in »Demokratische Aktion gegen Neonazismus und Restauration« (DA). Die Bildung antifaschistischer Blöcke, hieß es, sei vom Bund der Widerstandskämpfer (Fédération Internationale des Résistants – FIR) angeregt worden. Hirsch erhielt seine »Anleitungen«, wie es in einem Wochenbericht aus der Redaktion der Zeitschrift »Tat« heißt, von der im selben Jahr neu gegründeten DKP. Tatsächlich aber gab es, weil die Gründung einer Strömung in der Gesellschaft der Bundesrepublik entgegenkam, auch eine breite Unterstützung durch prominente westdeutsche Demokraten, etwa Generalstaatsanwalt Fritz Bauer, den Nobelpreisträger Max Born, Walter Fabian, Iring Fetcher, Ossip K. Flechtheim, Karl Gerold, Helmut Gollwitzer, Hildegard Hamm-Brücher und Wilhelm Hoegner. Angesichts der Wahlerfolge der NPD forderte die DA auf einer vom Münchener Oberbürgermeister Hans-Jochen Vogel (SPD) begrüßten öffentlichen Kundgebung, in der Tradition der Arbeiterbewegung und des deutschen Widerstandes gegen Restauration und neuen Nationalsozialismus Front zu machen. Schon vor dem durch das Urteil des Bundesverfassungsgerichts vom 17. August 1956 ausgesprochenen Verbot hatte die KPD, gestützt auf Chruschtschows Ausführungen auf dem 20. Parteitag der KPdSU betont, in Westeuropa könnten kommunistische Parteien unter den Bedingungen der parlamentarischen Demokratie arbeiten. Um das zu belegen, war das Bekenntnis der KPD zum revolutionären Kampf aus dem Programm der nationalen Wiedervereinigung Deutschlands von 1952 gestrichen worden. Damit war in einer Phase der Entspannung der Weg zur Wiedergründung einer (west-)deutschen kommunistischen Partei, der DKP, geebnet. Sie konstituierte sich am 25. September 1968.

Als Geschäftsführer der DA hatte Hirsch Mühe, seine Aktion nach vorn zu bringen. Deshalb wurde zur Bundeswahl 1969 vom VVN die Aktion Demokratischer Fortschritt (ADF) als Partei gegründet, in der Hirsch sich betätigte. Sie arbeitete mit der DKP zusammen und wurde vom Verfassungsschutz deshalb als kommunistisch geprägt eingestuft. Auch hier müssen Vorbehalte gegen Hirsch bestanden haben, denn er dürfe nicht »über Finanzfragen, über Kaderfragen und Interna« unterrichtet werden. Angesichts des schlechten Abschneidens bei der Wahl (im Bund 0,6 Prozent, in Hamburg und im Saarland 1,2 Prozent, in Bremen 1,5 Prozent als bestem Ergebnis) gab die ADF ihren Parteistatus auf und wirkte nur noch als »Aktionsbündnis«. Die Finanzierung lief seitdem über den Nationalrat der DDR.

Dass die Abteilung X »Aktive Maßnahmen« der HVA die Arbeit des PDI unterstützte, darf man annehmen. Inwieweit sie selbst die Einrichtung des PDI veranlasst hat, lässt sich nicht mehr aufklären, weil die Beteiligten nicht mehr leben. Einen Rückschluss lassen allerdings Ausführungen in der Biografie von Markus Wolf zu, in denen es heißt, die HVA habe »frühere Versuche, in der Bundesrepublik eigene Publikationsorgane einzurichten, […] auf(ge)geben, weil so etwas unsere [der HVA] Möglichkeiten überstieg«. Stattdessen habe man sich darauf konzentriert, Kontakte zu Journalisten zu knüpfen. Doch damit sei man in Kollision mit anderen Bereichen des MfS gekommen; dessen Aufgabe sei es gewesen, »die Tätigkeit nach Möglichkeit einzuschränken, während […] Abteilung X […] ihnen sogar bei ihren Recherchen« zu helfen bemüht gewesen sei, »um sich vielfältige Kontakte zu erhalten«.

1972 vollzog die HVA, wie es in einem Vermerk an das Büro der Leitung (II) heißt, angesichts der langjährigen Verbindung von Hirsch in die DDR »die absicherungsmäßige Erfassung und eine operative Kontrolle des H. seitens der HVA/II«. Was das im Einzelnen bedeutete, ist nicht belegt. Offensichtlich war es ein geheimdienstlicher Vorgang, denn Hirsch wurde seither einem Führungsoffizier unterstellt. Kenner des Ministeriums für Staatssicherheit haben mich darauf hingewiesen, dass der Geheimdienst bemüht war, seine Mitarbeiter durch solche Abläufe vor möglicher Enttarnung zu schützen. Mit dem Wechsel von der Staatssicherheit in die Hauptverwaltung Aufklärung wurden sein Status als IM aufgehoben und alle bis 1972 bestehenden Vorgänge gelöscht. Deshalb fanden sich bei der Einsicht in die Bestände des Bundesbeauftragten für die Stasiunterlagen nur indirekt Informationen über Hirsch. Nach einer schwer zu entziffernden Notiz war Zeitpunkt des Wechsels der 17. April 1972.

Die Geschichte des DDR-Geheimdienstes reicht zurück bis in die Zeit nach der Errichtung einer sowjetischen Besatzungszone nach

Kriegsende. Die Rote Armee wurde bei ihrem Vormarsch begleitet von einer eigenen Hauptverwaltung Spionageabwehr (Smersh). Ihr folgten Einheiten des Volkskommissariats für Innere Angelegenheiten (NKWD), die nach der Errichtung der Sowjetischen Besatzungszone dort geheimdienstliche Funktionen ausübten. Vergleichbare Funktionen wurden von den aus der Sowjetunion zurückgekehrten Kadern der KPD ausgeübt. Nach der Zwangsvereinigung von KPD und SPD zur SED wurde im August 1946 eine »Deutsche Verwaltung des Inneren« errichtet, die in den Ländern polizeiliche, aber auch geheimdienstliche Aufgaben erfüllte und bei der Entnazifizierung mitwirkte. Mit ausdrücklichem Einverständnis Stalins wurden diese föderalen Strukturen 1949 in einer Hauptverwaltung zum Schutz der Volkswirtschaft zusammengeführt. Aus ihr wurde durch Gesetz vom 8. Februar 1950 das Ministerium für Staatssicherheit, das damit auch die noch von den militärischen Diensten der Roten Armee wahrgenommenen Aufgaben übernahm.

In seiner Endzeit bestand das MfS aus mehr als 30 Abteilungen und Arbeitsgruppen, deren Aufgabe die Sicherung der Staatspartei SED im Inland war. Am Anfang stand 1951 der *Außenpolitische Nachrichtendienst* (APN) der DDR unter Leitung von Anton Ackermann. Nach außen firmierte er zunächst unter einem Tarnnamen als *Institut für wirtschaftswissenschaftliche Forschung* (IPW). Nach Erinnerung von Markus Wolf waren bei der Gründung am 1. September 1951 in Berlin-Bohnsdorf acht Deutsche und vier sowjetische Berater anwesend. Der APN unterstand dem Außenministerium der DDR. Hieraus wurde die Hauptverwaltung Aufklärung (HVA), der Auslandsgeheimdienst der DDR. Nicht nur nach Selbsteinschätzung seitens der DDR, auch für das westliche Ausland war die HVA der zweitbeste Nachrichtendienst der Welt – hinter dem israelischen Mossad. Die Überlegenheit seines Dienstes gegenüber den Diensten der Bundesrepublik bezweifelte auch Markus Wolf – erwartungsgemäß – nicht. Er widersprach jedoch, dass das auf einen »Vorteil der Diktatur« – etwa drakonischer Strafen – gegenüber dem freiheitlich-demokratischen Rechtsstaat zurückzuführen sei. Er fand eine für die westlichen Dienste wenig schöne Begründung für seinen Widerspruch: Ihm sei die »bedenkenlose Leichtfertigkeit« schwer begreiflich gewesen, »mit der westdeutsche Dienste [...] Heerscharen von Agenten zum Beobachten und Fotografieren von Kasernen und militärischen Übungen in Bewegung setzten«.

Nach dem Ende der DDR sind gleichwohl beim Blick in die Akten (soweit diese noch existieren) hinsichtlich der Effizienz des MfS durchaus Zweifel hochgekommen; perfekt hat die mit preußischer Gründlichkeit ausgerichtete Bürokratie funktioniert. Dass dabei auch westdeutsche Firmen beim Archivieren mitgeholfen haben, hat möglicherweise zum Erhalt von Aktenvorgängen beigetragen.

Die Schwerpunkte der Arbeit des im Volksmund als »Horch und Guck« firmierenden MfS waren Spionageabwehr sowie Kontrolle und Sicherung der DDR-Wirtschaft. Dafür standen mehr als 90.000 Mitarbeiter (1988) bereit, d. h., jeder Mitarbeiter hatte 180 DDR-Bürgerinnen und Bürger, vom Säugling bis zum Greis, zu kontrollieren. Für die eigentliche Arbeit vor Ort, also die Lieferung von Informationen über die Bürgerinnen und Bürger des Arbeiter- und Bauernstaates, gab es die in der Schlussphase fast 200.000 sogenannte »Informelle Mitarbeiter« (IM) sowie »Gesellschaftliche Mitarbeiter Sicherheit« (GMS). Das war eine Truppe von Menschen, die sich zu Spitzeldiensten freiwillig verpflichtet hatten, sei es aus politischer Überzeugung oder eines materiellen oder anderen Vorteils wegen oder weil sie dazu gepresst worden waren. Ihre Zahl war also doppelt so hoch wie die der amtlichen Mitarbeiter. Ein IM bzw. GMS »betreute« am Ende etwa 100 Bürger.

Die nachrichtendienstliche Arbeit im Ausland – auch Westdeutschland galt als Ausland – lag bei der aus dem MfS ausgegliederten Hauptverwaltung Aufklärung (HVA). Die Auslandsaufklärung wurde von 1952 bis 1986, also 34 Jahre lang, von Generaloberst Markus Wolf geleitet. Er war der Stellvertreter des Ministers für Staatssicherheit, das war von 1957 bis zum Ende der DDR Erich Mielke.

Die für einen Einsatz im Ausland vorgesehenen Mitarbeiter und Mitarbeiterinnen wurden in der DDR intensiv geschult, bevor sie nach Westen entsandt wurden. Das war u. a. auch bei ihrem zu Prominenz gelangten Spion Günter Guillaume der Fall, denn ungeachtet vieler prominenterer und sogar wesentlich erfolgreicherer Westspione verbindet man mit diesem Namen in besonderer Weise den DDR-Nachrichtendienst, weil Guillaume den Rücktritt von Bundeskanzler Willy Brandt im Mai 1974 zu verantworten hatte. Die wichtigsten Zuträger waren jedoch in der Bundesrepublik Deutschland angeworbene Informelle Mitarbeiter. Über ihre Zahl herrscht Uneinigkeit, beim Ende der DDR sollen es zwischen 2.000 und 3.000 gewesen sein, über die Jahre hätten etwa 12.000 Bürgerinnen und Bürger der Bundesrepublik im Dienst der DDR gestanden. Zu diesen gehörte auch der auf mich angesetzte Spion, der 1977 erstmals bei mir vorsprach. Nach dem Ende der DDR wurden 360 Westdeutsche wegen ihrer nachrichtendienstlichen Tätigkeit verurteilt, in 63 Fällen ergingen Freiheitsstrafen. Auf der anderen Seite wurden »nur« 23 Mitarbeiter der Stasi bzw. IM abgeurteilt, unter ihnen der Leiter der HVA Markus Wolf. Die rein geheimdienstliche Arbeit der Übrigen war durch die DDR-Verfassung abgesichert, sie waren »Schild und Schirm« der SED, der Staatspartei.

Neben der nachrichtendienstlichen Tätigkeit waren *aktive Maßnahmen* im Westen ein bedeutendes Tätigkeitsfeld für die HVA. Dazu gehörte neben Desinformation und Täuschung auch die Schwächung oder Unterstützung westdeutscher Politiker und Journalisten, je nach Interessenlage der SED. Folgt man der Biografie von Markus Wolf, so hatte das MfS mit Sorgfalt die Verhandlungen über die Ostverträge verfolgt. Wolf stellt sich ein Eigenlob mit der Feststellung aus:

> »Im Rückblick glaube ich sagen zu dürfen, dass Informationen und Kontakte meines Dienstes die Entspannungspolitik auf spezifische Weise unterstützt haben. Die politische Führung in Moskau und die Verhandlungsführer der DDR waren über die Intentionen der anderen Seite so gut unterrichtet, dass sie das Erreichbare und die notwendigen Kompromisse real einschätzen konnten.«

Das hört sich fast so an, als habe nach der Paraphierung des Moskauer Vertrages das MfS die weiteren Verhandlungen mit der DDR über ein Transitabkommen betreut. In seinem Tagebuch hat Wolf dazu notiert, dass die Paraphierung des Abkommens mit der DDR in Berlin und die Verleihung des Friedensnobelpreises fast auf den Tag zusammenfielen. Brandt habe in Oslo eine seiner »emotional wirkenden [sic!] Reden gehalten. Er legt heute ein beachtenswertes Bekenntnis ab, mit viel aufhorchend machenden Gedanken eines Kosmopoliten, denen man zustimmen muss.« Ja, nur schade, dass Willy Brandt das nicht mehr lesen konnte.

Für die HVA war es aus Sicht der DDR-Regierung ein strategisch wichtiger Erfolg, dass sie auf das Misstrauensvotum gegen Bundeskanzler Willy Brandt hatte Einfluss nehmen können.

Nach der Bundestagswahl 1969 war Willy Brandt mit einer auskömmlichen Mehrheit von zwölf Stimmen der SPD/FDP-Koalition in seine Kanzlerschaft gestartet. Es war für Deutschland der Aufbruch in eine neue Periode. Willy Brandt nannte den »Machtwechsel von 1969 […] das Gebot der Stunde«. CDU/CSU waren verbraucht, aus fünf Wahlen seit Gründung der Bundesrepublik waren sie erfolgreich hervorgegangen und stellten – selbst bei absoluter Mehrheit – zum Teil gemeinsam mit Koalitionspartnern, die Regierung. Die Wirtschaft war nach der Kapitulation erfolgreich wieder aufgebaut worden, doch Mitte der 60er-Jahre traten Reibungsverluste auf. Wichtige gesellschaftliche Fragen waren ungelöst geblieben. Die Konservativen hatten nicht mehr die Kraft, neue Probleme anzugehen. Willy Brandt hatte als Außenminister der Großen Koalition von 1966 bis 1969 daran mitgewirkt, anknüpfend an die Überlegungen auch einzelner Unionspolitiker unter der Kanzlerschaft Kiesingers die Voraussetzungen für eine neue Ostpolitik zu schaffen. Dabei, so sagte er es den Mitarbeitern des Auswärtigen Amtes bei seinem Amtsantritt, ging es ihm darum anzukämpfen »gegen den Wunderglauben, man könne mithilfe juristischer Formeln, wenn nicht den Krieg nachträglich gewinnen, so sich doch an den Folgen des Krieges vorbeimogeln«. Bei der Wahl 1969 hatte die SPD zwar auf 42,7 Prozent deutlich zugelegt, sie war aber dennoch zweitstärkste Partei geblieben, obwohl sie die Union bei den Direktmandaten überflügelt hatte. Zumindest für Willy Brandt kam eine Große Koalition nicht noch einmal in Betracht, vor allem weil »das Gros der Union die gebotene Frontbegradigung in der Außen- und Deutschlandpolitik [...] für entbehrlich, ja schädlich [hielt]«. Hingegen sah er in der Außen- wie in der Innenpolitik Gemeinsamkeiten mit der FDP. Es kann dahinstehen, ob Willy Brandt bereits in der Wahlnacht mit dem FDP-Vorsitzenden Walter Scheel eine sozialliberale Koalition verabredet hat. Deren Möglichkeit war nach seinen Worten schon 1966 geprüft worden, doch diesmal gelang es. Die Kanzlerwahl gelang dann mit nur zwei Stimmen über dem Soll. Angesprochen darauf, wie er seine künftige Aufgabe verstehe, hatte Willy Brandt gesagt – und dieser geschichtliche Rückbezug ist den SPD-Parteivorsitzenden nach ihm leider verloren gegangen – er »sehe jetzt die große Chance, [...] den großen Ausgleich zu schaffen, von dem Bebel schon gesprochen hat: ›Es gilt das Vaterland der Liebe und Gerechtigkeit zu gestalten – soweit man dies auf Erden zustande bringen kann.‹«

Hatte nicht zuletzt die Verabschiedung der umstrittenen Notstandsgesetze Politik und Gesellschaft weiter auseinandergebracht, so konnte die sozialliberale Koalition mit der Brandt'schen Ostpolitik und dringend gebrauchten innenpolitischen Reformen Vertrauen in der Bevölkerung zurückzugewinnen. Mit den Verträgen mit Moskau, Warschau und Prag wurden die Folgen des Zweiten Weltkrieges anerkannt, insbesondere die Oder-Neiße-Grenze als Westgrenze Polens festgeschrieben. Der Grundlagenvertrag mit der DDR beendete die »Tüttelchen«-Politik, derzufolge die DDR nur in Anführungszeichen gesprochen werden durfte, und anerkannte die DDR als den zweiten souveränen, gleichberechtigten deutschen Staat. Das innenpolitische Programm hatte Willy Brandt mit den Worten »Mehr Demokratie wagen« umschrieben. Strafrechtsreform, Gleichberechtigung von Mann und Frau, Herabsetzung der Volljährigkeit auf 18 Jahre, die betriebliche Mitbestimmung, soziale Reformen, Hochschulreform sind die Stichworte für die gesellschaftlichen Fortschritte in der Ära Brandt-Scheel. Doch der Erfolg hatte seinen Preis. Die Ostpolitik blieb nicht ohne Widerspruch auch in der Koalition, deren Mehrheit durch Partei- und Fraktionswechsel auf nur noch zwei Stimmen schrumpfte. Die CDU/CSU-Opposition sah das als ihre Chance, erstmals in der Geschichte der Bundesrepublik das konstruktive Misstrauensvotum zu versuchen, um so ihren Fraktionsvorsitzenden Rainer Barzel zum Bundeskanzler zu wählen. Das misslang.

Bei der Abstimmung über den Antrag der CDU/CSU am 27. April 1972 fehlten wider Erwarten zwei Stimmen, um Brandt als Bundeskanzler abzulösen. Nach dem Ende der DDR wurde der Verdacht bestätigt, dass die Bundestagsabgeordneten Julius Steiner (CDU) und Leo Wagner (CSU) sich gegen Zahlung von je 50.000 DM gegenüber der HVA verpflichtet hatten, gegen den Misstrauensantrag der CDU/CSU zu stimmen. Möglicherweise war es noch viel komplizierter: Karl Wienand, graue Eminenz in der SPD-Fraktion, und Egon Bahr, Staatssekretär im Bundeskanzleramt, kamen ins Gerede, die auf dem Konto von Steiner gebuchte Zahlung sei von ihnen geleistet worden. Und am Ende ist auch nicht geklärt, ob der Abgeordnete Steiner sich mehrfach für seine Abstimmung hat honorieren lassen. Ein Untersuchungsausschuss des Deutschen Bundestages hat es jedenfalls nicht geschafft, Licht in die Affäre zu bringen.

Zwei Wochen nach der Abstimmung zeigte sich SED-Chef Erich Honecker bei seinem ersten Staatsbesuch in Rumänien stolz auf »seinen« Erfolg, der ein Erfolg für den gesamten Ostblock sei: Im Sinne einer »gemeinsamen, koordinierten Linie auf außenpolitischem Gebiet« sei eine Regierung Brandt »für uns alle angenehmer als eine Regierung unter Leitung von Barzel und Strauß«. Dass er ihn dennoch mithilfe seines Kundschafters Günter Guillaume letztlich doch gelingen sollte, Brandt zu Fall bringen, war ihm damals noch nicht bewusst.

Die Aufklärungsarbeit in der als Ausland geltenden Bundesrepublik Deutschland und in Berlin war – wie schon oben erwähnt – 1956 aus dem für die Aufklärung zuständigen DDR-Ministerium für Staatssicherheit in die Zuständigkeit in die Hauptverwaltung Aufklärung (HVA) ausgegliedert worden. Die am Ende 21 Abteilungen waren u. a. zuständig für die klassische Spionage, Kontakt zu westlichen Parteien, Gewerkschaften und gesellschaftlichen Organisationen (HVA II), aber auch für Desinformation (HVA X). Dass wir aus dieser Organisation nach dem Ende der DDR so wenig bis gar nichts erfahren haben, hat auch der Runde Tisch nicht verhindern können.

Der Runde Tisch sollte die Weichen für den Übergang vom SED-Staat, den Weg von der Diktatur der DDR in die Demokratie stellen. Das versuchten vom 7. Dezember 1989 bis zum 12. März 1990 Vertreter der Bürgerrechtsbewegung und der alten, zur PDS gewandelten SED. Gesprächsthema war auch die Zukunft des Ministeriums für Staatssicherheit. Die Entscheidung war dem Runden Tisch allerdings schon teilweise aus der Hand genommen worden. Schon im Oktober hatte Erich Mielke Befehl zur Vernichtung von Akten der Staatssicherheit gegeben, weil sie angeblich in den Dienststellen des MfS nicht sicher seien. Nach dem Mauerfall setzte Mielkes Stellvertreter Wolfgang Schwanitz als Leiter des neuen Amtes für Nationale Sicherheit (AfNS) die Vernichtung von Akten mit der »Aktion Reißwolf« fort, um den Aktenbestand auf »den zur Gewährleistung der Arbeit des AfNS erforderlichen Mindestbestand« zu reduzieren. Die Einsicht in Akten des MfS, die »Staatsgeheimnis« sind, wurde ausgeschlossen. Unterlagen über »Überwachungsmaßnahmen des ehemaligen MfS« waren zu vernichten, »IM/GMS-Unterlagen einschließlich IM-Nachweisen und Weisungen, die Schlüsse auf die Person eines IM zuließen«, wurden gesperrt. Der Runde Tisch setzte in seiner 3. Sitzung am 27. Dezember 1989 – gegen die Stimmen von SED/PDS – durch, »die Weisung [der Regierung] zur Bildung eines Verfassungsschutzes [...] bis zum 6.05.1990 auszusetzen«. Der 6. Mai 1990 war Termin für die demokratische Neuwahl zur Volkskammer.

Die Regierung provozierte Besetzungen der Bezirksämter des MfS in Dresden und Leipzig im Gefolge der zunehmend aggressiveren Montagsdemonstrationen. Als die Regierung den Zwischenbericht über die Auflösung des Amtes für nationale Sicherheit verschleppte, rief das Neue Forum zum 15. Januar 1990 zu einer Demonstration in Berlin gegen die Staatssicherheit auf. In der Legende über das Ende der DDR wird dieser Vorgang als »Erstürmung [...] des MfS in der Normannenstraße« bezeichnet. Nach Protesten gegen die Aktenvernichtung war deren Stopp angeordnet worden, unter der Hand ging sie aber weiter. SED/PDS und der alte Kader des MfS gaben nicht auf, ihre Perfidie zeigte sich in der Einrichtung sogenannter Sicherheitspartnerschaften der Volkspolizei unter Beteiligung von Staatsanwälten und Angehörigen der Staatssicherheit. Sie sollten angeblich die Arbeit der Staatssicherheit aufarbeiten, in Wirklichkeit aber die Akten des MfS sichern. Ihre Angehörigen mischten sich unter die Bürgerkomitees, die die Parole zur Erstürmung des MfS ausgegeben hatten. Die Erstürmung der MfS-Zentrale in der Normannenstraße ging planvoll ins Leere, die Türen waren nämlich bereits von innen geöffnet worden. Die aggressiv gestimmten Demonstranten wurden gezielt in Büros gelenkt, in denen keine wichtige Arbeit des Staatssicherheitsdienstes betrieben worden war. Sie zerlegten Mobiliar, zerrissen bereitgelegte Akten und zogen nach ihrer Zerstörungsarbeit mit dem guten Gefühl ab, sie hätten diese »zentrale Zwingburg des Unterdrückungsregimes erobert«. So jedenfalls verbreiteten die DDR-Medien die Erstürmung. Gleichwohl war dies ein symbolischer, für den weiteren Verlauf wichtiger Vorgang.

Nach einer zwei Wochen dauernden Diskussion hatte der Runde Tisch am 23. Februar 1990 den Umzug des MfS in neue Räume beschlossen. Die Akten kamen auf dem Weg ins neue Quartier jedoch nicht an. Dem folgte drei Tage später der Mehrheitsbeschluss zur Vernichtung fast aller Akten und Datenträger der HVA. Bis zum März 1990 war dem Vernehmen nach etwa die Hälfte eines zwölf Kilometer langen Aktenbestandes entsorgt.

Ein Interesse an der Vernichtung der Akten bestand aber nicht nur bei der ehemaligen SED und dem MfS. Es wurde die Parole gestreut, die Vernichtung der Akten sei notwendig, um die Bürger der DDR vor Einblicken aus dem »Westen« in ihre Interna zu schützen. Aber auch die damalige Bundesregierung hatte ein lebhaftes Interesse, die Bekanntgabe der gründlichen Aufzeichnungen des MfS über Telefongespräche des Bundeskanzleramts zu verhindern. Bundeskanzler Kohl sagte ganz offen, er wüsste, was man mit den Akten machen solle. »Wir haben keine Freude daran, und spätere Historiker werden auch keine haben.« Das war falsch, denn möglicherweise wäre so mancher Skandal, dessen Aufklärung missriet, mit DDR-Hilfe doch noch aufgeklärt worden. Als es um den Einigungsvertrag ging, hatte das MfS sehr wohl seine Interessen eingebracht, beginnend mit der Forderung nach einer Amnestie bis hin zur Garantie doppelter Renten.

Um die Abwicklung der DDR-Staatssicherheit sollte sich nach dem Willen der demokratisch gewählten Volkskammer – unter Vorsitz des späteren ersten Beauftragten der Bundesregierung für die Staatssicherheitsunterlagen Joachim Gauck – die »Sonderkommission zur Kontrolle der Auflösung des Ministeriums für Staatssicherheit« kümmern. Im Einigungsvertrag vom 31. August 1990 wurde mit Bezug auf Datenmaterial des MfS festgestellt: »Die Aufbewahrung, Nutzung und Sicherung dieser Unterlagen bedarf wegen der damit verbundenen erheblichen Eingriffe in Grundrechtspositionen einer umfassenden gesetzlichen Regelung durch den gesamtdeutschen Gesetzgeber.« Der Bundesinnenminister schätzte, es seien »mit Sicherheit über sechs Millionen Deutsche aus der DDR und über zwei Millionen Deutsche aus der Bundesrepublik Deutschland« betroffen. Bis zu der angekündigten gesetzlichen Regelung wurden die Akten in einer Übergangsregelung dem angeführten neu geschaffenen Amt »Der Sonderbeauftragte der Bundesregierung für die personenbezogenen Unterlagen des ehemaligen Staatssicherheitsdienstes« übertragen. Antragsteller sollten aus ihnen Auskunft erhalten.

Wie mit den Akten des Ministeriums für Staatssicherheit umzugehen sei, war dann auch ein kontroverses Thema zwischen den offiziellen Verhandlungspartnern Wolfgang Schäuble und Günter Krause auf der einen Seite, der Volkskammer und der Bürgerrechtsbewegung auf der anderen Seite.

Am 24. August 1990 hatte die Volkskammer das »Gesetz über die Sicherung und Nutzung der personenbezogenen Daten des ehemaligen MfS/AfNS« verabschiedet, demzufolge die Lagerung der Unterlagen und ihre Aufarbeitung Sache von Archiven der Länder sein sollen. Derweil war der Einigungsvertrag unterschriftsreif. Auf Druck der westdeutschen Seite war die Fortgeltung dieses DDR-Gesetzes nicht vorgesehen. Das geschah mit Billigung des Ministerpräsidenten de Maizière und seines zuständigen Innenministers. Auf einstimmigen Protest der Volkskammer wurden dann in den Einigungsvertrag einige, allerdings nur kosmetische Korrekturen eingebaut. Nach dem Willen der Verhandelnden sollten die Akten im Bundesarchiv Koblenz 30 Jahre unter Verschluss liegen müssen. Kritiker fürchteten zu

IX Themen der Innenpolitik im Büro von Willy Brandt

Recht, wenn man so verfahre, würde Einsicht nur noch in geschwärzte Akten gewährt. Der von Vertretern der Bürgerrechtsbewegung vorgetragene Protest zeigte Wirkung. Am 4. September 1990 wurde die Stasizentrale in der Berliner Normannenstraße besetzt, vergleichbare Aktionen folgen in den Bezirksstellen der Stasi. Joachim Gaucks Verdienst ist der von der Volkskammer gebilligte Lösungsvorschlag, eine Bundesbehörde zur Verwaltung der Stasiunterlagen zu errichten, die dann nachträglich Eingang in den Einigungsvertrag fand.

Die Begründung für die Weigerung, insbesondere von westdeutscher Seite, die Akten dem Zugang der Bürgerinnen und Bürger zu öffnen, war die Sorge, der gesellschaftliche Friede könne dadurch gestört werden. Aber im Grunde wäre mit einer Vernichtung der Akten oder selbst mit einer Sperrung auf Zeit der DDR-Bevölkerung die Chance genommen worden, ihre eigene Geschichte aufzuarbeiten. Dabei hätte gerade im Westen noch in Erinnerung sein müssen, was es letztlich für die Bundesrepublik bedeutet hatte, dass die Aufarbeitung der NS-Zeit über Jahrzehnte dilatorisch behandelt oder ganz unterbunden worden war.

Dass die Stasi sich sehr früh auf einen Übergang nach dem Ende der DDR eingerichtet und entsprechende Vorkehrungen getroffen hatte, ist nicht nur an der Weisung vom 7. Dezember 1989 immer wieder sichtbar geworden. Im Zusammenwirken mit der – allerdings vornehmlich nur in der Theorie – nicht mehr als Staatspartei wirkenden SED/PDS ist auf die Arbeit des Runden Tisches und auf personelle Entscheidungen in der Regierung eingewirkt worden. Ehemalige Mitarbeiter wurden so vor Verfolgung geschützt. Und die Netzwerke der Stasi hatten mit der Vereinigung ihre Wirkung auch nicht verloren.

Noch bis heute ist die Suche nach Vermögenswerten nicht beendet. Die auf eine Initiative der Volkskammer der DDR von Ministerpräsident Lothar de Maizière eingesetzte Unabhängige Kommission Parteivermögen (UKPV) hatte bis zu ihrer Auflösung im Jahre 2006 bereits etwa 1,6 Milliarden € inländisches Vermögen der SED, der Blockparteien und der gesellschaftlichen Organisationen eingesammelt. Ein solch stolzes Ergebnis konnte der Bundesminister des

Innern in seinem Schlussbericht im Juli 2006 verkünden. Als zehn Jahre nach dem Mauerfall zwei Mitarbeiter meiner späteren Abteilung im BMI das Sekretariat der UKPV übernahmen, ging es eigentlich nur noch um das im Ausland geparkte Vermögen, das sich die DDR-Machthaber für eine mögliche »Zeit danach« gesammelt hatten. Darin verhielten sie sich wie die NS-Machthaber, sind ihnen sogar noch voraus. Verantwortlich war Rudolfine Steindling (»Rote Fini«), bis 1969 nicht nur Treuhänderin der österreichischen kommunistischen Partei, sondern darüber hinaus Geschäftsführerin der 1951 in Berlin-Ost gegründeten »Novum«. Novum war immer zur Stelle, wenn österreichische Firmen Geschäfte mit der DDR machten. Sie wurde für ihre Vermittlerdienste mit Provisionen honoriert, die sie über die frühere österreichische Länderbank, später die Bank Austria bunkerte. Am Ende der DDR hatte die Einlage einen Wert von fast einer halben Milliarde D-Mark. Beim Versuch des Bundesfinanzministers, an dieses Vermögen zu kommen, unternahmen deutsche, österreichische und schweizerische Rechtsanwälte eine Verschleierungsaktion, die den bei den Panama-Papieren hochgekommenen Straftaten nicht nachstand. Ein Berliner Verwaltungsgericht hatte 1996 Frau Steindlings Schatz zunächst als Vermögen der Kommunistischen Partei Österreichs betrachtet. Aufgrund der in Berliner Anwaltskanzleien zutage geförderten Dokumente sprach das Oberverwaltungsgericht Berlin das Geld der Bundeskasse zu. Das Geld war aber verschwunden, vorausgegangen war eine Verschiebeaktion zwischen Wien und Zürich. Das Geld hatte die »Rote Fini« in mehr als 50 Schritten aus Zürich abgehoben. Das Schweizer Obergericht warf dem österreichischen Staat mangelnde Sorgfalt bei der Verschiebeaktion vor und verurteilte die Wiener Regierung zur Zahlung von 250 Millionen € an Deutschland. »Chanel-Kommunistin« nannte die österreichische Tageszeitung »Die Presse« die vom österreichischen Staat zur Kommerzialrätin erhobene Finanzmanagerin, als sie 78-jährig an ihrem israelischen Zweitwohnsitz verstarb.

Diese Art der Vorsorge für den »Tag danach« legte natürlich die Vermutung oder Erwartung nahe, ehemalige Stasimitarbeiter könnten sich, um für »die Zeit danach« vorzusorgen, um die Verwertung ihrer Arbeitsergebnisse bemüht haben. Unklar ist bis heute nur, wie aus dem Aktenbestand der Hauptverwaltung Aufklärung, der ja mindestens mit Wissen des Runden Tisches 1990 vernichtet werden sollte, die sogenannten Mobilmachungskarteien beim US-Geheimdienst CIA landen konnte. Hatten hier die Regierungen zusammengearbeitet, oder hatten sogar MfS-Mitarbeiter einen privaten Handel betrieben? Zwischen 1999 und 2003 wurden 381 CD-ROM mit den Daten an Deutschland zurückgeben. Meine Hoffnung, ich könnte aus ihnen Auskunft über die Beziehung von Hirsch zum Büro Brandt zutage fördern, hat sich nicht erfüllt. So lege ich eine Episode meines Berufslebens, die sehr eng mit Willy Brandt verbunden war und die mit menschlicher Enttäuschung verbunden ist, unerledigt zu den Akten. Leider hat auch der Verfassungsschutz nichts zur Aufklärung beigetragen. Der Bestand unter meinem Namen wurde vor Jahren angeblich vernichtet, die Akte Hirsch ist noch gesperrt.

X Titos Tod – Jugoslawien zerfällt

Wegen meiner Liebe zu Jugoslawien nahm ich mir bei Willy Brandt auch das Vorrecht heraus, ihn auf Dienstreisen dorthin zu begleiten. Zu Lebzeiten besuchte er Tito. Von einer Reise ist mir die Landung in Belgrad in lebhafter Erinnerung. Neben dem Marschall begrüßte den deutschen Gast die damals noch gelittene Gattin Jovanka, begleitet von zwei weißen Zwergpudeln. Tito begleitete Willy Brandt zu vertraulichen Gesprächen auf seine Insel Brioni. Es gehörte zu Titos staatspolitischer Philosophie, die Gleichwertigkeit der Völkerschaften und Religionen zu demonstrieren, indem er in jeder der sieben Republiken Jugoslawiens eine Residenz unterhielt. Das System funktionierte einigermaßen, ungeachtet der Eifersüchteleien zwischen dem wirtschaftlich starken Norden und den ärmeren, landwirtschaftlich geprägten Republiken im Süden und Osten. Es gab sogar Ehen zwischen Angehörigen verschiedener Völkerschaften und Glaubensbekenntnisse. Das Land hatte sich hohe internationale Anerkennung verschafft, als Tito auf Distanz zur sowjetischen Brudermacht ging und den sogenannten Dritten Weg zwischen Kommunismus und Kapitalismus propagierte. Das verschaffte dem Jugoslawien Titos – zumal in der Dritten Welt – hohe Wertschätzung, die nach dem Tod Titos allzu bald an ihr Ende kam. Den Abschluss des Besuchs von Willy Brandt bildeten erholsame Tage in einem Staatshotel in Split. Die Fahrt in Staatskarossen durchs Land glich einem makabren Autorennen. Wir fuhren durchweg über schmale Landstraßen, das vorausfahrende Leitfahrzeug zwang vorausfahrende Fahrer, ihren Wagen notfalls in Gräben neben der Straße zu steuern.

Auch zu den Feierlichkeiten aus Anlass des am 4. Mai 1980 verstorbenen Tito konnte ich Willy Brandt begleiten. Die Erinnerung an das Leichenbegängnis verdanke ich dem »Paris Match«, den mir mein Freund Dr. Ludwig Ehrlich geschickt hatte. Das Titelbild ziert in ihrer Natürlichkeit Ursula Andress. Im Innern des Magazins, das über die Beerdigung von Marschall Josip Tito Broz berichtete, hatte er neben Willy Brandt mein Konterfei entdeckt, umgeben von hohen staatlichen Würdenträgern, die auf einer Tribüne saßen. Der von Tito vertretene Dritte Weg hatte die Führer aus den großen Blöcken und der Dritten Welt nach Belgrad gebracht. Titos Begräbnis wurde so zu einem der größten Leichenbegängnisse nach dem Zweiten Weltkrieg. Die Trauerfeier war ein spektakuläres Ereignis, dessen Bedeutung nur übertroffen wurde durch die Gluthitze. Über 180 Monarchen, Staats- und Parteichefs sowie Führer von Bewegungen waren in Belgrad versammelt; es waren nach meinem Eindruck – bis auf die indische Regierungschefin Indira Gandhi – ausschließlich Männer.

Die Tage, an denen ich Willy Brandt bei diesem Trauerakt begleitete, zu dem er neben Bundeskanzler Helmut Schmidt und dessen Außenminister Hans-Dietrich Genscher als Staatsgast aus der Bundesrepublik geladen war, sind mir aus vielerlei Gründen in der Erinnerung. Willy Brandt durfte mit der Flugbereitschaft der Bundeswehr den Bundeskanzler begleiteten, sein Außenminister hatte wohl eine eigene Maschine.

Die deutsche Delegation übernachtete im Hotel Intercontinental. Wichtig schien eine dort eingerichtete Fernschreibstelle, die die Verbindung nach Bonn sichern musste. Sie wurde aber fast ausschließlich vom Bundesaußenminister genutzt, dem in Meterlänge sämtliche von den diplomatischen Vertretungen eingehenden Fernschreiben nachgesandt wurden. Der Bundeskanzler, der hiervor zurückzutreten hatte, ließ seine Verärgerung deutlich spüren.

Das Zeremoniell begann nach dem amtlichen Ablaufplan um 7:30 Uhr mit der Niederlegung der Kränze. Ich nehme an, dass sich

Willy Brandt danach zur Beileidsbekundung begab, die von 8:30 bis 10:00 Uhr im Gebäude der Konföderation stattfand. Als wir unsere Zimmer im 6. Stock des Hotels Intercontinental verließen, kam es zu einer eher peinlichen Begegnung Willy Brandts mit Erich Honecker. Honecker kam ohne Begleitung auf dem nur von einer Seite beleuchteten Flur von einem Frühstück mit Helmut Schmidt zurück. Wahrscheinlich hatte er Brandt wesentlich später erkannt als der ihn. Ein Ausweichen war nicht möglich, da nur ein Aufzug zu erreichen war; wahrscheinlich warteten wir dort sogar. Honecker war noch im Hochgefühl der hinter ihm liegenden, nur infolge des Todes von Tito zufällig zustande gekommenen Begegnung mit dem deutschen Bundeskanzler. Man konnte ihm ansehen, dass er sich ernst genommen fühlte. Als er uns erreichte, überschüttete Honecker Willy Brandt mit Herzlichkeit, die seine Überraschung angesichts des für ihn unerwarteten Zusammentreffens überdeckte. Willy Brandt erstarrte angesichts der unerwarteten Begegnung, wie ich es aus anderen ihm unangenehmen oder unwillkommenen Begegnungen kannte. Honecker berichtete mit fast kindlicher Begeisterung über das hinter ihm liegende Frühstück mit Helmut Schmidt. Sie beide seien sich einig – und damit wollte er Willy Brandt vereinnahmen –, die beiden deutschen Staaten müssten jetzt gemeinsam in der Welt auftreten. Es war nicht klar, ob er dies auf den Fortfall der Mittlerrolle von Tito bezog. Willy Brandt machte keine Anstalten, auf Honeckers Aussage zu reagieren oder das Angebot zu einem Gespräch aufzugreifen. Er verabschiedete den ihm nicht willkommenen Staatschef kurz und knapp. Ich selbst nahm diese Begegnung zum Anlass zu einer mir von Willy Brandt übel vermerkten Frage, nämlich, ob es Sinn mache, den DDR-Spion Guillaume, der inzwischen seine Strafe verbüßte, für einen Austausch mit Verfolgten in der DDR einzusetzen. Das wurde mit einem kurzen »auf keinen Fall« abgelehnt. Später fand das dann doch statt.

Beim Beginn der Trauerfeierlichkeit lag Belgrad bereits in glühender Hitze, die das Leben zum Stillstand brachte. Die Ruhe, in die die Stadt für das Zeremoniell versetzt war, wurde nur durch die sich stets wiederholende, getragene Trauermusik bestimmt, die aus den jede Straßenkreuzung flankierenden Lautsprechern schallte.

X Titos Tod – Jugoslawien zerfällt

Vor dem Parlament war eine große Tribüne errichtet worden, die Trauergäste sollten bis 11:45 Uhr vor dem Parlamentsgebäude eingetroffen sein, wo sie auf den Stufen der Tribüne Platz nahmen. Willy Brandt war naturgemäß Wunschgesprächspartner vieler hochrangiger Gäste. Es waren versammelt die kommunistischen Führer – Breschnew, aber auch Togliatti. Arafat, Vertreter der Palästinensischen Befreiungsorganisation, stürzte sich auf jeden, den er zu kennen glaubte, um ihn zu umarmen. Willy Brandt wich dieser Begegnung aus, auch ich konnte dem durch eine Seitwärtsbewegung entgehen. Bedrückend war die Begrüßung mit dem schwedischen König, der sich, wie sein stark gerötetes Gesicht zeigte, offenbar in schlechter Verfassung befand. Immer wenn er das Wort an Willy Brandt richten wollte, wurde er von seinem Außenminister oder dem Attaché unterbrochen. Um 11:57 Uhr hatten die Sargträger vor der Lafette Aufstellung zu nehmen, um Punkt 12:00 Uhr wurde der Sarg vom Katafalk auf die Lafette gehoben. Stevan Doronjski hielt die Trauerrede, nach der der Trauerzug begann. Die Delegationsleiter begaben sich danach zum Ausruhen ins Parlamentsgebäude. Sie wurden in kleine, dunkle Gesprächszimmer im Parlament gebracht, das Willy Brandt zugeteilte fasste nicht mehr als einen Tisch mit vier Stühlen. Das Protokoll hatte Willy Brandt mit der indischen Ministerpräsidentin Indira Gandhi zusammengeführt. Und so konnte ich es erleben, wie die beiden nahezu eine Stunde lang schweigsam beieinandersaßen. Das war eine momentane Gemütsbewegung. Um die Pause zu überbrücken, schob Indira Gandhi mir immer wieder die Plätzchenschale nach dem Motto: »Nun iss doch, Junge«. Ich musste mühsam mit ihr die Stunde überbrücken. Dass die scheinbare Distanz zwischen den beiden allein der Situation geschuldet war, zeigt das Bild von ihrer Begegnung im Sommer 1984 in Neu-Delhi in Willy Brandts Erinnerungen: Die beiden konnten durchaus miteinander.

Die Trauergäste begaben sich dann ab 13:20 Uhr an den Begräbnisplatz, der in Titos Stadtvilla eingerichtet worden war. Der von »Paris Match« festgehaltene Blick der versammelten Staatsführer ist zumeist nach rechts gerichtet. Von dort sollte offenbar der Katafalk mit dem Leichnam des jugoslawischen Machthabers kommen, um in die Gruft an der Stelle des Schwimmbeckens versenkt zu werden. In das Mausoleum wurde der Sarkophag um 14:25 Uhr gebracht. Nach dem Ende der Zeremonie traf Willy Brandt sich noch mit dem türkischen Sozialdemokraten Bülent Ecevit.

Tito hatte sich bemüht, sein Land im Zuge seiner Nationalitätenpolitik sehr überlegt auf die Zeit nach ihm vorzubereiten, Vorkehrungen für eine Nachfolge getroffen, die einen Wechsel nach Art einer Diadochenregelung unter seinen Nachfolgern und den Republiken vorsah. Das gelang nur für wenige Jahre. Die angesichts der Entwicklung in Mitteleuropa auch Südslawien erfassende Liberalisierung gab den unter Tito mühsam kanalisierten Nationalisierungsbestrebungen Raum. Als treibende Kraft galten die Kroaten, aber auch die dominierenden Serben trugen zur Ethnisierung und zum baldigen Zerfall Jugoslawiens bei, als der kroatische Führer Tudjman in einem Treffen mit dem serbischen General Milošević im Frühjahr 1991 die Aufteilung Bosniens unter Serbien und Kroatien verabredete. Der Jugoslawienkenner Ulrich Schiller schreibt dem Bundeskanzler Kohl und seinem Außenminister Genscher »ein gerüttelt Maß an Mitschuld für die rasche Ethnisierung und blutige Eskalation in der Region« zu. Deutschland habe im UN-Sicherheitsrat Sanktionen gegen das als Kriegstreiber beschuldigte Kroatien vereitelt. Aber auch die Einmischung der USA trug zur Eskalation bei, als sie Tudjman im August 1995 bei der Vertreibung der seit Langem dort ansässigen Serben aus der kroatischen Krajina gewähren ließen. Zum Zerfall des Landes trug auch bei, dass im Gefolge der deutschen Einheit deutsche Politiker euphorisch die Bestrebungen der Republiken zur Selbstständigkeit begrüßten.

Das besagt nicht, dass Deutschland Verantwortung für den als bald einsetzenden blutigen Krieg trägt, der das Land über Jahre lähmte. Zurückhaltung und mehr europäische Gemeinsamkeit hätten uns damals gut angestanden. Manch einer meinte, wenn den Deutschen die Befreiung vom Kommunismus gelungen sei, dürfe man das den Bewohnern Jugoslawiens nicht vorenthalten. Die Geschichtswissenschaft mag Deutschland Absolution erteilen, mitursächlich war unser Verhalten allemal. Immerhin tragen wir jetzt – in der

Mitverantwortung der Europäischen Union – dazu bei, Südslawien bei der Beseitigung der immer noch nicht vollständig behobenen Schäden zu helfen.

XI   Willy Brandt und die Christos

1995 hat der aus Bulgarien stammende Künstler Christo Javacheff mit seiner Frau Jeanne-Claude eines der bemerkenswertesten Kunstprojekte realisiert, als er den Reichstag verhüllte. Heute wird niemand dieses Kunstwerk in Berlin finden, es existierte nur 14 Tage. Christo sagte von sich, er werde nach seinem Tod der unschuldigste Künstler genannt werden, weil er keines seiner großen Kunstprojekte zurücklassen werde.

Willy Brandt gehörte zu den Politikern, die das Projekt von Anfang an unterstützt haben. Aus seiner ersten Begegnung mit Christo wurde eine enge Verbindung, die ich Freundschaft nennen möchte. Start war der Anruf eines amerikanischen Galeristen aus Berlin, Michael Cullen. Er bat um einen Termin für Christo, der seine Werbung für das Projekt bei den Abgeordneten des Deutschen Bundestags beim ehemaligen Regierenden Bürgermeister von Berlin beginnen wollte. Willy Brandt zögerte, weil nach seinem Empfinden Ansprechpartner für ein solches Unternehmen das Präsidium des Deutschen Bundestages sei und es für ihn Grundsatz war, sich in fremde Zuständigkeiten nicht einzumischen. Er kannte aus Bemühungen Christos in Berlin die Idee und wusste von einer positiven Einschätzung durch die Präsidentin des Deutschen Bundestages, Annemarie Renger. Sie hatte nach dem Regierungswechsel ihr Amt an Karl Carstens als Vertreter der größten Fraktion CDU/CSU abgegeben. Erst als

Abb. 17 Der Autor trifft die Christos im Kunstmuseum Bonn (1993).

Brandt hörte, dass auch der sich mit Christo treffen werde, sagte er ein für den 20. Januar 1977 vereinbartes Treffen zu, in dem ihm Christo mit Cullen das Projekt vorstellte.

Cullen hatte Christo 1971 den kühnen Vorschlag gemacht, den Reichstag zu verhüllen. Seit er von New York gekommen war, faszinierte ihn dieses Gebäude. Wie kein anderer hatte er die Geschichte des Reichstags seither erforscht und ist bis heute *der* Experte für alles, was sich um den Reichstag dreht. Cullen kannte Christo nicht persönlich, als er ihm mit kurzen Worten im August 1971 das Postskript einer Reichstagspostkarte des gleichfalls in Berlin lebenden amerikanischen Künstlers John Gabriel übergab und zu überlegen empfahl, ob das abgebildete Gebäude sich nicht als Objekt für eine Verhüllung lohnen könne.

Seit der Kapitulation am 8. Mai 1945 stand die bei den heftigen Kämpfen um Berlin in den letzten Kriegswochen weitgehend zerstörte Ruine des Reichstags als Symbol für den Untergang der NS-Diktatur. Die Kuppel drohte einzustürzen, es gab kaum noch nutzbare Gebäudeteile. Aber bereits vor dem Ende des letzten Kriegsjahres hatte die Diskussion um den Wiederaufbau begonnen, als der Magistrat für Bau- und Planungswesen unter Hans Scharoun ihn auf eine Liste der zu renovierenden Gebäude setzte. Die Gegner blieben nicht untätig, aber mit dem Beginn der Blockade war eine Mehrheit gewachsen, den Reichstag als Symbol von Freiheit und deutscher Einheit zu erhalten. Nach der Konstituierung des Deutschen Bundestages bekamen die Befürworter einer Nutzung des Reichstags Unterstützung durch die Forderung nach Präsenz der Bundestagsausschüsse in Berlin bei der Beratung über Berliner und gesamtdeutsche Fragen. Zu den vehementen Streitern für den Erhalt gehörte Willy Brandt. Nach dem Ausbau Ostberlins zur DDR-Hauptstadt trat der Berliner Senat, unterstützt durch Teile des Bundestages, 1954 für die Planung eines Regierungsviertels in Westberlin ein. Zu diesem sollte auch ein wiedererrichteter Reichstag gehören. Nach Jahren kontroverser Debatten wurde 1960 nach einer beschränkten Ausschreibung der Kölner Architekt Paul Baumgarten mit dem Wiederaufbau betraut. Er nahm unter der Bedingung an, dass er auch einen neuen Plenarsaal bauen dürfe. Dieser war am 31. Dezember 1969 fertig, aber auch, nachdem im März 1971 die Arbeiten an der Fassade und im Innern beendet waren, bestand keine Klarheit, wie der Reichstag genutzt werden solle.

In dieser Situation hatte der zum Experten der Baugeschichte des Reichstags gewordene Historiker Cullen seine folgenreiche Empfehlung ausgesprochen. Die Diskussion über die Funktion des Reichstags im dreigeteilten Deutschland ging weiter. Ein Parlamentsgebäude wurde nicht gebraucht, der Bundestag hatte seinen Sitz in Bonn, viele meinten, dort sollte er auch bleiben. Das Berliner Stadtparlament war vom Rathaus Schöneberg in den früheren Preußischen Landtag an der Grenze zu Kreuzberg gezogen. Die DDR begann mit der Planung des Palastes der Republik als Sitz der Volkskammer auf dem Gelände des ehemaligen kaiserlichen Schlosses.

Christo hatte bis 1956 an der Kunstakademie Sofia studiert. Als während eines Besuches bei Verwandten in Prag der Volksaufstand in Ungarn ausbrach, entschloss er sich zur Flucht nach Wien. Dort setzte er sein Studium fort, ging aber 1958 weiter nach Paris. Zunächst schlug er sich mit Porträts durch. Allerdings hatte die Verhüllung von Objekten schon während seiner Ausbildung eine Rolle gespielt, damals freilich in sehr viel kleinerem Rahmen als später. 1961 experimentierte er in Paris erstmals mit leeren Ölfässern. Denen blieb er treu, etwa bei der Installation »The Wall« in Oberhausen. Und als Krönung seiner Kunst ist möglicherweise die Mastaba in der Arabischen Wüste gedacht, für die Tausende Ölfässer nach Art einer Pyramide gestapelt werden sollen. Zum Einsatz von Folien kam es 1971 eher zufällig während einer Ausstellung in Köln in der Galerie Lauhus. Er verpackte Kartons im benachbarten Hafen mit Planen, die zur Abdeckung von Ladungen verwendet werden, und sicherte sie mit Schnüren. Damit war die Idee geboren, die für Christos Kunst bis heute typisch ist. Sehr bald aber ging er dann zum Einsatz von Folien über, mit denen er zunächst kleinere Gebäude und – da war er schon nach New York umgezogen – Fassaden einhüllte. Als er 1968 auf der Documenta 4 in Kassel das 280 Fuß hohe, mit Gas gefüllte Air Package errichtete, war Christos Name als einer der ganz Großen längst etabliert. Und nun der Reichstag in Berlin.

Eine Antwort bekam Cullen erst im November 1971. Für Christo teilte seine Frau Jeanne-Claude dem Frager mit, der Meister habe durchaus Interesse, zunächst aber müssten die laufenden Arbeiten am Valley-Curtain-Projekt in Rifle, Colorado, vorgehen.

Gleichwohl arbeitete Christo an der Idee und so entstand, wie er es bei Projekten am Beginn der Planung und im Verlauf der weiteren Realisierung des Konzepts regelmäßig tut, eine erste Collage. Erst um die Jahreswende 1975/1976 fanden die Christos erstmals Muße, sich mit Cullens Idee ernsthaft zu befassen. Und dann nahm die bekannte, generalstabsmäßige Routine ihren Anfang, beginnend am Zeichentisch mit den Entwürfen und Collagen, auf die eine große Sammlerszene beim Signal für ein neues Projekt ungeduldig wartete. Für die Umsetzung waren Kontakte zu Verwaltungen, zur Politik, Kulturwelt und Medien, aber auch zu den Produzenten von Werkstoffen gefordert.

Zu diesem Zeitpunkt waren die Verhüllung die Kunsthalle Bern, des Museums für zeitgenössische Kunst in Chicago (1969), die

Wrapped Coast, Little Bay, Sydney/Australia (1969) oder verhüllte Denkmäler in Mailand (1970), die Cullen bei seiner Idee zum Vorbild hatte, Vergangenheit. Adressat bei der Werbung für Christos neues Projekt, das den Namen »Wrapped Reichstag (Project for West Berlin)« bekam, war in erster Linie der Hausherr des Reichstages, also der Bundestagspräsident und das kollegiale Präsidium des Deutschen Bundestages. Der Regierende Bürgermeister von Berlin, Klaus Schütz, hatte die Idee vorsichtig als unterstützungswürdig bezeichnet. Im Kunstausschuss des Senats schieden sich – wie im 20 Jahre langen Genehmigungsverfahren später im Bundestag – progressive von konservativen Mitgliedern. Letztere gaben sich, wie Christo es immer erlebte, skeptisch bis ablehnend. Da war kein Argument zu schade, etwa die Sorge um die Bevölkerung der DDR, die für die Verhüllung kein Verständnis haben werde.

Und so war es ein ermutigendes Zeichen, als die Präsidentin des Deutschen Bundestages Annemarie Renger (SPD) als Hausherrn Zustimmung zum Projekt als »Chance für Berlin« signalisierte. Das änderte sich, als die SPD am 3. Oktober 1976 ihre Mehrheit verlor und Karl Carstens als Vertreter der stärksten Bundestagsfraktion von CDU und CSU zum Präsidenten gewählt wurde. Als Bürger finde er das Projekt gut, erklärte Carstens dem Künstler bei der Begegnung am 20. Januar 1977, als Präsident hingegen fürchte er eine Entwürdigung des Reichstags als des Symbols der deutschen Einheit. Spontan kam es danach auch zum Kontakt Christos mit Willy Brandt. Der Protokollant des nach einem Treffen mit dem Bundestagspräsidenten Carstens spontan am 20. Januar 1977 vereinbarten Gesprächs, Michael Cullen, hat das Gespräch aufgezeichnet. »In der Diskussion, die in englischer Sprache geführt wurde, redet Christo viel und Brandt wenig.« Etwas anderes wäre ungewöhnlich gewesen, bei Themen außerhalb seines politischen Interesses pflegte er der aufmerksame Zuhörer zu sein, gerade in Dingen der Kunst. Zu Willy Brandt notierte Cullen:

> »Einwände hat er nicht, und im Großen und Ganzen scheint er für das Projekt zu sein. Er gibt Christo zu verstehen, er habe ein Problem –

das werde ihm immer wieder Schwierigkeiten bereiten –, nämlich das Einverständnis unter Politikern, sich nie in Amtskompetenzen anderer einzuschalten«,

notierte Cullen. Das gilt für die Zuständigkeit des Bundestagspräsidenten. Wie er im späteren Gespräch sagte, habe er den zuständigen Amtsträgern nicht demonstrativ in den Rücken fallen wollen. Immerhin hatte inzwischen eine öffentliche Diskussion eingesetzt, nachdem in den Gesprächen Politiker immer wieder Sorgen über das Unverständnis der Wählerschaft mit Christos Vorhaben vorgebracht hatten.

Künstlerkontakte fielen, wie unter meinem Vorgänger Dr. Rainer Wilke, dem Persönlichen Büro und nicht dem Parteibüro zu, sodass mir die Fortführung des bei dem Gespräch am 20. Januar 1977 aufgenommenen Kontakts zufiel. Daraus ergaben sich vielfältige Versuche, um für Christos sympathisches Projekt zu werben. Mich störten nicht nur in der Politik, noch deutlicher in den Medien Argumente von spießiger Kleingeistigkeit, das Schielen auf Volkes Meinung, den verdächtigen Nationalismus, der heilige deutsche Monumente und Werte gefährdet sah, wenn Christo zum Zuge käme.

Ich habe Gespräche in den Botschaften der ehemaligen Besatzungsmächte geführt, die über den Reichstag als Kontrollrat zu bestimmen hatten. Frankreich habe ich eigenartigerweise ausgelassen. In der Botschaft der UdSSR, mit der ich aus anderen Gründen kooperierte, begegnete mir eher Unverständnis. Dass die östliche Mauer des Reichstags zur DDR wies und somit der Mitbestimmung durch die UdSSR unterlag, war dort nicht gegenwärtig, bekümmerte nach meinem Vortrag wohl auch niemanden. Ähnlich musste ich in der Ständigen Vertretung der DDR in Bonn argumentieren, zu der es – ungeachtet der hochoffiziellen Beziehungen seit den späteren 80er-Jahren – eine Gesprächsbeziehung der niederen Ränge der SPD gab. Der Stellvertreter des britischen Botschafters Ihrer Majestät, Mr. Mallaby, empfand meinen Versuch, sich des Einvernehmens seiner Regierung zu versichern, eher als albern, lästig und fragte, ob wir denn keine anderen Probleme hätten. Der Vertreter der US-Botschaft hatte kein Problem, ein solches Projekt durchzuwinken.

Sehr eingehend hatte Willy Brandt sich über das Vorhaben Gedanken gemacht und die ihm entworfenen Antworten sorgfältig geprüft, als der Münchener »Der Abend« ihn und den Präsidenten des Deutschen Bundestages nach »ihrem Pro und Contra zur ›spektakulären Christo-Aktion‹« fragte. Für die Redaktion war das, wie es im Vorspruch heißt, »zu einer politischen Gewissensfrage geworden«. Karl Carstens hatte auf die Fragen des »Abend« nur eine »generelle Stellungnahme« abgeben wollen, während »Willy Brandt die Chance (ergriff), in dezidierten Antworten auf eine andere Sichtmöglichkeit [...] aufmerksam zu machen«. Brandt, der als kluger, auf Ausgleich bemühter Politiker für die ablehnende Haltung des Bundestagspräsidenten »durchaus Verständnis« äußerte, empfand jedoch im Gegensatz zu ihm eine Debatte keineswegs als »abträglich für den Reichstag«. Im Gegenteil, sie vermöge sogar, »wenn man sie sachlich und gut vorbereitet führt, hilfreich sein, uns den Symbolwert dieses Gebäudes zu vergegenwärtigen«. Das Gebäude sei, so Brandt, »nicht zu trennen von Höhepunkten der Deutschen Geschichte«; es sei gleichwohl »mit Vorgängen verbunden, die uns belasten«. Einer solchen Diskussion dürfe man dennoch nicht ausweichen. Selbst wenn man eine solche Debatte auch in anderer Weise als durch die Verhüllung des Reichstags hätte führen können, habe »das Projekt [diese Debatte] auf eine ganz ungewöhnliche, sehr dynamische Weise vorangebracht«. Brandt machte deutlich, er würde es bedauern, wenn Christos Vorhaben nicht zu Ende geführt würde, betonte aber, dass andere dessen künstlerische Aussage besser beschreiben könnten. Cullen hatte noch präsent, dass ich mit ihm das Interview entworfen hatte. Trotz der vielfältigen Kritik blieb Willy Brandt bei seiner Unterstützung des Projekts. Als die »Zeit« im Februar 1982 das Für und Wider der Reichstagsverhüllung gegenüberstellte und mitteilte, Befürworter seien »die Frohnatur Walter Scheel und der Tragöde Willy Brandt«, beschwerte sich ein Altgenosse bei mir, wieso Willy Brandt sich »mit einer solchen läppischen Angelegenheit« zu beschäftigen vermöge. Willy Brandt ließ ihn bescheiden: »Wer will in Kunstdingen heute entscheiden, was morgen noch gilt?«

XI Willy Brandt und die Christos

Eine wunderbare Begegnung Willy Brandts kam mit den Christos am 4. Oktober 1981 in Manhattan zustande. Willy Brandt sollte in New York eine Ehrung der jüdischen B'nai-B'rith-Loge entgegennehmen. Er freute sich über den Vorschlag, Christo und Jeanne-Claude in ihrem Atelier in der Howard St. 48 zu besuchen. Sie bewohnen in Soho ein ehemaliges Fabrikgebäude, es hat fünf Stockwerke, einen Aufzug gibt es nicht. Die kleine Delegation wurde vom Leiter des New Yorker Büros der Friedrich-Ebert-Stiftung, Dietrich Stobbe, und Redakteuren des SPIEGEL begleitet. Mit schnellen Schritten, wie ich sie von ihm bei solchen Aufstiegen kannte, eilte Willy Brandt zunächst die drei Treppen zum Atelier hinauf. Dort wurden das Reichstags- und andere Projekte erläutert. Dann ging es zu Fuß eine Treppe höher zur weitläufigen Wohnung der Christos im vierten Stockwerk. Mir sind die lockere Atmosphäre und der fast fröhliche Austausch von Standpunkten in lebhafter Erinnerung. Der Rotwein war gut. Christo überließ Willy Brandt – als Werbeträger für das Reichstagsprojekt – nach dieser Begegnung eine Originalcollage. Sie fand in meinem Dienstzimmer ihren Platz und begleitete mich auch nach dem Abschied von Willy Brandt auf verschiedenen dienstlichen Stationen. Es dauerte mehr als zehn Jahre, inzwischen arbeitete ich schon in Berlin, ehe erstmals ein Besucher den Wert erkannte. Mit Christo wurde vereinbart, das wertvolle Stück in Sicherheit zu bringen. Am 23. Juni 1993 – im Jahr nach Willy Brandts Tod – ging es an Dr. Ronte, den Leiter des Bonner Kunstmuseums – als Erinnerung an Christo und Willy Brandt.

Segensreich war der Beginn der deutschen Einheit auch für das Christo-Projekt. Die rückseitige Ostfassade des Reichstagsgebäudes war jetzt wieder zugänglich, das erleichterte die Diskussion um die Verhüllung des Reichstags. Schrittweise wuchs zusammen, was zusammengehört, wie Willy Brandt es sich am Rande seines historischen Besuchs am 10. November 1989 in Berlin gewünscht hatte. Der Reichstag lag wieder in der Mitte Berlins, als am 3. Oktober 1990 auf seinen Stufen der Abschluss des Einigungsvertrages gefeiert wurde. Seither ist Deutschland – nach 45 Jahren Teilung – wieder das einig Vaterland. Am Tag nach dem 3. Oktober versammelten sich in historischer Stunde die Abgeordneten der beiden Parlamente aus West und Ost im Plenarsaal des Reichstags. Bereits am 2. Dezember 1990 fanden die Wahlen zum ersten gesamtdeutschen Parlament statt. Als Alterspräsident, wie schon in der 10. und 11. Legislaturperiode eröffnete Willy Brandt (77) die konstituierende Sitzung der 12. Legislaturperiode, zu der er die Abgeordneten aus den fünf neuen Bundesländern –

> »Goethes und Schillers Thüringen, [...] Bachs und Leibniz' Sachsen, [...] Luthers und Nietzsches Sachsen-Anhalt, [...] Fritz Reuters und Ernst Barlachs Mecklenburg, [...] Caspar David Friedrichs Vorpommern, [...] Schinkels und Fontanes Brandenburg, [...] Humboldts und Hegels jetzt nicht zerklüftetem Berlin« –

begrüßte. Willy Brandt sprach von dem Freiraum, den der Fall der Mauer geschaffen hatte. Das war die Voraussetzung für die Verhüllung, von der er, versteht sich, in seiner Eröffnungsrede nicht sprach. Ich war inzwischen in einem verstaubten innerdeutschen Ministerium in Bonn gelandet und erlebte diese großen Tage nur aus der Ferne. Dort war ich eingebunden in die Vorbereitung des Einigungsvertrages, wunderte mich aber, wie wenig die westdeutsche Republik auf die Vereinigung vorbereitet war.

Damit begann die Suche nach der neuen Rolle des Reichstags, bei der es aber zunächst um die Frage der künftigen deutschen Hauptstadt ging. Für Willy Brandt konnte das nur Berlin werden, eine Teilung von Hauptstadt Berlin und Hauptstadtfunktionen in Bonn empörte ihn. Darum ging es in der Debatte des Deutschen Bundestages am 20. Juni 1991. Der Plenarsaal des Deutschen Bundestages, 1948 von Schwippert aus dem Bestand der Pädagogischen Akademie für die damals neue Hauptstadt Bonn geschaffen, stand für diese Debatte nicht mehr zur Verfügung. Infolge des allzu sparsamen Umgangs mit Zement bestanden massive Schäden am Beton, der Bundestag war einsturzgefährdet – welch ein Symbol für den Abschied von der provisorischen Hauptstadt! So versammelten sich die Abgeordneten im Provisorium des Provisoriums, einem ehemaligen Wasserwerk. Sie machten sich ihre Entscheidung nicht leicht. Das zeigte sich am Ergebnis: 338 Abgeordnete – mit der Stimme Willy Brandts – stimmten gegen 320 Bonn-Anhänger dem Antrag »Vollendung der Einheit Deutschlands« zu. Sein Ziel war, dem Deutschen Bundestag und der Bundesregierung bis Juni 1995 einen neuen Sitz in Berlin zu schaffen. Das verlangte auch eine Entscheidung über die Herrichtung des Reichstags als Parlamentsgebäude und die Suche nach Gebäuden für die Ministerien. Und das bot den Christos die Chance, die Zeit bis zum Beginn der Bauarbeiten für die Verhüllung des Reichstagsgebäudes zu nutzen. Es brachte sie zugleich in eine Zwangslage, wussten sie doch von ihren früheren Projekten um die Dauer von der Genehmigung bis zur Umsetzung. Die Realisierung ihres Projekts brauchte regelmäßig mindestens zwölf Monate, vorausgesetzt, man hatte eine Erlaubnis. Die wiederum ließ auf sich warten. Die Berliner Stadtregierung wies auf den vorgesehenen Umzugstermin hin und warnte vor Versuchen, den Termin zu überschreiten. Man hätte sich natürlich angesichts des Berliner Umgangs mit Bauterminen zurücklehnen können, auch der Umzugstermin würde eingehalten werden, was man 1993 noch nicht wusste. Außerdem gab es noch keine Erlaubnis seitens des Hausherrn.

Willy Brandt konnte die weitere Debatte über den Umzug nicht mehr aktiv begleiten. Nach schwerer Krankheit war er am 8. Oktober 1992 in Unkel gestorben. Und so sehr es sich Willy Brandt auch gewünscht hatte, er konnte es nicht mehr erleben, wie Christos Vorhaben zu Ende geführt wurde und wie schließlich am Ende der verhüllte Reichstag vom 24. Juni bis zum 7. Juli 1995 als zeitweiliges Kunstwerk Millionen Besucher zu einem fröhlichen Fest in Berlin versammelte. Im Reichstag hatte Deutschland am 16. Oktober 1992 bei einem Staatsakt von seinem vierten Bundeskanzler Abschied genommen.

Als die Mauer sich öffnete, hatte die Kampagne zur Verhüllung des Reichstags bereits 18 Jahre hinter sich. Die Christos durften Hoffnung schöpfen, zuvor musste die Verhüllung des Reichstags in Form gebracht werden. Die schwerste Hürde bildete zunächst das Präsidium des Deutschen Bundestages. Selbst wenn dessen Präsidentin, Dr. Rita Süssmuth, Sympathie für das Vorhaben hegte, wusste man auch, sie scheute sich aus Sorge vor einer Gegenbewegung, damit an die Öffentlichkeit zu gehen. Im Übrigen ahnte sie, dass das Präsidium allein nicht würde entscheiden können, es zeichnete sich doch ab, alle Abgeordneten betrachteten sich als Hausherren und wollten mitsprechen.

Hilfreich war deshalb der Wettbewerb für den Umbau des Reichstags. Der 1970 von Baumgarten sanierte Reichstag musste zeitgemäß umgestaltet werden, um den ganz neuen Anforderungen zu genügen. Nach einer breiten Anhörung im Februar 1992 waren zwei Wettbewerbe für den Umbau bzw. die städtebauliche Umgestaltung des Geländes um den Reichstag ausgelobt worden. Die aus Vertretern des Deutschen Bundestages und namhaften Architekten bestehende Jury für den Umbau hatte am 19. Februar 1993 im Reichstagsgebäude ihr Votum für die Entwürfe der internationalen Stararchitekten de Bruijn, Calatrava und Foster präsentiert. Und obgleich dies nicht zu ihrer eigentlichen Aufgabe gehörte, empfahlen sie dem Deutschen Bundestag ausdrücklich, das Projekt der »Umhüllung des Reichstagsgebäudes durch Christo« ausführen zu lassen. Da Ziel für den Baubeginn unverändert der Februar 1995 war, kamen die Christos in die Klemme, weil das eine Entscheidung für die Verhüllung bis zum Beginn des Jahres 1994 voraussetzte. Der Streit für und wider die Aufsetzung der Kuppel brachte den Zeitplan zum Glück noch einmal durcheinander. Nun aber machten die Gegner des Projekts im Ältestenrat des Bundestages mobil. Der Widerstand sollte mithilfe eines Antrags von Abgeordneten aus Regierung und Opposition überwunden werden, der dem Plenum die Entscheidung für oder gegen die Umhüllung übertrug.

Die Plenarsitzung hierüber am 25. Februar 1994 war wohl bisher die einzige Beratung des Deutschen Bundestags über eine Frage mit künstlerischer Relevanz – auch wenn Gegner bestritten, dass es bei der Verhüllung des Reichstags um Kunst gehe. Aufseiten der Befürworter wie der Gegner wurde engagiert und auf hohem Niveau debattiert. Am Ende stimmten die Hausherren des Reichstags mit der klaren Mehrheit von 292 Stimmen bei 223 Gegenstimmen und 9 Stimmenthaltungen einer auf 14 Tage begrenzten Verhüllung zu. Zu den unterlegenen Gegnern des Vorhabens gehörte Bundeskanzler Dr. Helmut Kohl, der allerdings nicht selbst das Wort ergriff. Für ihn trat der Vorsitzende der Fraktion von CDU und CSU, Dr. Wolfgang Schäuble, in einer emotionalen, von viel Widerspruch begleiteten Rede an.

Mit der Entscheidung des Bundestages trat das Projekt in die vertraute Managementphase, für die eigens eine Gesellschaft gegründet werden musste, die als Partner für Verwaltungsvorgänge, Lieferungen und Leistungen auftrat. Sie war mit ihrer Arbeit längst weit fortgeschritten, als ihr mit Vertrag vom 18. Oktober 1994 gestattet wurde, den Reichstag vom 17. Juni bis 6. Juli 1995 zu verhüllen. Es wurde klargestellt, dem Bund würden durch die Verhüllung des Reichstags keinerlei Kosten erwachsen. Das Bezirksamt Tiergarten billigte den Antrag vom 24. Juni 1994 nach zahlreichen Sicherheitsprüfungen am 22. Februar 1995. Unterdessen war längst mit der Produktion der Folien begonnen worden. Die von früheren Christo-Projekten vertraute Firma Schilgen in Emsdetten hatte mit der Herstellung von 110.000 Quadratmetern Polypropylengewebe begonnen. Das Webgarn hatte eine Bremer Wollkämmerei geliefert. Die Folie erhielt in Herbolzheim (bei Freiburg) mittels Aluminiumverdampfung die silbrige Oberfläche, derentwegen der verhüllte Reichstag später bei Sonnenschein so unirdisch glänzen sollte; ganze vier Kilo Metall reichten hierfür. Nach Materialtests und einer Testverhüllung wurde der Stoff in der Spreewald-Näherei zu Bahnen genäht; aus Kapazitätsgründen musste eine italienische Firma einen Teilauftrag übernehmen. Um die Bahnen zu verschnüren, lieferte die Gleistein Tauwerke in Bremen 15.600 Meter blaues Seil mit einem Durchmesser von 3,2 Zentimeter. Schließlich wurde in Zwickau und Chemnitz aus 200 Tonnen Formstahl das Gerüst gefertigt, das es erlauben sollte, die Folien vom Dach des Reichstags aus ohne Beschädigung der Fassade abzurollen. Mit dem Aufbau des Käfigs wurde im April begonnen. Unterdessen wurden in einem von der Roten Armee in Werneuchen zurückgelassenen Hangar die Paneele auf Passgenauigkeit überprüft und verladen. Um die Mitte Juni wurden sie an den Reichstag geliefert.

Am 15. begann Christo mit dem Sichern und dem Abrollen der Folien in den Innenhöfen des Reichstags. Am 18. standen die Kletterer bereit, um die ersten Paneele über das Westportal an der Außenfassade hinabzulassen. Fünf bis sieben Segmente waren für die vier Fronten vorgesehen. Die Arbeit wurde durch einen aufziehenden Sturm vorübergehend unterbrochen, denn laut Baugenehmigung durfte ab Windstärke 5 nicht mehr gearbeitet werden. Am 24. Juni waren die letzten Paneele montiert, sie waren verschnürt und am Boden befestigt. Unterdessen hatten die Berliner und ihre Gäste begonnen, sich am Reichstag zu versammeln, um die Arbeit zu verfolgen. In dieser Phase konnte ich Christo auf der Baustelle in Berlin besuchen, wurde von ihm aufs Dach des Reichstages geführt und konnte in seinem Innern fotografieren. Pünktlich wie angekündigt wurden die Bauzäune entfernt, und es begann das wohl fröhlichste Fest, das Berlin je gefeiert hatte.

> »Stoffbahnen, die ein Gebäude umhüllen, sind – wie die Kleidung oder die Haut – etwas Zartes und Empfindliches. Der verhüllte Reichstag wird die einzigartige Qualität und Faszination des Unbeständigen und Vergänglichen erhalten. Die physische Realität des Kunstwerks wird sich als ein dramatisches Erlebnis von großer visueller Schönheit erweisen«,

hatte Christo zu Beginn der Verhüllung seine Arbeit beschrieben.

Dass die Fröhlichkeit nur auf der Bühne stattfand, dass es hinter dem Vorhang heftig zugegangen war, machte Christo in einem Interview öffentlich. Die von den Gegnern mit oft erschreckender Härte und mit Beleidigungen geführte kontroverse Debatte um das Projekt hatte offensichtlich auch in Berlin selbst ernannte Zensoren auf den Plan gerufen. Wie bei anderen Projekten waren die Christos auch beim Verhüllen des Reichstags persönlich bedroht worden. Deshalb hatte die Bundesregierung die Beschaffung von kugelsicheren Westen für die Christos und ihre Wachmannschaft zur Bedingung für eine Landeerlaubnis in Berlin gemacht. Das hatten sie auch schon bei der Verhüllung der Inseln vor Miami erlebt. Auch in Colorado, erzählte Christo, musste Sheriff-Unterstützung angefordert werden, um Tea-Party-Anhänger in Kampfanzug und mit Revolvern aus Informationsveranstaltungen für »Over The River« zu entfernen.

XI Willy Brandt und die Christos

Nach dem ersten Gespräch mit Michael Cullen war auch ich zum Christo-Fan geworden, zumal ich – mit dem Mandat von Willy Brandt – in der Folge den Kontakt zu pflegen hatte. Daraus ergab sich eine fast freundschaftliche Beziehung mit zahlreichen persönlichen Begegnungen und Ausstellungsbesuchen, Vernissagen und sonstigen Projekten der Christos. Es zeichnete die Christos aus: Wer sie auf ihrem steinigen Weg zu einem Kunstprojekt unterstützt hatte, der hatte ihre Sympathie. Das hat sich auch nach der Planung des Reichstagsprojekts nicht verändert. Mit Freunden trafen wir uns 1993 in Paris, um mit Jeanne-Claude und Christo die Eröffnung des verhüllten Pont Neuf zu feiern. Bei der Ankunft am Nachmittag waren die letzten Kletterer bemüht, Seile zu verknoten. Um den Pont Neuf herrschte lebhaftes Treiben: Schnellmaler, Bouquinisten und Antiquitätenhändler hatten ihre Stände aufgebaut und nach Art Christos gestaltet. Das am Pont Neuf gelegene Kaufhaus La Samaritaine hatte sich mit seiner Werbung »Nous vous emballons« ins Projekt eingeklinkt. Beim verhüllten Reichstag hatte es all das nicht gegeben, der verhüllte Reichstag sollte kein Geschäft für andere bilden – ausgenommen die Christos, die das für die Finanzierung ihrer Kunst nötig hatten. Aber es hätte in die Atmosphäre um den Reichstag auch gar nicht gepasst. Schade, beim nächtlichen Austernessen mit Christo in St.-Germain-des-Prés hatte eine der sechs Austern ihre Zeit hinter sich, und so war mir das Austernessen fernerhin vergällt.

Beim Doppelprojekt Japan-USA hatte ich mich im Oktober 1991 kurz vor der Fertigstellung von einem Termin in Los Angeles losmachen und Jeanne-Claude besuchen können. Nach sieben Jahren der Planung standen die 1.340 blauen Schirme in Japan und die 1.760 gelben Schirme in Kalifornien kurz vor ihrer Entfaltung. Auf der Fahrt durch den Wüstenstreifen am Tejon-Pass im Tehachapi-Gebirge hatte ich kurz mit Tom Golden gesprochen, dem kalifornischen Projektleiter. Die Stimmung war nicht gut, ein umstürzender Schirm hatte einen der Helfer unter sich begraben.

Zweimal fanden im Gasometer Oberhausen Ausstellungen statt. 1999 war Jeanne-Claude noch dabei, als die Installation »The Wall. 13000 Oil Barrels« sowie eine Ausstellung über das Reichstagsprojekt mit großzügigen Landschaftsgestaltungen und Fotografien, darunter die vom Besuch Willy Brandts in New York, gezeigt wurden. 2009 war Jeanne-Claude verstorben. Das zweite Projekt in Oberhausen, die Installation »Big Air Package«, musste Christo am 15. März 2013 allein eröffnen. Mit einer Höhe von 70 Metern und einem Durchmesser von 50 Metern war dies damals die größte freitragende Skulptur der Welt – Christo lebt von und mit Superlativen. Sie führte zurück zu Christos erstem Großprojekt, das 1968 Symbol der ersten Kasseler documenta geworden war: 5.600 Kubikmeter in einem 68 Meter hohen Ballon verpackte Luft hatten plötzlich den Namen Christos nicht nur in Deutschland bekannt gemacht. Freilich freuten sich Spötter, dass die Wurst Schwäche zeigte und erst einmal in sich zusammengesunken war.

Wiederum nur 14 Tage wehten die goldorangeroten Tücher des temporären Kunstwerks »The Gates, Project for Central Park New York« im meist frostigen Wind und bei Schnee und eisigem Regen über der Parklandschaft in der Mitte Manhattans. Christo hatte seit seinem Umzug 1964 nach New York ein Kunstwerk für New York geplant. Inspiriert von den Menschenmassen, die durch New Yorks Hochhausschluchten fluten, sei die Idee der fliegenden Tücher geboren und 1979 erstmals der Stadtverwaltung vorgeschlagen worden. Die Ablehnung kam sehr rasch, und die Christos warteten 24 Jahre, deutlich länger als bei der Verhüllung des Reichstags, bis ihnen ein neuer, progressiv eingestellter Stadtbürgermeister im Januar 2003 die Benutzung des Central Park gestattete. Auf 23 Meilen bzw. 37 Kilometern konnten sich die New Yorker und viele Hunderttausend Besucher der Stadt vom 12. bis 27. Februar 2005 unter 7.500 Fahnen hindurchbewegen, die in einer Höhe von fast fünf Metern von Gerüsten bis auf zwei Meter über den Boden hingen. New York feierte, Brautpaare nur in luftiger Hochzeitstracht, posierten vor den Gates, Hunde wurden – mit orangen Fähnchen versehen – durch den Park geführt.

Auch für dieses Kunstwerk hatten weder die Stadt noch der Staat New York öffentliche Mittel aufwenden müssen. Im Gegenteil, dem städtischen Haushalt wurde als Miete drei Millionen US-$ für die

Gestaltung des Central Park zugeführt, verglichen damit war die Mietforderung der Bundesregierung von 150.000 US-$ für die Nutzung des Reichstags und seiner Umgebung deutlich bescheidener. Ungeachtet dessen waren die Gates ein Geschenk der Christos an ihre Heimat New York, wie der verhüllte Reichstag ein Geschenk an Berlin und Deutschland gewesen war. Wie bei allen vorhergehenden und auch künftigen temporären Kunstwerken war folglich auch die Betrachtung der Gates kostenlos. Nach den vereinbarten 14 Tagen hatte das Kunstwerk seinen Zweck erfüllt, das Material wurde – wie bei allen Christo-Projekten – nach dem Abbau neuer Verwendung zugeführt. In dem bereits erwähnten Interview hat Christo die Vergänglichkeit als grundlegenden Bestandteil seiner Arbeiten eindrucksvoll umschrieben:

»Das Kunstwerk ist unverkäuflich. […] Niemand kann es besitzen. Sogar Jeanne-Claude und ich haben keinen Besitzanspruch darauf. Unsere Arbeiten besitzen eine ungeheure Freiheit. […] Es gibt sie nur, weil Jeanne-Claude und ich sie sehen wollen.«

Und über die Projektphase:

»Fast 4.000 Seiten über ein Kunstprojekt [*in diesem Fall ist das der Antrag für das Colorado-Projekt* ›Over the River‹], das gar nicht existiert. […] Über einen Zeitraum von vielen Jahren denken Tausende von Menschen über etwas nach, was gar nicht existiert. […] Unsere Kunst ist eine enorme Darstellung menschlichen Verhaltens und nicht allein das Resultat unserer eigenen Arbeit.«

Nach seinem Tod, hat Christo einmal gesagt, werde er der »unschuldigste Künstler« genannt werden müssen. »Denn ich werde keines meiner großen Kunstprojekte zurücklassen.« Aber zurück bleibt die Erinnerung an seine Arbeiten, die »so eine besondere Aura (haben) und […] aus Menschen Kunst-Groupies [machen]. Sie wollen sich das anschauen und an einem Moment teilhaben, der nie wiederkommen wird.«

Eher überraschend für die Öffentlichkeit realisierte Christo, nun ohne Jeanne-Claude, kurz nach seinem 81. Geburtstag im Juni 2016 das Projekt »The Floating Piers«. Ursprünglich war dieses Projekt 1969 auf dem Rio de la Plata für Argentinien vorgesehen. Nach dem Scheitern konnte es auch im zweiten Anlauf in der Bucht von Tokio für Japan nicht realisiert werden. Diesmal gelang die Einrichtung auf dem Lago d'Iseo in der Lombardei. 220.000 Plastikpontons wurden auf einer Länge von drei Kilometern zwischen Sulzano und der Insel Montisola und von dort zu der Insel San Paola, die im Privatbesitz der Unternehmerfamilie Beretta ist, verspannt. Das Ganze war überzogen mit farblich von den orangeroten New Yorker Gates leicht abweichenden safrangelben Folien, die wiederum von der Nachfolgerin der Firma Schilgen, die ihn bei den letzten Projekten beliefert hatte, in Greven (bei Münster) bezogen wurden. Verlief der Zuschauerstrom in Berlin oder New York in geordneten Bahnen, so waren die Italiener dem kaum gewachsen. Obwohl Carabinieri den alle Erwartungen übersteigenden Zustrom weit vor dem Kunstprojekt abfingen und auf Shuttlebusse umleiteten, mussten erstmals Besucher eines Christo-Kunstwerks abgewiesen werden. Nur 11.000 Besucher konnten sich gleichzeitig über den 16 Meter breiten Pier bewegen, mehr Besuchern war er nicht gewachsen, sodass manch ein Familienausflug letztlich nicht gelang. Wo 500.000 Besucher erwartet wurden, waren es am Ende mehr als 1,2 Millionen. Das entspricht dem Anspruch der Christos und ist auch verdient. Und es war wieder ein Fest für Tausende, wie damals vor 20 Jahren in Berlin. Seine Gäste konnten Christo während der 16-tägigen Präsentation zujubeln, wenn er sich auf einer Barke in einer nicht nur dem Alter geschuldeten Reserve zeigte.

Leider wird ein Projekt, an dem die Christos 20 Jahre gearbeitet und in das sie 15 Millionen US-$ investiert hatten, nicht mehr zustande kommen: das Projekt »Over the River« im US-Staat Colorado, bei dem der Arkansas River über eine Strecke von etwa zehn Kilometern mit einer silberfarbenen Folie überspannt werden sollte. Es war in der Zeit der Regierung Clinton beantragt worden, unter George Bush herrschte acht Jahre Stillstand, unter Obama wurde 2011 die Erlaubnis erteilt. Seither stritten Bürgerinitiativen gegen das Projekt, wurden Gerichte bemüht. Vor wenigen Monaten hat Christo das Flussprojekt abgesagt. Schade, so bleibt nach derzeitigem Kenntnisstand die Mastaba in Arabien das einzige nicht realisierte Projekt. In der Wüste von Abu Dhabi sollen 400.000 bemalte Ölfässer auf einer Grundfläche von 225 mal 300 Metern zu einer Höhe von 150 Metern aufeinandergetürmt werden. Das wäre dann die größte Plastik der Erde, mit einem Aufwand von 340 Millionen US-$ auch die kostspieligste.

Was ich an persönlichen Erinnerungen gesammelt hatte, füllte im Sommer 2016 eine Ausstellung im Willy-Brandt-Forum der Bürgerstiftung Unkel und danach im Karl-Marx-Haus in Trier. Das Willy-Brandt-Forum war 2011 von Felipe González eröffnet worden, der Willy Brandt 1992 beim Staatsakt im Berliner Reichstag mit bewegenden Worten verabschiedet hatte. Das Museum, das ich von 2012 bis 2014 leitete, bietet – ganz anders als die überlaufenen großen Museen – auf zwei Etagen eine mit modernen Medien gestaltete Erinnerungsstätte. In großer Ruhe können Besucherinnen und Besucher in historischer Umgebung einen Einblick in Willy Brandts Leben und die Zeitgeschichte bekommen. Für die kleine Stadt Unkel, in der Willy Brandt bis zu seinem Tod 1992 mit seiner Frau Brigitte Seebacher 13 Jahre gelebt hatte, ist daraus ein Anziehungspunkt entstanden. Seine Betreiber haben es sich zum Ziel gesetzt, mit immer wieder neuen Projekten über Willy Brandts Leben den Nachweis zu führen, dass er einer der wenigen Politiker der Bundesrepublik Deutschland geblieben ist, die über ihren Tod hinaus Menschen bewegen. Für mich wird hier auch die Herzlichkeit der Begegnungen mit Jeanne-Claude und Christo bewahrt, die durch das Reichstagsprojekt gestiftet wurde.

XII Willy Brandt und die Menschenrechte

Willy Brandts internationale Präsenz machte ihn zwangsläufig zu einem Ansprechpartner für Menschen, die bei ihm oder bei den Deutschen Rat und Hilfe für ihre Probleme suchten, sei es aus materieller Not oder weil sie sich als Opfer von Menschenrechtsverletzungen fühlten. Wegen der Ausstattung und Organisation der dem Altkanzler und Parteivorsitzenden zur Verfügung stehenden Möglichkeiten konnte in solchen Fällen nur selten angemessen reagiert werden, allerdings hatte die SPD als einzige Fraktion im Deutschen Bundestag eine Arbeitsgruppe »Flüchtlingsfragen und Menschenrechte«. In meiner Zeit bei Willy Brandt wurde beschlossen, ihre Arbeit zu intensivieren. Es war bekannt, dass sich zahlreiche Abgeordnete Fragen der Menschenrechte widmeten. Dazu wurde kritisch angemerkt, es handele sich meistens um die Unterzeichnung von Listen, wobei deren Wirkung nicht bekannt, aber im Zweifelsfalle sehr unbedeutend sei. Spöttisch wurde über den einen oder anderen Unterzeichner gesagt, er setzte seinen Namen auf jede Liste, die man ihm vorhält. Da es aber nicht ausreichen konnte, sich durch die Unterschrift ein gutes Gewissen zu verschaffen, waren Willy Brandt und Hans-Jochen Vogel, der damalige Fraktionsvorsitzende der SPD im Bundestag, im August 1983 übereingekommen, solche an sie persönlich, die SPD oder die Fraktion gerichteten Petitionen in einer gemeinsamen, dem Arbeitskreis Außenpolitik der Fraktion zuzuordnenden Arbeitsgruppe zu

XII Willy Brandt und die Menschenrechte

behandeln. Erkenntnisse aus dieser Korrespondenz sollten auch in die internationale Arbeit der SPD oder der Sozialistischen Internationale einfließen sowie für Interventionen bei der Bundesregierung und für parlamentarische Aktivitäten genutzt werden. Ihren Schwerpunkt sollte die Arbeitsgruppe zunächst in der Menschenrechtsarbeit gegenüber dem Ostblock, vornehmlich der Sowjetunion, sehen. Grund für diesen Vorstoß der SPD war Kritik am Auftreten deutscher Menschenrechtsgruppen, voran der Internationalen Gesellschaft für Menschenrechte (IGFM), das – vor allem wegen des aggressiven Antikommunismus – den Opfern von Menschenrechtsverletzungen vielfach eher schadete. Die Sekretariatsarbeit sollte von einem Juristen geleistet werden, und es verwunderte nicht, dass dies mich traf. Der Arbeitskreisvorsitzende Horst Ehmke kannte mich seit meinem Studium und hielt mich ohnehin bei Willy Brandt für unterfordert. Willy Brandt erklärte sich in den nach den Sommerferien geführten Gesprächen damit einverstanden. Wenn man so will, war das auch eine Art Beförderung im verflixten siebenten Jahr und nach mehrfach gescheiterten Versuchen, beruflich weiterzukommen. Ich sagte deshalb letztlich gerne zu, zumal mein künftiger Vorgesetzter in der Menschenrechtsgruppe meine Zusage mit der Aussicht verband, mich für die absehbar aufwändige Nebentätigkeit zu honorieren. Dem habe ich nicht widersprochen, zumal die Situation in der Haushaltskasse nach dem Hausbau in Rheinbreitbach angespannt war. Pflichtgemäß zeigte ich meine neue zusätzliche Funktion dem Personalreferenten des inzwischen von CDU-Kanzler Helmut Kohl geführten Bundeskanzleramtes an. Mit reichlich frostigen Worten wies er mich darauf hin, dass ich *vor* einer Zusage um Einverständnis hätte bitten sollen. Dass dies nicht verweigert worden wäre, war ihm klar, also empfand ich sein Monitum als albern, zumal er die – mir geläufige – Anzeigepflicht für Einkünfte aus der Nebentätigkeit mit dem Zusatz verband: »Von der Vergütung […] haben Sie nichts abzuliefern.«

Im Einvernehmen mit Willy Brandt konnte ich in der Folge mithilfe der Arbeitsgruppe Menschenrechte Kontakte zu Flüchtlings- und Exilorganisationen führen. Viel wichtiger wurde der Versuch, Menschen aus Ostblockstaaten zu der ihnen verwehrten Ausreise zu verhelfen.

Abb. 18 Der Autor im Gespräch mit dem Dalai Lama (1990).

Grundlage für den Versuch, mit den Regierungen der Ostblockstaaten ins Gespräch zu kommen, war die Schlussakte der Konferenz für Sicherheit und Zusammenarbeit in Europa (KSZE), die bei Errichtung der Arbeitsgruppe bereits acht Jahre alt war. Wie ich im Bericht der SPD-Bundestagsfraktion 1993 geschrieben hatte, waren – nicht zuletzt deshalb – die von westlichen Politikern im Rahmen einer stillen Diplomatie unterhaltenen Gesprächsbeziehungen angesichts der unter dem US-Präsidenten Reagan mit einem nahezu missionarischen Eifer gesuchten Konfrontation mit der UdSSR weitgehend zum Erliegen gekommen.

Im Juli 1984 kam dann ein erstes Arbeitsgespräch in der Botschaft der UdSSR zustande, in dem die SPD ihre Vorstellungen über die Aufnahme eines humanitären Dialogs erläuterte. Die bei dieser Gelegenheit vorgetragenen Petitionen hatten die auch in den folgenden Jahren übliche Dreiteilung: Haftfälle von Sowjetbürgern, u. a. des Physikers Yuri Orlov und von Anatolij Schtscharanskij; Ausreisebegehren deutschstämmiger Familien; Ausreisebegehren jüdischer

XII Willy Brandt und die Menschenrechte

Sowjetbürger, um deren Betreuung mich der europäische Distrikt der jüdische Organisation B'nai B'rith gebeten hatte. Der erste Kontakt war ergebnislos. Um eine Annäherung zu erreichen, bedurfte es deshalb eines Gesprächs von Willy Brandt mit dem neuen Generalsekretär der KPdSU, Michail Gorbatschow, im Mai 1985, das Brandt in seinen Erinnerungen mit erfrischenden Worten geschildert hat. Bei meiner darauffolgenden ersten Reise nach Moskau im Oktober 1985 wurde ich noch sehr frostig empfangen. Die Botschaft in Moskau hatte noch keine Ergebnisse zu den von Willy Brandt vorgetragenen Fällen. In der Internationalen Abteilung des Zentralkomitees der KPdSU versprach man mir, die Ergebnisse unmittelbar der SPD zu überbringen. Das geschah dann auf einem SPD-Parteitag in Nürnberg. Immerhin führte man mich ins Bolschoi-Theater, und ich konnte mir zahlreiche Galerien anschauen.

In einem Gespräch ein ganzes Jahr später wurde dann deutlich, wie sehr sich die Stimmung in der Sowjetunion gewandelt hatte. Wir bekamen Zusagen zwar nur zu den Ausreisebegehren von Deutschen, aber auch im Falle des Dissidenten Nisametin Achmetow. Höchst ungewöhnlich verlief ein Gespräch beim Institut für Staat und Recht, das ich erbeten hatte, um mich als Jurist mit Kollegen zu Verfassungsfragen, wie ich betonte, und nicht zu politischen Fragen auszutauschen. Der Wunsch löste Nervosität aus, der Direktor des Instituts sagte kurzfristig seine persönliche Teilnahme ab. Dann konnte ich erleben, wie beim Versuch der Annäherung zwischen dem westlichen und dem kollektivistischen Grundrechtsverständnis in der Verfassung der UdSSR meine sowjetischen Gesprächspartner sich untereinander zerstritten. Immerhin versicherte man mir, man betrachte meinen Gesprächswunsch nicht als Einmischung in innere Angelegenheiten. Verwirrung hatte ich auch mit dem Wunsch ausgelöst, die Moskauer Hauptsynagoge besuchen zu dürfen. Das wurde ausweichend beantwortet mit der Begründung, es stünde kein Fahrzeug zur Verfügung. Als ich am letzten Tag meines Besuchs um ein Taxi bat, gab es dann doch eine amtliche »Wolga«-Limousine für mich. Ich wurde von einem Mitarbeiter begleitet, der sich sogar mit einer Kippa bewaffnet hatte und nach seinem Bekenntnis erstmals den Fuß in eine Synagoge setzte. Aber es dauerte noch einmal ein Jahr, bis im November 1987 ein wirkliches Gespräch stattfand. Auf Vorschlag der sowjetischen Seite wurde über das Gespräch durch TASS eine Pressemeldung veröffentlicht, sodass ich einmal in meinem Leben, zudem auf Seite 1 der Prawda vom 20. November 1987, mit der Meldung aufschien: »Vom 16. bis 19. November hielt sich der Experte der Sozialdemokratischen Partei Deutschlands für humanitäre Fragen, K.-H. Rosen, in Moskau auf.« Angesichts der deutlichen Entspannung konnte die SPD-Fraktion im Laufe des Jahres 1988 schrittweise den Dialog mit der Sowjetunion in geschäftsmäßige Bahnen lenken, um die Arbeit der Menschenrechtsgruppe »auf andere Weltregionen« zu verlagern.

Das waren z. B. Projekte wie die Betreuung einer Delegation der Fraktion nach Argentinien, Uruguay und Paraguay – mit einem eindrucksvollen Gespräch bei Diktator General Stroessner, der von seiner Hochachtung für Willy Brandt sprach, sich im Übrigen aber vor allem für die Brille von Wilfried Penner interessierte. Mit Hans Koschnick reiste ich nach Rumänien, Schwerpunkt war die Lage der Deutschen in Siebenbürgen, die damals mit finanzieller Unterstützung der Bundesregierung Rumänien scharenweise verließen. Mehrmals reiste die Arbeitsgruppe in die Sowjetunion zu den ausreisewilligen Deutschen und den Vereinen der Deutschstämmigen. Ein weiterer Schwerpunkt waren Palästina und die dort lebenden Flüchtlinge.

Den Unmut meines Chefs löste – vorübergehend – die Berichterstattung über eine Mission von Hans-Ulrich Klose nach El Salvador, Nicaragua und Honduras aus. In allen drei Ländern hatten Ende der 70er-Jahre revolutionäre Gruppen gegen totalitäre Regime geputscht. Am Rande besuchten wir Flüchtlingslager in Honduras und Salvador. Im Anschluss daran übergab die Deutsche Stiftung für UNO-Flüchtlingshilfe, deren stellvertretender Vorsitzender ich damals war, dem Hohen Flüchtlingskommissar eine Spende für die Arbeit in Mittelamerika. Auf dem Rückflug von Managua hatten wir in Miami einen halben Tag auf den Anschlussflug nach Deutschland zu warten, konnten also unseren Bericht schreiben. Die Reise war nach gründlicher Vorbereitung zustande gekommen, wir hatten eine Fülle von Berichten unabhängiger Organisationen gelesen. Auf dem Weg nach

Mittelamerika fanden Gespräche in New York und Washington statt, auch mit Vertretern der Vereinten Nationen und der US-Regierung. Die Kritik von Willy Brandt an dem Bericht – er nannte ihn »Kurzbericht«, der »wertvolles Material enthalte, das in eine kritische Gesamtwürdigung einbezogen werden müsse – bezog sich auf die generelle Tendenz. Wir hatten geschrieben, El Salvador sei »auf dem Weg zum Besseren«, Nicaragua sei aber fast unaufhörlich auf der abschüssigen Ebene. Willy Brandt beschwerte sich, dies sei zwar »die offizielle US-Version, aber er sähe (noch) nicht ein, weshalb wir sie so zu übernehmen hätten«. Der SPIEGEL, der geschrieben hatte, Klose und Rosen hätten »kühl ermittelt«, zitierte Willy Brandt mit leichtem Spott: »Da waren zwei Staatsanwälte unterwegs«, was sich auf unser beider frühere Tätigkeit bezog. Wir hatten formuliert, Nicaragua sei »ein Land mit einer *gebremsten* […] Revolution«, weil es seine selbst gesetzten Ziele nicht erreicht habe und weil die Gegner den, wie sie es nennen, »marxistisch-leninistischen Totalitarismus« durch einen Krieg verhindern wollten. Nach unserem Eindruck war die Regierung auch nicht bereit, ungeachtet unseres Mandats, mit uns ein offenes Gespräch zu führen, sodass wir uns »propagandistisch für dumm verkauft« fühlten. Wir waren überzeugt, die Intervention der USA unter Ronald Reagan nach der Ablösung des Somoza-Regimes und die Unterstützung der paramilitärischen Contras mit Geld aus dem geheimen Waffenverkauf an den Iran hätten die Revolution behindert. Fast 30.000 Tote hatte das bitterarme Land zu verkraften. Die Welt, zumal die Sozialistische Internationale, schaute mit anfänglicher Sympathie auf die Veränderungen unter Präsident Ortega, als er 1984 sogar Wahlen durchführte, denen sich allerdings die Opposition, wohl auf Druck der USA, verweigerte. Es wurden die gesellschaftlichen Veränderungen, insbesondere für Frauen, und die Arbeit an einer Verfassung positiv bewertet. Dennoch rechtfertige das nicht die Hinnahme der aus Berichten und andeutungsweise auch bei unseren Gesprächen in Nicaragua bestätigten Menschenrechtsverletzungen, nicht zuletzt die Zwangsumsiedlung der Miskito-Indianer. Beim kritischen Nachlesen dessen, was von uns vor 30 Jahren aufgezeichnet wurde, finde ich keine Übernahme von US-Positionen.

Abb. 19 Der Autor mit Willy Brandt auf einem Kongress in Paris.

Ganz im Gegenteil, die USA wurden deutlich kritisiert, es wurde betont, die Menschenrechtslage habe sich »zunächst« verbessert, vor allem die Unterstützung der USA bei Luftangriffen wirke sich hingegen negativ aus.

Während unseres Aufenthalts in der Hauptstadt hatte man uns gewarnt, das Hotel abends zu verlassen, denn die Nachtruhe werde durch Geräusche von Schusswechsel begleitet. Vor uns hatte bereits Willy Brandts Stellvertreter im Parteivorstand, Hans-Jürgen Wischnewski, Nicaragua besucht, der SPIEGEL zitierte ihn mit den Worten, es gebe keine positive Entwicklung zur Demokratie.

Unser Bericht hat Willy Brandt verständlicherweise enttäuscht, weil die SPD zunächst große Hoffnung auf Daniel Ortega gesetzt hatte, den Führer der Frente Sandinista de Liberación Nacional (FSLN), die 1979 den Diktator Somoza aus dem Land getrieben hatte. In seinem Buch über Menschenrechte hat Brandt dann aber eingeräumt, dass es in Nicaragua nicht so lief, wie man sich das in der sozialistischen Welt vorgestellt hatte. Die Wahl 1990 führte zur Ablösung der

XII Willy Brandt und die Menschenrechte

Abb. 20 Willy Brandt wird auf einer Israelreise von MP Shimon Peres empfangen (1995).

Sandinisten durch Violeta Chamorro. 2006 kehrte Ortega dann an die Macht zurück nach einer von den Wahlbeobachtern (mit Ausnahme denen der US-Regierung) für nahezu beanstandungsfrei erklärten Wahl. Ortega wurde 2011 erneut zum Präsidentschaftskandidaten gewählt, obwohl eine erneute Kandidatur schon damals eigentlich nicht zulässig war. Bei der Neuwahl im November 2016 wurde – wiederum gegen die Verfassung – von einem Obergericht seine Kandidatur für zulässig erklärt, er blieb der einzige Bewerber und wurde mit über 60 Prozent gewählt.

Die verantwortungsvollste Mission war für mich zweifellos die nach Afghanistan. Zu den regelmäßigen Gesprächspartnern der Arbeitsgruppe Menschenrechte gehörten die afghanischen Exilorganisationen. Viele ihrer Mitglieder hatten in Deutschland studiert und waren nach dem Überfall der Sowjetunion auf ihr Land zu Flüchtlingen geworden. Das Engagement auf deutscher Seite war groß. Es gab alljährliche Afghanistan-Tage, auch um das Interesse an der Beendigung eines Krieges nicht erlahmen zu lassen, der längst die

Dauer des Zweiten Weltkriegs überschritten hatte. Bundesregierung und Opposition stritten sich, wer sich stärker für das Land engagierte. Allerdings war auch die Vielfalt der Organisationen der Interessenvertretung nicht unbedingt hilfreich. So war es auch für die Veranstalter der SPD überraschend, als auf ihre Einladung 14 afghanische Exilorganisationen ihre Vertreter zu einem Seminar nach Rhöndorf bei Bonn entsandten. Sie widersprachen meinem Eindruck nicht, es sei das erste gemeinsame Gespräch. Mir war klar, die Kontakte des Referenten der SPD-Arbeitsgruppe Menschenrechte zu Flüchtlingen und Exilgruppen blieben – so wenig wie den Geheimdiensten der Sowjetunion und der USA – den afghanischen Widerstandsorganisationen verborgen. Und so kam die Frage der militantesten Organisation, Hesbi-Islami, nicht überraschend.

Ich wurde am 23. Juni 1986, an einem Wochenende, von Dr. A. angerufen, der sich als »Representant of Afghan Mudschaheddin« vorstellte. Mudschaheddin sind die Kämpfer im Heiligen Krieg Dschihad, meist werden die Angehörigen der in Afghanistan aktiven Milizen so genannt. Dr. A. bat um ein Gespräch, dessen Inhalt er auf meine Frage präzisierte: Es gehe »um russische Soldaten«. Auch wenn ich das nicht im Einzelnen verstand, konnte ich mir vorstellen, ich sollte für einen Kontakt zur Sowjetregierung eingesetzt werden. Ich habe das Gespräch nach einem kurzen Austausch beendet, weil man damals schon befürchtete, abgehört zu werden, und wollte über ein sensibles Thema nicht von meinem Privatanschluss sprechen. Bei dem für den Beginn der folgenden Woche in meinem Büro im Bundeshaus vorgeschlagenen Termin war A. kurz angebunden. Ziel des Besuchs: Er wolle die Bereitschaft der SPD erkunden, Verhandlungen mit der sowjetischen bzw. der afghanischen Regierung über einen Gefangenenaustausch zu moderieren. Er betonte, er richte diese die Frage im Einvernehmen mit Gulbuddin Hekmatyār, dem Chef der wichtigsten afghanischen Widerstandsgruppe »Hezb-i-Islami«, an mich bzw. die SPD. Hezb-i-Islami war eine Rebellenorganisation, die immerhin die große Sowjetunion bzw. deren Satrapen in Afghanistan, Nadschibullāh, in einen Krieg verwickelt hatte. Der hatte viel Blutvergießen in seinen sieben Jahren gefordert, es gab bis dahin weder

Sieger noch Verlierer. Für keinen der Beteiligten war zudem ein Sieg abzusehen. Kabul, die afghanische Hauptstadt, war in einen Ring von zwölf Kilometer Halbmesser eingeschlossen. Es war trotz zahlenmäßiger und technischer Überlegenheit der sowjetischen und afghanischen Truppen ein Stellungskrieg. Man hatte den Eindruck, beide Seiten seien bemüht, neue Waffensysteme – auch der nicht unmittelbar beteiligten Waffenlieferanten, etwa Chinas oder der USA – auszuprobieren. Es war absehbar, dass auch die jeweils neue Waffengeneration nicht zu einem Sieg führen könne. Friedensgespräche zwischen Afghanistan und Pakistan, die die Vereinten Nationen moderierten, liefen ohne greifbares Ergebnis. Die von Paschtunen bevölkerte Nordprovinz Pakistans war Aufmarsch- und Nachschubbasis der Mudschaheddin. Die Friedensgespräche zwischen den beiden Mächten ruhten. Der Emissär bekannte auf meine Frage, warum man sich an die SPD wende: Man verstehe sich auch als sozialdemokratische Partei. In der Siebenerkoalition war natürlich der eigentlich sozialdemokratische Vertreter die Afghan Social Democratic Party (ASDP), deren Vorsitzender Dr. Mohammad Amin Wakman 1983 Willy Brandt auf dem Kongress der Sozialistischen Internationale in Portugal getroffen hatte.

Zu dem Angebot erklärte er, Hezb-i-Islami halte viele Rotarmisten in zwei Lagern Afghanistans gefangen. Man sei bereit, zunächst sechs auszutauschen und erwarte im Gegenzug die Freilassung einiger der 5.000 »Gotteskrieger« (Mudschaheddin) aus dem Gewahrsam der afghanisch-sowjetischen Gegenseite. Da ich fürchtete, mit einer solchen Mission überfordert zu sein, schlug ich die Einschaltung des Internationalen Roten Kreuzes vor. Das wurde knapp abgelehnt, das IKRK sei zwar in Afghanistan vertreten, man wolle aber das politische Ansehen des SI-Vorsitzenden Willy Brandt einsetzen. Ich sagte zu, dies bei meiner kurz bevorstehenden Menschenrechtsmission in Moskau vorzutragen.

Von dem Gespräch setzte ich Willy Brandt und den Vorsitzenden der Menschenrechts-AG, Horst Ehmke, in Kenntnis. Ehmke war skeptisch und riet, »die Finger davon zu lassen«, wir würden »uns« überheben. Willy Brandt ermunterte mich. Und auch die SPD-Fraktion, die ich in Fragen der Menschenrechte beriet, empfahl einen Versuch.

Im Rahmen der von Willy Brandt mit dem Generalsekretär der KPdSU Michail Gorbatschow im Mai 1985 verabredeten regelmäßigen Gespräche zu Menschenrechtsfragen »auf Arbeitsebene« war ich für den 3. Juli 1986 beim ZK der KPdSU angemeldet. Bei der ersten Begegnung sagte ich auf Fragen nach meinen Gesprächswünschen, ich hätte das Angebot einer afghanischen Widerstandsgruppe zu übermitteln. Mein Gesprächspartner, der das Wort Mudschaheddin sorgsam vermied, griff zu einem der vier Telefone auf seinem Schreibtisch. Nach einem kurzen Gespräch wurde ich beschieden, zwei Vertreter des Außenministeriums wollten mich am nächsten Tag im Parteihotel Oktyabrskaya sehen. Ich traf dort einen älteren Beamten, der gut Deutsch sprach und auf mich eher wie ein Wissenschaftler wirkte; später sollte er mich nach Kabul begleiten. Sein bulliger Begleiter wirkte nicht unbedingt wie ein Diplomat. Beide lauschten meinem Vortrag, gingen aber abgesehen von allgemeinen Bewertungen nicht auf meinen Vortrag ein. Stattdessen baten sie um ein weiteres Gespräch, da sie erst »ihre Führung« unterrichten wollten.

Die folgende Besprechung begann mit einem Dank an die SPD für ihre Bereitschaft, der sowjetischen Regierung bei der Rückführung von Gefangenen behilflich zu sein. Ohne konkret zu werden, baten sie mich, die Vermittlungsversuche fortzuführen. Nach der Rückkehr unterrichtete ich das Informationsbüro der Mudschaheddin und bat, wie in Moskau zugesagt, mir die Namen der zum Austausch vorgesehenen Rotarmisten zu übermitteln. Erst nach einigen Wochen erhielt ich eine Liste mit den Namen von sieben Gefangenen sowie deren Militärlaufbahn. Die Liste übergab ich am Rande des SPD-Bundesparteitags im August 1986 in Nürnberg dem Deutschlandbeauftragten der KPdSU. Eine Antwort erhielt ich – wiederum erst nach einer längeren Bearbeitungsphase – bei meinem nächsten Besuch in Moskau im November 1986.

Meine Gesprächspartner, die nicht gewechselt hatten, bestätigten mir die Korrektheit der Listen. M. a. W.: es waren verloren gegangene Staatsbürger, deren Zahl nach damaligem Stand bei über 300 lie-

XII Willy Brandt und die Menschenrechte

gen sollte; Herkunft, Ausbildung und militärische Kenndaten stimmten. Es wurde ausdrücklich die Bereitschaft bestätigt, mit den Mudschaheddin weiter zu verhandeln. Zu den Kernproblemen, die in der Zukunft auch immer wieder zum Abbruch von Gesprächen führen sollten, wurden die Austauschquote und das Verfahren zur Übergabe, so man sich geeinigt haben sollte.

Zum Tauschverhältnis wies ich eingangs auf die Ungleichgewichtigkeit der Gefangenen bei den beiden Beteiligten hin, wobei ausdrücklich betont wurde, dass sich die Mudschaheddin in Lagern in Verantwortung der afghanischen Armee befänden. Keine Begeisterung löste meine Information aus, Hezb-i-Islami gehe von einer Tauschquote 1:100 aus. Zu Beginn von Verhandlungen, das war mir klar, war dies kaum realistisch. Die sowjetische Seite erklärte, man habe in der Vergangenheit stets im Verhältnis 1:1, allenfalls 1:5 getauscht. Mein Hinweis, bei einem jüngsten Tausch zwischen Israel und den Palästinensern sei es um die Größenordnung 1:1.000 gegangen, beeindruckte nicht. Im Gegenteil, ich wurde darauf hingewiesen, dass über Gefangenenaustausch bereits seit 1982 verhandelt werde. Das sei nicht publik geworden, auch bei meiner Aktion baue man auf Vertraulichkeit. Gleichwohl wurde mir naturgemäß mein Stellenwert in einem seit vier Jahren erfolglosen Prozess bewusst. Was den Ort eines Austausches anlangt, wurde deutlich gemacht, man gehe von Afghanistan aus. Mein vorsichtiger Versuch, die Schweiz oder einen Golfstaat ins Gespräch zu bringen, wurde strikt abgelehnt. Meine Nachfrage in Genf beim Internationalen Komitee zum Roten Kreuz war negativ verlaufen, man sei in Afghanistan gar nicht mehr vertreten und arbeite an der Wiederaufnahme. Gleichwohl biete man seine »guten Dienste« an. Anders hingegen die sowjetische Seite: Das IKRK sei ein »überflüssiges Kettenglied«. Ich solle »bis zum Schluss drinbleiben, sodass wir sehen, dass Sie aufrichtig an einer Lösung interessiert sind«. Später wurde nachgeschoben, dass man in Wirklichkeit mit dem IKRK schlechte Erfahrungen gemacht habe. Bei einem versuchten Austausch 1983 habe das IKRK zur Bedingung gemacht, vor der Aufnahme von Verhandlungen die Zustände in afghanischen Gefängnissen zu überprüfen. Im Übrigen sei trotz einer bedingungslosen Freigabe von sechs Gefangenen ein Austausch nicht zustande gekommen. An dieser Stelle flocht mein Gesprächspartner unvermittelt ein, der Anwesenheit sowjetischer Truppen liege ein 1921 geschlossener Vertrag zugrunde. Man werde abziehen, sobald die Gefahr einer Intervention von außen nicht mehr bestehe. Ich fragte dann, ob man mir meine Rolle erleichtern könne, indem man mir einen Verhandlungsrahmen gebe. Das Gespräch wurde daraufhin vertagt, man müsse das mit der »Führung« besprechen.

Im Gespräch am folgenden Morgen wurde mir keine Vorgabe gemacht. Eher, um weiter zu kommen, hatte ich die Zahl »25« genannt. Die Reaktion, man wolle jetzt keine Zahl nennen, hätte mich stutzig machen müssen. Da es aber um das Leben der russischen Soldaten gehe, baue man auf meine »Vernunft«, ich solle aber nicht über 30 gehen. Wenn man an dieser Stelle eine Zahl nenne, würde ein Gespräch wieder vertagt. Man wolle das – und hier kam Hoffnung auf – im nächsten Gespräch in Gegenwart der afghanischen Seite »endgültig klären« und dann zügig abschließen. Die afghanische Regierung habe *vorläufig* – das Wort hätte mich stutzig machen müssen – ihr Ja zur Aktion gegeben. Folglich solle ich jetzt nach Kabul fliegen, um die Details zu klären. Angesichts der denkbar unpräzisen Vorstellungen der sowjetischen Seite konnte eine solche Runde, fürchtete ich, nicht unbedingt viel bringen. Später wurde deutlich, dass dies zu einer unnötigen, mindestens einjährigen Verzögerung führte.

Ehe ich die Reise nach Kabul antreten konnte, erreichte mich am 16. Dezember 1986 die Aufforderung, Hekmatyār während dessen zweitätigen Aufenthalts in seinem Londoner Büro zu besuchen. Die Einladung wirkte wie die Weisung eines Herrschenden, die abzulehnen sicher unziemlich gewesen wäre. Nicht nur die kurze Frist hatte gestört. Das war ein Freitag, an dem man sich üblicherweise in Bonn für einen frühen Start ins Wochenende vorbereitete, aber nicht auf Hilfe bei einer kurzfristigen Auslandsreise. Zudem wurde in der SPD streng bürokratisch gedacht, und so wurde ich nach einem Kostenträger für den Flug nach London gefragt; Exkursionen in Sachen Menschenrechte, zudem eines Mitarbeiters, der weder Abgeordneter noch Mandatsträger sei, würden nicht ins System passen.

Das Problem löste der Internationale Sekretär der SPD. Am Montag durfte ich die Vorbereitung noch einmal unterbrechen, was ich gern tat, weil mir eine Beförderungsurkunde überreicht wurde.

Das Mittagsflugzeug der British Airways startete mit Verspätung von Köln, zudem reduzierte starker Gegenwind die Fluggeschwindigkeit. Die Sorge, das Begrüßungskomitee könnte den Flugplatz wieder verlassen und mich hilflos zurücklassen, erwies sich als unbegründet. Denn mir war zwar die grobe Lage des Büros, aber nicht die genaue Anschrift gegeben worden. Angekündigt war mir ein Mudschahed in Landestracht, der Abholer war allerdings mit einem mitteleuropäischen Anorak gekleidet. Vor dem Bauch hielt er ein kaum lesbares Schild mit dem Namen seines Arbeitgebers. Erst nachdem ich ihn hatte ausrufen lassen, gab er sich zu erkennen. Als landestypisch erwies sich der Fahrer, der anders als sein Begleiter sehr gesprächig war. Dass er Helmut Schmidt für den Bundeskanzler der regierenden Konservativen hielt, sei ihm verziehen. Im Übrigen empfahl er mir dringend einen Besuch Afghanistans, woraus ich schließen konnte, dass der Zweck meines Besuchs in London vertraulich gehalten wurde.

Nach etwa einstündiger Fahrt durch die westlichen Stadtteile und Vororte Londons setzte mich der Fahrer vor einem unscheinbaren Einfamilienhaus in Hammersmith ab. Den Hausflur füllte eine große Zahl Schuhe, ich war also richtig angekommen bei Muslimen und wurde nach links in ein Wohnzimmer geführt, in dem grau gewandete Afghanen in einer Runde um ihren Kriegsherrn Hekmatyār saßen. Er sprach als Einziger, leise und in einem singenden Tonfall. Nach meinem Eintreten wurden seine Vertrauten aus dem Raum gewiesen, den sie eilends verließen. Zurück blieben der mir vertraute Bonner Repräsentant und der Dolmetscher. Hekmatyār begrüßte mich herzlich. Dann verfiel er in Schweigen und machte nicht den Eindruck, als wolle er das Schweigen allzu rasch aufgeben. Ich hingegen war mit Blick auf den Rückflug in einer gewissen Eile und trug deshalb anhand eines auf dem Flug entstandenen Sprechzettels den Stand vor. H. gab sein Schweigen daraufhin auf. Er bestätigte den Wunsch seiner Partei, mit Willy Brandts Hilfe Gefangene aus dem

Gewahrsam der afghanischen Regierung zu befreien. Hekmatyār betonte, es verhandle ausschließlich Hezb-i-Islami mit Willy Brandt, das sei aber den anderen Widerstandsgruppen bekannt. Er ging also davon aus, dass uns die Player im afghanischen Krieg bekannt sind. Später sollte ich merken, dies war nur die halbe Wahrheit. Sodann entwickelte ich meine Vorstellungen über den Ablauf. Der sollte alsbald in Kabul beginnen, wo ich im Rahmen der – wie ich nach dem letzten Besuch in Moskau fälschlich meinte – grundsätzlichen Einigung der Sowjets mit der afghanischen Regierung die Details abzusprechen gedachte. Dann wollte ich nach Peschawar, Pakistan, wechseln, wo Hezb-i-Islami sein Hauptquartier hat, um dort Einvernehmen über die in Kabul abzustimmenden Modalitäten zu erzielen. Ich fragte Hekmatyār, ob man meine Sicherheit beim Anflug auf Kabul und der – wie ich dachte – Weiterreise auf dem Landweg nach Peschawar garantieren könne. Hekmatyār verneinte das. In Afghanistan sei Krieg, niemand könne meine Sicherheit, wo auch immer, garantieren. In den Bergen rings um Kabul lägen Kämpfer verschiedener Widerstandsgruppen, die einen militärischen Auftrag hätten. Es gebe keinen regelmäßigen Kontakt zu ihnen, gleichwohl tauschten sich die einzelnen Gruppen untereinander aus. Deshalb schlage er vor, den Austausch von der pakistanischen Hauptstadt Islamabad aus zu organisieren. Die dortige Botschaft der UdSSR könne jederzeit den Gesprächskontakt zur afghanischen Regierung vermitteln. Auf diesem Wege könne ich mir die Namen der Gefangenen übermitteln lassen, die die Regierung auszutauschen bereit wäre. Er könne sodann prüfen, ob es sich um Kämpfer der Hezbi handelt. Von sich aus wolle er keine Namen von wichtigen Kämpfern nennen, an deren Austausch man besonders interessiert sei, denn wenn er das mache, müsse er fürchten, dass die afghanische Regierung sie unverzüglich umbringt. Der Ort des Austausches solle in Afghanistan liegen. Auf meine Frage zeigte er auf einer Landkarte zwei Regionen um Torkham und Alikhel. Er selbst wolle zunächst zwei Russen zum Austausch anbieten, um zu prüfen, ob Moskau Wort halten will. Dann sei er bereit, über die mir zunächst genannten sieben hinaus alle Gefangenen der Roten Armee freizugeben.

XII Willy Brandt und die Menschenrechte

Kurz vor drei Uhr wurde unser Gespräch abrupt unterbrochen. Hekmatyār erhob sich und verließ den Raum, wie er fast entschuldigend sagte, um zu beten. Unterdessen betraten fünf europäisch gekleidete Afghanen den Raum, nahmen zunächst schweigend Platz, um dann untereinander zu reden, ohne von mir Notiz zu nehmen. Bei seiner Rückkehr begrüßte Hekmatyār die Fünf wiederum sehr herzlich und nahm in dem Sessel neben mir Platz. Aus der benachbarten Küche drangen derweil Geräusche und Gerüche zu uns. Ab und an erschien ein freundlich lächelnder Afghane, beugte sich zu Hekmatyār und führte flüsternd ein Gespräch. Der fragte mich dann nach meiner Rückflugzeit und bat mich, mit ihm noch zu essen. Der Koch bedauerte, seine Frau sei erkrankt und deshalb dauere das Kochen etwas länger als sonst. An den weiteren in der Landessprache Farsi geführten Gesprächen wurde ich nicht beteiligt. Gegen halb vier lud der freundliche Koch zum Essen, machte aber dabei deutlich, ich hätte nur eine Viertelstunde Zeit. Wegen des Vorweihnachtsverkehrs müsse man mich früher als sonst zum Flugplatz bringen. Schade, denn es roch einladend. Acht der Anwesenden nahmen mit mir am Esstisch Platz, die Übrigen stellten ihre Teller auf Fensterbänke und den Kaminsims und aßen stehend. In großen Schüsseln wurden Reis, mehrere Sorten Fleisch in scharfen Soßen, Spinat in Minzsoße, Paprika und Tomatensalat sowie Fladenbrot gebracht. Ich probierte von allem und verabschiedete mich von Hekmatyār. Der betonte, wie sehr ihm daran gelegen sei, die Sache zu einem guten Ende zu bringen. Ich war erleichtert, als ich nach einstündiger Fahrt durch den Trubel Londons das Flugzeug erreichte. Nach dem hektischen Austausch der in sich vielfach widersprüchlichen Informationen in den letzten Monaten konkretisierten sich jetzt endlich die Elemente eines Gefangenenaustauschs. Ich war auch beruhigt, dass die Aktion jetzt von Pakistan aus vollzogen werden solle.

Nach meiner Rückkehr unterrichtete ich in einem kurzen Gespräch von mir zu Hause aus meinen Kontaktmann aus der Botschaft der UdSSR in Bonn und bat, seine Regierung über die sich abzeichnende Aktion zu unterrichten. Er korrigierte mich freundlich, er wolle stattdessen den Botschafter in Bonn informieren. Nun gut.

In Moskau war noch keine Weihnachtszeit, so erreichte mich die Antwort von dort am Abend des 2. Weihnachtsfeiertages, als bei uns das Weihnachtsfest noch nicht zu Ende war. Ich wurde aus der Botschaft der UdSSR um ein Gespräch bei mir zu Hause gebeten, wo man eine Information der Regierung übergeben wolle. Sie bezog sich vor allem auf den von Hekmatyār gewünschten Verhandlungsort Islamabad. Wenn der Austausch zustande kommen solle, sei es Aufgabe der afghanischen Regierung, die konkreten Probleme zu lösen. Da Afghanistan keine diplomatischen Beziehungen zu Pakistan unterhalte, sei nicht klar, »wie wir [sic!] Sie von dort einbeziehen«. Deshalb bitte mich die Regierung zu Gesprächen am 5. oder 6. Januar 1987 nach Kabul. Man habe die Zusage, meine »persönliche Sicherheit zu gewährleisten und mir jede Hilfe zu geben«. Wenn von Kabul aus Verhandlungen geführt werden müssten, könne man die Modalitäten »mit der afghanischen Seite« (mir war nicht klar, ob er die Regierung oder die Rebellen meinte) besprechen. »Dabei möchten wir Sie bitten zu berücksichtigen, dass (der pakistanische) Präsident Zia-ul-Haq uns ausdrücklich gesagt hat, auf dem pakistanischen Territorium wolle er keine sowjetischen Soldaten haben.« Seine Regierung sei bereit, mir auf dem Weg nach Kabul einen Begleiter mitzugeben.

Bei dem nur kurzen Treffen wurde mir eine Wende im Ablauf der Gespräche deutlich: Waren bisher die Interessen Afghanistans nur mit der sowjetischen Seite erörtert worden, wurde jetzt offenbar Wert darauf gelegt, die Autonomie der afghanischen Regierung zu betonen. Am Ende des Gesprächs verließ der mir aus mehrjähriger Zusammenarbeit vertraute Bote der Sowjetbotschaft die Rolle des Diplomaten, um »eine persönliche Bemerkung zur Ihrer Mission« zu machen. In Kabul könne meine Sicherheit besser garantiert werden als an einem anderen Ort in der Region. Ich sollte wissen, der sowjetische Militärattaché sei nicht in Kabul, sondern auf offener Straße in Islamabad erschossen worden.

Ich gebe zu, wegen meiner Sicherheit hatte ich mir noch keine allzu großen Sorgen gemacht. Sensibilisiert hatte mich die bei Gesprächen im Auswärtigen Amt deutliche Reserve gegenüber meiner Absicht, auf dem Landweg über Dschalalabad und den Khyber-Pass nach Peschawar oder Islamabad zu reisen. Vor allem Hekmatyārs Mitteilung, militärische Operationen könnten von der militärischen Führung der Mudschaheddin nur bedingt gesteuert werden, hatten mich irritiert. Wenn ich das Sicherheitsbedürfnis gegenüber allen Beteiligten dann doch in den Vordergrund stellte, so geschah das, um dem Eindruck entgegenzuwirken, ich würde mich aus Abenteuerlust engagieren. Aktionen wie diese gehörten nicht unbedingt zu meinem Berufsbild. Allerdings hatte ich als Staatsanwalt in Stuttgart das Prinzip verfolgt, die für mich tätigen Kriminalbeamten bei kritischen Einsätzen zu begleiten. Aber die Aussicht, durch sowjetische oder die von China oder den USA finanzierten Waffen mein Leben zu verlieren, auch nicht als Referent einer Arbeitsgruppe »Menschenrechte«, gehörte nicht dazu.

In den Tagen um die Jahreswende hatte ich reichlich damit zu tun, die Visa für die Sowjetunion, Afghanistan und Pakistan zu beschaffen; niemand hatte mir gesagt, dass ich ein Visum auch für Indien brauchte, weil ich von Kabul nicht würde unmittelbar nach Pakistan fliegen können, sondern den Umweg über Neu-Delhi nehmen müsse. Hinzu kam, dass das Bundeskanzleramt vergessen hatte, meinen Dienstpass beim Auswärtigen Amt rechtzeitig verlängern zu lassen. Verständigungsprobleme hatte ich bei der Information der Botschaft Pakistans. Zwar hatte ich vorsorglich einen Botschaftsrat schon Wochen zuvor in Begleitung von zwei Mitarbeitern des Hezbi-Büros über die geplante Austauschaktion informiert und betont, ich müsse dabei auch Pakistan betreten. Als ich wegen des Visums Druck machte, merkte ich, mein Antrag hatte wohl zu anhaltenden Diskussionen mit der Regierung in Islamabad geführt. Am Ende wurde das Dienstvisum in meinem Dienstpass mithilfe von Tipp-Ex getilgt und in ein Touristenvisum umgewandelt. Um die Verwirrung voll zu machen, hatte das Reisebüro die Flugscheine praktischerweise auf den Postweg gegeben.

Trotzdem schienen alle Probleme behoben. Am 6. Januar 1987 war ich auf dem Flug LH 342 von Frankfurt nach Moskau und konnte die Ereignisse der letzten Monate Revue passieren lassen. Auf dem Flughafen Sheremetyevo II hatte mich der Sozialreferent der Botschaft in

Empfang genommen und mich ins Parteihotel gebracht, wo ich einige Stunden auf Vorrat schlafen konnte. Der mir aus früheren Gesprächen vertraute russische Dolmetscher führte mich vor der Fahrt auf den Flughafen durch das winterliche Moskau und den stilvoll restaurierten Arbat. Das Thermometer zeigte minus 28 Grad.

Der Nachtflug in einer Tupolew 134, einem behäbigen, mit reichlich Material ausgestatteten vierstrahligen Langstreckenflugzeug nach Taschkent dauerte sechs Stunden. Während mein russischer Begleiter die Vorzüge eines 1. Klasse-Reisenden genoss, war ich in der ersten Reihe der Holzklasse platziert, der Nebensitz blieb frei. Dafür war ich einer reichlich unlustigen Stewardess ausgesetzt. Holzklasse auch insofern, als auch das am Vordersitz befestigte Essbrett aus vier Zentimeter dickem Massivholz bestand. Der kurz nach dem Start um Mitternacht servierte Imbiss bestand aus einem mageren Hühnerbeinchen und zwei hart gekochten Eiern sowie einem Stück Brot. Nach der Landung um 8 Uhr Ortszeit in völliger Dunkelheit bewirtete uns der Internationale Sekretär der usbekischen KP im Gästehaus auf dem Flugplatz an einem schwer beladenen Frühstückstisch, der Kefir ist mir in Erinnerung geblieben.

Nach einer Stunde ging es kurz nach Sonnenaufgang in einem hinreißend schönen Flug über majestätische Gebirgszüge, schneebedeckte Gipfel, von farbigen Gesteinsbändern durchzogene Wüsten auf Kabul zu. Die bevorstehende Landung sollte einzigartig werden. Die Stadt liegt in einem Kessel, fast 2.000 Meter über dem Meeresspiegel, umgeben von bis zu 4.000 Meter hohen Bergen. Die Landung war eine fliegerische Meisterleistung, zumal mit einem so schweren Fluggerät wie der TU 134. Der Pilot steuerte die Maschine exakt in eine Position 7.000 Meter über dem Flughafen. Von dort schraubte sie sich in engen Kreisen nach unten. Auf halbem Wege erhielt unsere Maschine Begleitung von zwei Militärhubschraubern, es wurden Stanniolstreifen abgeworfen, wie sie mir aus dem 2. Weltkrieg geläufig waren. Ich lernte, dies geschehe zum Schutz vor wärmegesteuerten Raketen, chinesischen Stingers, die von den Stellungen der Mudschaheddin in den umliegenden Bergen abgefeuert würden. Hauptziel seien die schweren Antonow-Transportmaschinen, vor

Kurzem hätten die Mudschaheddin eine DC 10 einer Ziviluglinie vom Himmel geholt. Vorbei an Fluggerät mit afghanischen und sowjetischen Nationalitätskennzeichen, aber auch Tanks und anderen Fahrzeugen setzte die TU 134 ziemlich heftig vor dem himmelblau gestrichenen Flughafengebäude auf. Es wurde gerade renoviert, so wurden die Passagiere im alten Terminal, einem offenen Schuppen, in Empfang genommen, durch den ein eisiger Wind den Wüstensand fegte. Während sich das sowjetische Botschaftspersonal um meinen Begleiter kümmerte, kam ich mir zunächst reichlich verloren vor, bis mich ein Vertreter der Botschaft des anderen Deutschland in herrlichem Sächsisch kurz begrüßte. Ihm war meine Herkunft aus Westdeutschland offenbar aufgefallen. Ein Gespräch, wie ich es mir gewünscht hätte, kam nicht auf, bis mich nach einer Stunde ein Vertreter des Außenministeriums ins Kabul-Hotel in der Stadt brachte. Das dreistöckige Gebäude in wunderbarem Bauhausstil war eines der Zeugnisse für die traditionell guten Beziehungen unseres Landes zu Afghanistan, die in die 20er-Jahre des vorigen Jahrhunderts zurückreichen. Vergleichbare Dokumente fanden sich in vielen Teilen der Stadt. Zum Speisesaal ging es durch eine großzügig mit Teppichen ausgelegte Empfangshalle. Zwei bedächtig agierende Kellner in Smokings servierten ein einfaches Essen mit Lamm- und Geflügelfleisch. Sie wunderten sich, weil ich neben den angebotenen westlichen Getränken Fanta und Cola nicht auch dem Whisky zusprach. Gesprächsthema war naturgemäß die geplante Austauschaktion. Den russischen Begleiter interessierte vor allem, woher die Initiative gekommen war. Nach dem Essen informierte ich den Geschäftsträger der Botschaft der Bundesrepublik – die diplomatischen Beziehungen ruhten damals – von meiner Ankunft. Außer ihm war nur der Funker informiert, der mir voll Stolz die technische Ausrüstung seiner Funkstube zeigte, mit deren Hilfe die Kommunikation nach Pakistan ablaufen würde. Geheimhaltung war auch gegenüber den anderen westlichen Vertretungen abgesprochen, denen gleichwohl meine Anwesenheit nicht verborgen blieb.

Nach der Rückkehr ins Hotel begann das ermüdende Warten, für den Nachmittag war kein Termin vorgesehen, wie ich es eigentlich erwartet hatte; möglicherweise hatte der anwesende sowjetische Außenminister Schewardnadse die Arbeitskraft des Außenministeriums voll in Anspruch genommen. Nach dem Besuch Nadschibullāhs im Dezember 1986 in Moskau hatte er in den ersten Januartagen während meines Besuchs ein Angebot zur Versöhnung bekannt gegeben.

Ich nutzte meine freie Zeit zu einem Gang über den Markt und durch den nahe gelegenen Basar. Dort herrschte das lebhafte Treiben, wie man es in einer »orientalischen« Stadt erwartet. Ich wunderte mich über das trotz der Einkesselung Kabuls reichhaltige Angebot von westlichen Produkten, angefangen bei Schwarzkopf-Shampoo bis hin zu Fauch-Ölofenreinigern, auch japanische Elektronikgeräte waren ausgiebig vertreten. Ich wurde aufgeklärt, der Transport in Containern auf großen Lastzügen über Usbekistan verlaufe eher problemfrei, wahrscheinlich würden alle am Krieg Beteiligten auf ihre Weise profitierten. Es wurde gebrauchte Kleidung aus dem reichen Westen angeboten, ein Paar neuwertiger Schuhe trug sogar den Namen des wohl verstorbenen Besitzers, der in Oberhausen gelebt hatte. Daneben gab es traditionelle Kosmetik in grellen Farben. Auf dem Kopf und in kleinen Schiebekarren wurden Obst und Gemüse transportiert. Mich überraschte die Ruhe und Ausgeglichenheit der Menschen, in einem Kriegsgebiet hatte ich bedrückte Gesichter erwartet. Auf den Brüstungen an dem zum Rinnsal geschrumpften Kabul-Fluss waren Teppiche ausgebreitet, nicht weit vom Einlass der Abwässer wurden Teppiche, Kinder und Gemüse gewaschen. Da ich keinen Stadtplan hatte, zog ich meine Kreise in Sichtweite des Hotels. Dort wartete der Protokollchef des Außenministeriums auf mich. Fast vorwurfsvoll erklärte er mir, er habe am Nachmittag zwei Stunden auf das verspätete Flugzeug – ich nehme an von Frankfurt – gewartet, ich sei aber nicht an Bord gewesen. Als Erstes teilte er mir mit, ich solle in ein Gästehaus der Regierung umziehen, die sich aber nicht gemeldet habe. So verbrachte ich den Abend auf meinem Hotelzimmer mit der Lektüre von Heinrich Manns »Schlaraffenland«. Der Schlaf wurde gestört durch das Geräusch der Ketten der Panzer, die durch das nächtliche Kabul patrouillierten.

Der nächste Tag begann mit dem Umzug in die früher von einem afghanischen Prinzen bewohnte geräumige Villa in Sichtweite der deutschen und der japanischen Botschaft. Auch hier war der Einfluss eines am Bauhaus geschulten Architekten erkennbar. Die Ausstattung hob sich deutlich von dem bröckelnden Glanz des Kabul-Hotels ab. Durch das Teleobjektiv meiner Kamera konnte ich die auf den Flugplatz anfliegenden Militärmaschinen beobachten. Vor meinem Wohnzimmer weideten Fettsteißschafe, die auf dem kargen Boden ihre Nahrung suchten.

Gegen halb zwölf tauchte dann ein Vertreter des Außenministeriums auf. Zu meiner Verwunderung schien er nicht sonderlich gesprächsbereit, weshalb ich ohne Aufforderung mit einem kurzen Sachstandsvortrag begann, an dessen Anfang die Grüße des SPD-Vorsitzenden Willy Brandt standen. Aus humanitären Erwägungen, betonte ich, sei die SPD bzw. deren Vorsitzender der Bitte der Mudschaheddin gefolgt, den Austausch gefangener Soldaten zu vermitteln. Es liege mir fern, betonte ich, die politische Situation oder das Verhalten der Beteiligten zu werten. Anders als ich es erwartet hätte, sei die afghanische Regierung offenbar über meine bisher mit sowjetischen Stellen geführten Gespräche nicht voll informiert worden. Auf meine Frage nach der Bereitschaft der afghanischen Regierung zu einem Austausch erklärte er: »Ich bin als Vertreter des Außenministeriums hier, um einen Austausch vorzubereiten.« Die Regierung sei bereit, in ihrem Gewahrsam befindliche Gefangene der Mudschaheddin frei zu lassen, es werde sich ein Ort im Lande finden lassen, an dem diese gegen Sowjetbürger ausgetauscht werden könnten. Der Gesprächspartner wollte ausdrücklich wissen, ob die SPD »offiziell« um Vermittlung des Austauschs gebeten worden sei. Ich konnte ihm mitteilen, der zunächst aus dem Hezbi-Büro in Deutschland mir gegenüber geäußerte Wunsch sei in einem persönlichen Gespräch vom Anführer von Hezb-i-Islami ausdrücklich bestätigt worden. Ich legte Wert darauf, erneut zu sagen, dass es nicht um eine Initiative der SPD gehe. Sodann fragte er, woher ich meine Überzeugung nähme, dass seine Regierung konsultiert worden sei. Ich antwortete: »Da es um den Austausch von Gefangenen im Gewahrsam Afghanistans geht, war das für mich selbstverständlich.« Auf interne Abstimmungsprobleme deutete auch die weitere Frage hin, woher die Option eines Austauschverhältnisses 1:25 stamme, da die afghanische Regierung keine konkrete Zahl vorgegeben habe. Ich erwiderte, ich selbst hätte, um weiterzukommen, dieses Modell schließlich ins Gespräch gebracht. Da mir auf wiederholte Fragen in den über Monate laufenden Gesprächen keine Zahl genannt worden sei, hätte ich diesen Vorschlag auf der Basis der mir genannten Zahl der Gefangenen auf beiden Seiten gemacht, um überhaupt mit einer Verhandlung beginnen zu können. Die sowjetische Seite hätte das als Start für Gespräche gutgeheißen. Ich verwies dazu auf die ausdrückliche schriftliche Vollmacht. Im weiteren Verlauf merkte ich natürlich, dass meine sowjetischen Gesprächspartner keineswegs, wie immer betont, abgestimmt verhandelt hatten. Schließlich musste ich einräumen, dass außer dem Austauschverhältnis aufseiten der Mudschaheddin keine konkreten Vorgaben für die Modalitäten eines Austauschs gemacht worden seien.

Es ging dann erneut um das Austauschverhältnis. In der Vergangenheit habe die Regierung im Verhältnis 1:1, allenfalls 1:2 getauscht. Auf meinen Einwand, es gehe um sowjetische Soldaten, konterte mein Begleiter mit dem eher unerwarteten Argument, ein abweichendes Tauschverhältnis könne als Rassismus missverstanden werden, so als hätten Sowjetbürger einen höheren »Handelswert«. Hierauf musste ich nicht antworten. Die letzte Frage, ob Hezbi Namen der von ihr zurückerwarteten Gefangenen genannt habe, konnte ich verneinen. Schwer nachvollziehbar war schließlich der Hinweis, es könne sich herausstellen, dass man nicht mehr als 50 oder 100 Gefangene von Hezbi im Gewahrsam habe, denn damit konnte ich wenig anfangen. Hatte das zu bedeuten, entgegen den Erwartungen von Hezbi lebten viele nicht mehr, war es schlicht Unwissenheit oder sogar Bluff? Der afghanische Vertreter kam dann wieder zurück auf mein Gespräch mit Hekmatyār – er nannte ihn nur mit seinem Vornamen »Gulbuddin« – und wollte über den genauen Ablauf informiert werden. Ich hatte keinen Grund, daraus ein Geheimnis zu machen, bestand aber darauf, dass man mir Namen von Hezbi-Gefangenen nennt. Als Zwischenergebnis fasste mein Gesprächspartner zusammen: Der Austausch werde in Afghanistan stattfinden, als Orte hierfür kämen Dschalalabad, Torkham oder Spin Buldak in Betracht; ein Tauschverhältnis 1:25 sei unrealistisch. Die Aktion sei im Übrigen schwierig, wenn man nur 50 Hezbi-Anhänger in Gewahrsam habe; letztlich brauche man Zeit für die Ermittlung der Anzahl und Orte, an denen sie gefangen gehalten würden. Letzteres war besonders irritierend, denn ich ging davon aus, das Gespräch sei von der afghanischen Seite vorbereitet worden.

Ungehalten wurde ich, als ich nach dem ansonsten sachlich geführten Gespräch belehrt wurde, der afghanischen Regierung könne vorgeworfen werden, sie gebe ihre Gefangenen an einen Mörder. Ich verwahrte mich dagegen, meine Rolle als Vermittler mit solchen Formulierungen zu erschweren, in einem Krieg lüden alle Beteiligten Schuld auf sich. Dann ging es noch einmal um das Tauschverhältnis. Ich wurde gewarnt, bei »prominenten« Hezbi-Gefangenen käme nur ein Austauschverhältnis 1:1 in Betracht, im Übrigen 1:2. Ich bat, die sowjetischen Partner über den Inhalt unseres Gesprächs zu unterrichten und unterstrich meine Zufriedenheit über die Aufnahme des Fadens für die Verhandlung. Zum Abschluss händigte ich die mir beim Abflug in Moskau gegebene Liste mit den Namen der Rotarmisten aus. Auch sie war der afghanischen Regierung offenbar nicht bekannt. Nach der Verabschiedung begab ich mich zu unserer Vertretung, informierte das Auswärtige Amt in Bonn und bat die Botschaft in Islamabad, den mir genannten Hezbi-Kontaktmann zu informieren. Die Drahtberichte konnte ich vor wenigen Wochen einsehen, nachdem ihre Geheimhaltung aufgehoben worden war.

Der nächste Tag war ein Freitag, der muslimische Feiertag, sodass die Gespräche ruhten. Ich besuchte deshalb den Kargasee, den einzigen Punkt, den Ausländer an Feiertagen außerhalb von Kabul aufsuchen können, ohne dass ihnen der Blick auf die Stadt verloren geht. Die Aussicht wird dennoch durch die wilde Natur der Pagman-Bergkette bestimmt. Dort haben sich Mudschaheddin mit ihren Stellungen verschanzt. Mit jeder verbesserten Rakete gelangte man noch näher in die Quartiere der Stadt. Ungeachtet des Feiertags flogen sowjetische Hubschrauber Angriffe. Ehe ich die Aussicht genießen konnte, bemühten sich junge Soldaten, samt ihrer Kalaschnikow abgelichtet zu werden. Das Angebot zu einem persönlichen Gegenbild nahm ich dann lieber doch nicht an. Am Nachmittag wurde ich durch Kabuls Basare geführt und zu einem Reitplatz, wo ich Zeuge des traditionellen Buzkashi wurde. Auf dem Spielfeld liegt eine tote Ziege (»buz«), die einer der mindestens 20 Reiter im Galopp aufgabeln muss, um sie vor einem Preisrichter abzulegen. Weitere Regeln gibt es nicht. Da es ein Reiterspiel jeder gegen jeden ist, soll es bisweilen sehr heftig zugehen. Bei der Verhandlung am nächsten Morgen warteten meine jetzt zwei afghanischen Gesprächspartner mit einem Zugeständnis bezüglich des Austauschverhältnisses auf. Sie waren bereit, ein Verhältnis bis 1:5 zu akzeptieren. Das wurde wiederum eingeschränkt, es hänge aber auch von der Bedeutung der angebotenen Gefangenen ab. Hier sei man aber kompromissbereit, wurde betont. Meine Gesprächspartner waren heute deutlich konzilianter als während des ersten Gesprächs vor zwei Tagen. Dennoch war der Ablauf durch einen eigenartigen Widerspruch von Interesse an dem Austausch und Reserve geprägt. Das konnte ich ansatzweise sogar nachvollziehen, denn vielleicht wollte man sich erst der Person des Verhandlers versichern. Möglicherweise war die Freude über den erwarteten Deal auch getrübt, weil man im Austausch für Rotarmisten das eigene Faustpfand preisgeben sollte. Und die Verhandlungspartner auf der sowjetischen Seite, so hatte ich gemerkt, waren auch nicht ganz problemfrei. Immerhin konnte ich es als wichtigstes Resultat verbuchen, als mir die Namen von 60 Gefangenen in Aussicht gestellt wurden, die, sofern ein Austausch zustande käme, in drei bis sieben Tagen an den Austauschort gebracht werden könnten. Man habe jetzt sichere Kenntnis von deren Aufenthaltsorten. Das musste ich nicht glauben, denn schließlich hatte die afghanische Regierung die Gefangenen der Mudschaheddin nicht erst seit meiner Ankunft in Gewahrsam. Wahrscheinlich, so meine Folgerungen, befanden sich die Gefangenen also in Kabul selbst, allenfalls in dessen näherer Umgebung. Dann kam wieder eine Volte rückwärts. Man wolle mir die Liste der Namen in diesem Stadium der Verhandlung noch nicht geben, es müsse fürs Erste genügen, wenn ich die Zahl »60« kenne, aber grundsätzlich sei man ja zur Rücknahme der von Hezbi angebotenen Rotarmisten bereit. Zu meiner Verwunderung bekam ich dann doch eine Liste, allerdings nur mit 35 Namen, die ich nicht lesen konnte, da sie in arabischer Schrift aufgelistet waren. Das wiederum zeigte mir, es hatte eine Abstimmung mit der sowjetischen Seite bezüglich des angebotenen Austauschverhältnisses von 1:5 stattgefunden, für das mir sieben Rotarmisten als Wunschkandidaten genannt worden waren. Angesichts einer Einschränkung von der sowjetischen Seite, im ersten Schritt würden nur zwei Soldaten ausgetauscht, versicherte ich, mir sollte, sofern Hekmatyār grundsätzlich dem Verhandlungsergebnis zustimmt, im ersten Schritt die Nennung von zehn Namen genügen.

Nachdem kein Grund mehr für eine längere Anwesenheit in Kabul bestand, bat ich um Organisation eines Fluges nach Pakistan, der ja über Indien führen sollte. Am Nachmittag wurde mir auf meine Bitte ein Teppichmuseum gezeigt; die Besichtigung der mir empfohlenen Waffenschau scheiterte zum Glück, weil den vier Bewachern die geforderte Einwilligung aus dem Verteidigungsministerium nicht präsentiert werden konnte. Am Abend wurde ich überraschend zur Hochzeit eines Beamten aus dem Außenministerium geladen. Tradition – eine aus Indien stammende Tänzerin – und Moderne – in Gestalt eines vor allem lauten Versuchs mit Discomusik – bildeten den Rahmen.

Am nächsten Morgen, dem Sonntag, wurden mir dann zwei Listen gebracht; eine mit zehn, eine mit 25 Namen. Ungeachtet meiner Skepsis, ob ich mit dem Angebot eines Austauschverhältnisses 1:5 bei Hezbi Erfolg haben würde, dankte ich dem Vertreter des Außenministeriums. Ich bat, diesen Dank an den Minister weiterzuleiten. Zum Abschied wurde mir dann noch einmal ein Vorbehalt mit auf den Weg gegeben: Wenn Hezbi die angebotenen Gefangenen nicht zusagten, werde man erneut prüfen, allerdings bei wichtigen Gefangenen nicht zum von Kurs 1:5. Das Austauschverhältnis blieb offensichtlich das Kernproblem. Gleichwohl wurde aber das Interesse der afghanischen Seite jetzt deutlicher, zu einer Vereinbarung zu kommen. Der Abschied war dennoch nicht von besonderer Herzlichkeit. War ich angetreten in der Erwartung, die Bereitschaft der SPD, an einem Ausgleich zwischen den Kriegsparteien mitzuwirken, werde von der afghanischen Regierung mit Dankbarkeit aufgenommen, so blieb das eine Illusion. Ich blieb der Fremde aus einer ganz anderen Welt und schied mit dem Gefühl, wir hätten uns aus eigenen Interessen aufgedrängt.

Ich wollte jetzt so rasch wie möglich Afghanistan hinter mir lassen. Zu meiner Überraschung dauerte es nur zehn Minuten, bis mein Visum verlängert wurde. Das konnte bedeuten, ich sollte nach Kabul zurückkommen. Schwieriger war es da schon, die Erlaubnis zum Transit durch Indien zu bekommen. Zunächst fehlte ein Passfoto, im elften Fotogeschäft fand ich einen Fotografen, der in Stundenfrist zu liefern versprach; zu dem angebotenen Preis hätte ich meine Passfotos auch in Bonn bekommen können. Neue Probleme tauchten beim Versuch auf, das Flugticket nach Delhi und Islamabad zu bekommen. Meine Kreditkarte fand keine Gnade, Fremdwährung auch nicht, also musste ich mir für den Preis des Flugscheins von 38.510 Afghanis, umgerechnet stolze 500 DM, Landeswährung beschaffen. Auf der Bank sei das Wechseln »kompliziert«, bremste mein Begleiter und riet deshalb, ich solle im Basar – sprich: auf dem Schwarzmarkt – tauschen. Der Wechsler war bald gefunden, aber bald kam ein neues Problem: Der Wert des größten verfügbaren Geldscheins – 50 Afghanis – betrug umgerechnet 75 Pfennig. Nach Abzug von zwei Prozent Spesen bekam ich ein Paket von etwa 800 Geldscheinen. Dem Verkäufer im Reisebüro wurden sie unter meiner Beteiligung von vier Leuten vorgezählt.

Zum Abschiedsbesuch bei den Mitarbeitern der deutschen Botschaft ließ ich mich mit einer Regierungslimousine fahren. Sie hatte kein Kennzeichen, und das führte unverzüglich zum Verdacht der vier Bewacher, die, nach dem groben Stoff ihrer Uniform zu urteilen, einfache Soldaten waren. Sie hatten offensichtlich die verständliche Sorge, ein Überläufer wolle in einer westlichen Botschaft Schutz suchen. Meinen Dienstpass konnten die Bewacher nicht lesen, sie verstanden weder Deutsch noch Englisch, sodass erst ein Botschaftsangehöriger, der die Situation beobachtete, mir helfen musste. Diese

Art der Behandlung veranlasste die Botschaft zu einer Demarche bei der afghanischen Regierung. Am Ende des Aufenthalts wurde mir auf diese Weise noch einmal meine Zwitterrolle deutlich. Aus heutiger Sicht wundere ich mich, warum ich zwar meine Sicherheit immer ansprach, aber mir, wahrscheinlich anders als meine Familie, zu keiner Zeit ernsthaft Sorgen über meine Sicherheit gemacht habe. Heute wäre das in Zeiten von Taliban und IS wahrscheinlich anders.

Den weiteren Abend verbrachte ich im Deutschen Club, von dessen Existenz ich bis dato leider nichts gewusst hatte. Denn das Beck's Bier war bekömmlicher als der in meiner Unterkunft angebotene Rosinenwein. Um 21:30 Uhr ließ ich mich abholen, um pünktlich vor der Ausgangssperre zu Hause zu sein. Es kam schon Wehmut auf, als ich ein letztes Mal – vorbei an den aus Dieselaggregaten beleuchteten kleinen Läden und den Restaurants – durch das friedlich wirkende Kabul in meine Villa gefahren wurde; allerdings ist die Stadt nachts keineswegs so friedlich, in den Vorstädten explodieren immer wieder Bomben.

Erst zwei Stunden nach der vorgesehenen Startzeit hatte ich meinen Sitzplatz in Reihe 12 der im vorderen Teil als Transportflugzeug fungierenden Boeing 727 der Bakhtar Afghan Airlines eingenommen. Das Flugzeug gehörte nach der Beschriftung früher einmal PanAm, aktuell aber wurde sie zweimal im Monat zur Wartung durch Lufthansa nach Frankfurt geflogen. Als ich vom Protokoll um die Mittagszeit zum Flugplatz gebracht wurde, waren einige Fluggäste bereits wieder auf dem Rückweg in die Stadt. Der Start der Maschine war zu dieser Zeit ungewiss. Das sei bei keinem Flug aus Kabul heraus anders, sagte mir ein Mitreisender mit deutschem Pass. Als Entschuldigung wurde mitgeteilt, man warte auf Transitpassagiere einer zur Notlandung gezwungenen Maschine aus dem Norden. Nach Aufenthalt in dem zum VIP-Warteraum umfunktionierten Büro des Flugplatzleiters ging es dann in einem Spießrutenlauf durch fünf in Sichtweite voneinander postierte Soldaten. Jeder von diesen versah die Bordkarte mit einem Stempelabdruck.

Mein Platz in der ersten Passagierreihe mit fünf Meter Beinfreiheit erwies sich keineswegs als Vorzugssitz. Die Sitzbank war nicht fest am Boden befestigt, kippte folglich bei jedem Steig- oder Sinkflug. Nicht nur die Einnahme des kleinen Imbisses, ein Hühnerbein in scharfer Soße, war deshalb nur unter Schwierigkeiten möglich. Vor der Landung gab es »günstigen« Whisky einer Spitzenmarke zu 25,- DM in deutscher Währung zu kaufen. Dieses »Schnäppchen« erwies sich hingegen als Danaergeschenk, denn bei der Einreise in das muslimische Pakistan musste ich meinen guten Whisky in Lahore zurücklassen, abzuholen war er bis zum 31. Dezember 1987. Das ist mir nicht gelungen.

Am internationalen Flugplatz Neu-Delhi wurde ich zu meiner Überraschung nicht nur von einem deutschen Diplomaten, sondern auch vom sowjetischen Generalkonsul in Empfang genommen. Mir war eine Übernachtung im Spitzenhotel Ashok beschafft worden, an dessen Eingang zwei martialische Uniformierte wachten. Für die Luxusunterbringung musste die SPD-Fraktion ganze 55,- DM aufwenden. Zum Glück konnte der Versuch eines unbekannt gebliebenen Nachbarn verhindert werden, seine Verzehrrechnung auf mein Konto buchen zu lassen. Den Abend verbrachte ich in angenehmer Gesellschaft mit indischen Gewerkschaftern. Unser Gespräch drehte sich mehr um Kultur als um Arbeitsbedingungen.

Die Zeit bis zum Start meines PIA-Fluges nach Lahore nutzte ich für einen Kurzbesuch in der indischen Hauptstadt. Mit Taxi und Tuk-Tuk, dem Motorroller, ließ ich mich zum Roten Fort bringen. Die Fahrt fand jedoch ein jähes Ende, als mein Chauffeur sich nach einer Beinahekollision mit einem Konkurrenten auf einer Kreuzung prügelte. Fluchtartig verließ ich das Gefährt und blieb den Fuhrlohn schuldig. Ich war zum ersten Mal in Indien, der Gegensatz zwischen den herrschaftlichen, teils aus britischer Zeit stammenden Villen sowie den Botschaftsgebäuden auf der einen Seite und den gedrängten Wohnquartieren in Alt-Delhi auf der anderen Seite wirkte bedrückend.

Wie der Flug nach Delhi, war auch der Weiterflug nach Pakistan von Problemen belastet, denn ein missmutiger Mitarbeiter des Air-India-Büros im Hotel eröffnete mir, mein Flug könne nicht bestätigt werden. So stand ich, eine Stunde vor dem Beginn des geplanten Eincheckens, etwas verloren vor dem Indira-Gandhi-Flughafen. Dank der Hartnäckigkeit des Begleiters der deutschen Botschaft war ich schon zwei Stunden vor dem Start in der Abflughalle angekommen. Schwer fiel es mir – seit dem Frühstuck ohne Nahrung –, etwas zu essen zu bekommen. Die Restaurants verlangten Fremdwährung, ich hatte aber nur Rupien. Möglicherweise wirkte ich doch so hinfällig, dass der Kellner sich am Ende in Landeswährung entgelten ließ.

Irgendwie kam ich dann doch noch auf den gebuchten Flug. Bis zum Anflug auf die pakistanische Grenze verlief der Flug problemlos. Am Flughafen Lahore ging allerdings bei der Landung ein Monsun nieder. Die Piloten brachten dennoch eine großartige Landung zustande, die die Übersetzung des Akronyms PIA, der nationalen Fluglinie, durch böse Menschen als »pray if you arrive« Lügen strafte. Die Anlieferung des Gepäcks schleppte sich hin. Den kleinen afghanischen Teppich, den der Außenminister mir beim Abschied geschenkt hatte, gab ich schon verloren. Dann stellte sich noch heraus, dass der Weiterflug nach Islamabad nicht bestätigt war. Ich gab die Hoffnung auf, denn ich war ohne Begleitung etwas hilf- und ratlos, bis sich mir der afghanische Geschäftsträger vorstellte, der dieses Schicksal ebenfalls teilte. Es gab aber noch freie Plätze in dem kleinen Flugzeug, sodass ich am Ende programmgemäß den Flughafen Rawalpindi erreichte.

Am Abend lud mich der Stellvertreter des Botschafters zu sich nach Hause ein. Er zeigte sich sehr besorgt über meine Mission und die geplante Fahrt nach Peschawar ins Hauptquartier von Hezbi. Zugegeben, die Sicherheitslage in Pakistan war sehr problematisch, zumal Peschawar in einer Region (Tribal Area) liegt, an der die Kontrolle der pakistanischen Regierung endet. Immerhin konnte ich telefonisch meine Familie erreichen, die seit einer Woche ohne Lebenszeichen von mir war. Verärgert war ich über die Mitteilung, Hezbi habe mein aus Kabul übermitteltes »Angebot« der afghanischen Regierung bereits abgelehnt, ohne aber die Modalitäten und Verhandlungsmöglichkeiten zu prüfen. Zu meinem Bedauern hatte sich auch die deutsche Botschaft nicht an den verabredeten Kommunikationsweg gehalten, denn ich hatte die Rückmeldung über etwaige Reaktionen von Hezbi ausdrücklich bereits nach Kabul erbeten. Das hätte mir mögliche ergänzende Verhandlungen noch vor Ort ermöglicht oder einen Flug nach Pakistan sogar überflüssig gemacht. Als Gipfel empfand ich schließlich den Bruch der verabredeten Vertraulichkeit, denn der Zweck meiner Reise war abredewidrig an den Residenten des Nachrichtendienstes MAD weitergemeldet worden.

Bei meinem Gespräch am folgenden Morgen in der Botschaft wies ich den MAD-Vertreter ausdrücklich auf die Sensibilität meiner Mission hin; seine vielen Fragen beantwortete ich nicht, vor allem lehnte ich sein Ansinnen ab, mich zu meinen Gesprächen bei Hezbi zu begleiten. Das sollte mir später noch Probleme bereiten, denn ich spürte, hier war ein subalterner Beamter wegen seines Ausschlusses beleidigt. Mir ist nicht in Erinnerung, dass der Botschafter, der bei diesen Gesprächen beteiligt war, hier in irgendeiner Form eingegriffen hätte. Das Mitteilungsbedürfnis des Agenten mache ich dafür verantwortlich, dass meine Mission am Ende scheiterte. Zudem wurde in Bonn verbreitet, ich arbeite mit dem KGB zusammen – wie mir nach meiner Rückkehr vertraulich zugetragen wurde. Das tat ich zwar, aber in einer anderen Form, als es in Bonn gestreut wurde.

Der Hezbi-Vertreter bestätigte die mir bereits zugegangene Ablehnung; gleichwohl hatte er für mich bereits ein umfangreiches Programm für die weitere Mission vorbereitet. Dazu gehörte eine Fahrt nach Quetta und dann nach Afghanistan zum Besuch von Gefangenenlagern. Nach dem Scheitern der ersten Gesprächsrunde hatte ich Zweifel, ob eine solche Planung überhaupt realistisch war. Überdies fragte ich mich, weshalb mir eine Reise von Kabul nach Peschawar auf dem Landweg versagt worden war. Zur militärischen Lage, auf die ich den Hezbi-Vertreter ansprach, zeigte er sich optimistisch – für die Zeit nach dem Abzug der Sowjets. Den von Nadschibullāh angebotenen Waffenstillstand verwarf er allerdings, man sei zum Sieg entschlossen. Er bestritt die Notwendigkeit, jetzt den Kampf einzustellen, denn von 500.000 afghanischen Soldaten seien maximal 30.–40.000 einsatzfähig. 60 Flugzeuge hätten die Mudschaheddin in den letzten beiden Monaten vom Himmel geholt.

Das wirkte alles reichlich großmäulig, zudem meinte ein Spötter, der die Erfolgsmeldungen von Hezbi zusammengerechnet hatte, nach diesen sei die gesamte Rote Armee in Afghanistan zu Boden gegangen. Ein weiteres Gespräch, das aus Grundsatzerklärungen bestand und aus dem ich wenig für meine Mission lernen konnte, schien mir überflüssig. Vielleicht war ich auch nach den jüngsten Informationen mutlos und wenig aufnahmebereit. Ich bat deshalb um ein baldiges Gespräch mit Hekmatyār. In der sowjetischen Botschaft, die ich vor der Abfahrt aufsuchte, versicherte ich mich vom Funktionieren der technischen Verbindung nach Kabul. Das Auswärtige Amt hatte angesichts des Fehlens diplomatischer Beziehungen leider keine Möglichkeit, den Kontakt nach Kabul über deutsche Kanäle laufen zu lassen. Das verstehe einer, denn es gab ja in Kabul einen deutschen Geschäftsträger, und man hatte dort Wert darauf gelegt, mir die großartige Funkanlage vorzuführen, über die ich ja von Kabul mit Bonn hatte kommunizieren können. Der Bruch der Verschwiegenheit, um die ich ausdrücklich gebeten hatte, machte mich zwar skeptisch, aus den Botschaftsberichten glaubte ich aber von einem generellen Einvernehmen mit der Aktion ausgehen zu dürfen. Dass jegliche Einflussnahme von deutscher Seite unterbleiben sollte, war selbstverständlich.

Nach einem Mittagessen in einem kleinen Gartenlokal im älteren Teil von Islamabad ließ ich mich in einem der buntbemalten Minibusse durch einen anscheinend als Rennfahrer ausgebildeten Mann in den Südbasar von Rawalpindi fahren. Die dreiviertelstündige Fahrt kostete zwei Rupien. Für die Weiterfahrt nach Peschawar stand mir Ali, der Botschaftsfahrer zur Verfügung. Er brauchte für die knapp 200 Kilometer etwa zweieinhalb Stunden, obwohl der größte Teil der Strecke doppelbahnig wie eine Autobahn ausgebaut ist. Aber ungeachtet der für südliche Länder üblichen schnellen Fahrweise geht es in Pakistan einfach nicht schneller: Lastwagen, vielfach unbeleuchtet, ab und an auch auf der Gegenspur, von Eseln gezogene kleine Fuhrwerke, Ortsdurchfahrten und Basare bremsen auch den schnellsten Fahrer. Anfangs ging die Reise durch dicht besiedeltes Gebiet, das bald in eine steppenartige Landschaft überging. Auf mageren Äckern bestellten die Bauern den Winterweizen. Auf halber Strecke überquerten wir den Zusammenfluss von Indus und Kabul-

Fluss, der hier erheblich mehr Wasser führte als in Kabul. Kurz vor Peschawar tauchten dann die ersten Flüchtlingslager auf, die aus festen Lehmhäusern, meist aber nur aus von Mauern umgebenen Höfen bestanden, in denen Zelte standen. Mit drei Millionen Fremden beherbergte Pakistan damals die meisten Flüchtlinge weltweit. Das sollte man sich in Europa, besonders in Deutschland, angesichts des Streits in den Jahren 2015/2016 vergegenwärtigen, als der Bundesinnenminister nicht einmal wusste, wie viele Flüchtlinge wir aufgenommen hatten. Jedenfalls waren es nicht drei Millionen wie damals im armen Pakistan. Als mich der Botschaftsbegleiter bei Hezbi gegen Mittag absetzte, fragte er, ob er mich wirklich allein lassen könne. Ich bejahte, ich sei auf Einladung von Freunden hier und wolle mit ihnen ein gemeinsames Ziel umsetzen. Schade, dass man mich so viel Misstrauen spüren ließ.

Mir wurde in einem Gästehaus ein fast leeres Zimmer zugewiesen, für mich als Europäer hatte man ein Bettgestell hineingeschoben, sodass ich nicht auf dem Boden schlafen musste. Eine Zudecke suchte ich noch. Ich wurde begrüßt vom Generaldirektor für Presse und Information beim Politkomitee von Hezbi. Der Vertreter kannte meinen Auftrag, hatte aber keine konkreten Weisungen. Stattdessen verwies er auf das für den Abend angekündigte Treffen mit Hekmatyār. Er erläuterte mir den Inhalt einer für den Samstag angekündigten Erklärung der sieben in der Allianz zusammengeschlossenen Widerstandsgruppen. Das machte mich noch mutloser, weil die Unübersichtlichkeit, die Unversöhnlichkeit der Gruppen und das Fehlen jeglicher Alternativkonzepte – die Fortführung von Krieg ist keins – wenig Hoffnung auf einen gelingenden Kompromiss über den Austausch machten. Es war sicher konsequent, den Abzug der sowjetischen Truppen zur Bedingung zu machen, dies aber als Vorleistung für jede Art von Gesprächen zu fordern, hielt ich für realitätsfern. Das galt auch für die favorisierte Koalitionsregierung unter Führung der Mudschaheddin. Es wäre angesichts des aktuellen Kräfteverhältnisses einer Aufforderung an Nadschibullāh zum Selbstmord gleichgekommen. Bei den seit Jahren in der Unwirtlichkeit des Nordens Pakistans ausharrenden Flüchtlingen wurde angesichts des

Versöhnungsangebots von Nadschibullāh kontrovers diskutiert, ob man sich doch zur Rückkehr entschließen solle. Der Allianz wurde der Vorwurf gemacht, die Euphorie zu dämpfen, weil jeder rückgewanderte Flüchtling eine Stimme weniger für den Widerstand bedeutet hätte. Trotzdem machten sich viele Flüchtlinge auf den Rückweg nach Afghanistan, nachdem sie ihre dürftige Habe eilig verkauft hatten – das ließ den Kurs für gebrauchte Autos und des Afghani sinken.

Ich war nicht überrascht, dass auch der Aufenthalt in Peschawar zunächst mit Warten ausgefüllt war. Mit Bus und zu Fuß begab ich mich deshalb, vorbei an den aus britischer Zeit stammenden Kasernen der Frontier Troops, in den unter der mächtigen Festung liegenden Basar. Die Altstadt erfährt ihren Reiz durch die eindrucksvollen Holzhäuser. Das Angebot im Basar war deutlich schlechter als das im Basar von Kabul. Die Rückfahrt in einer Pferdedroschke stimmte mich nicht fröhlich, das arme Pferdchen wurde mit der Peitsche traktiert, seine Hufe rutschten auf dem glatten Asphalt hin und her. Auf meine Frage nach dem Preis winkte der des Englischen nicht mächtige Kutscher ab. Es entspann sich ein mit Gesten geführtes Gespräch – der Kutscher hielt die Hand auf, wartete darauf, dass ich nach dem ersten 10-Rupien-Schein einen weiteren darauflegte. Als ich glaubte, nun sei es genug, hörte ich auf. Widerspruch kam nicht, also hatte ich ihm zu viel gegeben.

Um halb 6 Uhr stand das Abendessen in meinem Zimmer, Hammel mit Reis und Obst, dazu gönnte ich mir einen Schluck aus der Whiskyflasche, die mir als Stärkung von meinem Begleiter zurückgelassen worden war. Und das im muslimischen Pakistan!

Hekmatyār kam in einem offenen Jeep, begleitet von fünf martialisch blickenden Kämpfern, die ihre Kalaschnikows statusgemäß auf die rechte Hüfte gestützt hatten. Er wirkte müde, begrüßte mich fast freundschaftlich und fragte nach meinen (ihm ja schon bekannten) Vorschlägen. Er sagte abrupt, man [sic!] sei entschlossen, nur im Verhältnis 1:25 zu tauschen. Das habe er ja, wie er fast vorwurfsvoll hinzufügte, der sowjetischen Botschaft übermittelt. Ich konnte nur mein Bedauern ausdrücken, dass das nicht an mich weitergeleitet wurde. Er ergänzte, einen russischen Emissär, der aus Kabul zu ihm gekommen sei, habe er bereits wissen lassen, dass er ein Tauschverhältnis 1:5 nicht akzeptiert. Offenbar war auch die sowjetische Seite mit meiner alleinigen Mission nicht einverstanden, denn es wurde auf mehreren Kanälen operiert. Es war zu spät für Trauer oder Enttäuschung, dass dies für eine Aktion, für die man mich engagiert hatte, kontraproduktiv war. Auch die Parallelaktion, diesmal der sowjetischen Seite, hatte man mir, dem Vermittler, vorenthalten. Auf meine Frage nach dem Zeitpunkt dieser Information antwortete man mir, diese sei bereits vor vier Wochen angekommen, also zum Zeitpunkt, als ich mich auf dem Weg zu Hekmatyār nach London befand. Es half mir nicht der Hinweis, ich hätte bei dieser ersten Begegnung Hezbi – erfolgreich – nahegelegt, von der ursprünglichen Formel 1:100 abzugehen. Um mir nicht ganz überflüssig vorzukommen, gab ich Hekmatyār die beiden Listen, die ich in Kabul vom Außenminister bekommen hatte. Er überflog sie, dann winkte er ab, das seien keine Hezbi-Führer, sondern Männer von der Straße, wenn auch Hezbi-Leute. Aber auch er konnte eigentlich nicht übersehen, dass ich der einvernehmlich akzeptierte Vermittler war, der sich in der ersten Verhandlungsrunde befand, und es war trotzdem davon auszugehen, dass beide Seiten filibusterten. Auf Frage nannte er mir die Zahl der Gefangenen: 16.000. Hekmatyār spürte meine Enttäuschung: über die unabgestimmten Abläufe, die fehlende Abstimmung Moskaus mit Kabul, die dortige Parallelaktion und die mangelnde Kommunikation von Islamabad nach Kabul. Ich hatte mir in diesem Moment keine Vorwürfe zu machen, dass meine Mission bereits an ihr Ende gekommen war. Vielleicht war ich auch noch zu jung und in solchen Dingen zu unerfahren, um trotzig auf der Fortsetzung meiner Mission zu bestehen. Hekmatyār schien die Fehler auf der Seite von Hezbi einzusehen und versuchte, mich fast kameradschaftlich zu trösten, es sei ja nicht mein Fehler, wenn es jetzt noch keinen Abschluss gebe, es sei eben ein schwieriges Geschäft. Vergleichbaren Trost erhielt ich an anderen Stellen in der nächsten Zeit, im Augenblick half es mir nicht weiter. Hekmatyār bat mich ausdrücklich, dabei zu bleiben. Ich sagte zu, die andere Seite vom Abbruch zu unterrichten und erklärte mich bereit, wenn gewünscht, über die Sache weiter zu verhandeln. Am Samstag, erklärte er mir, sei ein Alternativvorschlag der Allianz zu erwarten. Der am selben Tag in Kraft getretene Waffenstillstand habe keine Veränderung gebracht, die Regierung in Kabul habe ihn selbst bereits mehrfach gebrochen. Zu den Meldungen über die Rückkehrbereitschaft von Flüchtlingen sagte er auf meine Frage, die seien gefälscht. Zu Meldungen über eine Koalitionsregierung meinte er, die Mudschaheddin hätten eine Mehrheit und brauchten die Unterstützung durch Nadschibullāh nicht, man kontrolliere 80 Prozent des Landes. Mit der Regierung in Kabul werde er selbst nicht verhandeln, das seien Marionetten von Moskau, dort müsse über den Abzug der Roten Armee verhandelt werden. Die Verhandlung über alle anderen Fragen müsse den Afghanen überlassen werden. Afghanistan könne auch nicht in Genf mit Pakistan über den Abzug ohne die Beteiligung der Mudschaheddin verhandeln. Ich versuchte, Hekmatyār meinen Eindruck zu vermitteln, dass es die Sowjetunion ernst meint mit einem Versöhnungsangebot. Der Krieg koste Geld und Kraft, der Blutzoll sei offensichtlich dem Volk nicht mehr zu vermitteln. Hekmatyār stimmte dem zu, widersprach aber meinem Hinweis, man müsse den Sowjets die Sorge vor einem Angriff auf den Süden der Föderation nehmen: Von Afghanistan sei nie ein Angriff ausgegangen. Blickt man auf die Geschichte eines über Jahrhunderte um Neutralität bemühten Afghanistan, so hatte er damit sogar Recht. Ich empfahl Hekmatyār, das Angebot zu einem Gefangenenaustausch in einem Zeitungsinterview zu wiederholen und für einen Waffenstillstand bzw. einer Garantieerklärung für die Phase eines Truppenabzugs sowie für einen Nichtangriffspakt Afghanistans mit der Sowjetunion einzutreten. Der Vorschlag kam für ihn vielleicht überraschend, möglicherweise war er auch naiv, wohl deshalb war seine Antwort nicht eindeutig.

Nach dem Ende des Gesprächs hielt ich es aus Gründen der Neutralität für geboten, das Gästehaus zu verlassen. Ich hatte ein Angebot vom deutschen Honorarkonsul Rudolf von Przyborowsky, bei ihm zu wohnen. Sein Haus stand an der Grenze zum Tribal Area, dem Stammesgebiet, zu dem die Regierung kaum Zutritt hat. Das Angebot nahm ich gerne an, es ging mir nach der kargen Unterbringung bei Hezbi nicht nur um mehr Bequemlichkeit, vor allem um die Chance, meine Enttäuschung im Gespräch mit einem Landsmann loszuwerden. In rasender Fahrt brachte mich der Jeep der Mudschaheddin zu Przyborowskys Haus. Genau genommen war er kein Landsmann, er war nämlich Österreicher, hatte Holzfachmann studiert, war angeblich durch seine NS-Vergangenheit belastet und nach dem Scheitern als Hotelier vor 20 Jahren nach Pakistan ausgewandert. Heute würde man von einem Start-up sprechen, als er eine Marktchance erkannte, für die pakistanische Nobilität Stilmöbel zu fertigen. Die waren nicht unbedingt nach unserem Geschmack, in weißem Schleiflack mit rosa und hellblauen Polstern, wie ich sie später auch in Palästina oder im Jemen in gehobenen Kreisen fand. Nachdem ihn sein Partner ausgebootet hatte – auch in Pakistan dürfen Ausländer keine Mehrheitsbeteiligungen haben –, verlegte er sich, wiederum einem Instinkt folgend, auf die Herstellung deutscher Wurst. Ich konnte das kurz vor der Inbetriebnahme stehende Fabrikationsgebäude staunend bewundernd, derzeit fertigten acht pakistanische Mitarbeiter in der Küche seines Bungalows. Die Idee dazu sei ihm gekommen, als er in den internationalen Hotels im Lande hörte, die Gäste hätten sich über das Fehlen von Wurst beklagt. Dafür braucht man naturgemäß Schweinefleisch, was in einem islamischen Staat nicht zur Verfügung steht. Irgendwie brachte er heraus, dass Wildschweine halal sind, und deren Fleisch eignet sich ebenfalls für die Wurst.

Am abendlichen Gespräch nahm ein Zweimetermann in eleganter Kleidung teil, Polospieler, wie er bekannte, Mitglied einer führenden Familie. Offensichtlich war hier britische Kolonialtradition spürbar, nicht nur an seinem eindrucksvollen Whiskykonsum.

Die mir verbleibende Zeit habe ich zum Besuch in Peschawar genutzt. Zum Standardprogramm für Gäste gehörte der Besuch bei »poor honest Ali«, Händler von Messingwaren. Stolz führte er sein Gästebuch vor, in dem Kennedy und Mitterrand, aber auch Strauß und Kohl vertreten waren. Ich nahm als das obligate Mitbringsel zwei Messingteller entgegen, einer sollte für Willy Brandt sein. Man zeigte mir dann – ich reiste ja auch in der Eigenschaft als Stellvertretender Vorsitzender der Deutschen Stiftung für UNO-Flüchtlingshilfe in Bonn – zwei Flüchtlingslager. In Werkstätten wurden in halbjährigen Kursen Schneider, Kraftfahrzeugmechaniker und Schreiner ausgebildet. Die als deutsche »Hilfssendung« gelieferten deutschen LKW rosteten vor sich hin. Der Leiter des Lagers zeigte mir die Gesundheitsstation für die 4.000 Bewohner des Lagers. Gerade wurde aus einem Kessel Zusatzmilch verteilt, diszipliniert saßen die Kinder um ihre »eiserne Kuh«.

Am selben Tag traf sich die Islamische Allianz der Mudschaheddin, die Führer der sieben größten Widerstandsaktionen trugen dort ihre Enttäuschung über Nadschibullāhs Versöhnungsangebot vor. Hals über Kopf verließ ich über Rawalpindi das Land, nachdem ich auf der Abendmaschine von Karachi nach Frankfurt einen Platz erhalten hatte. Auf dem Weg unterrichtete ich die Botschaften der Bundesrepublik und der Sowjetunion vom Scheitern meiner Mission.

Kaum hatte ich mich etwas erholt, als mir – es war Sonntag – die Botschaft der Sowjetunion mitteilte: »Wir sind nun doch mit einem Tauschverhältnis 1:25 einverstanden.« Auf Rückfrage, wie ich das »wir« zu verstehen hätte, hieß es: die sowjetische sowie die afghanische Seite. Ich habe unverzüglich das Informationsbüro der Mudschaheddin und – über das Auswärtige Amt – Hezb-i-Islami unterrichtet. Schon eine Woche später hatte ich die Bestätigung, dass jetzt auf der Basis der früheren Vereinbarung der Austausch abgewickelt werden könne, für den als Ort »Kalajirga in der Nähe von Pishin in Belutschistan« vorgeschlagen wurde.

Es trat dann eine Pause bis zum April ein, während der wohl in Stille gearbeitet wurde. Hezbi bemühte sich um die Namensliste, die sowjetische Seite zeigte sich ungeduldig. Horst Ehmke ließ mich nach einem USA-Besuch wissen, die dortige Regierung verfolge meine Gespräche »mit Misstrauen«. Gestört hat mich das keineswegs.

Als ich das Signal bekam, die Liste sei nun fertig, fuhr ich ins Informationsbüro, weil sich Hezbi unsicher zeigte. Das beruhte auf der Sorge, die Sowjets meinten es letztlich doch nicht ernst. Mit gespielt (?) ernster Miene wurde mir bedeutet, mit der Übergabe gebe man das Leben von 25 Freunden frei und ihr Schicksal liege nun in meiner Hand. Das wirkte wie ein Vorwurf und bestürzte mich sehr. Was sollte ich jetzt tun? Ich ging von der Ernsthaftigkeit des sowjetischen Bemühens aus, zumal es ja ursprünglich eine Initiative von Hezbi war, die von den Sowjets positiv aufgenommen wurde. Im Übrigen stehe Willy Brandt hinter der Sache und ich könne mir kaum vorstellen, dass Gorbatschow ihn desavouiere. Die Liste, die ich nun bekam, war aufgebaut wie die mir damals in Kabul übergebene, enthielt aber zusätzlich die Haftzeiten, die zwischen elf und 25 Jahren lagen. Ich versuchte, die Liste in der Botschaft der Sowjetunion persönlich abzugeben, um die Umstände der Übergabe und die Sorge aufseiten von Hezbi vermitteln zu können. Die Botschaft wies mich aber unter Hinweis auf die Mittagszeit kühl ab, sodass ich die Deutsche Bundespost mit der Weitergabe betraute. Die Reaktion kam überraschend schnell, der Gesprächspartner lobte mich zunächst für die rasche Arbeit, dann kam der Dämpfer. Auf der Liste befänden sich die Namen von Verurteilten, die sich »besonders schwerer Terrorakte« schuldig gemacht hätten. Deshalb habe die afghanische Seite nur 14 Gefangene als für einen Austausch geeignet akzeptiert. Ich wurde gebeten, davon sieben Personen auszuwählen. Auf Rückfrage wurde bestätigt, dies bedeute für den ersten Austausch ein Verhältnis 1:1, in der Zukunft sei man aber zu anderen Varianten bereit, etwa 7:25. Meine Verwirrung war jetzt komplett, und ich machte meinem Ärger Luft, es sei doch nach dem vielfachen Hin und Her ein Verhältnis 1:25 akzeptiert worden, wie sollte ich denn die neue Situation unter diesen Bedingungen Hezbi verständlich machen.

Deshalb teilte ich nach kurzer Überlegung der Botschaft schriftlich mit, ich sähe mich außerstande, das Angebot weiterzugeben, auch mit Blick auf die bei der Abreise von Kabul ausdrücklich erteilte Ermächtigung, auf der Basis 1:25 weiter zu verhandeln. Die Reaktion war wiederum deutlich, mir stehe die Entscheidung nicht zu, ob ein Angebot weitergeleitet wird. Mein Bonner Gesprächspartner ließ mich spüren, dass ihn seine vorgesetzte Dienststelle wegen meiner Kritik gerüffelt habe. Man bestehe darauf, die Reaktion der Gegenseite zu erfahren, auch wenn diese – wie ich zu bedenken gegeben hatte – negativ sein werde.

Wie erwartet, bestanden die Mudschaheddin auf dem zugesagten Verhältnis 1:25. Erst nach der Bekanntgabe von Namen sei man auf ein Verhältnis 1:1 zurückgegangen. Mir wurde der Vorwurf gemacht, ich ließe mit mir spielen. Den Vorwurf konnte ich bequem an die sowjetische Seite zurückgeben. Nach dieser Reaktion kam man auf das »neue Angebot« vom Januar mit einem Tauschverhältnis 1:2 überraschend zurück. Als Grund wurde angegeben, man sei sich über den Rang der genannten Mudschaheddin nicht klar gewesen. Jeder Mensch sei aber gleichwertig, egal ob sowjetischer Soldat oder Mudschaheddin. Damit räumte man ein, dass man sich – sofern die für einen Austausch ausersehenen Kämpfer von niedrigem militärischem Rang sind – durchaus auf eine ungleiche Quote, also 1:25, eingestellt habe. Auch jetzt – inzwischen war August – lehnte Hezbi erwartungsgemäß ab. Als Antwort, und jetzt drehte man sich wirklich im Kreis, kam von den Sowjets das Angebot: sieben Soldaten gegen 14 Kämpfer. Daraufhin machte ich dem Informationsbüro deutlich, ich betrachtete meine Mission endgültig als beendet. Ich versicherte, ich würde mich gleichwohl weiter für die Sicherheit der Mudschaheddin einsetzen.

Überraschend kam das Gespräch im März 1988 wieder in Gang. Bei meinem letzten Gespräch in Moskau zu Menschenrechtsfragen hatte ich eher beiläufig um eine Begegnung mit meinen früheren Gesprächspartnern aus dem Außenministerium gebeten, die ich seit der Reise nach Kabul nicht mehr gesehen hatte. Es war ein Höflichkeitsbesuch beabsichtigt, nachdem ich die Sache für mich als abgeschlossen betrachtet hatte. Ich merkte, dass die Positionen sich seither nicht verändert hatten, und fragte, ob es nicht Sinn mache, wenn die Regierung mit den Mudschaheddin ohne mich als Vermittler weiterspreche. Man zog sich zurück, um diese Frage »mit unserer Führung« zu besprechen – so hieß es wie früher. Überraschend wurde mein eher spielerisch gemeinter Vorschlag angenommen, überraschend insofern, als dass dieser früher strikt abgelehnt worden war. Auch wenn mich diese spontane Positionsänderung verblüffte, empfand ich mich nicht als ein mangels Erfolg aus dem Geschäft gebrachter Moderator. Einmal abgesehen von persönlicher Eitelkeit, so schlecht schienen mir meine Aktionen nicht zu sein, aber ich hatte es mit drei Partnern zu tun, die eher zufällig zu dieser Austauschaktion zusammengekommen waren. Nach meinem Eindruck hatten alle drei Schwierigkeiten, im laufenden Verfahren immer wieder ihre Strategie zu finden. Die Sorge, man habe aus taktischen Gründen mit mir gespielt, ließ ich nicht an mich herankommen, im Gegenteil: Die neue Reaktion zeigte, alle Seiten profitierten ungeachtet ausgebliebener Ergebnisse von verwertbaren Vorarbeiten. Grund für die durchaus als Brüskierung aufzufassende Änderung auf der sowjetischen Seite war natürlich die dramatische Verschlechterung der Lage in Afghanistan. Generalsekretär Michail Gorbatschow hatte seine Entschlossenheit mehrfach deutlich gemacht, das Afghanistanabenteuer rasch zu beenden. Am Ende aber waren die Beteiligten doch zu unmittelbaren Verhandlungen über den Austausch von Gefangenen bereit. Wenn ich dazu einen Beitrag geleistet hätte, würde mich das natürlich glücklich stimmen.

Die sowjetischen Vertreter wie die Mudschaheddin wünschten Gespräche in Bonn, die von mir moderiert werden sollten. Die Bildung von Verhandlungsdelegationen machte, wie nicht anders zu erwarten, zunächst Schwierigkeiten. Ein Unterabteilungsleiter aus dem sowjetischen Außenministerium wurde zurückgezogen, weil Hekmatyār ihn als Verhandlungspartner ablehnte. Die Gespräche sollten im Bundeshaus in Bonn stattfinden. Mit beiden Gruppen führte ich zunächst getrennte Gespräche. Die sowjetische Delegation wirkte bei der Begrüßung reichlich unsicher, sie betonte, sie habe nur ein rein humanitäres Mandat, über Vorstellungen zu einer politischen Übergangsphase könne sie nicht reden. Das hatte ich auch weder erwartet noch beabsichtigt. Wesentlich professioneller traten die Hezbi-Leute auf.

Die Erklärungen von Gorbatschow und Nadschibullāh, betonten die Sowjets, böten die Voraussetzungen für eine neue Runde der Genfer Gespräche. Da sei es nützlich, parallel ein Gespräch mit humanitärem Hintergrund zu führen. Verwirrt war ich über den Hinweis, man sei davon ausgegangen, dass die Initiative zu dem aktuellen Gespräch von Hezbi gekommen sei, und erwarte deshalb ein neues Angebot. In diesem Irrtum befand sich auch die afghanische Delegation. Immerhin war deutlich, dass die afghanische Regierung über das Bonner Gespräch unterrichtet war. Es war garantiert, dass sie jederzeit kontaktiert werden konnte. Beide Seiten vermahnte ich, die Gespräche sachlich zu führen, bei Verleumdungen oder politischen Angriffen würde ich abbrechen. Wie ich es wünschte, sollten die Delegationen nach meiner Begrüßung und einführenden Gesprächen ohne meine Beteiligung miteinander verhandeln.

Ich hatte das Vorstandszimmer der SPD-Fraktion vorbereitet und die Tische auseinandergerückt, sodass man sich nicht zu nahekommen konnte. Das Gespräch begann um 15:00 Uhr mit den Grüßen von Willy Brandt und Hans-Jochen Vogel. Ich betonte, die SPD stehe aufseiten der Leidenden des Krieges, ergreife nicht Partei für eine Seite. Es sei bedauerlich, dass sich die mit viel Zuversicht aufgenommenen Kontakte so lange ergebnislos hingezogen hätten. Umso mehr würde ich mich über das direkte Gespräch in Bonn freuen. Nach einer halben Stunde verließ ich das Zimmer und wartete in meinem Büro. Der Anruf kam schnell. In dem zunächst getrennten Gespräch äußerten die Hezbi-Leute Irritation, dass sie von dem Kellner des Bundeshauses, der die Bewirtung wahrnahm, in Farsi angesprochen worden seien. Das erschreckte mich, denn sie waren zu Recht besorgt, der afghanische Mitarbeiter könne gemerkt haben, dass die andere Seite russisch sprach. Ich konnte sie beruhigen, mir war vom Restaurantbetreiber versichert worden, man respektiere die Bitte um Vertraulichkeit. Gleichwohl nahm ich den Kellner noch einmal ins Gebet und hoffte, er habe nicht gemerkt, wozu die Gesprächsrunde sich in Bonn befand. Während die muslimischen Hezbi-Delegierten ihr Abendgebet verrichteten, verdeutlichte ich im Gespräch mit der sowjetischen Seite, von wem die Initiative für ein bilaterales Gespräch ausgegangen sei. Warum es einer Verständigung in der Delegation bedurfte, mit mir »trotzdem« weiter als Vermittler zu arbeiten, war nicht ganz nachvollziehbar. Man vertagte sich um 19:00 Uhr, um dann in einer zweiten Runde über Zahlen zu reden. Um den Beamten im Bundeshaus ihren Sonntag zu lassen, schlug ich die Fortsetzung des Gesprächs am folgenden Tag im Parteihaus der SPD vor.

Dort musste ich zunächst die Reste einer Veranstaltung vom Vortag – volle Aschenbecher, leere Flaschen – beseitigen. Das zweite

Gespräch begann unbefriedigend. Das Ergebnis der Konsultation der sowjetischen Seite mit ihrer Führung in Moskau hatte keine Bewegung gebracht, man blieb bei den alten Zahlen. Hezbi fragte mich, ob es dann überhaupt Sinn mache, weiter miteinander zu reden. Ich bestand darauf. Beide Seiten seien nun einmal hier, und wenn ich erneut mein Wochenende für den Friedensprozess opfern würde, wolle ich auch Fortschritte sehen. Ich forderte Hezbi auf, mit neuen Vorschlägen in die zweite Runde zu gehen. Dann zog ich mich erneut zurück. Nach drei Stunden erreichte mich ein Anruf, man sei auf dem Wege der Einigung. Es dauerte aber noch einmal eine Stunde, ehe ich zugezogen wurde.

K., der Leiter der afghanischen Delegation, begann mit der Feststellung, man habe ein erfolgreiches Gespräch geführt und eine Verständigung auf der Basis 1:25 gefunden und sich auf einen ersten Austausch im Verhältnis 2:50 geeinigt. Ich wunderte mich über die doch noch gelungene Einigung. Am Dienstag sollte der Mechanismus des Austauschs erörtert werden. Die Einigung sah dann folgendermaßen aus:

- Nach Rücksprache mit der Hezbi-Führung in Peschawar teilt die afghanische Seite die Namen von zwei gefangenen Rotarmisten mit, die als Erste ausgetauscht werden.
- Die Namen werden von der russischen Seite bestätigt.
- Die sowjetische Seite gibt darauf eine Liste mit 50 von ihr auszuwählenden Hezbi-Gefangenen über mich an Hezbi.
- Hezbi identifiziert die Zugehörigkeit dieser Gefangenen.
- Hezbi benennt Zeit und Ort in Afghanistan für den Austausch. Auch dies läuft über mich.
- Nach erfolgreichem Vollzug dieses probeweisen Austauschs wird ein Verfahren zum Austausch aller Gefangenen im Gewahrsam der beteiligten Seiten vereinbart.
- Der Vereinbarung wird vertraulich behandelt, der Austausch wird öffentlich sein.

Der Vorschlag, das IKRK zu beteiligen, wurde auch diesmal abgelehnt, man ziehe die Beteiligung der SPD oder ihrer Beauftragten vor. Wiederum wurde ich durch die abschließende Bemerkung verstört, man wolle lieber in einer Sackgasse als ohne ein Ergebnis enden.

Bei der Heimfahrt am Abend hatte ich das befriedigende Gefühl, Partner von etwas Sinnvollem geworden zu sein. Von dem Kompromiss unterrichtete ich am nächsten Morgen Willy Brandt und Hans-Jochen Vogel, auch im Hinblick auf künftig notwendige diplomatische Hilfe durch das Auswärtige Amt. Dabei wurde mir eine Meldung der Agence France Press aus Peschawar gezeigt, derzufolge in Bonn Gespräche über einen Gefangenenaustausch stattfänden. Die sowjetische Botschaft zeigte sich zu Recht verärgert, Hezbi bestritt, damit zu tun zu haben. Mir war sofort klar, dass die Quelle nur bei der Politik liegen konnte. Horst Ehmke hatte vor den Obleuten der Fraktion sein Wissen über das Ergebnis vom Sonntag ausgebreitet. Auf meine irritierte Frage, woher er das Wissen habe – ich hatte mit ihm nicht gesprochen – nannte er die sowjetische Botschaft. Mit *allen* Beteiligten war Vertraulichkeit vereinbart gewesen, von meinem früheren akademischen Lehrer und Abgeordneten hatte ich mehr Sensibilität erwartet. Aber leider galt für die meisten Politiker: Wer als Erster etwas weiß, erscheint als der Größere.

Noch mehr überraschte mich der Anruf aus der pakistanischen Botschaft, in dem ich auf die Gespräche vom Sonntag angesprochen wurde. Ich zog es vor, meine Antwort nicht über das Telefon zu geben und begab mich in die Botschaft. Dort begrüßte mich ein Vertreter von Hezbi. Die Information lautete, eine andere Gruppe aus der Allianz habe nach den in Bonn geführten Gesprächen gefragt und um Vermittlung eines Kontaktes gebeten. Da man angenommen habe, die Verhandlungen hätten mit mir zu tun, habe er Auftrag zu fragen, ob ich mich auch um den Austausch der Gefangenen dieser Gruppe kümmern wolle. Nach Abstimmung mit der sowjetischen Botschaft sagte ich auch diesmal zu.

Es dauerte wieder lange Zeit, bis die Namen der Gefangenen von Hezbi aus Kabul geliefert wurden. Derweil irritierte mich erneut eine Meldung – auch dieses Mal aus einer pakistanischen Quelle – über unsere jüngsten Gespräche. Der Bonner Vertreter der Washington Post sprach mich auf die Vorgänge an, er habe im Auswärtigen Amt, in der sowjetischen Botschaft und im Informationsbüro von Hezbi ausweichende Antworten erhalten. Da blieb mir nur eine Lüge übrig, und er glaubte wirklich, einer Falschmeldung aufgesessen zu sein. Das war gleichwohl das vorläufige Ende meiner Mission.

Im April bekam ich dann von den Hezbi die Liste mit 25 Namen, aus der Moskau und Kabul in überraschend kurzer Frist 14 Gefangene auswählten, die im Verhältnis 1:1 getauscht werden sollten. Bei der Rückmeldung wurde mir in der sowjetischen Botschaft der Stand der Bemühungen um nationale Versöhnung geschildert. Es seien 1.300 Kommissionen mit diesem Ziel errichtet worden, in 900 Dörfern sei Ruhe eingekehrt. Einige Mudschaheddin seien bereits zurückgekehrt, zudem plane die Sowjetunion 15 gemeinsam mit Afghanistan getragene Projekte. Diese Angaben, deren Richtigkeit ich nicht überprüfen konnte, berührten mich nur am Rande. Mich beunruhigte die Rückkehr zu dem früheren Tauschverhältnis. Ich teilte das meinem Kontaktmann mit und bekam nach mehrmaligem Hin und Her das Angebot, im Verhältnis 1:2 zu tauschen. Die 14 gegen sieben Rotarmisten zu tauschenden Mudschaheddin dürfe nunmehr Hezbi selbst aussuchen, nur bezüglich eines als »besonders gefährlicher Regimegegner« eingestuften Gefangenen wird ein Vorbehalt erklärt. Im August habe ich das dem Hezbi-Vertretern mit Dank für die vertrauensvolle Zusammenarbeit mitgeteilt und zugleich erklärt, ich sähe mich nicht zu weiteren Gesprächen in der Lage. Gleichwohl würde ich die sowjetische Seite bitten, die Sicherheit der gefangenen Mudschaheddin zu gewährleisten und das direkte Gespräch zu suchen.

Die Antwort kam erst ein halbes Jahr später, und zwar mit der Bitte an mich, auch diesmal zu moderieren. Am 3. März 1988, also mehr als zwei Jahre nach Beginn des Kontakts, kam dieses Gespräch endlich zustande, diesmal in den Räumen der Friedrich-Ebert-Stiftung in Bonn. Aus dem Moskauer Außenministerium reisten vier Beamte an, ihr Rang wurde mir nicht genannt, auch die afghanische Seite hatte vier Vertreter geschickt. Der wichtigste Eindruck war für mich, dass die mehrtätigen, meist nur in den Delegationen geführten Gespräche auf mich als vertrauenerweckend wirkten. Ansonsten kann ich nicht von einem Ergebnis, geschweige denn neuen Positionen sprechen. Die sowjetische Seite hatte zugesagt, sieben Familiennamen zu übermitteln, die andeutungsweise aus den bereits vorliegenden Listen hervorgingen. Der SPD und mir wurde auch diesmal für die Begegnung gedankt, man hoffte, der Vermittler, also ich, werde weiter zur Verfügung stehen.

Wenige Tage später wurde in einer Pressemeldung von Agence France Press über ein »in Kürze« in Deutschland stattfindendes Gespräch der Sowjets mit afghanischen Widerstandskämpfern spekuliert. Die Folge war ein Einspruch der Allianz, die Hezbi einen Alleingang verbietet. Das war dann wirklich das Ende meines mit ehrlichem Engagement betriebenen Einsatzes. Hezbi versichert mir, man sei entschlossen gewesen, in der Folge des Bonner Gesprächs zu einem Abschluss zu kommen.

Der Abbruch ist umso bedauerlicher, als parallel zu unserem Gespräch in Bonn Michail Gorbatschow, Generalsekretär des ZK der KPdSU, und Nadschibullāh, Präsident der Republik Afghanistan und Generalsekretär des ZK der Demokratischen Volkspartei Afghanistans, in Taschkent in einer gemeinsamen Erklärung den Abzug der sowjetischen Truppen ab 15. Mai 1988 verkündet haben. Überraschend für mich sprach ein hoher sowjetischer Diplomat im November in Lahore mit Mudschaheddin-Führern über 300 vermisste Rotarmisten. Was daraus geworden ist, haben wir nicht erfahren. Nicht minder überraschend wurde ich von einem Exil-Afghanen aus den USA gebeten, bei Herrn Brandt die Initiative für einen Wiederaufbauplan zu unterstützen. Ich wies auf die Problematik hin angesichts dessen, was Hekmatyār über meine Gespräche verbreitet hatte. Interessanter war der Besuch einer sowjetisch-amerikanischen Gruppe, deren Mandat sich auf die gemeinsame Kommission bezog. Ich wurde um Bericht über den Verlauf unserer Gespräche gebeten. Dabei wurde ich mit Kritik der Mudschaheddin konfrontiert, ich hätte die Gespräche zu »sowjetfreundlich« geführt. Getroffen hat mich der Vorwurf nicht, eher die nicht belegte, aus meiner Sicht falsche Behauptung, ein SPD-Vertreter habe in Peschawar das Ergebnis der Gespräche an die Presse gegeben. Ein letzter Kontakt, an dem ich mich beteiligte, war eine vom afghanischen Außenminister Wakil überbrachte Botschaft von Präsident Nadschibullāh an den SI-Präsidenten. Nadschibullāh erläuterte die Schritte für eine Friedenskonferenz unter Einschluss eines sechsmonatigen Waffenstillstands, aus der eine von der Loja Dschirga gebilligte Koalitionsregierung und freie Wahlen hervorgehen sollten. Er appellierte an Brandt, seinen Einfluss für eine Versöhnung unter den Afghanen geltend zu machen. Brandt wies auf seine vielfältigen Aktivitäten hin, sagte aber unter der Voraussetzung zu, dass alle Beteiligten eine solche Einflussnahme verlangen.

Ein zunächst letztes Mal wurde ich in dieser Sache nach meinem Ausscheiden aus dem Büro Willy Brandt von einem Mitglied des Sowjetrates der Volksdeputierten Solotuchin angesprochen. Er wollte ein Gespräch mit Hezb-i-Islami in Bonn führen und informierte mich danach über seine Initiative vom 5. Oktober 1990 im Komitee des Obersten Sowjets der UdSSR. Diese Initiative hatte die Gründung einer gemeinsamen Kommission von Volksdeputierten Russlands und der UdSSR zur Befreiung der 309 in Afghanistan vermissten Soldaten zum Ziel. Der Grund war, zu verhindern, dass sich einzelne Abgeordnete oder die Vertreter einzelner Republiken des Problems annahmen. Mir wurde damals für meine Bemühungen gedankt. Ich hielt es nicht für notwendig, die Bundesregierung zu informieren, obwohl ich ja inzwischen wieder ordentlicher Beamter war. Ich gab die Information an die Führer der sieben Widerstandsorganisationen weiter. Die einzige Reaktion kam von Hezbi mit der Mitteilung, Hekmatyār habe mit Jelzin einen ersten Austausch auf der Basis 1:100 abgesprochen. Ich wurde gebeten, mit der sowjetischen Seite dennoch weiter in Verbindung zu bleiben. Das war mir natürlich nach Rückkehr in ein Ministerium versagt, was ich alle Beteiligten auch wissen ließ.

So sollte ich nie erfahren, was aus den braven Rotarmisten und den Mudschaheddin geworden ist, die – jeder einzeln – für mich in miserabler Situation waren, um die ich mich bemüht und denen ich zu helfen versucht hatte. War ich zu gutgläubig, unerfahren, naiv? Nein, meine Partner hatten mich schon ernst genommen, aber ihre Gegensätze waren damals vielleicht noch zu groß, vielleicht auch ihre Erwartung auf den Einsatz, den sie von mir erhofften. Zu spekulieren, was aus Afghanistan geworden wäre, wenn der Versuch eines ersten Ausgleichs zwischen Mudschaheddin und Sowjets erfolgreich verlaufen wäre, ist müßig. So hoffnungsvoll ich über die in den langen Gesprächen immer wieder gefundene Annäherung war, machte der Ablauf doch immer wieder deutlich, wie berechnend und zynisch alle Beteiligten mit den ihnen anvertrauten Menschen umgingen. Aber das gehört offenbar zum Drehbuch aller kriegerischen Konflikte dieser Welt.

Hekmatyār blieb einflussreich, nicht unbedingt zum Besten seines Landes. Nach dem Sturz der kommunistischen Regierung und der Ermordung Nadschibullāhs hatten die Führer der sieben sunnitischen Parteien, die Mudschaheddin, im April 1992 einen Friedensvertrag, das sogenannte Peschawar-Abkommen, geschlossen, in der Folge wurde der Islamische Staat Afghanistan gegründet. Es folgte ein blutiger, vor allem gegen die Zivilbevölkerung gerichteter Krieg – von Hezbi mit dem Ziel angezettelt, Kabul einzunehmen. Um das Blutvergießen zu beenden, wurde Hekmatyār das Amt des Ministerpräsidenten angeboten, das er hingegen ablehnte. Die Mudschaheddin unterlagen Ende 1994 den Truppen des afghanischen Verteidigungsministers Ahmad Schah Massoud. Für Hekmatyār bedeutete das, mindestens zeitweilig, das politische Ende.

Viel später, ich war inzwischen Abteilungsleiter im Bundesministerium des Innern, wurde mir von meinem Bonner Kontakt die Bitte von Hekmatyār, der sich inzwischen im Exil in Iran befand, um Aufnahme als Flüchtling in Deutschland übermittelt. Mein frisch ernannter Minister Otto Schily ließ wissen, da Hekmatyār sich abwechselnd in den sicheren Drittstaaten Pakistan und Großbritannien aufgehalten habe, sei das schon aus Rechtsgründen nicht möglich.

Unterdessen war, wiederum mit Unterstützung Pakistans und Saudi-Arabiens, aus Religionsschulen mit afghanischen Flüchtlingen die Taliban-Bewegung im Süden des Landes hervorgegangen. Sie übernahm unter Führung des Mullahs Omar bis 2001 die Herrschaft über weite Teile Afghanistans. Im September 1996 wurde Kabul eingenommen, es wurde das Islamische Emirat Afghanistan errichtet. Der Westen schaute lange tatenlos zu, obwohl der Verteidigungsminister Ahmed Schah Massoud fest mit der Hilfe der Vereinten Nationen gerechnet hatte. Er zog sich in den Norden zurück und gründete mit allen Volksgruppen eine nationale Widerstandsbewegung. Erst als bekannt wurde, dass die Terrorakte gegen die Vereinigten Staaten ihren Ursprung in den Gebieten der Taliban hatten, begannen die Vereinigten Staaten und Großbritannien eine Militärinvasion in Afghanistan. Sie unterstützen die Widerstandsbewegung in ihrem Bemühen, die Taliban nach Pakistan zurückzudrängen. Massoud wurde Opfer eines Anschlags, er wurde zum Nationalhelden ernannt. Auf dem Petersberg bei Bonn wurde von Exilgruppen und der Vereinigten Front ein Plan zur Demokratisierung des Landes beschlossen. Hamid Karzai wurde Vorsitzender einer Übergangsregierung, der im Dezember 2004 eine demokratisch gewählte Regierung folgte. Eine internationale Schutztruppe der Vereinten Nationen (ISAF) gewährleistet seither die Sicherheit des Landes. Sie ist gleichwohl brüchig geblieben, wie die zahlreichen terroristischen Aktionen der von Pakistan aus operierenden Taliban zeigen. Auch Deutschland hat das gespürt, das zunehmend Ziel von afghanischen Flüchtlingen wird, denen – obzwar sie kein Vertrauen in die Zukunft ihres Landes haben – Anerkennung als Asylsuchende im Zweifelsfalle versagt bleibt und die nach neuer politischer Linie zunehmend abgeschoben werden. Die Wirtschaft des Landes liegt am Boden.

Hekmatyār bleibt nicht einflusslos. Aus seinem Exil erreichte er die Wahl seiner Anhänger ins Parlament. In Geheimverhandlungen wurde Hezbi vom afghanischen Präsidenten Aschraf Ghani dazu gebracht, die Waffen niederzulegen. Im Gegenzug wurden Gefangene freigelassen, Hekmatyār und seinen Mudschaheddin wurde Straffreiheit zugesichert. Kritiker fürchten, dass er auf diesem Weg zurück an die Macht will. Der Präsident hofft aber, so ein Signal für Friedensgespräche mit den afghanischen Rebellen zu setzen, die schon mehrmals scheiterten. Man möchte dem geschundenen afghanischen Volk wünschen, dass der Krieg ein Ende haben wird.

XIII Meine Zeit nach Willy Brandt

An der Jahreswende von 1989 auf 1990 dominierte, vielleicht unbeabsichtigt, das Gefühl von Leere, keineswegs Trauer oder Sentimentalität. Hinter mir lagen mehr als 13 Jahre einer Tätigkeit bei einem großen Mann – mit wiederkehrenden, wechselnden Höhepunkten. Willy Brandt war längst in den Weihnachtsurlaub entschwunden, seinen letzten Bürotag hatte er im Parteihaus verbracht, sodass er von uns im Bundeshaus ohne Abschiedsgruß ging. Ich hatte – allein mit der langjährigen und duldsamen Mitarbeiterin Marga Sprenger – bis zum 31. Dezember 1989 pflichtgemäß auszuharren, ehe ich gehen durfte.

Während meiner Zeit bei Willy Brandt hatte ich mich mehrfach bemüht, in den Bundesdienst zurückzukehren. Dem lag nicht Unzufriedenheit mit meinen beiden Aufgaben zugrunde. Auslöser war einfach die Sorge, den Rückweg aus meiner vom System eher abweichenden Tätigkeit zu verpassen, da ich schon merkte, wie gut Kollegen aus der Parteibürokratie ihre bisherige Tätigkeit im Parteivorstand als Sprungbrett nach oben nutzten. Hier wirkten die Kontakte mehr als bei mir, der – ohne dass ich Willy Brandt damit zu nahetreten wollte – spürte, dass Brandt nach dem Ende seiner Kanzlerschaft eben der Altkanzler war, auch wenn er im Hauptamt der Vorsitzende der SPD, der Leiter der Nord-Süd-Kommission, der Präsident der Sozialistischen Internationale war. Willy Brandt hat aber ohne Murren Hinweise auf Stellen in der Bundes- oder in Landesverwaltungen aufgenommen, auch meine Bewerbungen im internationalen Bereich unterstützt. Angesichts der wiederholten Absagen mochten gleichwohl Zweifel über eine mögliche künftige Verwendung unbegründet sein, aber die Selbsteinschätzung konnte schon aufkommen, ich käme von Willy Brandt nicht mehr weg und sei, was man »schwer vermittelbar« nennt. Das wurde mir sehr deutlich durch den Bundesminister des Innern Friedrich Zimmermann bedeutet, als – nicht von mir – die Idee geboren wurde, mir die stellvertretende Leitung des Bundesamts für Verfassungsschutz zu übertragen. Die Absage von Innenminister Zimmermann, der Mitarbeiter von Willy Brandt sei dem Amt »nicht vermittelbar«, war naturgemäß eine Ungehörigkeit und Peter Glotz, der sie sich abholte, hätte sie auch zurückweisen müssen. Aber solche Vorgänge weckten naturgemäß die Sorge, ich käme bei Willy Brandt nicht mehr weg.

Willy Brandt konnte meine Bemühungen um einen Wechsel nicht als Ausdruck des Missfallens an unserer Zusammenarbeit verstehen. Versuche, auch in der Zeit der sozialdemokratisch geführten Bundesregierung, mich an einen sozialdemokratischen Behördenleiter oder Minister zu vermitteln, waren regelmäßig gescheitert. Willy Brandt hatte, obwohl das seiner Art nicht unbedingt entsprach, solche Versuche stets unterstützt, aber auch er konnte niemanden überzeugen. Als er den nachfolgenden Bundeskanzler in dieser Beziehung angesprochen hatte und ihm aus dem Bundeskanzleramt signalisiert worden war, eine anderweitige Verwendung meiner Person innerhalb der Bundesregierung werde schwerfallen, machte ich ihm den Vorschlag, er solle Bundeskanzler Kohl als Alternative vorschlagen, meine Stelle im Altkanzlerbüro »zu heben«. Bundeskanzler Kohl kannte mich, hatte ich doch über Jahre mit seinem engsten Mitarbeiter Horst Teltschik die Termine mit Willy Brandt vorbereitet. Willy Brandt willfahrte; auf einem der kleinen Zettel, die als Punktation für das anstehende Gespräch der beiden diente, war als Nr. 8 mein Name eingetragen. Das war nicht unbedingt die große Karriere, aber immerhin ein Fortschritt.

Ungeachtet dieses mich periodisch überfallenden Versuchs, etwas anderes zu finden, war ich mit meiner Arbeit und mir nicht unzufrieden. Und Unverständnis über meine Karrierewünsche kam auch von meiner Frau, die mir vorhielt, die Tätigkeit für Willy Brandt mache mir doch Freude. Und das stimmte: Ich hatte ein hohes Maß an Selbstständigkeit, konnte Ideen in die Arbeit der SPD einbringen, mit denen ich sowohl beim Vorstand als auch in der Fraktion zu Wort kam, und die Zusammenarbeit mit den Parteimitarbeitern war – mit kleinen, wenn auch gelegentlich störenden Ausnahmen – sehr kooperativ. Das wurde mir so richtig erst deutlich, als ich am Ende des Jahres meine Stelle verlassen hatte. Die Verabschiedungen seitens der Abteilungsleiter im Parteivorstand, die zahlreichen Briefe von Abgeordneten ließen mich in der Überzeugung scheiden, ich hätte etwas bewirkt, sei von Nutzen gewesen.

Kurzzeitig hatte ich in den Jahren bei Willy Brandt einmal Kritik an der Art gespürt, wie ich das Büro führte. Das war aber erst im Gefolge der Veränderungen in seinem persönlichen Umfeld spürbar geworden. Es gab Dinge, da war ich möglicherweise überkorrekt, aber der Blick aus dem Vorzimmer mag gelegentlich zu einer anderen Folgerung führen, es ging nicht um Unredliches, es ging nur um die Anwendung des Parlamentsrechts. Tempi passati, sagte man mir, als ich später die Gründe für zeitweilige Unzufriedenheit zu erklären versuchte.

Als ich im siebten Jahr meiner Tätigkeit für Willy Brandt war, wurde die Bundesregierung von Union und FDP übernommen. Inzwischen ist unbestritten, dass der FDP-Vorsitzende Hans-Dietrich Genscher den Wechsel der FDP von SPD-Kanzler Schmidt zu CDU-Kanzler Kohl gewollt und herbeigeführt hat – von vielen als Verrat bezeichnet. Nach der Vorlage des legendären Lambsdorff-Papiers drängte er mit Macht aus der Koalition. So wenig wie bei seiner »Zurückhaltung« gegenüber Willy Brandt in der Guillaume-Affäre ist je klar geworden, was ihn von der Koalition mit der SPD zur Koalition mit der CDU/CSU trieb; für die Nachrufer zu seinem Tod war das kein Thema. Gleichwohl, nicht bei allen in der FDP schien das auf Begeisterung zu stoßen. Seit Mitte September hatte ich morgens, noch vor acht Uhr, regelmäßig Anrufe aus der FDP. Es wurde stets betont, im Gegensatz zum Vorsitzenden habe sich eine Minderheit für einen fairen, kontrollierten Ausstieg stark gemacht, man sei damit aber nicht durchgekommen. Der Anrufer bat mich, Willy Brandt hiervon zu unterrichten. In der Folge, bis zum endgültigen Bruch, rief er mich dann regelmäßig an, um über die Entwicklung zu informieren. Ich lieferte alles, was man mir aufgetragen hatte, pflichtschuldig ab; was mit der Information geschah, wurde mir nicht zurückgemeldet.

Der Bruch der Koalition hatte gleichwohl meine Chance auf null zurückgefahren, doch noch ein Amt in der Bundesregierung zu bekommen. Das war zwar auch vorher nicht von Erfolg gekrönt, aber auch die Ministerpräsidenten der SPD hatten sich auf Anfrage immer durch Sparmaßnahme eingeengt gesehen und auf blockierte Leitungsstellen hingewiesen. So wurde ich im Laufe des Jahres 1989 durch Peter Strucks Frage überrascht, ob ich nach der Landtagswahl im folgenden Jahr, als Staatssekretär bei ihm anzufangen bereit wäre, falls er das Finanzministerium in Niedersachsen bekommen würde. Die Wahl ging schief, aber ohnehin kam alles anders.

Christa und ich hatten als Ziel unseres Sommerurlaubs eine Reise in die Osttürkei gewählt. Angesichts der eskalierenden Kurdenkrise würde das auf lange Zeit danach nicht mehr möglich sein. Willy Brandt fuhr in sein Haus in Südfrankreich. Vor der Abreise hatte er mich über die Pläne für seine künftige Arbeit unterrichtet. Das war ein Gespräch, das ich eigenartigerweise gar nicht in meiner Erinnerung festgehalten hatte. Erst der Brief Willy Brandts vom 22. Juli 1989 aus Gagnières, seinem Urlaubsort, brachte das wieder in mein Gedächtnis zurück. Er wiederholte darin, er wolle angesichts der Schwerpunkte seiner Interessen für die SI, für Nord-Süd und für Europa sein Büro entsprechend umgestalten. Er bat mich, meine Planung dementsprechend einzurichten. Und er wusste von Angeboten im Zusammenhang mit der Wahl zum niedersächsischen Landtag und fügte an, »Erwägungen im Zusammenhang mit Hannover würden eine zeitliche Dehnung bedeuten, die dem beiderseitigen sachlichen Interesse kaum gerecht würden«. Damit nahm er Bezug auf das ihm bekannte Angebot von Peter Struck, aber so las sich ein typischer Willy-Brandt-Satz, an den er die Mahnung anfügte, »bei einer einvernehmlichen zügigen Lösung mitzuhelfen«. Aus meinem Antwortschreiben ist eine, wie ich meine, verständliche Enttäuschung zu spüren. Natürlich hatte ich mir nach dem Gespräch vor der Sommerpause, wie ich Willy Brandt bestätigte, Gedanken gemacht. Vor allem hatte ich den Chef des Bundeskanzleramtes Seiters, meinen Dienstvorgesetzten, auf den Wunsch von Willy Brandt hingewiesen, mich in die ordentliche Verwaltung zurückzugeben. Ich bat Willy Brandt um Hilfe bei meinem Wechsel, denn der Ausgang der Wahl in Niedersachsen war keineswegs sicher, wie sich ja auch letztlich zeigen sollte. Ich erinnerte an das ablehnende Gespräch mit dem nordrheinwestfälischen Ministerpräsidenten Johannes Rau. Eine ihm vier Jahre zuvor gegebene Zusage von Rau über meine Verwendung sei nicht eingehalten worden. Ich musste ihn nicht daran erinnern, dass meine Chancen bei einer christdemokratischen Regierung kaum besser seien. In meiner Ausbildung, so erinnerte ich ihn, gäbe es keinen Makel. Da ich von Willy Brandt kein Lob erwartete, fügte ich an, ich glaubte, »in den letzten Jahren eine Arbeit geleistet zu haben [...], [die] nicht nur für Sie nützlich gewesen [ist] [...], sondern auch der politischen Bewegung, der ich mich verbunden fühle, in der einen oder anderen Weise gedient« hat. Zum Zeitpunkt dieses Briefwechsels war die Wende noch nicht in Sicht.

Der Abschied von Willy Brandt nach einer vieljährigen Tätigkeit für ihn – ein Drittel meines Berufslebens – war also absehbar und eine deutliche Zäsur. Hätte man mir am Ende meiner Ausbildung vorausgesagt, ich würde einen Aufstieg bei Willy Brandt machen, so hätte ich ihn für einen Fantasten gehalten. Denn als ich nach langjährigem Zögern in Freiburg den Weg in die SPD fand, war das Motiv keineswegs deren Vorsitzender. Es war die Geschichte dieser Partei und ihre Kompetenz, von der man in einer stagnierenden Gesellschaft Veränderungen erwartete. Aber deshalb fiel der Abschied nicht leicht. Auch wenn ich nicht ganz glücklich über das Ende meiner Zeit bei Willy Brandt war: Es war ein Abschied ohne ein Wort des Abschieds. Aber so war Willy Brandt. Als er in den Weihnachtsurlaub startete, musste er keinen Gedanken darauf verschwenden, dass ich bei der Rückkehr im Januar 1990 nicht mehr auf meinem Bürostuhl sitzen werde. So wurde ich verabschiedet nur von Marga Sprenger, der langjährigen Sekretärin, der ich mit meiner Umtriebigkeit sicher in den 13 Jahren viel zugemutet hatte und der ich deshalb viel verdanke.

Natürlich erwartete ich kein Zeugnis, aber eine gemeinsame Reflexion über diese ereignisreiche Zeit hätte wohlgetan. Wahrscheinlich wäre Willy Brandt sogar verwundert gewesen, wenn man ihn deshalb angesprochen hätte. Aber so kannten wir »Willy«. Dennoch gab es keinen Bruch in unserem Kontakt. Und so verwehte sehr bald das Gefühl, ich sei in Ungnade gegangen. Es muss mich nicht gerettet haben, dass ich bei einer Vielzahl von Politikern der SPD einen guten Ruf genoss, Funktionären der SPD schien ich dank einer guten Zusammenarbeit unentbehrlich, und sie kamen auch nach meinem Abschied von Willy Brandt vielfach noch darauf zurück, so in Fragen der Menschenrechtsarbeit, auch wenn ich das nur noch verdeckt erledigen durfte. Später, beim Staatsakt in Berlin im Oktober 1992 traf ich natürlich zahlreiche SPD-Politiker aus der Fraktion und dem Parteivorstand wieder, die sich mit einer Fülle von Mut machenden Briefen aus meiner Tätigkeit bei Willy Brandt verabschiedet hatten.

Brandt stimmte gern meiner Bitte zu, für das von mir herausgebene Flüchtlingsjahrbuch der Deutschen Stiftung für UNO-Flüchtlingshilfe, deren stellvertretender Vorsitzender ich war, einen persönlichen Beitrag für die Reihe »Auch ich war ein Flüchtling« zu schreiben. Nach wenigen Tagen erhielt ich meinen Textentwurf mit wunderbaren Korrekturen zurück, wunderbar, weil er nicht nur Schreibfehler verbesserte, sondern seine eigene Betroffenheit als Flüchtling eingearbeitet hatte. Ich versorgte ihn mit Informationen, die für ihn aus meiner Sicht von Interesse sein mussten. In der Rückschau habe ich den Eindruck gewonnen, dass Willy Brandt 1989 schon seine spätere Krankheit spürte und deshalb bemüht war, Dinge zügig zu regeln.

Um es kurz zu machen: Die 13 Jahre waren eine gute Zeit für mich. Das spürte ich, nachdem ich in die Ministerialverwaltung zurückgekehrt war. Da habe ich – die neue Regierung wurde ja inzwischen von der Partei gestellt, die zu Zeiten des Bundeskanzlers Willy Brandt Opposition war – bittere Schikanen, persönliche Beleidigungen, Anfeindungen und Zurücksetzungen erlebt. Heute würde man das Mobbing nennen, aber schon damals waren es in einem auf Rechtsstaatlichkeit und Fairness aufgebauten politischen und Verwaltungssystem unglaubliche und nicht vermutete Vorgänge.

Da meine am 31. Dezember 1989 verlassene Stelle im Etat des Bundeskanzleramts steht, musste ich mich dort um eine Versetzung innerhalb der Bundesregierung bemühen. In den quälenden Gesprächen mit dem Leiter der Zentralabteilung des Bundeskanzleramts ließ er mich spüren, dass man, wie nicht anders zu erwarten, nicht daran dachte, mich im Bundeskanzleramt zu beschäftigen. Schließlich musste mich das Bundesministerium für innerdeutsche Beziehungen (BMB) aufnehmen. Darüber war ich nicht unglücklich, denn hier – so meine sehr bald enttäuschte Hoffnung – würde ja die deutsche Einheit vollzogen. Es kam anders. Die Ministerin Dorothee Willms hatte sich, so wurde offen gemutmaßt, in die Krankheit verabschiedet. Bundeskanzler Kohl entschied deshalb, dass alternierend die Minister Seiters und Schäuble die Einheit zu vollziehen hatten.

Das BMB empfing mich unfreundlich, um nicht zu sagen, mit Misstrauen. Ich sollte Leiter einer Unterabteilung in der Abteilung II werden. Was die tun und wo sie untergebracht werden sollte, stand nicht fest. Die Ministerin bekam ich nicht zu Gesicht, der Staatssekretär Walter Priesnitz war freundlich, eher beiläufig. Aber meine Aufnahme war nicht von ihm zu vollziehen, sondern von der Zentralabteilung. Zuständig war ein gewaltig aufgestiegener Beamter, der mir seine Abneigung unverhohlen zur Kenntnis brachte. Dass er nach seinem späteren Wechsel zur Treuhand bei der Vermarktung von DDR-Vermögen gemeinsam mit seinem Abteilungsleiter ins Straucheln geriet und sich die Justiz seiner annahm, empfand im Ministerium manch einer als Genugtuung.

Zunächst gab es für mich kein Zimmer. Ich bekam ein Zimmerchen von acht Quadratmetern Größe, eher war es eine nicht möblierte Abstellkammer. In der politischen Abteilung wurde eigens für mich eine Unterabteilung eingerichtet. Wie ich meinem vormaligen

Vorgesetzten Walter Hirrlinger schrieb, musste ich schauen, »dass ich ein paar mir selbst zugeordnete Aufgaben finde«. Gleichzeitig äußerte ich meine Irritation, »wie einflusslos [weil einfach ängstlich] die Ministerin in diesem Kabinett ist, in dem jeder Ressortchef sich ein Stückchen aus dem Kuchen ›Deutschland‹ schneidet«. Das mir eigentlich zustehende Dienstzimmer, dem Status angemessen, durfte ein pensionierter CDU-Beamter benutzen, denn das war ihm für die Zeit nach seinem Ruhestand zugesprochen worden. Immerhin hatte ich zwei sympathische Büromitarbeiterinnen, deren eine – weil auch SPD-nahe – in einer widerlichen Weise, die ich mir nicht hatte vorstellen können, gemobbt worden war.

Nach drei Wochen durfte ich die Arrestzelle verlassen. Wenigstens der Blick aus dem neuen Amtszimmer auf das Siebengebirge vermittelte Trost. Die Arbeit war derweil angelaufen.

Nach der schikanösen Begrüßung im BMB lernte ich die Qualität des Hauses bei einem mich mehr amüsierenden als irritierenden Vorgang kennen. An einem Mittwoch gegen Ende Januar 1990 erteilte der Staatssekretär mir den Auftrag, die Ministerin auf die regelmäßig an einem Freitag stattfindende Sitzung des Innerdeutschen Ausschusses im Deutschen Bundestag vorzubereiten. Ich fragte zurück, warum mir, zumal als Neuling im Ministerium, dieser Auftrag so kurzfristig zugeteilt werde, denn der Termin müsse ja bereits seit geraumer Zeit bekannt sein. Der Staatssekretär räumte schulterzuckend ein, er bedaure das auch, aber der eigentlich zuständige Unterabteilungsleiter – wie ich später hörte: CDU-nah – im Range eines Ministerialdirigenten habe am selben Morgen den Auftrag zurückgegeben. Dies war, wie ich später mehrfach hörte, typisch für ein Ministerium, das über Jahre auf seinen Auftrag gewartet hatte. Aber im Grunde fühlte es sich nicht mehr gefordert, je weiter das Verfassungsgebot, die Einheit zu verwirklichen, in die Ferne gerückt war und je erträglicher die Last der Trennung durch praktische Lösungen geworden war – nicht zuletzt durch die Politik des Regierenden Bürgermeisters von Berlin und späteren Bundeskanzlers Brandt. So unterblieb auch die Arbeit an Konzepten, die man am Tag X aus der Schublade hätte ziehen können. Auch das Gesamtdeutsche Institut, dessen Leitung zur attraktiven Sinekure für treue Parteigenossen geworden war, hatte sich, wie im Zeitpunkt der Einheit erschreckend bewusst wurde, weitgehend der Entwicklung von Strategien zum Vollzug der Einigung und die Vorhaltung notwendiger Informationen entzogen. Kein Wunder, vom Ministerium, ganz gleich unter welcher politischen Führung, war das Institut offensichtlich dazu auch nicht angehalten worden. Die Leitung des Ministeriums und die Mitarbeiter versagten in dem Moment, auf den sie hätten hinfiebern müssen. Das wurde mir noch nach Jahren bewusst, als ich als Abteilungsleiter im Bundesministerium des Innern mit Regelmäßigkeit gefragter Referent war, wenn sich z. B. Mitarbeiter des südkoreanischen Ministeriums für Wiedervereinigung auf einer Dienstreise nach Europa Kraft für ihre verantwortungsvolle Aufgabe holen wollten, die sie im deutschen Wiedervereinigungsministerium zu finden hofften. Was hätte ich denen ehrlicherweise raten sollen?

Die mangelnde Vorbereitung wurde vor allem offenkundig, als der Strategiewechsel der Regierung Kohl im Dezember 1989 mit dem Abschied vom 10-Punkte-Plan deutlich machte, die DDR habe keine Zukunft, es ginge jetzt vielmehr um ihre rasche Integration. Informationen über den realen Wert der DDR hätten der Regierung kontinuierlich zur Verfügung stehen und nicht erst in den Wochen nach der Maueröffnung gesammelt werden müssen. Natürlich kamen diese Informationen nicht aus dem gesamtdeutschen Ministerium. Die Daten über die Wirtschaft und ihre Sanierungsfähigkeit beschaffte das Finanzministerium, wobei der Vollständigkeit halber eingeräumt werden sollte, dass selbst die OECD den falschen Statistiken der DDR über Jahre aufgesessen war. Damit fiel auch der Vorwurf in sich zusammen, der Prozess der Einigung sei falsch gelaufen. Zwar hatten nicht nur der Bundeskanzler und der SPD-Vorsitzende Vogel bis in den Januar 1990 die Vorstellung einer Konföderation, also des Fortbestands zweier deutscher Staaten, vertreten. Aber nur Oskar Lafontaine verpasste den Abschied und trat weiter für eine Wirtschaftsunion ein.

Aus dem Umgang mit Politikern war mir geläufig, wie man Sitzungsmappen anfertigt, die vor allem eins sein mussten: gewichtig.

So ließ ich mir Mappen mit 30 Fächern geben, in die ich aus der Fülle der vorhandenen, ggf. in Eile zu fertigenden Materialien eine Auswahl einsortierte. Im ersten Fach lag die jeweilige Tagesordnung, gefolgt von einer angesichts der Kürze der Zeit nur minimalen Erläuterung des Sitzungsablaufs. Ob die Empfänger der Mappen sich bei mir bedankt haben, weiß ich nicht mehr. Der Effekt war aber ein ungewöhnlicher: Mein Büro wurde von etlichen Stellen aus dem Ministerium um eine Kopie der Mappe gebeten, in der ich alle grundsätzlichen und tagesaktuellen Unterlagen versammelt hatte. Eigentlich, so meine fälschliche Annahme, war es eine von jedem höheren Beamten, zumal im Ministerbüro, auf dem Stand der politischen Aktualität zu leistende Arbeit.

Tröstlich war in einer eher feindlich gesinnten Umgebung, dass ich nach wie vor zu Vorträgen in den Politischen Stiftungen – jeder Couleur – eingeladen wurde, um über Verfassungswerte vorzutragen. Tröstlich war auch die Arbeit für die Deutsche Stiftung für UNO-Flüchtlingshilfe, in der ich gerade ein fünftes Jahrbuch zu Flüchtlingsfragen vorgelegt hatte – mit dem persönlichen Beitrag von Willy Brandt: »Auch ich war ein Flüchtling«. In dem grün korrigierten Manuskript, das Willy Brandt mir zurückgegeben hatte, wird sein Arbeitsstil eindrucksvoll deutlich.

Bei der Wahl der Themen hatte ich anfangs allerdings noch eine Menge Freiheit, weil eine Zuständigkeit für mich erst gefunden werden musste. In dieser Phase schrieb ich bereits am 17. Januar ein Exposé über eine Neubestimmung der Aufgaben des in absehbarer Zeit überflüssigen Ministeriums. Aus den Kontakten der Menschenrechtsgruppe der SPD-Fraktion wusste ich um die Probleme der deutschen Minderheiten jenseits der Grenzen. Deshalb schlug ich eine »koordinierende Betreuungszuständigkeit für deutsche Minderheiten in den Ländern des früheren Ostblocks« vor. Zu ihren Zielen sollte gehören, diese zum Bleiben in ihren Heimatländern zu animieren und so den kulturellen und politischen Wert deutscher Siedlung zu erhalten. Weil in diesem Ministerium nicht politisch gedacht wurde, ist dies ebenso wenig gelungen wie der weitere Vorschlag, »die Rolle der Landsmannschaften unter Fortführung der bisherigen

Förderung« neu zu bestimmen. Mich erreichte damals noch eine Fülle von Zuschriften aus Sibirien, in denen ich gebeten wurde, Deutschstämmige beim Bemühen um Aussiedlung zu unterstützen. Bei einer Veranstaltung in der Siedlung von Deutschrussen in Neuwied hatte ich meine Anschrift hinterlassen. Und sie wurde – mit dem einen Fehler, der in allen Zuschriften auftauchte – sauber kopiert. Mein Vorschlag blieb weiter ohne Resonanz, nach Erledigung der Einheit könne das Ministerium eine koordinierende Betreuungszuständigkeit für die in den Staaten des Ostblocks verbliebenen deutschstämmigen Minderheiten bekommen. Ihre Zahl wurde damals auf etwa vier Millionen geschätzt – zwischen zwei und 2,7 Millionen in der Sowjetunion, 600.000 in Polen (nach Schätzung des Bundes der Vertriebenen sogar 1,1 Millionen, etwa 200.000 in Ungarn und zwischen 20 und 60.000 in der ČSSR). Ziel sollte es sein, sie in ihrem Willen zum Bleiben zu stärken und ihre Bedingungen zu verbessern. Der Umgang der Bundesrepublik Deutschland mit diesen Menschen war nach dem Krieg mehrfachen Veränderungen unterworfen. Gerade die Deutschen in Polen und der Tschechoslowakei waren zum Verlassen des Landes gezwungen worden oder hatten sich selbst auf die Flucht begeben. Zum Zeitpunkt der deutschen Vereinigung leugneten beide Staaten die Existenz von deutschen Minderheiten. Rumänien hatte eine Assimilierungspolitik betrieben, die in erster Linie die magyarische Minderheit zurücksetzte. Dies hatte die Bundesregierung veranlasst, die deutsche Minderheit in Siebenbürgen der rumänischen Regierung gleichsam abzukaufen, sehr zum Leidwesen von Bischof Klein, dem Seelsorger der Siebenbürgen, den ich mit Hans Koschnick und der Arbeitsgruppe Menschenrechte noch besucht hatte. Eine funktionierende Minderheit verlor ihre Heimat, um im ursprünglichen Herkunftsland meist minderwertigere Arbeiten zu übernehmen, der ausgebildete Ingenieur etwa als Hausmeister. Mit dem Verlassen ihrer Dörfer wurden diese von der Regierung Roma überlassen, für die die Verbesserung der Unterbringung sicher unerwartet kam. Ob es ihrem Drang entsprach, Rumänien zu verlassen, um ihr Glück in Mittel- und Westeuropa zu suchen, steht dahin. Oberrabbiner Rosen, der Seelsorger der verbliebenen jüdischen

Minderheit in Rumänien – von ehemals etwa einer Million infolge systematischer Auswanderung nach Israel auf unter 100.000 geschrumpft –, warnte im Gespräch, dass die Deutschen den Fehler seiner Leute wiederholen. Der Zeitpunkt für einen Erfolg dieser Warnung war aber bereits vorbei, und wem wollte man eine Zukunft unter dem kommunistischen Diktator Ceaușescu zumuten? Vorbildlich war allein die Minderheitenpolitik in Ungarn.

Problematisch war auch die Lage der Deutschen in der Sowjetunion. Seit 1763 hatte die russische Zarin Katharina II. erstmals systematisch Kolonisten ins Land geholt. Deutschfeindliche Tendenzen führten seit der Mitte des 19. Jahrhunderts zu einer Weiterwanderung vor allem mennonitischer Glaubensanhänger, weil sie die bei der Ansiedlung versprochenen Privilegien – Selbstverwaltung oder Befreiung vom Militärdienst – verlieren sollten. Im Zuge der panslawistischen Tendenzen seit der Thronbesteigung Alexanders II. und der vorrevolutionären Umbrüche wurden 200.000 deutsche Siedler nach Sibirien verdrängt. In der Folge des Hitler-Stalin-Pakts wurden 360.000 Russlanddeutsche »heimgeführt«. Nach dem Angriff Hitlers auf die Sowjetunion wurden wiederum 400.000 deutsche Siedler von der Wolga »in den Wald«, wie es hieß, also in den Ural oder noch weiter nach Osten zwangsumgesiedelt, weil man verhindern wollte, dass sie mit den vorrückenden deutschen Truppen paktierten. In der Folge des Zweiten Weltkrieges kamen 500.000, bis zur deutschen Einheit noch einmal mehr als 250.000 Menschen nach Deutschland. Das ließ auch nicht nach, nachdem die Sowjetunion in der Mitte der 50er- und in einem weiteren Schritt in der Mitte der 60er-Jahre mit der Rehabilitierung und Rückführung von Deutschen begonnen hatte. Probleme bereitete hingegen die Aussiedlung. Die Arbeitsgruppe Menschenrechte der SPD-Fraktion hatte bei der sowjetischen Regierung deshalb zunächst auch die Interessen von Ausreisewilligen vertreten. Gorbatschow legte kurz nach seinem Amtsantritt im April 1985 ein Programm zur Neuordnung der sowjetischen Gesellschaft vor, in dem es auch um die vollständige Rehabilitierung der Deutschen ging. Sie waren seit 1989 in der »Wiedergeburt« organisiert, mit der sogar über Autonomie für die Volksgruppe gesprochen wurde. Würde diese scheitern, so warnte uns der Vorsitzende Groth auf der 3. Konferenz der Wiedergeburt, seien bis zu 90 Prozent zur Auswanderung entschlossen. Artikel 116 des Grundgesetzes garantierte auch Flüchtlingen oder Vertriebenen deutscher Volkszugehörigkeit die Rückwanderung. Zu den Minderheiten, an die damals gedacht wurde, gehörten auch die Friesen in Norddeutschland und die mit der Einheit zu uns gekommenen Sorben in den neuen Ländern Brandenburg und Sachsen.

Ehe die Bundesregierung sich der Minderheiten annehmen konnte, setzte aber bereits eine organisierte, auf beiden Seiten gesteuerte Rückwanderung ein. Dass hier auch ein Geschäft zu machen war, hatte sich rasch verbreitet. Und die Regierung förderte die Zuwanderung großzügig. In wenigen Monaten kamen noch einmal fast zwei Millionen Menschen. In diesem Zusammenhang fiel es dem Bundesrechnungshof auf, dass ein Reisebüro im Wahlkreis des zuständigen Staatssekretärs aus dem Innenministerium für seine Mitwirkung an der Rückführung mit überdurchschnittlich hohen Leistungen aus dem Bundeshaushalt bedacht wurde.

Doch die Integration der Neudeutschen hatte ihre Tücken. Anfangs konnten sich viele Jugendliche, die in Russland noch in der Zucht des Familienoberhaupts gestanden hatten, nur schwer integrieren und rutschten ab. Die Supermärkte in den von Zuwanderern bevorzugten Gemeinden hatten bisweilen den Charakter eines russischen Geschäfts, russische Tageszeitungen hatten einen Markt, man hörte russische Medien. Und bei Demonstrationen gegen Angela Merkel in Ostberlin verbreitete sich bisweilen der Eindruck, als sei Wladimir Putin Bundeskanzler dieser Demonstranten. Hatte sich schon die NPD um die Russlanddeutschen in den neuen Bundesländern bemüht, so folgte ihr seit einiger Zeit die rechtskonservative AfD. Sie hatte schon 2014, also kurz nach ihrer Gründung, ihr Programm ins Russische übersetzen lassen. Wenn das anscheinend auf hohen Zuspruch stößt, muss man es nicht als Ausdruck von Undank gegen die bundesdeutsche Demokratie werten. Aber nicht nur bei der Ankunft von Flüchtlingen ohne deutsche Staatsangehörigkeit gibt es Probleme bei der Integration, denn die braucht Zeit. Gleichwohl ist die große Zahl der Russlanddeutschen gegen solche Tendenzen gefeit, und wir sollten hier keine falschen Gleichsetzungen betreiben. Russlanddeutsche sind in ihrer großen Mehrheit integriert und liefern einen wichtigen Beitrag zur bundesdeutschen Wirtschaft.

Die für mich eingerichtete neue Unterabteilung funktionierte gut, in den wenigen Monaten des Zusammenlebens entwickelte sich ein sehr vertrauensvoller Kontakt innerhalb des Ministeriums, aber auch zur Regierung der DDR. Arbeitsschwerpunkte waren zunächst die Verhandlungen zum Einigungsvertrag, für welche Vorlagen zu fertigen waren. Deren Inhalt bestand unter anderem darin, für die Lebensbereiche der DDR Sachstände zu beschreiben, um deren Integration in die gesamtdeutsche Einheit zu ermöglichen. An einen Erhalt der DDR dachte man ja schon bald nicht mehr. Meine Unterabteilung war unter anderem für das Gesundheitssystem zuständig. Und da wirkte sich die schon geschilderte Enttäuschung hemmend aus, dass das mit der Beratung der Regierung betraute Gesamtdeutsche Institut kaum Datenmaterial präsentieren konnte, mit dem die westdeutschen Verhandler in die Gespräche gehen konnten. Man musste sich diese auf der anderen Seite beschaffen, aber das verzögerte die Vorbereitung von Gesprächsmappen.

Zu meiner Überraschung erhielt ich im Juli 1990 den Auftrag, das Außenministerium der DDR über den Ablauf der Luxemburger Verhandlungen zu unterrichten, in denen Bundeskanzler Konrad Adenauer seiner Zeit mit dem Staat Israel die Wiedergutmachung für jüdische Verfolgte geregelt hatte. Noch unter der Regierung Modrow hatte deren Botschafter in Dänemark sich für eine nachträgliche Beteiligung der DDR an der Wiedergutmachung ausgesprochen, hierüber hatte es auch bereits Gespräch mit der Claims Conference gegeben. Die demokratisch gewählte, neue Volkskammer hatte bereits ein »Schuldbekenntnis« abgegeben, und die Regierung hatte die Rückgabe ehemals jüdischen Eigentums im Gebiet der DDR zugesagt. Zur Verwirrung führte die in einem Gespräch mit dem Staatssekretär Helmut Domke im Ministerium für Auswärtige Angelegenheiten gegebene Zusage an die Claims Conference, die wiederum auf den Wunsch einging, über individuelle Entschädigungen zu verhandeln.

XIII Meine Zeit nach Willy Brandt

Die Bundesregierung vertrat, wohl zu Recht, die Auffassung, das Luxemburger Abkommen stelle eine umfassende und nicht nur eine Zweidrittelentschädigung dar. Überdies machte der deutsche Botschafter Haas in Jerusalem deutlich, mit dem Abschluss des Einigungsvertrages würden etwaige neue Verpflichtungen der (bankrotten) DDR auf die Bundesrepublik übergehen, die wiederum bereits geleistet habe. Die 1951 von jüdischen Organisationen gegründete, in New York ansässige Claims Conference vertrat grundsätzlich die Entschädigungsansprüche der Opfer des Nationalsozialismus und der Holocaustopfer. Unabhängig davon unterstützte ich persönlich Dr. Ehrlich vom B'nai B'rith bei dem Versuch, Grundeigentum der früheren jüdischen Gemeinden aufzutun. Einen überraschenden, streckenweise als rechtswidrig angezweifelten Erfolg hatten die Kontakte. Noch vor der Öffnung der Mauer hatte ich mit Freunden in Bonn einen AMCHA-Verein gegründet, der sich um Spenden zur Verbesserung jüdischer Opfer bemühte, die aus den Entschädigungsregelungen bzw. Programmen der israelischen Regierung herausfielen. Der für den Verein gefundene Name geht auf eine niederländische Initiative zurück, der Name AMCHA war ein Erkennungszeichen unter Juden. Der Verein widmet sich der psychosozialen und posttraumatischen Betreuung von KZ-Opfern, aber auch ihrer Kinder. Schrittweise war festgestellt worden, dass die Entschädigungsregelung zwischen Deutschland und Israel diese Spätschäden nicht abdeckt, sie fielen auch aus den Sozialsystemen des Staates Israel heraus. Die Regierung der DDR gründete eine AMCHA-Stiftung, die sie mit einer großzügigen Zustiftung ausstattete. Anfängliche Sorgen, diese Dotation müsse die DDR-Regierung nach ihrer Auflösung der Bundesregierung zurückerstattet, erwiesen sich glücklicherweise als grundlos. Dem von Bonn nach Berlin verlegten Verein bzw. der Stiftung bin ich bis heute verbunden. Nachdem der Finanzcrash auch bei uns einen Teil des Vermögens vernichtet hat, hoffen die Stiftung und ihre Kuratoren, dass noch bis zum letzten Überlebenden Fördermittel zur Verfügung stehen.

Mit dem Abschluss des Einigungsvertrages und mit dem Vollzug der Einheit am 3. Oktober 1990 bzw. den ersten gesamtdeutschen

Wahlen am 2. Dezember 1990 ging dann dem innerdeutschen Ministerium endgültig die Arbeit aus. Das war den Mitarbeitern des Ministeriums bereits deutlich früher bewusst als der Führungsebene oder man ignorierte es dort. Deshalb versuchten die Mitarbeiterinnen und Mitarbeiter in einem Gesprächskreis »Neue Bundesaufgaben nach Herstellung der Deutschen Einheit«, die verbleibenden oder neu zu gestaltenden Aufgaben aus dem Ministerium zu definieren. Dabei ging es um die Betreuung der Minderheiten, über die bereits verschiedentlich nachgedacht worden war. Interessanter fanden wir neue Themen, z. B. nach der sogenannten Herstellung der Einheitlichkeit, etwa der Neugliederung der Bundesrepublik, der Verknüpfung des deutschen Einigungsprozesses mit der europäischen Einigung bis hin zur Aufarbeitung der Geschichte der DDR. Ob diese Gedankenspiele überhaupt gelesen wurden, entzieht sich meiner Kenntnis, ich möchte es eher bezweifeln. Das zeigte sich auch, als meine Mitarbeiter – längst nach Abschluss dieser freiwilligen Denkarbeit – vom Abteilungsleiter aufgefordert wurden, binnen knapp 24 Stunden zu berichten, »welche Aufgaben bis zum faktischen Ende der Legislaturperiode am 2. Dezember 1990 zu erledigen sind und welche Arbeiten damit verbunden sind. […] Sollten im jeweiligen Zuständigkeitsbereich keine Aufgaben mehr zu erledigen sein, ist auch darüber zu berichten.« Beim Nachlesen dieser Weisung stellte ich fest, dass in der Abteilung keine Funktion ab Referatsleitung von einer Frau besetzt war. Welche organisatorischen Veränderungen der Herr Abteilungsleiter bei negativem Bericht über künftige Aufgaben sich vorstellte, konnte ich meinen Mitarbeiterinnen und Mitarbeitern nicht mitteilen. Allenfalls hatten wir das Gefühl, der Abteilungsleiter habe sich angesichts des drohenden Untergangs in den vergangenen Monaten zwar mit der eigenen Zukunft befasst, nicht jedoch mit dem Schicksal seiner Leute. Angesichts der Vorarbeiten konnten wir ihm jedoch zügig nicht nur über verbleibende, sondern auch über neue mögliche Aufgaben berichten. Auch in diesem Fall ist eine Reaktion bei mir bzw. in der Abteilung nicht angekommen. Angesichts der persönlichen Zurücksetzung wirkt das natürlich zynisch, aber selbst in einer Unterabteilung hat man Verantwortung für Mitarbeiter. Und es war unbestreitbar, die Akteure des Einigungsprozesses waren fleißig und erfolgreich, anscheinend aber nicht das zuständige Ministerium.

Überraschend wurde ich von Journalisten befragt, die sich über neue Broschüren aus unserem Ministerium wunderten. Einem Journalisten des Deutschlandfunks lag eine gerade verschickte Broschüre mit Reden der abgetauchten Ministerin vor, die diese zwischen November 1989 und März 1990 gehalten hatte; es gab auch eine andere Broschüre mit Reden des CDU/CSU-Fraktionsvorsitzenden Alfred Dregger aus dem Frühjahr 1989, in denen er die deutsche Wiedervereinigung für illusorisch erklärte. Die Antworten des Staatssekretärs Priesnitz aus dem November 1990 muten aus heutiger Sicht erschreckend peinlich an. Inzwischen hatte nach Presseberichten auch der Bundesrechnungshof schon im Sommer 1990 beanstandet, wie unzulänglich die 180 Mitarbeiter des dem Ministerium nachgeordneten gesamtdeutschen Instituts seit dem November 1989 auf den Prozess der deutschen Einigung reagiert hatten. Die hilflose Antwort des Staatssekretärs an die Rechnungsprüfer lautete, »dass man einen ministeriellen Körper nicht zerschlägt in einer Phase, in der man nicht weiß, ob man ihn nicht aus den verschiedensten Gründen benötigt«. Der Verweis des Staatssekretärs auf die Organisationsgewalt des Bundeskanzlers, der über diese Frage zu entscheiden habe, machte es dann noch peinlicher. Schade, Vorschläge hatten meine Mitarbeiter doch wiederholt gemacht. »Die meisten wissen natürlich, dass man sie nicht totschlagen kann«, gleichwohl wolle man wissen, wie es weitergeht.

Das erfuhr man dann nach Wochen des Wartens am 18. Januar 1991. Der Bundeskanzler hatte entschieden, das BMB aufzulösen und seine restliche Masse auf seine drei »Mädel«, Gerda Hasselfeldt, Hannelore Rönsch und Angela Merkel, die neuen Ministerinnen also, zu verteilen. Wer CDU-nah war, hatte das Glück, mit einer der neu geschaffenen oder alten Beförderungsstellen versorgt zu werden. Der schwer vermittelbare Rest, die nunmehr als »Angehörige des Bundesministeriums des Innern aus dem bisherigen Bundesministerium für innerdeutsche Beziehungen« firmierten, wurden dann immerhin am

7. Februar 1991, also nach bereits drei Wochen, darauf hingewiesen, dass sie »grundsätzlich in ihren bisherigen Organisationseinheiten mit Stand 17. Januar 1991«, also arbeitslos bleiben, bis die Überlegungen zur organisatorischen Umstrukturierung abgeschlossen seien.

Dann setzte ein Wettlauf ein, uns Mitarbeiterinnen und Mitarbeiter aus dem bisherigen Dienstgebäude des BMB zu vertreiben. Damit dies spürbar wurde, erklärte die neue Gesundheitsministerin der Öffentlichkeit, in ihrem Ministerium müssten sich zwei Staatssekretäre ein Zimmer teilen. Die Bauministerin Adam-Schwaetzer musste bei unveränderter Zuständigkeit zusätzlich einen ehemaligen Staatssekretär der Regierung Modrow versorgen. Das brachte sie auf die weise Idee, ihre Staatssekretäre wochenweise abwechselnd zu beschäftigen. Als ich im Ruhestand die jemenitische Verwaltung zu beraten hatte, ist mir dort eine vergleichbare Praxis zur Lösung von Personalproblemen aufgefallen. Die Vertreibung gelang leider doch, im Nachhinein weiß ich, man hätte sich dagegen wehren sollen, aber das verlangt Nerven, und die lagen über Monate blank. Und es ging mir auch um meine Mitarbeiterinnen und Mitarbeiter. So kamen wir in ein von der AEG an der Bundesstraße 9 in Bonn aufgegebenes Bürogebäude, das der Weltkonzern praktischerweise dem Bund ungesäubert hinterlassen hatte. Der Bundesregierung reichte es, um seine Mitarbeiter dort abzustellen, die – wenn sie nicht im Dreck der AEG sitzen wollten – Putzarbeit zu leisten hatten.

Arbeit gab es damit immer noch nicht, aber auch die Presseberichte änderten daran nichts. Für mich entstand eine leicht brenzlige Situation, als der STERN mit Bild von mir enthüllte, ich sitze mit einem Monatsgehalt von 10.200 DM seit Wochen untätig herum. Von mir hatte der Kollege vom STERN diese Information zwar nicht. Aber ich hatte auch keinen Grund, ihm die Richtigkeit zu bestätigen. Disziplinäre Folgen hatte es leider nicht.

Im März 1991 bewegte sich dann endlich etwas für die Mitarbeiter des BMB, die nicht dank ihrer Parteiverbindungen in anderen Ministerien der Bundesregierung oder in neu gegründeten Behörden auf dem Gebiet der ehemaligen DDR untergekommen waren. Die Hängepartie für mich war aber erst mit Erlass vom 15. Mai 1991 beendet. An diesem Tag wurde mir mit Wirkung vom 18. Januar 1991 ein Amt beim Bundesminister des Innern übertragen. Zugleich wurde ich rückwirkend zum 15. März 1991 zum Leiter der Arbeitsgruppe Sachsen-Anhalt im Arbeitsstab »Neue Länder« berufen. Die Restanten aus dem BMB fanden sich in neuer Zuständigkeit für eines der fünf neuen Bundesländer wieder. Unsere Aufgabe war die Beratung beim Aufbau neuer Verwaltungen, vor allem aber, die Fördergelder unters Volk zu bringen. Verwaltungen hatten zu unserer Überraschung nur auf der unteren Ebene, also in den Kommunen, Beratungsbedarf. Praktischerweise hatte man mit dem Aufbau von Ministerien begonnen, was eine kopflastige Verwaltung entstehen ließ. Die wiederum ermöglichte die Unterbringung von Parteigängern, zwang aber bereits nach wenigen Jahren aus Kostengründen zu ersten Verwaltungsreformen. In den sehr überschaubaren Ländern wurden sogar Regierungspräsidien eingerichtet, in Sachsen-Anhalt musste – wahrscheinlich auf Betreiben des Außenministers – ein drittes in seiner Heimatstadt Halle errichtet werden, um so auch die FDP zu versorgen. Nirgendwo hat es nach der Wende so schnelle und so viele Verwaltungsreformen gegeben. Leider hatte sich der damalige Bundesminister des Innern Schäuble mit seinem Vorschlag nicht durchsetzen können, die neuen Länder mit einem abgespeckten Verwaltungsrecht auszustatten, das dann in den alten Bundesländern als Modell für die vor jeder Wahl ausgerufene nötige Verwaltungsreform hätte dienen können.

Dennoch folgte eine sehr befriedigende Zeit. Bei durchschnittlich drei bis vier Dienstreisen monatlich lernte ich das mir zugeteilte Sachsen-Anhalt kennen. Ich verschweige nicht, dass Halle als Geburtsstadt meiner Mutter eine etwas intensivere Beratung erfuhr als beispielsweise der Landkreis Nebra mit seinen 30.000 Einwohnern. Die Altstadt von Halle machte den Eindruck einer Ruinenstadt, deren Abbruch nur durch die Maueröffnung aufgehalten wurde. Die DDR hatte für den neuen Menschen auf der Silberhöhe Plattenbauten errichtet, die inzwischen teilweise wieder abgerissen wurden. Die im Krieg unversehrte alte Stadt um die Burg und den Dom verfiel. Genscher – das ist eines der wenigen Dinge, die ich ihm uneingeschränkt hoch anrechne – hat sich großartig für seine Heimatstadt eingesetzt, die gründliche Sanierung der Franckeschen Stiftungen steht kurz vor ihrem Abschluss. Ich persönlich setzte mich dann mit wirtschaftlicher Hilfe der Schwester meiner Mutter, Tante Gina, für die Restaurierung der ebenfalls kurz vor dem Verfall geretteten St. Georgs-Kirche ein.

In der Nähe von Halle konnte ich die rasche Veränderung im Industriekomplex Leuna-Buna miterleben. Wenn man heute sieht, was aus den Ruinen erstanden ist und im Ergebnis an Vorbildlichem geleistet wurde, möchte man sich wünschen, das sei andernorts auch gelungen. Verblüffend war die Findigkeit, mit der innerhalb kurzer Zeit die aus der Staatswirtschaft hervorgegangenen Manager, aber auch die innerhalb kürzester Zeit und ohne viel Vorbereitung in ihre Funktionen gekommen Verwaltungsleute das Land auf neue Füße stellten. In »meinem« Sachsen-Anhalt, so war festzustellen, waren die Stützen der neuen Verwaltung in großer Zahl beschäftigungslose Veterinärmediziner, die Landräte oder Bürgermeister wurden – und das mit zum Teil verblüffendem Geschick. Am Mittellandkanal konnte ich verfolgen, wie ein Unternehmer, der am Main eine 500 Meter lange Siloanlage hatte errichten wollen und an der Bürokratie in Bayreuth gescheitert war, dies in kürzester Zeit am Mittelkanal schaffte. Der Landrat hatte als Bauaufsichtsbehörde die vielfach lähmende Praxis »im Westen«, Antragsteller von Abteilung zu Abteilung zu reichen, dadurch umgangen, dass er alle an einer solchen Planung beteiligten Amts- und Dezernatsleiter morgens um 8:00 Uhr in sein Amtszimmer bestellte. Die Besprechung wurde erst beendigt, als alle zuständigen Dezernate ihren Teil zu einer Baugenehmigung bindend erbracht hatten. Höchst ärgerlich waren vielfach die Kontakte mit der Treuhand, deren Beauftragte gelegentlich mit viel Arroganz Investoren abwiesen, vielfach leider, weil potentere Bewerber zum Zuge kommen sollten. Am Beispiel eines Obstbauern aus der Ortenau, der am Süßen See einen Obstbaubetrieb errichten wollte, erlebte ich die Sturheit der Banken. Die Eigentumsneuordnung war 1991 naturgemäß noch nicht gelungen, sodass er noch keine Sicherheiten vorweisen konnte. Die Dresdner Bank, um die es ging, war zu alternativen Formen der Kreditsicherung nicht bereit, der Bund oder die KfW waren offenbar nicht in der Lage, hier umfassend Hilfe zu geben. An anderer Stelle hatte die Bank im Zuge des Vereinigungsprozesses aber durchaus neue Mitarbeiter und Arbeitsformen gefunden. Bei der Eröffnung der Filiale Stendal hatte mir der Oberbürgermeister vorgeführt, wie die Bank ausgerechnet mit »arbeitslos« gewordenen ehemaligen Stasimitarbeitern den Weg in die Ostwirtschaft zu beschreiten gedachte. Das war nicht von Dauer, die traditionsreiche Bank ist inzwischen liquidiert.

Insgesamt sind die zwölf Monate auf dem Territorium der ehemaligen DDR von eher positiven Eindrücken begleitet gewesen. Auch wenn die Landschaften nicht mit der gewünschten Geschwindigkeit in Blüte kamen, ist in sehr kurzer Zeit erstaunlich viel geleistet worden. Dass nach einigen Jahren dann eine Periode der Stagnation und Enttäuschung eintrat, war betrüblich, aber wahrscheinlich nicht vermeidbar. Beeindruckt hat mich der Erfindungsreichtum der neuen Bundesbürger, um an die Fördermittel zu kommen. Wir vom Arbeitsstab Neue Länder sollten sie dabei ja unterstützen. Allerdings haben wir auch sehr bald nicht ohne Bewunderung bemerkt, dass diese Findigkeit ein Element des Überlebens in einer Mangelwirtschaft gewesen war. In Leuna habe ich das bei einer Veranstaltung des Innenministeriums erlebt. Mit dem Staatssekretär hatte ich vereinbart, ein halbes Jahr nach Beginn der Förderung für jedes der neuen Länder Erfolge zu dokumentieren und gleichzeitig die Partnerschaften zwischen Kommunen zu feiern. Anders als erwartet, war Partner bei den Vorbereitungen nicht eine Gemeinde, sondern eine von einem Leuna-Mitarbeiter neu gegründete Messefirma, die von uns folglich ein Honorar erwartete. Die Pavillons und die Ausstattung waren gelungen, aber wurden deutlich teurer als vorher kalkuliert. Widerspruch regte sich bei mir, als mir für die Bewirtschaftung der Parkplätze ein Unternehmen empfohlen wurde. Auf dem früheren Werksgelände war eigentlich ausreichend Parkraum, der jetzt durch Flatterband abgesperrt war. Die Zufahrt wurde von einem, wie ich hörte, in meinem Sold stehenden Parkwächter kontrolliert. In das Eröffnungsprogramm war dann zu meiner Überraschung eine musikalische Untermalung eingebaut worden, für die wiederum ein ehemaliger Leuna-Mitarbeiter verantwortlich zeichnete. Inzwischen war es zu spät, die Reißleine zu ziehen. Dass aber die Förderung-Ost eher zu einer Selbstbedienung-West umgemünzt wurde, machte die den westdeutschen Konzernen ermöglichte Einkaufstour-Ost deutlich – im Benehmen mit der Treuhand. Aber auch der Mittelstand fand hier eine Chance, wie mir deutlich wurde, als ich bei der Vorbereitung meiner Dokumentation im Hof des Bundesinnenministeriums Fahrzeuge eines Handwerkers sah, die Kennzeichen aus Sachsen-Anhalt trugen. Der Vorschlag an den Staatssekretär, ein Foto davon in unsere Aufbau-Ost-Broschüre aufzunehmen, stoppte er abrupt ab, denn der Handwerksbetrieb sei doch nur die Filiale eines Siegburger Unternehmens. Wir wissen, das war üblich. Noch unverfrorener wurden Westfirmen wie Südmilch Stuttgart, als sie bei der Entgegennahme von Fördermitteln für den Aufbau von Filialen – im konkreten Fall der Sachsenmilch – versicherten, keine Arbeitsplätze im Westen zu vernichten. Inzwischen ist der Betrieb in Niedersachsen abgewickelt. Die Fördermittel wurden den neuen Bundesländern geradezu aufgedrängt, lautete der Vorwurf in einem Untersuchungsausschuss des Sächsischen Landtags, der das Scheitern neuer Betriebe und die Vernichtung neuer Arbeitsplätze aufzuklären versuchte. Das war letztlich auch der Arbeitsauftrag an den Arbeitsstab Neue Länder, dafür zu sorgen, dass die für das Jahr 1991 in den Haushaltsplan eingestellten Fördergelder im selben Jahr 1991 abflossen. Auch wenn »der Politik« gern vorgeworfen wird, es sei darum gegangen, wie versprochen die Landschaften zum Blühen zu bringen, halte ich eine solche Strategie nicht für falsch. Für uns im Arbeitsstab war es ein legitimes Anliegen, den Menschen, auf die wir trafen, die Zuversicht zu geben: Die Wiedervereinigung hat Sinn gemacht, und wir helfen, dass es vorwärtsgeht. Das ist mehr als der Blick auf den Saldo eines Haushaltstitels. Dennoch haben wir erst später gesehen, unter dieser – von der Politik im Bestreben nach vorweisbaren Erfolgen – nicht gründlich kontrollierten Decke machten sich auch Betrüger ein Geschäft. Es gab nicht genug Vorkehrungen, dies zu verhindern. Zu den kleineren Betrügereien gehörte auch schon mal die Vorlage von vordatierten, leider auch überhöhten Rechnungen. Das, hoffe ich, wird mir als einem der Werber für den Aufbau Ost nicht angelastet, aber die wirklich großen Gaunereien fanden an ganz anderer Stelle statt. So, wie es der SPIEGEL glaubte, wenn bei dem später in Konkurs gegangenen Unternehmen Sachsenmilch notfalls der Bundeskanzler selbst eingegriffen hatte, weil die Ausreichung von Fördermitteln stockte.

Zu Beginn des Jahres 1992 wurde mir auch die Zuständigkeit der Arbeitsgruppe Sachsen im Arbeitsstab Neue Länder übertragen. Das brachte noch einmal sehr intensive Eindrücke, vor allem in Dresden. Fehler, die gemacht wurden, konnte ich dann in neuer Zuständigkeit als Abteilungsleiter im BMI bei der Elbe-Flut betrachten, wo Teile der wunderbaren Aufbauarbeit zunichtegemacht wurden. Aber die Zeit des Arbeitsstabes Neue Länder war bald vorbei, wir hatten unseren Beitrag geleistet, im Westen für Erfolg zu werben, aber auch den neuen Verwaltungen Wege zu den Fördermitteln aufzuzeigen. Oft konnte man das Bemühen verfolgen, überdimensionierte, vielfach mit westdeutschen Mitarbeitern ausgestattete neue Behörden im Zuge einer Verwaltungsreform wieder abzubauen. Dafür wurden wir Emissäre aus dem Bundesinnenministerium nicht mehr gebraucht, die ehemaligen Ostdeutschen lernten schneller laufen, als man es ihnen zugetraut hatte. Die Fördermaßnahmen waren angelaufen, es bedurfte keiner weiteren Werbung. Nach einem guten Jahr beendete der Innenminister diese Aufgabe.

Zum 15. September 1992 wurde mir die Leitung einer Unterabteilung in der Abteilung O übertragen, die sich mit Kommunalwesen, Statistik und Demografie befasste. Als ich termingemäß bei meinem Abteilungsleiter auftauchte, hatte er die Zuweisung vergessen. Dann wurde ich in wiederum ungewöhnlicher, mir von der konservativen Regierung vertrauter Weise eingewiesen. Der MD wies mich auf die Pflicht zur Geheimhaltung über dienstliche Vorgänge hin, was mir naturgemäß nicht unvertraut war, aber die Warnung, die er anknüpfte, musste mich zunächst irritieren: Wenn künftig aus der Abteilung oder dem Ministerium Dinge an die Öffentlichkeit gelangten, würde man vordringlich mich als Quelle vermuten. Erst heute nehme ich an, die Personalabteilung oder das Ministerbüro hatte ihn auf die Berichte von Anfang 1991 über die beschäftigungslosen Mitarbeiter des innerdeutschen Ministeriums hingewiesen, in denen mein Name auftauchte. Die eigentliche Quelle war, ich beklage mich nicht, eine Beanstandung des Bundesrechnungshofs gewesen. Das Misstrauen zur Begrüßung ist danach aber einem sehr vertrauensvollen Miteinander in der Abteilung gewichen.

Im Strudel der Vereinigung hat die Vorgabe, rasche Ergebnisse zu erzielen, manches verloren gehen lassen. Vieles war allerdings auch nicht sanierungsfähig. Die Verfahrensweise der Treuhand mit den einverleibten Liegenschaften hat das vielfach begünstigt. Ein Beispiel, bei dem man bei mehr Verständnis Altes hätte erhalten, eine menschlichere Umwelt hätte bewahren und zugleich Haushaltsmittel sparen oder sinnvoller einsetzen können, ist mir in Mecklenburg in der Stadt Gadebusch aufgefallen. Eher zufällig machte ich dort auf dem Weg von der Ostsee Rast.

Die Stadt führt sich auf eine obotritische Siedlung mit einer Ringwallanlage aus dem 8. Jahrhundert zurück. Ihre Herren wechselten vielfach, im 12. Jahrhundert kam sie unter Heinrich dem Löwen an die sächsische Grafschaft Ratzeburg. Um diese Zeit wurde mit dem Bau einer romanischen Kirche begonnen. An die Stelle einer alten Wallanlage trat im 12. Jahrhundert zunächst eine Burg, die zeitweilig Sitz der mecklenburgischen Fürsten war. Der Backsteinbau wurde im späten 16. Jahrhundert durch ein Renaissanceschloss ersetzt, das seine Schönheit insbesondere durch die Fassade aus Kalkstein und Terrakotten bezog; sie waren nach biblischen Motiven von dem Niederländer Statius von Düren in seiner Werkstatt in Lübeck gebrannt. Sie zieren auch heute noch die Fassaden am Schweriner Schloss und am Fürstenhof Wismar. Nachdem Gadebusch zu Hannover gekommen war, diente das Schloss bis in die Neuzeit als Verwaltungsamt und Amtsgericht, es beherbergte in der Zeit der DDR einen Kindergarten sowie eine Internatsschule, und es diente als Theater. Zu Anfang des 20. Jahrhunderts wurden die Terrakotten aufwändig restauriert. Aus dem treuhänderisch verwalteten Vermögen des Bundes wurde das Schloss weitergereicht, das war leider exemplarisch für den Umgang mit mancher Liegenschaft. Ob man sich je gründlich Gedanken über eine neue Nutzungsmöglichkeit gemacht hatte, scheint mir zweifelhaft. Denn aus Mitteln des Aufbaus Ost wurde neben dem Schloss erst einmal ein neuer 08/15-Kindergarten errichtet. Die Sanierung vieler historischer Gebäude beweist, es wäre möglicherweise auch anders und sogar stilvoller gegangen, eine Ruine war das Schloss damals nicht. So ging es um 50.000 DM an einen der in der Zeit der Wende allenthalben aus Westdeutschland auftauchenden »Investoren«. Die versprochene Sanierung und Nutzung unterblieb, das Schloss wurde mit Aufpreis weiterveräußert. Warum der Bund keinen Rückfall vereinbart hatte, bleibt offen. Nun begann der Verfall, das Schloss wurde Opfer von Brandstiftung und Vandalismus. Die Gemeinde nahm kleinere Sanierungsarbeiten vor, der Bürgermeister hätte die knappen Haushaltsmittel gern sinnvoller eingesetzt. 2002 wurde das Schloss wiederum weitergereicht, diesmal an einen Verleger aus dem Nordbayrischen. Auch hier fanden die versprochenen Erhaltungsarbeiten nicht statt. Vielmehr entledigte sich der neue Besitzer seines Eigentums und der übernommenen Verpflichtungen, indem er es an einen vom Finanzamt als gemeinnützig anerkannten Verein weitergab. Mit Unterstützung einer Agentur für Internetauftritt aus San Francisco wird seither vollmundig für ein Betreuungsprojekt für die »Reintegration von alleinerziehenden Müttern mit Gewalterfahrungen« geworben. Bisher ist keine Frau reintegriert worden, aber schon der hochtrabend formulierte Vereinszweck hätte misstrauisch machen können. Der Internetauftritt verfügt über viele leere Seiten, nennt keine Verantwortlichen, fordert aber zu Spenden auf. Außerdem wird man weitergeleitet zur Werbung deutscher Unternehmer für nicht konkretisierte Sozialprojekte. Seit vier Jahren herrscht Funkstille, aus der Stadt wird der Vorwurf der Intrige und des Missbrauchs von Fördergeldern erhoben. Das Beispiel Gadebusch ist sicher nicht einzig: Armes Deutschland, das so mit einem wertvollen Kulturerbe umgeht.

 Alsbald nach der Öffnung der Mauer setzte in Deutschland ein Wettlauf ein, wer denn der bessere Patriot gewesen sei. Will sagen, wer bis zu diesem Ereignis am allerintensivsten davon überzeugt war, die deutsche Einheit stehe unmittelbar hinter der nächsten Straßenecke. Helmut Kohl erklärte am 7. September 1987 beim Besuch des nach vierjährigem Warten endlich eingetroffenen Staatsratsvorsitzenden der DDR, Erich Honecker, die deutsche Frage stehe »zurzeit nicht auf der Tagesordnung der Weltgeschichte«. Wenige Monate zuvor im Mai 1987 hatte ein so weitsichtiger Politiker wie Franz Josef Strauß gesagt, er sei »nicht davon überzeugt, dass die Diskussion über die Wiedervereinigung [...] in absehbarer Zeit wieder in Gang kommen wird«. Und noch im September 1989, als bereits Hunderte DDR-Bürger in Botschaften in Prag und Warschau Zuflucht gesucht hatten, wusste der Vorsitzende der CDU/CSU-Fraktion Alfred Dregger, dass »die Einheit des deutschen Volkes nicht von heute auf morgen wieder herzustellen« sei. Egon Bahr tadelte seinen Parteivorsitzenden Willy Brandt in einem SZ-Beitrag vom November 2014 behutsam, weil er sich 1970 nicht habe vorstellen können, dass die deutsche Einheit vor Ablauf von 20 Jahren kommen würde. Da hatte ich ihn bei einem Vortrag vor Honnefer Gymnasiasten noch ganz anders gehört, als ein Schüler ihn nach seiner Prognose fragte. Damals entwickelte er einen möglichen Plan einer Wiedervereinigung, beginnend mit Arbeitsgruppen, dessen Enddatum nach seiner Spekulation nicht vor dem Jahr 2015 liegen werde. Am Ende ist man schlauer, und vergessen ist auch nicht, dass Egon Bahr nach der Öffnung eher den Eindruck vermittelte, er wolle die Existenz der DDR in die Zukunft verlängern.

Nach Öffnung der Mauer und dem Beginn des Prozesses zur deutschen Einheit war es ein Lieblingssport, Sozialdemokraten vorzuhalten, sie hätten sich weniger nachdrücklich als die Konservativen um die deutsche Einheit bemüht. Wenn man sich auf Appelle und flammende Aufrufe beschränken würde, wäre das möglicherweise richtig. Wer nach der Maueröffnung mit hohem Tempo auf einen gemeinsamen Staat zugearbeitet hat, der den Untergang der DDR voraussetzte, der war sicher nicht deshalb der bessere, patriotischere Deutsche. Auch Bundespräsident Weizsäcker hatte in den Wendetagen für einen behutsamen, beide Seiten zu ihrem Recht gelangenden Einigungsprozess plädiert. Beliebt war der Versuch Konservativer, Willy Brandt als Feind der Wiedervereinigung zu entlarven, wie es die Welt am Sonntag noch am 9. Oktober 1990 tat: Er habe doch die Wiedervereinigung als »Lebenslüge der zweiten deutschen Republik« bezeichnet. In seiner Rede vom September 1988 »Deutsche Wegmarken« hatte er sich in der Tat dieses Wortes von Ibsen bedient, der ihm aus seinem norwegischen Exil vertraut war. »Lebenslüge« war für Ibsen die »Selbsttäuschung, auf der jemand sein Leben aufbaut«. Brandt hatte deutlich machen wollen, dass die Verpflichtung auf die Einheit in der Präambel des Grundgesetzes keine Verpflichtung zur Wiederherstellung des Bismarckreichs sein konnte. Damit befand sich Willy Brandt in Übereinstimmung wiederum mit Franz Josef Strauß, der 1982 sicher war, »die staatliche Einheit des Bismarck-Reichs [können wir] nicht wiederherstellen«. Und der Wunsch der Deutschen nach Selbstbestimmung war schließlich im Brief zur Deutschen Einheit festgeschrieben worden, der Willy Brandts Unterschrift trägt. Aber selbst Rainer Barzel musste selbstkritisch einräumen, dass im CDU-Programm vom Frühjahr 1988 die Wiedervereinigung nicht mehr vorkam.

XIV Was bleibt

Was ich hier vorgelegt habe, kehrt immer wieder zu Willy Brandt zurück. Als ich bei ihm anfing, umso mehr als ich bei ihm aufhörte, hatte ich nicht die Absicht, meine Zeit zu Papier zu bringen. Wiewohl die Mahnung für die Lebensaufgabe immer im Hintergrund steht, nach der Geburt eines Sohnes und einer Tochter und dem Bau des Hauses mit Christa ein Buch zu schreiben. Da hatte ich immer wieder Bücher zu Themen aus meiner Arbeit geschrieben, inzwischen auch zur Heimatkunde, aber keins über Willy Brandt. Noch aber war meine Dienstzeit nicht zu Ende, meine Dienstherren im Bundesministerium des Innern erwarteten vollen Einsatz, nicht zuletzt unter dem ersten sozialdemokratischen Innenminister Otto Schily. Und der hatte mir nach dem Regierungsumzug überdies zwei Dienstsitze verordnet, in Bonn und Berlin.

Grund für die lange Reifezeit dieses Buches war wohl die eher späte Suche nach dem Mann, unter dem ich von 1973 bis 1989 gedient hatte. Am Ende war es die Berufung zum Vorsitzenden der Bürgerstiftung Unkel, die in einem kleinen Museum seit 1911 die Erinnerung an Willy Brandt pflegt. Die Eröffnung fand mit dem rheinland-pfälzischen Ministerpräsidenten Kurt Beck und Felipe González statt, dessen eindrucksvolle Abschiedsrede beim Staatsakt für Willy Brandt in Erinnerung ist. Seither kommen in jedem Jahr 5.000 Besucher in das kleine Museum nach Unkel, das ist so viel, wie die Stadt Ein-

XIV Was bleibt

Abb. 21 Der Autor im Willy-Brandt-Forum in Unkel (2013).

wohner zählt. Sie werden betreut durch ehrenamtliche Helferinnen und Helfer, die Willy Brandt teilweise gar nicht gekannt hatten, sich aber in wunderbarer Weise inzwischen mit ihm identifizieren.

So verwundert es nicht, wenn das Buch, das kein Tagebuch ist, immer wieder um Willy Brandt kreist, seine Schwerpunkte Themen sind, die mich in seiner Zeit besonders beschäftigt haben. Trotzdem sollte es kein reines Willy-Brandt-Buch werden, mir wurde eingeschärft, es solle *meine* Geschichte werden, in einem Land, das im Krieg und danach in zwei Staaten geteilt war, die – auch dank Willy Brandts Tun – heute kein Grenzland miteinander mehr haben.

Am Ende dieser Seiten ist denen Dank zu sagen, die kritisch und selbstlos über meine Texte geschaut haben. Das waren die Geschwister, Marlis – mit ihrem Mann Horst-Ulrich, der Einblick in Ergebnisse seiner Familienforschungen ermöglicht hat – und Jürgen, der ältere. Gabriele Nandlinger hat mir aus der Gemeinsamkeit beim »Blick nach Rechts« Hinweise zu den mir bei Willy Brandt wichtigen Themen Extremismus, Nazismus und Antisemitismus gegeben. Damals konnte ich auf das Wissen von Peter Munkelt als Leiter des Pressearchivs beim SPD-Parteivorstand zurückgreifen. Sein Wissensstand hat über die Jahre noch zugenommen, so konnte ich mein verloren gegangenes Hintergrundwissen über die Parteibürokratie auffrischen. Ergiebig war auch das Archiv der sozialen Demokratie in Bonn, aus dem Sven Haarmann auf kurze Fragen zu Willy Brandt ebenso kurz und schnell antworten konnte. Mit viel Geduld und Akribie konnte er viele Lücken in meiner Erinnerung schließen helfen.

Schwerer wird es dann – im Rückblick auf meine fast 80 Lebensjahre, vor allem die 30 Bonner und Berliner beruflichen Jahre –, sich selbst zu vergewissern, was da geblieben ist, wer mehr bedeutete als die vielen Kollegen, Freunde, Petenten, mit denen man sich willig und intensiv zu Tagesfragen ausgetauscht hat. Zugegeben, ich erschrecke selbst über die Antworten, die ich mir gegeben habe. Letztlich bin ich aber nicht unglücklich über das Ergebnis.

Einige sind nicht mehr. Aus Freiburg-St. Georgen ist mir Theo Meier-Ewert, ein Kenner von Thomas Mann, nach Bonn gefolgt, der mich in die Geheimnisse der SPD-Parteibürokratie einführte und der ins Bundespresseamt ging. Er war mir ein kritischer Leser vieler meiner Texte, fehlte mir jedoch wegen seines viel zu frühen Todes beim Gegenlesen dieses Textes. Bei der Lieferung von Schriftgut für die Bundesregierung hatte er sich zu Recht immer wieder über den mangelnden Wert, der auf die Sprache gelegt werde, mokiert. Das ist auch meine Ansicht, aber nicht jeder hatte einen Chef mit der Sprachzucht eines Willy Brandt. In der Parteibürokratie war mir ein besonders lieber Begleiter Burkhard Reichert, der Kirchenbeauftragte der SPD, mit dem ich übereinstimmte in der Wertschätzung von Vielem, was über die Nützlichkeit des politischen Tagesgeschäfts hinausging. Auch er ist zu früh gestorben. Das gilt umso mehr für Professor Ernst Ludwig Ehrlich, den unnachgiebigen Vertreter des Jüdischen, der mir viele Kontakte stiftete. Er war der gemeinsame Streiter für eine aus dem Chaos des Nationalsozialismus hervorgegangene, wie zu hoffen ist, dauerhafte humane Wertordnung.

Es bleiben die Lebenden. Mit Helmut Neumann als dem Anwalt des SPD-Parteivorstands und Rechtsvertreter des SPD-Vorsitzenden waren Rechtsfragen zu klären und Rechtsstreite zu bestehen, daraus wurde ein regelmäßiger Austausch nicht nur in Fachfragen, sondern auch im Persönlichen. Der Kontakt mit Jacquy (Jacques Philipp) Neukomm, dem Schweizer Künstler, entstand zufällig bei einer Parteiveranstaltung in Göttingen mit Willy Brandt, der Kontakt ist bis heute geblieben. Und ohne Michael Cullen, dem Lobbyisten des Ehepaars Christo, wäre meine andauernde Freundschaft mit den Christos nicht zustande gekommen. Aus dem Kontakt zu Georg Meistermann ist die Verbindung zu seinem Enkel und Nachlassverwalter Justinus Maria Calleen geblieben, der bei der Abnahme des zweiten Willy-Brandt-Porträts seines Großvaters – für mich nicht mehr in der Erinnerung – zugegen und mir behilflich war, das Erbe zu wahren. Aus meiner Zeit im Bundesministerium des Innern ist geblieben Albrecht Broemme, den ich im Rahmen der Zuständigkeit für den Bevölkerungsschutz zunächst als Chef der Berliner Feuerwehr kennengelernt hatte. Seither ist er in der Führung des Technischen Hilfswerks und pflegt – über meinen Ruhestand hinaus – den Austausch in einem mich bewegenden Thema.

Zu danken ist Alexander Behrens, dem Leiter des Verlags J. H. W. Dietz Nachf., dafür, dass aus einer Idee von mir ein Manuskript geworden ist, und Heiner Lindner, dem Lektor dieses Buchs, dafür, dass aus dem Manuskript ein hoffentlich gutes Buch geworden ist.

War das mein Leben? Beileibe nicht! Im persönlichen Umfeld, in den familiären Freundschaften, in den vielen Vereinen und Verbindungen – neben Schulklasse, Wassersportverein, Förderverein Obere Burg, Heimatverein, Deutsches Komitee Katastrophenvorsorge, Arbeiterwohlfahrt, SPD AMCHA, in denen ich mich neben anderen Mitgliedschaften aktiv beteilige – gibt es sicherlich viele Namen, die mir wichtig sind. Aber mir geht es hier vor allem um Antwort auf die Frage an mich selbst, was am Rande eines Berufslebens jenseits dessen geblieben ist, was ich nicht in Akten abheften kann. Sollte mich das weniger bekümmern? In einer Welt der Oberflächlichkeit keineswegs.

Anhang

Kurzbiografien in Auswahl

Ackermann, Eduard (1928–2016), Germanist, enger Berater des CDU-Vorsitzenden und Bundeskanzlers Dr. Helmut Kohl

Adenauer, Konrad (1876–1967), 1949–1963 Bundeskanzler, 1950–66 Vorsitzender der CDU

Adorno, Theodor W. (1903–1969), Philosoph, Soziologe, Musiktheoretiker

Alexejew, Generalkonsul der UdSSR in Berlin

Apel, Hans (1932–2011), Ökonom, 1965–1990 Mitglied des Deutschen Bundestages, 1974–1978 Bundesminister der Finanzen, 1978–1982 Bundesminister der Verteidigung

Bahr, Egon (1922–2015), Journalist, 1972–1990 Mitglied des Deutschen Bundestages, 1974–1976 Minister für wirtschaftliche Zusammenarbeit und Entwicklung, 1976–1981 Bundesgeschäftsführer der SPD

Blum, Robert (1807–1848), Abgeordneter in der Frankfurter Nationalversammlung, nach dem Oktoberaufstand 1848 in Wien hingerichtet

Blunck, Hans Friedrich (1888–1961), Jurist, Dichter, Präsident der NS-Reichsschrifttumskammer

Böcking, Lehrerin an der Volksschule in der Pestalozzistraße, Mülheim-Broich

Böhme, Hans (1907–1971), Schriftsteller, Leiter der Fachschaft Lyrik in der NS-Reichsschrifttumskammer, Gründer des Deutschen Kulturwerks Europäischen Geistes (DKEG), der Deutschen Volksunion und der Gesellschaft für freie Publizistik

Böhme, Ibrahim (1944–1999), 1967–1976 Mitglied der SED, 1989 Mitgründer der SDP und deren Geschäftsführer, 1990 Vorsitzender der SPD (Ost), Mitglied der Volkskammer und Vorsitzender der SPD-Volkskammerfraktion

Brandt, Willy (1913–1992), 1957–1966 Regierender Bürgermeister von Berlin 1964–1987 Vorsitzender der SPD, 1987–1992 Ehrenvorsitzender der SPD, 1966–1969 Bundesminister des Auswärtigen, 1969–1972 Bundeskanzler, 1976–1992 Präsident der Sozialistischen Internationale

Brandts, Walter, Studienrat am Städtischen Gymnasium, Mülheim (Ruhr)

Broemme, Alfred (geb. 1953), Diplomingenieur, Präsident des Technischen Hilfswerks

Broz, Josip, genannt Tito (1892–1980), Schlosser, Partisanenführer im 2. Weltkrieg, Generalsekretär des Bundes der Kommunisten Jugoslawiens, 1945–1980 Ministerpräsident von Jugoslawien

Churchill, Winston Leonard Spencer (1874–1965), britischer Staatsmann, 1940–1945 und 1951–1955 Premierminister
Cullen, Michael Stephen (geb. 1939), amerikanischer Slawist, Historiker, Publizist (Schwerpunkt: Geschichte des Reichstags), Initiator der Reichstagsverhüllung durch das Ehepaar Christo
Dorls, Fritz (1910–1995), Historiker, Schriftleiter, Gründer der Gemeinschaft unabhängiger Deutscher (GUD), 1949–1951 Mitglied des Deutschen Bundestages (Deutsche Konservative Partei – Deutsche Reichspartei (DKP-DRP), 1952 Vorsitzender der 1948 abgespaltenen Sozialistischen Reichspartei (SRP)
Dregger, Alfred (1920–2002), Jurist, 1956–1970 Oberbürgermeister von Fulda, 1972–1998 Abgeordneter des Deutschen Bundestages, 1982–1991 Vorsitzender der CDU/CSU-Bundestagsfraktion
Eckart, Dietrich (1868–1923), Publizist, Dichter, Verleger, Berater der NSDAP
Ege, Karl, Studienrat am Städtischen Gymnasium, Mülheim (Ruhr)
Ehmke, Horst (1927–2017), Lehrstuhlinhaber an der Universität Freiburg i. Br., 1969–1974 Minister in verschiedenen Bundesministerien, darunter 1969–1972 Chef des Bundeskanzleramts, 1977–1990 stellvertretender Vorsitzender der SPD-Fraktion im Deutschen Bundestag
Ehrlich, Ernst Ludwig (1921–2007), Judaist, Historiker, 1961–1994 europäischer Direktor des B'nai B'rith
Eppler, Erhard (geb. 1926), Philologe, 1961–1974 Mitglied des Deutschen Bundestages, danach bis 1982 des Landtags Baden-Württemberg, 1968–1974 Bundesminister für wirtschaftliche Zusammenarbeit
Ertl, Josef (1925–2000), Landwirtschaftsstudium, Politiker, 1961–1987 Mitglied des Deutschen Bundestages (FDP), 1969–1983 Bundesminister für Ernährung, Landwirtschaft und Forsten
Felsenstein, Walter (1901–1975), österreichischer Schauspieler, Gründer der Komischen Oper Berlin (1947), Intendant bis 1975
Frey, Gerhard Michael (1933–2013), Journalist und Verleger (Deutsche Nationalzeitung), Gründer der zeitweilig als Partei auftretenden Deutschen Volksunion, von 1971 bis 2009 Bundesvorsitzender
Frisch, Peter (geb. 1935), 1987–1996 Vizepräsident, 1996–2000 Präsident des Bundesamts für Verfassungsschutz
Geccelli, Johannes (1925–2011), deutscher Maler, Lehrer am Städtischen Gymnasium, Mülheim (Ruhr), Kunsthochschullehrer
Genscher, Hans-Dietrich (1927–2016) Jurist, Mitglied des Deutschen Bundestages, 1969–1974 Bundesminister des Innern, 1974–1992 Bundesminister des Auswärtigen (FDP)
Goebbels, Paul Joseph (1897–1945), NS-Politiker, 1933–1945 Reichsminister für Propaganda und Volksaufklärung und 1944–1945 »Generalbevollmächtigter für den totalen Kriegseinsatz«; federführende Beteiligung an der nationalsozialistischen Gewaltherrschaft, 1945 Selbstmord
Gorbatschow, Michail S. (geb. 1931), 1985–1991 Generalsekretär des ZK der KPdSU, 1990–1991 Präsident der UdSSR
Göring, Hermann (1893–1946), NS-Politiker, 1933–1945 preußischer Ministerpräsident und 1933–1934 Innenminister, 1933 Reichsminister o. G., 1934–1935 Luftfahrtminister, 1935–1945 Oberbefehlshaber der Luftwaffe, ab 1938 Generalfeldmarschall; federführende Beteiligung an der nationalsozialistischen Gewaltherrschaft, 1946 vom Internationalen Militärtribunal in Nürnberg zum Tode verurteilt, 1946 Selbstmord
Gotthardt, Walter, Rechtsanwalt am Oberlandesgericht Karlsruhe–Freiburg
Grimm, Hans (1875–1959), Kaufmann, Verfasser des zum Leitwort für die NS-Lebensraumpolitik gewordenen Romans »Volk ohne Raum«, nach dem 2. Weltkrieg Gründer des Klosterverlags Lippoldsberg, das nationalistische Literatur verlegte
Gross, Lehrerin an der Volksschule Geiersthal (Thür. Wald)

Anhang: Kurzbiografien in Auswahl

Guillaume, Günter (eigentlich Bröhl, Günter) (1927–1995), DDR-Agent, Mitarbeiter im Bundeskanzleramt

Gutzeit, Martin (geb. 1952), 1989 Initiator und Mitgründer der SDP, 1990 Parl. Geschäftsführer der Volkskammerfraktion der SPD (Ost)

Häberle, Peter, (geb. 1934), emeritierter Verfassungsrechtswissenschaftler

Hekmatyār, Gulbuddin (geb. 1947), 1996–1997 afghanischer Premierminister, Anführer der Rebellenorganisation Hezb-i-Islami, 2001 Flucht nach Pakistan, 2016 nach Abschluss eines Friedensvertrages mit der Regierung Rückkehr nach Afghanistan

Heuss, Theodor (1884–1963), 1924–1928 (Deutsche Demokratische Partei) bzw. 1930–1933 Mitglied des Reichstags (Deutsche Staatspartei), 1949 Vorsitzender der FDP, 1949–1959 Bundespräsident

Hiller, Renate, geb. Becker (geb. 1939), Kauffrau

Hilsberg, Stephan (geb. 1956), Mitgründer der SDP, 1989–1990 deren 1. Sprecher, 1990 Geschäftsführer der SPD (Ost)

Hitler, Adolf (1889–1945), 1921–1923, 1925–1945 Vorsitzender der NSDAP, 1933–1945 Führer und Reichskanzler, 1941–1945 Oberbefehlshaber der Wehrmacht; Hauptverantwortlicher für die nationalsozialistische Gewaltherrschaft, den Zweiten Weltkrieg und den Völkermord, 1945 Selbstmord

Hollederer, Gabriele, Mitarbeiterin von Willy Brandt

Honecker, Erich (1912–1994), 1976–1989 Generalsekretär der SED, 1976–1989 Vorsitzender des Staatsrats der DDR

Horkheimer, Max (1886–1973), Sozialphilosoph (Frankfurter Schule)

Immendorff, Jörg (1945–2005), Kunsthochschullehrer

Kallmann, Hans-Jürgen (1908–1991), Akademischer Maler

Kiesinger, Kurt Georg (1904–1988), 1933–1945 Mitglied der NSDAP, 1949–1959 und 1969–1980 Mitglied des Deutschen Bundestages, 1958–1966 Ministerpräsident des Landes Baden-Württemberg, 1966–1969 Bundeskanzler

Kießling, Walter, Jurist, Richter am Amtsgericht Ettenheim (Baden)

Kirchner, Ernst Ludwig (1880–1938), deutscher Maler und Grafiker

Klose, Hans-Ulrich (geb. 1937), 1974–1981 Erster Bürgermeister der Freien und Hansestadt Hamburg

Kohl, Helmut (1930–2017), Historiker, 1973–98 Vorsitzender der CDU, 1976–2002 Mitglied des Deutschen Bundestages, 1982–1998 Bundeskanzler

Kokoschka, Oskar (1896–1980), österreichischer Maler und Grafiker

Kolbenheyer, Erwin Guido (1878–1967), österreichisch-deutscher Schriftsteller, Vertreter eines sozialdarwinistischen Biologismus, im Dritten Reich vielfach ausgezeichnet, Mitglied der Gesellschaft für freie Publizistik

Krenz, Egon (geb. 1937), Lehrer, SED-Politiker, 1989 Generalsekretär der SED und Vorsitzender des Staatsrats der DDR

Kumm, Otto (1909–2004), Gründer und Vorsitzender der Hilfsgemeinschaft auf Gegenseitigkeit der Angehörigen der Waffen-SS (HIAG)

Loritz, Alfred (1902–1979) Vorsitzender der Mittelstandspartei Wirtschaftliche Aufbauvereinigung (WAV), Mitglied des Deutschen Bundestages

Massoud, Ahmad Schah (1953–2001), Mitglied der Widerstandsgruppe Jamiat-i-Islami, 1992, Verteidigungsminister in der Regierung des afghanischen Präsidenten Burhānuddin Rabbāni, Führer des Widerstandes gegen die Taliban, 2001 ermordet

Meckel, Markus (geb. 1952), 1989 Initiator und Mitgründer der SDP, 1989–1990 Zweiter Sprecher der SDP, 1990 Vorsitzender der SPD (Ost), Mitglied der Volkskammer, Außenminister der DDR

Mischnick, Wolfgang (1921–2001), 1968–1999 Vorsitzender der FDP-Fraktion im Deutschen Bundestag
Momper, Walter (geb. 1945), Politikwissenschaftler, 1989–2001 Regierender Bürgermeister von Berlin, 2001–2011 Präsident des Abgeordnetenhauses von Berlin
Munkelt, Peter (geb. 1944), Historiker, Leiter des Pressearchivs der SPD
Naegeli, Harald (geb. 1939), schweizerischer Künstler, bekannt als »der Sprayer«, lebt in Düsseldorf
Nadschibullāh, Mohammed (1947–1996), 1986–1992 Staatspräsident von Afghanistan, 1992 Tod durch Exekution
Nandlinger, Gabriele, Politologin, Redakteurin des »Blick nach Rechts«
Neukomm, Jacquy (Jacques Philipp) (geb. 1944), schweizerischer Bildhauer
Neumann, Helmut (geb. 1941), Rechtsanwalt
Pleyer, Wilhelm (1901–1974), sudetendeutscher Schriftsteller, Verfasser von NS-Literatur, 1961 Gründer des später verbotenen NS-Studentenbundes, Mitglied im DKEG
Rau, Johannes (1931–2006), Buchhändler, 1978–1998 Ministerpräsident des Landes Nordrhein-Westfalen, 1993 kommissarischer Vorsitzender der SPD, 1999–2004 Bundespräsident
Rebmann, Kurt (1924–2005), 1965–1977 Staatssekretär im Justizministerium Baden-Württemberg, 1977–1990 Generalbundesanwalt
Reiche, Steffen (geb. 1960), Mitgründer der SDP, 1990 Mitglied der Volkskammer, 1990–2000 Vorsitzender des Landesverbands Brandenburg der SPD, 1994–2004 Landesminister in Brandenburg
Reichert, Burkhard (1940–2003), Theologe, Kirchenbeauftragter der SPD
Remer, Ernst Otto (1912–1997), an der Niederschlagung des Putsches vom 20. Juli 1944 maßgeblicher beteiligter Wehrmachtsoffizier, Mitgründer der Sozialistischen Reichspartei, Mitglied des Deutschen Bundestages
Renger, Annemarie (1919–2008), 1953–1990 Mitglied des Deutschen Bundestages, 1972–1976 Präsidentin des Deutschen Bundestages
Rittner, Günter (geb. 1927), Akademischer Maler
Rosen, Anna Maria Christina (1897–1978), Diakonisse, Krankenschwester
Rosen, Eleonore Ida Maria, geb. Scheer (1904–1995), Bankangestellte
Rosen, Hermann Heinrich (1863–1953), Reichsbahnbeamter
Rosen, Jürgen, (geb. 1936), Gymnasiallehrer
Rosen, Karl Heinrich (1899–1973), Gymnasiallehrer
Rosen, Maria (1904–1980), Klavierlehrerin, Organistin
Rosenfeld, Georg (geb. 1941), Jurist, Leiter der Jugendstrafanstalt Ravensburg
Rößler, Fritz (alias Dr. Franz Richter,) (1912–1987), NSDAP-Schulungsleiter, 1949–1952 Mitglied des Deutschen Bundestages (DKP–DRP/SRP)
Roth, Werner, Jurist, zuletzt Leiter der Abteilung Strafrecht im Landesjustizministerium Baden-Württemberg
Sachs, Hans (1494–1576), Nürnberger Schuhmacher, Minnesänger, Dramatiker und Dichter
Sauer, Lehrer an der Volksschule Geiersthal (Thür. Wald)
Schabowski, Günter (1929–2015), 1986–1990 Sekretär des Zentralkomitees der SED
Scheel, Walter (1919–2016), 1961–1966 Bundesminister für Entwicklung, 1969–1974 Bundesminister des Auswärtigen, 1974–1979 Bundespräsident
Scheer, Ernst Gottlob (1870–1937), Buchprüfer
Scheidemann, Philipp (1865–1939), SPD-Politiker, rief 1918 in Berlin die Republik aus, 1919 von der Nationalversammlung zum Reichsministerpräsidenten gewählt, nach dem Rücktritt 1919–1925 Oberbürgermeister in Kassel, nach der Machtübertragung an die NSDAP Flucht nach Dänemark

Anhang: Kurzbiografien in Auswahl

Schieler, Rudolf (1928-2012), Jurist, Politiker, 1966-1972 Justizminister des Landes Baden-Württemberg (SPD)

Schily, Otto (geb. 1932), Rechtsanwalt, Mitbegründer der Partei Die Grünen, 1986-2009, Mitglied des Deutschen Bundestages (Die Grünen/SPD), 1998-2006, Bundesminister des Innern

Schlierer, Rolf (geb. 1955), Arzt, Rechtsanwalt, 1992-2001 Abgeordneter der REP im Landtag von Baden-Württemberg, 1944-2014 Bundesvorsitzender der REP

Schmidt, Helmut (1918-2016), 1974-1982 Bundeskanzler

Schmidt, Loki (1919-2010), Pädagogin, setzte sich für Natur- und Pflanzenschutz ein

Schmidt-Rottluff, Karl (1884-1976), Deutscher Maler, Grafiker und Plastiker

Schönhuber, Franz (1923-2005), Journalist, stellvertretender Chefredakteur des Bayrischen Rundfunks (»Jetzt red i«), 1985-1994 Vorsitzender der Partei Die Republikaner

Schüler, Manfred (geb. 1927), Verwaltungsfachmann und Finanzwirtschaftler, 1974-1981 Chef des Bundeskanzleramts

Seebacher, Brigitte (geb. 1946), Historikerin, 1972-1977 Chefredakteurin der »Berliner Stimme«, 1977-1979 Referentin in der Pressestelle des SPD-PV, 1983-1992 Ehefrau von Willy Brandt, 1995-2000 Leiterin der Kulturabteilung der Deutschen Bank, seit 2002 Lehrbeauftragte und seit 2008 Honorarprofessorin an der Universität Bonn

Seiters, Rudolf (geb. 1937) Jurist, 1989-1991 Chef des Bundeskanzleramts, 1991-1993 Bundesminister des Innern, 1998-2002 Vizepräsident des Deutschen Bundestags, seit 2003 Präsident des Deutschen Roten Kreuzes (DRK)

Silbermann, Alphons (1909-2000) Soziologe, Antisemitismusforscher

Simon, Hans (geb. 1939), Kraftfahrer von Willy Brandt

Simon, Hans, Pfarrer der Berliner Zionskirche, stellte vor der Wende oppositionellen Gruppen Räume der Kirche zur Verfügung

Späth, Lothar (1937-2016) 1978-1991 Ministerpräsident von Baden-Württemberg (CDU)

Sprenger, Marga (geb. 1938), Mitarbeiterin von Willy Brandt

Steinbach, Erika (geb. 1943), 1990-2017 Abgeordnete des Deutschen Bundestages (CDU), 2017 Austritt aus der CDU, von 1998-2014 Präsidentin des Bundes der Vertriebenen

Stobbe, Dietrich (1938-2011) Politikwissenschaftler, 1977-1981 Regierender Bürgermeister von Berlin (SPD)

Stoiber, Edmund (geb. 1941), Jurist und Politiker, 1993-2007 Ministerpräsident des Freistaates Bayern, 1999-2007 Vorsitzender der CSU, ehrenamtlicher Vorsitzender der EU-Arbeitsgruppe Bürokratieabbau

Strauß, Franz Josef (1915-1988), 1953-1962 und 1966-1969 Minister in verschiedenen Bundesministerien, 1961-1988 Vorsitzender der CSU, 1978-1988 Ministerpräsident von Bayern

Stürzenacker, Lehrer an der Volksschule in der Pestalozzistraße, Mülheim-Broich

Süssmuth, Rita (geb. 1937), Studium der Philologie, 1985-1988 Bundesministerin für Familie, Frauen, Jugend und Gesundheit, 1987-2002 Präsidentin des Deutschen Bundestages

Sutherland, Graham Vivian (1902-1980), britischer Künstler

Teusch, Christine (1888-1966), Lehrerin, 1920-1933 Reichstagsabgeordnete (Zentrum), 1947-1966 NRW-Landtagsabgeordnete (CDU), 1947-1954 Kultusministerin in Nordrhein-Westfalen

Textor, Horst Ulrich (geb. 1933), Diplomingenieur

Textor, Marlis Gertrud, geb. Rosen (geb. 1938), Lehrerin

Ulbrich, Manfred (geb. 1937), Apotheker, Klassenkamerad

Ulbricht, Walter (1893-1973), 1929-1946 Mitglied des Politbüros im Zentralkomitee der KPD, 1933-1945 Exil, ab 1936 in der Sowjetunion, 1946-1950 stellvertretender Vorsitzender der SED, 1950-1971 Generalsekretär bzw. Erster Sekretär der SED, 1949-1960 stellvertretender Minis-

terpräsident der DDR, 1960-1973 Vorsitzender des Staatsrats und des Nationalen Verteidigungsrates der DDR
Vesper, Will (1882-1962), Literaturkritiker und Dichter, stellte sich in den Dienst von antisemitischer NS-Propaganda
Vogel, Dora (1897-1983), MTA
Vogel, Hans-Jochen (geb. 1926), Jurist, 1960-1972 Oberbürgermeister von München, 1983-1994 Mitglied des Deutschen Bundestages, 1972-1974 Bundesminister für Raumordnung, Bauwesen und Städtebau, 1974-1981 Bundesminister der Justiz, 1981 Regierender Bürgermeister von Berlin
Weißgerber, Gunter, (geb. 1955), Mitgründer der Sozialdemokratischen Partei Deutschlands (Ost), 1990 Mitglied der Volkskammer, 1990-2009 Mitglied des Deutschen Bundestages
Weisskirchen, Gerd (geb. 1944), Hochschullehrer, Sozialpädagoge, 1976-2009 Mitglied des Deutschen Bundestages (SPD)
Wieczorek-Zeul, Heidemarie (geb. 1942), Lehrerin, 1979-1982 Bundesvorsitzende der Arbeitsgemeinschaft der Jungsozialisten in der SPD, 1979-1987 Mitglied des Europaparlaments, 1987-2013 Mitglied des Deutschen Bundestages, 1998-2009 Ministerin für wirtschaftliche Zusammenarbeit und Entwicklung
Wiegand, Else, Gastwirtin in Geiersthal (Thür. Wald)
Wilke, Reinhardt (1929-2009), Jurist, 1970-1976 Leiter des Büros von Willy Brandt
Wilms, Dorothee (geb. 1929), Diplomvolkswirtin, 1982-1987 Bundesministerin für Bildung und Wissenschaft, 1987-1991 letzte Bundesministerin für innerdeutsche Beziehungen
Wohlrabe, Jürgen (1936-1995), 1989-1991 Präsident des Abgeordnetenhauses von Berlin (CDU)
Wolf, Johannes Markus (»Mischa«) (1923-2006), Exil in der Sowjetunion, 1945 Rückkehr, 1952 Aufbau des Außenpolitischen Nachrichtendienstes der DDR, 1952-1986 Leiter des Auslandsaufklärungsdienstes des Ministeriums für Staatssicherheit der DDR (MfS), Hauptverwaltung Aufklärung (HVA)
Wolff, Heinz Julius, Rechtsprofessor an der Universität Freiburg
Wulf-Mathies, Monika (geb. 1942), 1982-94 Vorsitzender der Gewerkschaft ÖTV, 1994-1999 EU-Kommissarin
Zayc, Hans-Wolfgang, Kriminalbeamter
Zschiesche, Gerd (geb. 1938), Industriekaufmann, Jurist, Klassenkamerad

Abbildungsnachweis

Frontispiz | S. 6: Porträtfoto Willy Brandts (entstanden am 6.12.1984 im Atelier Petersen), © privat.

Abb. 1 | S. 33: Der Autor am 10.11.1989 vor dem Brandenburger Tor, © Stefan Guth.

Abb. 2 | S. 33: Willy Brandt, Dietrich Stobbe und der Autor am 10.11.1989 am Übergang Invalidenstr., © Barbara Klemm.

Abb. 3 | S. 50: Der Vater des Autors mit seinen Kindern (Neuss, Sommer 1940), © privat.

Abb. 4 | S. 50: Die Mutter des Autors mit ihren Kindern (Neuss, Winter 1940), © privat.

Abb. 5 | S. 51: Heilkraft Lebertran (Neuss, 1941), © privat.

Abb. 6 | S. 55: Geiersthal im Thüringer Wald (Notunterkunft 1943–1945), © privat.

Abb. 7 | S. 82: Als Quartaner im Städtischen Gymnasium Mülheim an der Ruhr (1950), © privat.

Abb. 8 | S. 85: Als 15-Jähriger im Jahr 1953, © privat.

Abb. 9 | S. 125: Pfarrer Georg Christian Scheer, Rügen (1749–1830), © privat.

Abb. 10 | S. 125: Marie Elisabeth Scheer, geb. Werthmann, Ehefrau von Pfarrer Scheer (1756–1825), © privat.

Abb. 11 | S. 129: Der Autor mit seiner Frau Christa am 27.6.2012 am Mt. Rainier, USA, © privat.

Abb. 12 | S. 142: Georg Meistermann malt Willy Brandt, »Farbige Notizen zur Biographie des Bundeskanzlers« (1969–1973), © privat.

Abb. 13 | S. 142: Georg Meistermann malt Willy Brandt im Auftrag des Bundeskanzlers (1978, Erstfassung), © privat.

Abb. 14 | S. 143: Georg Meistermann malt Willy Brandt im Auftrag des Bundeskanzlers (1982, überarbeitete Fassung), © privat.

Abb. 15 | S. 143: Oswald Petersen, Ersatzporträt von Willy Brandt für Bundeskanzler Kohl (1986), © privat.

Abb. 16 | S. 170: Der Autor und Egon Bahr an dessen 70. Geburtstag (1992) im Erich-Ollenhauer-Haus, © privat.

Abb. 17 | S. 221: Der Autor trifft die Christos im Kunstmuseum Bonn (1993), © Wolfgang Volz/laif.

Abb. 18 | S. 240: Der Autor im Gespräch mit dem Dalai Lama (1990), © Hans-Günther Oed.

Abb. 19 | S. 244: Der Autor mit Willy Brandt auf einem Kongress in Paris, © privat.

Abb. 20 | S. 245: Willy Brandt wird auf einer Israelreise von MP Shimon Peres empfangen (1995), © Rolf Braun.

Abb. 21 | S. 315: Der Autor im Willy-Brandt-Forum in Unkel (2013), © privat.

Wir haben uns redlich bemüht, zwei der Rechteinhaber zu kontaktieren, was nicht gelang. Rechteinhaber, die eine Abbildung von sich identifizieren können, werden gebeten, sich mit dem Verlag in Verbindung zu setzen.

Zum Autor

Klaus-Henning Rosen,
geb. 1938, nach der Schule 1957–1960 Ausbildung zum Industriekaufmann, Jurastudium, ab 1968 Richter in Freiburg i. Br. und Lörrach, 1973–2003 Bundesbeamter, 1976–1989 persönlicher Leiter des Büros von Altbundeskanzler Willy Brandt.

Ikonen deutscher Geschichte

Norbert Bicher (Hg.)
MUT UND MELANCHOLIE
Heinrich Böll, Willy Brandt und die SPD
Eine Beziehung in Briefen, Texten, Dokumenten
ca. 248 Seiten | ca. 22,00 Euro
ISBN 978-3-8012-0512-6

www.dietz-verlag.de

Mein Vater Willy Brandt

Peter Brandt
MIT ANDEREN AUGEN
Versuch über den Politiker und Privatmann Willy Brandt
280 Seiten | 24,90 Euro
ISBN 978-3-8012-0441-9

www.dietz-verlag.de